건물자산경제관리론

김일효 · 김원규 · 김범석 · 유한수 공저

남두도서

남두(南斗) : 남두육성(南斗六星)

은하의 중심인 사수자리에 있는 국자모양의 여섯 개의 별로서, 인간의 탄생을 결정하는 별로 알려져 있다.

머리말

건물은 인간생존에 없어서는 안 될 필수적 재화이자 자산으로서 재화의 기능과 자산의 경제적 가치를 통하여 삶의 질을 높이고 생활을 편리하고 쾌적하게 하며, 일의 생산성을 높여 문명사회를 유지하게 하고 문화를 발달시키며 건강증진과 수명을 연장하고 경제적 생활을 풍요롭게 하는 데 이바지하고 있다. 그러나 이와 같이 중요한 건물재화와 건물자산은 유한성과 희소성이 있어 인간의 욕구를 충분히 충족할 수 없을 뿐만 아니라 고도의 전문성과 기술을 토대로 전문적이고 효율적으로 경제적 관리를 하지 않을 경우 제한적인 건물재화와 건물의 서비스마저도 손쉽게 얻을 수 없어 건물의 최유효 사용수익은 물론 건물자산 측면의 경제활동 역시 어렵게 된다.

그러므로 건물자산관리에 있어서 경제관리는 국민의 생활과 삶과 일에 있어서 매우 중요한 의의를 가지며 따라서 경제관리의 필요성이 대두하게 된다.

건물은 인간의 자본과 기술과 노동력의 결합으로 생산된 재화이나 건물의 최유효 사용수익을 위하여 관리비용, 관리시간, 관리노력 등을 투입하여 산출되는 건물관리 서비스 등은 전술한 바와 같이 인간 생존에 있어서 필수적 자산의 기능과 역할을 하고 있으므로 건물자산의 경제관리는 필연적으로 요구되는 건물자산관리학의 연구과제라 할 수 있다.

왜냐하면 건물자산의 경제관리 만이 인간의 사회생활과 경제생활에 필요한 건물자산 최유효 사용수익화가 가능하기 때문이다.

또한 건물자산관리는 건물자산의 사용가치와 교환가치를 내용으로 하는 경제가치를 가장 경제적 방법으로 관리하여 극대화하는 관리활동이므로 건물자산의 경제관리는 건물자산관리에 있어서 핵심관리 분야라 할 수 있다.

뿐만 아니라 건물자산의 경제관리의 필요성은 건물자산과 건물자산관리 업무의 6대 복합개념과 복합성으로 인하여 하나의 건물자산마다 경제, 법률, 행정, 기술, 환경, 위험 측면에서 개별관리하여 최종 통합함으로써 건물자산관리 효과를 창출하도록 이론화하고 있는 최광의 건물자산관리 개념에서도 찾아볼 수 있다.

《건물자산경제관리론》은 이상과 같은 이론과 문화적 배경을 바탕으로 건물자산경제가치의 극대화의 원리를 학문적으로 연구하고 경제적 성과를 경제원칙을 바탕으로 가장 경제적 방법으로 도출하는 데 이바지하기 위하여 편찬되었다.

그러나 최초로 시도되는 이론분야인지라 자료와 문헌의 부족과 함께 박학다식하지 못한 저자들로 인하여 충분한 경제관리 내용이 수록되지 못한 점은 독자제현의 이해와 지도편달있기를 바라며 후일 계속 연구 정진하여 보다 완성도 높은 건물자산경제관리 교과서가 되도록 노력할 것을 약속드린다.

이 책은 건물자산관리학 6대 각론 분야의 하나인 경제관리분야 각론으로서 건물자산경제관리에 필요한 경제학의 이론과 원리를 탐구하여 건물자산경제관리에 응용함으로써 건물자산경제관리가 바람직하게 이루어져 건물자산 경제가치의 극대화라는 경제관리목표가 효과적으로 달성할 수 있도록 경제관리이론과 실무를 조화있게 설명하였으며, 특히 제Ⅰ편의 건물자산경제관리의 이론적 기초편을 통하여 건물자산경제관리의 기초이론을 소개하고 경제관리의 바탕이 되는 자산시장과 경기변동, 수요와 공급 이론을 소개하였으며 재무관리와 회계관리 기초개념을 소개함으로써 이론적 기초를 확립하였다.

또한 제Ⅱ편의 건물자산경제관리활동과 경제가치평가 실무편을 통하여 경제관리의 도구로 사용한 건물자산 수익창출의 투자와 임대, 마케팅과 조세관리 이론과 실무를 소개하고 경제관리활동대상인 건물자산의 경제가치평가와 건물자산의 경제가치와 관계되는 감정평가, 그리고 BLCC와 감가상각 경과연수에 의한 건물자산잔가율 및 시가표준액 등에 대하여 설명하였다. 뿐만 아니라 건물자산투자 및 임대와 관계되는 마케팅과 조세 등에 대하여 기술하였다. 그리고 제Ⅲ편의 금융시장과 자금의 조달편을 통하여 리츠, 펀드, 유동화, 주택저당, 프로젝트 파이낸싱 등 건물자산 금융전반을 소개하였다.

원고를 탈고하면서 감사한 것은 남두도서 남승우 사장님의 은혜를 잊을 수 없다.

남승우 사장님은 오직 건물자산관리학의 학문적 발전과 전국 유수 대학에 건물자산관리학과 개설을 위하여 경제적 고려 없이 교과서 출판이 필요할 때마다 기꺼이 협력해준 헌신은《건물자산경제관리론》 또한 햇빛을 보게 하였다. 다시 한 번 고개숙여 감사를 드린다.

또한 학문적 연구에 올인할 수 있도록 격려와 지원을 다하고 있는 가족 모두에게 감사하고,《건물자산경제관리론》공동저술에 함께 참여해준 동원대학의 김원규 교수, 극동대학의 김범석 교수와 유한수 교수 모두에게 고맙다는 인사와 함께 학문연구의 동참을 함께 기리고자 한다. 또한 건물자산관리학 연구에 정진하고 있는 동료 교수와 석・박사 과정에 있는 제자들에게 고맙다는 인사를 전한다.

아무쪼록 이 작은 저서가 우리나라 건물자산관리 산업발전과 건물자산경제관리 측면의 건물자산관리학 연구에 다소나마 기여하게 될 것을 진심으로 소망하면서 이 책에 작은 영광이 있다면 모든 영광을 내가 믿고 의지하는 하나님께 바친다.

2009. 07

(사) 한국건물관리학회 연구실에서

공동저자대표 김일효 씀

차 례

제Ⅰ편 • 건물자산경제관리의 이론적 기초

제Ⅱ편 • 건물자산경제관리활동과 경제가치평가 실무

제Ⅲ편 • 금융시장과 자금의 조달

제 I 편

건물자산경제관리의 이론적 기초

제 I 편 건물자산경제관리의 이론적 기초 부분은 경제관리 이론 부문으로서 제1장과 제2장, 제3장을 두고 제 II 편의 건물자산투자와 건물자산경제가치평가와 제3편의 금융시장과 자본의 조달편의 경제관리 실무를 능률적으로 처리하는데 요구되는 이론적 바탕을 제공하고 있다.

제1장에서 건물자산경제관리 기초이론편을 두고 3개절을 두어 경제의 개념과 경제관리개념, 경제관리영역과 경제관리업무, 경제관리의 3요소에 대하여 설명함으로써 경제관리기초이론을 설명하고 있다.

제2장에서 건물자산시장과 시장경제이론편을 두고 3개절을 통하여 건물자산시장의 개념 건물자산의 수요와 공급, 경기변동과 건물자산 인근지역의 생애주기 등을 설명함으로써 건물자산시장과 시장경제이론을 소개하고 있다.

또한 제3장에서 건물자산경제관리 재무회계활동편을 두어 재무관리 기초개념과 재무관리에 필요한 일반회계 이론을 소개하고 있다.

제1장 건물자산경제관리 기초이론

- 제1절 건물자산경제관리의 개념과 주요 분석대상
- 제2절 경제관리영역과 경제관리업무
- 제3절 건물자산경제관리의 3요소

제1절 건물자산경제관리의 개념과 주요 분석대상

1. 경제관리의 기본개념

(1) 경제관리의 의의

건물자산관리에 있어서 경제관리라 함은 최소의 비용으로 최대의 경제적 가치를 창출하여 경제이익을 합리적으로 도모하는 경영관리 측면의 활동을 의미한다.

건물자산관리는 자산(재무적 자산)을 전략적으로 운용하여 최적 건물자산 또는 적정 건물자산을 취득하고 효율적 보유와 운영관리 및 개량을 통하여 운영수익(영업수익)을 최대화하며 합리적 또는 전략적 매각에 의한 양도차익의 실현을 도모함으로써 경제적 이익을 극대화하는 경제관리활동이라 할 수 있다.

그러므로 결국 건물자산관리의 핵심관리분야는 경제관리분야로서 재무적 자원의 관리에 귀결하게 된다.

건물자산의 경제가치라 함은 건물자산의 사용가치와 교환가치를 의미하며 이 모두를 경제원칙 아래 경제가치를 가장 경제적 방법으로 창출하는데 요구되는 경영관리 측면의 활동이 경제관리이므로 가장 경제적 방법으로 최적 건물자산을 취득하고 효율적 보유와 운영관리 및 개량이 이루어져야 하며 전략적 또는 합리적 처분이 효율적으로 이루어져 양도차익을 실현해야 한다. 그러므로 건물자산의 경제관리는 건물자산 전생애과정에 모두 적용되며 건물자산 6대 관리영역과 모든 관리항목에 두루 적용될 뿐 아니라 건물자산 복합성관리업무 중 가장 중요한 핵심 관리영역이라 할 수 있다.

(2) 건물자산관리와 경제관리의 상관관계

건물자산관리는 재화의 관리이자 재산의 경영이고 건물자산의 사용수익에 필요한 서비스의 생산활동이다. 왜냐하면 건물자산은 재화성과 재산성이 함께 병존하고 있을 뿐 아니라 이를 사용수익하기 위해서는 일정한 서비스를 제공해야 하기 때문이다.

그러므로 건물자산의 관리는 건물자산관리활동의 시스템을 통하여 재화관리와 재산경영 및 이의 사용수익에 필요한 서비스를 가장 경제적 방법으로 생산 공급하고 소비하도록 지원하고 있다. 따라서 건물자산관리에 있어서 건물의 재화관리나 재산경영들은 경제원칙이 반드시 지배해야 하고 적용되어야 한다.

그러므로 건물자산관리 현장에는 시설물관리에 있어서 유지관리비용의 최소화와 관리효용의 극대화를 핵심 실무목표로 설정하여 실천하고 있으며 재산경영에 있어서도 자산위험의 최소화와 경제이익(Economic Returns)의 극대화를 전략적으로 추구하고 있다.

다시 말하면, 건물의 재화관리나 재산경영 모두 경제관리 과정을 거쳐 마침내 관리효용의 극대화나 경제이익의 극대화가 달성된다. 그러므로 건물자산관리는 경제관리가 대종을 이루고 있는 자산관리분야라 할 수 있다.

뿐만 아니라 건물자산의 복합개념과 건물자산관리업무의 복합성으로 인하여 최광의 관리개념에 기초하여 건물자산을 관리해야 하므로 경제관리를 중심으로 법률관리, 행정관리, 환경관리, 위험관리, 기술관리 등 6개 분야 모두를 관리할 때 비로소 건물자산관리가 되게 된다.

결국 경제관리는 큰 틀의 건물자산관리의 범주 안에 위치하고 있으면서 자산의 경제관리활동을 통하여 경제측면에서 건물자산관리효과를 창출하므로서 건물자산관리와 경제관리는 불가분의 상관관계를 가지고 있다. 이를 그림으로 정리하면 [그림 1]과 같다.

[그림 1]에서 알 수 있듯이 경제관리는 건물자산관리의 핵심관리분야로서 기본관리분야라 할 수 있으며 건물의 유지관리를 담당하는 기술관리는 건물자산의 기초관리로서 바람직한 건물자산관리를 직접 지원하는 기초관리분야라 할 수 있다. 그러나 법률관리, 행정관리, 환경관리 그리고 위험관리들은 경제관리와 기술관리를 위한 사무행정적 지원과 기술기능적 지원의 기능과 역할을 하고 있을 따름이다.

다시 말하면 건물자산관리는 시설물(물건, 재화)의 관리측면과 재산의 경영측면으로 나누어 건물자산관리의 큰 틀의 쌍벽을 이루고 있으나 결과적으로 가장 적은 비용으로 가장 큰 경제적 이익을 목표로 하고 있음에는 공통적 목표를 가지고 있다.

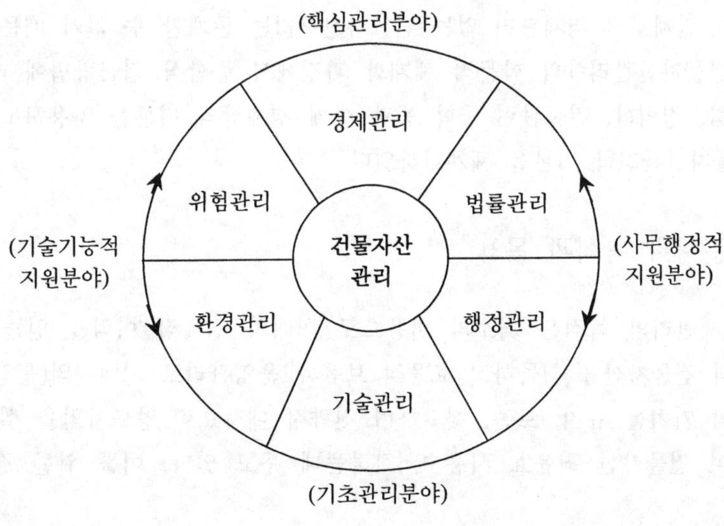

[그림 1] 건물자산관리와 경제관리의 상관관계

결론적으로 건물자산관리는 투입되는 비용, 시간, 노력 등이 최소의 상태에서 산출되는 건물자산관리 효과를 전략적으로 크게 얻고자 하는 경제활동이라 할 수 있다. 왜냐하면 건물자산 역시 경제활동의 산물이고 경제가치를 지니고 있어 인간의 경제생활과 직결되어 있기 때문이다.

또한 완전한 건물자산관리를 위해서는 경제관리가 절대적으로 필요하다 왜냐하면 건물자산의 복합개념과 건물자산관리 업무의 복합성으로 인하여 법률관리, 행정관리, 기술관리, 환경관리, 위험관리와 함께 경제관리의 접목이 불가피하기 때문이다. 그러므로 건물자산관리에 있어서 경제개념의 도입과 적용이 불가피하다.

경제의 경제학적 의미는 재화와 서비스의 생산과 분배 및 소비와 관련된 인간행위, 사회적 제도와 관습 등의 사회적 현상으로 설명하고 있다.[1)]

건물자산관리는 건물자산의 전체 생애 단계인 취득, 보유, 처분 단계를 통하여 최적 건물자산의 취득, 효율적 보유와 운영관리 및 개량을 통한 운영이익의 극대화와 자산의 경제적 가치를 높이고 경쟁력의 제고를 도모하며 합리적 매각 또는 전략적 매각에 의한 양도차익 실현 등을 목표로 설정하고 있으므로 결국 건물자산관리는 경제적 이익극대화에 궁극의 목적이 있는 경제활동이자 경영관리활동이라 할 수 있다.

따라서 건물자산관리와 경제관리는 불가분의 관계가 있으며 경제개념의 도입과 적용 없이는 건물자산관리의 시작도 완성도 이룰 수 없게 된다. 그러므로 건물자산 6대 관리영역의 핵심관리영역에는 경제관리영역이 위치하고 있으며 건물자산관리학의 지도원리에도 경제의 원칙이 자리하고 있을뿐 아니라 건물자산관리학 체계 중 6개 각론 분야에도 건물자산경제관리론이 편제되어 있다.

결론적으로 건물자산관리는 경제관리라 할 수 있다. 왜냐하면 건물자산관리는 경제개념과는 불가분의 관계로서 경제관리 없는 건물자산관리는 존재할 수 없기 때문이다.

그러므로 건물자산관리학의 학문적 체계화 과정에서 종합식 접근방법에 따라 법학, 행정학, 부동산학, 경영학, 건물관련 공학 등과 함께 경제학의 이론을 차용하고 이론을 시스템화하여 건물자산관리학 이론을 체계화하였다.

(3) 경제관리의 목적과 목표

건물자산경제관리의 목적은 최소의 비용으로 최대의 경제적 이익을 얻는 것과 경제적 비용으로 최적 건물자산을 취득하고 효율적 보유와 운영관리로 영업이익(운영이익)을 최대화하고 자산의 가치를 유지, 보존, 제고하며 전략적 매각으로 양도차익을 실현하는 등 경제가치를 높여 건물자산 최유효 사용수익화하는데 두고 있다. 이를 위한 경제관리목표는 다음과 같다.

---

1) 이근식, 객관식 경제학, 고시계. 1990. p.24.

1) 최소의 비용으로 최적 건물자산의 취득

건물자산관리는 건물자산의 취득으로부터 시작되고 보유 및 운영관리를 거쳐 법률적 처분(양도)함으로써 종결되는 경영, 경제활동이다.

건물자산의 취득을 위하여 투입되는 비용에는 Property 조사 분석비용, 시장조사비용, 전문가 자문비용, 컨설팅 비용, 중개비용, 매매대금, 금융이자·등기비용, 필요한 경우 Renovation 공사비, 기타 사무비와 인건비 등이 있다.

건물자산 취득의 비중은 전체 건물자산 생애단계 비중 중 약 20%정도이나 초기 투입비용이 상대적으로 크므로 자산취득시 경제원칙은 반드시 지켜져야 한다. 왜냐하면 건물자산 취득단계에서부터 경제원칙이 지켜지지 않은 경우 건물자산관리는 실패할 확률이 크기 때문이다. 따라서 건물자산 취득비용의 합계가 취득자산의 경제가치보다 상대적으로 적어야 한다.

다시 말하면 최소의 비용으로 최적 건물자산의 취득(Acquisition of optimal Building Asset)을 실현하는 것이 경제관리목적(건물자산 최유효 수익화)실현에 있어서 첩경이 된다.

2) 최소의 비용으로 효율적 보유와 운영관리 및 개량

건물자산 취득 후에는 운영관리와 유지관리가 동시에 시작된다. 건물의 운영관리는 건물자산관리 전체 비중 중 약 70%를 점하는 매우 중요한 건물자산 중간 관리단계로서 운영비용 지출을 통제하고 수입을 관리하고 운영수익의 최대화를 도모하여 영업이익을 극대화하는데 경제관리의 목적이 있는 반면 유지관리의 경우에는 유지관리 비용의 최소화로 관리효용의 극대화를 도모함으로써 경제관리 원칙을 실현하고 있다.

따라서 운영관리의 경우에는 운영관리를 위하여 지출되는 제비용과 부담금, 사용료 등을 합리적으로 통제하고 시설유지관리의 경우에는 일반관리비(인건비), Utility 사용료, 재료구입비, 제세공과금 등의 경제화로 가장 경제적 방법으로 관리효용을 극대화하고 운영관리 수익을 최대화하여 영업이익을 극대화하는 경제관리 원칙이 반드시 실현되어야 한다. 특히, 건물의 기술적, 경제적, 법률적 개량에 있어서도 경제원칙이 반드시 적용되어야 한다.

결론적으로 최소의 비용으로 효율적 보유와 운영관리 및 개량을 도모하는 경우 영업이익의 극대화와 운영관리 비용의 최소화의 경제관리목표가 달성됨으로써 경제관리목적이 효과적으로 달성된다.

3) 최소의 비용으로 건물자산 사용가치와 교환가치 극대화

건물자산의 보유기간 동안 가장 경제적 방법으로 안전하게 효율적으로 적합하게 관리하여 건물자산의 경제가치인 사용가치와 교환가치를 극대화함이 중요하다. 왜냐하면 사용가치의 극대화는 건물자산의 경쟁력을 높이고 건물임대의 기준가를 높여 임대수입을 크게 개선할 수 있으며 교환가치의 극대화는 법률적 처분을 통하여 양도차익의 실현을 도모하게 하기 때문이다. 최소의 비용으로 건물자산 사용가치와 교환가치의 극대화는 경제원칙 실현의 핵심 가치이자 경제관리의 목표 중 하나이다.

4) 최소의 비용으로 합리적 처분을 통한 양도차익 실현과 자산가치 증대

건물자산관리의 최종단계는 건물자산의 처분단계로서 건물자산관리 전체 비중 중 약 10%에 불과하나 법률적 처분(양도)과 물리적 처분을 통한 양도차익 실현과 투자이익의 극대화 및 자산가치증식에 크게 기여하게 되므로 최소의 비용으로 합리적 처분을 통한 양도차익 실현과 자산가치증대 역시 매우 중요한 관리목표 중 하나이다.

(4) 경제관리 4대 원칙

경제관리 4대 원칙이란 건물자산경제관리활동을 함에 있어서 반드시 적용하고 지켜야 할 경제법칙을 의미하는 것으로서 건물자산경제관리에 있어서 근본이 되는 경제법칙을 의미한다.

건물자산관리활동의 원칙에는 경제화원칙, 안전화원칙, 효율화원칙, 적합화원칙 등 4대 원칙이 있으며 이 중 경제화원칙이 경제관리에 우선적으로 적용되는 원칙이라 할 수 있다.

건물자산경제관리의 4대 원칙은 건물자산관리학의 일반원칙과 자산관리활동의 4대 원칙을 바탕으로 경제관리활동에만 적용되는 원칙으로서 경제학의 경제원칙을 토대로 건물자산관리의 목적을 가장 경제적 방법으로 계획하고 수행하여 바람직한 경제관리 목적을 효과적으로 달성하는데 유용한 원칙이라 할 수 있으며 경제관리 4대 원칙의 내용은 다음과 같다.

1) 경영 · 관리활동의 경제화 원칙

건물자산관리는 계획과 과정 및 활동 등의 업무흐름에 따라 경영효과와 관리효과(경영성과, 관리성과)를 창출하는 경제관리활동이라 할 수 있다. 이와 같은 업무흐름에 해당되는 관리계획, 관리과정, 관리활동 등을 광의 건물자산관리활동이라 하며 광의의 관리활동 전체에 투입되는 비용보다 효용(편익)이 경제적이 되도록 투입되는 관리비용이나 시간, 노력 등이 경제적으로 되도록 해야 하며 계획, 과정, 활동 전체가 경제화원칙을 적용하여 바람직한 경제효과를 창출해야 한다는 원칙이다. 이를 위해서는 최소의 비용으로 최적 건물자산을 취득하고 효율적 보유와 운영관리가 이루어져야 하며 합리적 매각으로 양도차익이 실현되어 전체적으로 경제적 방법으로 건물자산의 경제관리의 목적이 효과적으로 달성되어야 한다.

2) 비용의 최소화와 효용의 극대화 원칙

비용의 최소화와 효용의 극대화 원칙은 취득자산의 보유 및 운영관리 단계에 적용되는 경제원칙으로서 시설의 유지관리와 건물의 운영관리비용의 최소화와 시설관리 효과 및 운영관리 효과의 극대화를 의미한다.

다시 말하면 투입비용은 통제하고 수입은 관리하여 시설관리의 효율화로 안전성, 쾌적성, 편리성, 내구성, 청결성, 보건성 등이 경제적으로 확보되어 건물자산의 사용가치가 높아져 최유효 건물자산사용화가 달성되고 최유효 건물자산수익화 요건이 충족되어 건물자산의 경쟁력을 확보함으로써 운영수익의 최대화와 양도차익의 실현이 효율적으로 달성하게 하는 경제원칙이라 할 수 있다.

3) 경제가치 극대화 원칙

건물자산관리 경제원칙 중 경제가치의 극대화원칙은 경제적 관리방법을 사용하여 건물자산의 사용가치와 교환가치를 가장 극대화하는데 적용되는 원칙으로서 운영관리수익(영업이익)의 최대화와 취득 건물자산의 매도가를 높여 양도차익을 실현하는데 필요한 경제관리 원칙이라 인식된다. 경제가치의 내용인 사용가치는 사용가치(이용가치)와 수익가치를 의미하며 교환가치는 법률적 처분(양도)가치와 물리적 처분(물리적 개량)가치를 의미한다.

4) 자산위험 최소화 원칙

건물자산의 경제가치는 일반적으로 자산위험과 비례하는 성질을 가지고 있다. 예컨대, 위험이 크면 수익도 커지는 이른바 High Risk-High Returns의 모형이 성립되고 있다. 그러나 건물자산의 경제관리를 통한 경제가치의 극대화는 건물자산위험의 최소화 없이는 불가능하므로 위험의 최소화는 경제관리의 명제이자 건물자산관리의 최대 연구과제가 되고 있다. 따라서 자산위험의 최소화는 경제관리의 원칙으로 지켜져야 한다.

2. 경제관리 주요 분석대상

건물자산의 경제관리는 건물자산관리의 핵심관리영역으로서 건물자산의 경제가치를 극대화하여 최유효 건물자산 사용수익화를 합리적으로 도모하는 경제관리활동을 의미한다. 따라서 경제관리활동의 키워드가 되는 주요 분석대상들을 이론적으로 분석하고 실무에 응용함이 매우 중요하다.

다음에서 소개하는 경제관리활동의 주요 분석대상들은 경제관리활동에 있어서 이론과 실무적으로 이해와 응용이 요구되고 있다. 경제관리 주요 분석 대상들을 소개하면 다음과 같다.

(1) 건물자산의 경제개념

경제란 재화와 용역의 생산, 분배, 소비와 관련된 인간행위, 사회적 제도나 관습 등의 사회적 현상을 통틀어 경제(Economy)라 한다.[2] 경제개념에서 언급되는 재화(Goods)란 건물, 자동차 등 인간생활에 필요한 물자를 의미하고, 건물자산관리자에 의한 건물자산의 관리활동과 같이 생산과 소비에 필요한 인간의 행위를 용역(Services)라 하며 현금을 매개로 매매되는 재화나 용역은 상품(Commodity)라 한다. 재화에는 분류기준에 따라 자유재(Free goods)와 경제재(Economic Goods)가 있으며 전자는 공기와 같이 풍부하게 존재하여 돈이나 인간의 노력없이도 얻을 수 있는 재화를 의미하나, 후자는 제한적으로 존재하고 희소성이 있어 돈이나 노력을 제공해야만 얻을 수 있는 재화를 의미한다. 재화의 대부분은 경제재이며 경제학이나 건물자산경제관리론의 관리대상 역시 경제재가 대부분이다.

재화의 특성 중 하나는 재화가 생산에 사용되면 생산재 또는 자본재라 하고 소비에 사용되면 소비재가 되는 점이다. 따라서 건물이 소비(사용)에 사용되면 소비재이나 수익이나 생산 등에 사용되면 경제재 또는 자본재라 할 수 있다.

건물자산관리에 있어서 경제개념이 강조되는 이유는 인간의 욕망을 충족시켜주는 재화(건물자산)나 건물관리서비스가 제한적으로 존재하고 희소성이 있어 누구나 이를 얻고자 의욕하거나 욕구를 가져도 쉽게 얻을 수 없기 때문이다. 이를 경제학에서는 희소성의 법칙(Low of Scarcity)이라 한다.

건물자산경제관리론에서 관심을 가지고 연구해야 하는 주요 대상에는 건물자산의 경제가치, 재화와 서비스 외에 경제 3대 기본문제와 경제원칙 그리고 효율성과 공평성, 선택이론, 최적화이론과 균형이론 그리고 경제체제의 문제 등이 있으며 경제의 기초개념을 보다 폭넓게 이해하기 위한 경제개념에는 시장의 기능과 특성, 수요와 공급, 경기변동, 그리고 거시경제와 미시경제 등이 있다.

따라서 경제측면에서 건물자산관리를 연구하려면 적어도 건물자산관리와 관련성을 가지고 있는 경제분석 대상에 대한 연구가 필요하다. 따라서 전술한 바와 같이 경제가치, 재화와 서비스, 국민경제 3대 기본문제 그리고 선택문제, 효율성과 공평성 그리고 최적화와 균형문제, 경제체제 등 주요 경제관리 분석대상들에 대하여 계속해서 살펴보고자 한다.

(2) 건물자산의 경제가치

1) 경제가치의 의의

건물자산경제관리론은 건물자산의 경제개념과 건물자산관리업무 등 경제성 업무를 학문적으로 연구하여 건물자산의 경제가치를 보존, 유지, 극대화하여 궁극적으로 건물자산 최

---

2) 이근식, 상계서, p. 21

유효 사용수익화를 효과적으로 달성하는데 이바지하는 건물자산관리학의 경제관리분야 이론서이다.

따라서 건물자산경제관리론의 학문적 주제는 건물자산 경제가치 유지보존과 극대화이며 건물자산관리학의 주제인 건물자산 최유효 사용수익화를 경제측면에서 지원하고 있는 각론분야로서 건물자산 6대 관리영역 중 핵심관리영역을 차지하고 있다. 건물자산의 경제가치는 건물자산경제관리론의 키워드로서 매우 중요한 의미와 의의를 가지고 있으므로 학문적으로 중요하게 취급되어야 한다.

가치(Value)의 사전적 의미는 어떤 사물이 지니고 있는 의의나 중요성을 의미하는 것으로서 인간의 감정이나 욕구 또는 관심의 대상이 되는 것을 말한다. 그러나 경제학 측면의 가치의 개념은 인간의 어떠한 욕망을 채워주는 정도에 따라 그 물건에 대하여 인정되는 의의를 말하고 이에는 사용가치와 교환가치가 있음을 설명하고 있다.

또한 법학(민법권의 물권편) 측면에서도 경제적 이익을 목적으로 하는 재산상의 권리를 재산권이라 하고 이에는 물권, 채권, 무체재산권으로 구성되며 재산권의 일종인 물권에는 점유권과 소유권, 지상권, 지역권, 전세권, 유치권, 질권, 저당권 등이 있으며 물권 중 재산권의 중심인 소유권에는 사용권능, 수익권능, 처분권능과 함께 사용가치와 교환가치가 있음을 유권해석하고 있다.

따라서 건물자산의 경제가치란 경제학과 법학(민법)에서 설명하는 바와 같이 인간의 욕망을 채워주는 건물자산의 사용가치와 교환가치를 의미한다.

2) 사용가치와 교환가치의 내용

① 사용가치

사용가치의 개념은 경제학 측면의 사용가치개념과 법학(민법) 측면의 사용가치개념 그리고 건축공학 측면의 사용가치개념으로 분류되나, 건물자산관리학의 사용가치개념은 경제학 측면의 사용가치개념을 바탕으로 법학 측면과 건축공학 측면의 사용가치개념을 모두 수용하여 신개념의 사용가치개념으로 인식하고 있다.

가. 경제학 측면의 사용가치

경제학 측면의 사용가치(Use Value)란 경제가치(사용가치와 교환가치) 중 하나의 가치개념으로서 사람의 욕망을 채워주는 재화의 효용성을 의미한다. 또한 사용가치를 설명하는 재화의 효용성(Utility of Goods)이란 소비자가 재화나 용역을 소비함으로써 느끼는 만족의 크기를 의미한다.

경제학 측면의 사용가치는 소비자가 재화를 사용함으로써 느끼는 만족의 크기에 따라 시장에서 수요를 증대시켜 공급을 늘리는 작용을 하게 되며 구매욕구 증가로 가격의 상승에도 영향을 미치게 된다.

나. 법학 측면의 사용가치

법학 측면의 사용가치란 물권의 대표 물권인 소유권이 가지는 가치(사용가치와 교환가치)의 하나로서 사용과 수익의 가치를 의미한다.

다시 말하면 민법(물권법)은 사람이 물건을 지배하는 형태를 두 가지 방향으로 설정하고 하나는 그 물건의 사용가치(사용수익)를 얻는 것과 다른 하나는 교환가치(법률적 처분가치와 물리적 처분가치)를 얻는 것으로 설정하고 있어 사용가치의 개념을 목적물의 용도에 따라 사용함으로써 얻어지는 수익 중심의 사용가치개념으로 이해하고 있다.

다시 말하면 법학 측면의 사용가치란 목적물의 용도에 따라 이를 이용하는 사용권과 목적물로부터 법정과실, 천년과실을 수취하는 수익권을 내용하는 사용권과 수익권 중심으로 해석하고 있다.

다. 건축공학 측면의 사용가치

건축공학적 측면의 사용가치란 건물자산관리학 측면의 기초 사용가치개념으로서 소유자를 포함한 사용자, 이용자가 사용목적물의 용도대로 최유효 사용수익할 수 있도록 필요한 건물의 기능(쾌적성, 안전성, 편리성, 내구성 등)과 성능(건축설비의 성능)을 정상적으로 유지하고 서비스를 제공하여 건물사용자가 사용수익의 만족을 얻도록 하는데 요구되는 서비스 가치를 의미한다.

결국 경제학과 법학 측면의 사용가치는 건물자산에 관한 건축공학적 사용가치를 토대로 형성되는 상위개념의 가치로서 건축공학적 사용가치 없이는 경제학과 법학의 사용가치는 존재할 수 없다는 결론에 이르게 된다.

건축공학적 사용가치는 건물자산관리학의 학문적 이념의 하나인 주(住)측면 인간생존(삶/생활/일) 지원에 결정적으로 이바지하는 가치로서 크게 작용하고 있다.

② 교환가치

교환가치는 경제학 측면의 교환가치와 법학 측면의 교환가치 등으로 대별된다.

가. 경제학 측면의 교환가치

경제학 측면의 교환가치(Exchange Value)란 일정량의 재화를 다른 종류의 재화와 교환할 수 있는 상대적 가치를 의미하며 한나라의 화폐를 다른 나라의 화폐와 교환할 때의 가치를 말하기도 한다.

나. 법학 측면의 교환가치

법학(민법전의 물권법)은 물건의 지배형태로 사용가치를 얻는 것과 교환가치를 얻는 것 두 가지 방향을 설정하고 교환가치를 법률적 처분(양도, 제한물권 설정, 기타 권리설정)과 물리적 처분(보수, 보강, 개량 등)에 의한 유용성의 가치로 해석하고 있다.

결론적으로 건물자산관리학은 건물자산관리학의 대주제인 모든 건물자산의 최유효 사용수익화를 법학 측면의 가치개념과 경제학 측면의 가치개념 그리고 건축공학 측면의 가치개념 중 건축공학적 사용가치개념을 토대로 최유효 사용화를 도모하고 경제측면의 가치개념과 법학 측면의 가치개념을 융합 또는 통합하여 최유효 사용수익가치를 창출하는 신개념의 가치개념을 가지고 있다.

건물자산경제관리론은 연구주제인 건물자산가치(사용가치와 교환가치)의 극대화와 최대화를 학문적으로 추구하고 있으며 건물자산관리학 건물자산의 취득과정, 보유 및 운영관리과정 그리고 처분과정을 통하여 사용가치(사용과 수익가치)와 교환가치(물리적 처분과 법률적 처분)를 유지 보존하고 극대화하여 마침내 모든 건물자산의 최유효 사용화를 염원하고 있다.

(3) 재화와 용역

1) 재 화

재화(Goods)란 건물, 자동차, 기계 등 인간생활에 필요한 물자(物資)를 의미한다. 또한 재화의 사전적 의미는 재물을 의미하는 것으로 돈과 값나가는 물건을 말한다. 재화에는 돈이나 노력의 지불 없이 얻는 자유재(Free Goods)와 돈이나 노력의 지불로 얻어지는 경제재(Economic Goods)로 나누어진다.

또한 재화는 소비에 사용되면 소비재(Consumer's Goods)라 하고, 생산에 사용되면 생산재(Producer's Goods) 또는 자본재(Capita Goods)라 함은 전술한 바와 같다.

경제학에서는 경제재만을 분석대상으로 상정하고 있으나 건물자산관리학에서는 경제재인 건물자산은 물론 소비재인 건물자산 모두 분석대상으로 상정하고 있다. 건물은 재화로서 건물자산관리학에서는 건물자산으로 호칭하고 있다.

2) 용 역

용역(Service)이란 생산과 소비에 필요한 인간의 행위를 말한다. 생산에 필요한 용역을 노동이라 하고 소비에 사용되는 용역을 서비스라 부르기도 한다. 건물자산관리학에서는 건물자산의 취득, 보유 및 운영관리, 처분, 활동(관리자의 행위) 등이 모두 관리의 대상이 되므로 재화와 용역 모두 경영관리분석의 대상이 되고 있다.

왜냐하면 건물자산관리에 있어서 건물자산은 재화의 성격이 있으며 관리는 용역(서비스)의 성질이 있기 때문이다. 따라서 건물자산경제론은 건물자산의 실체를 대상으로 사용가치를 극대화하고 자산관리서비스를 통하여 수익가치를 최대화하는 전략을 가지고 있다.

서비스란 무형적 성격을 띄는 일련의 활동으로서 고객과 서비스 종업원 상호관계에서 창출되며 고객의 문제를 해결해 주는 봉사 또는 편익으로 해석되고 있다. 경제학 측면에서 볼 때 서비스란 재화와 함께 상품의 성질이 있으나 엄격히 말하면 비물질적 재화 또는 비생산적 노동이라 할 수 있다.

또한 서비스의 개념을 활동론적 정의에 의하면 서비스란 판매목적으로 제공되거나 상품판매와 연계해 제공되는 모든 활동, 편익, 만족을 의미하고 속성론적 정의에 의하면 서비스란 시장에서 판매되는 무형상품이라 해석되며 봉사론적 정의에 따르면 서비스란 인간의 인간에 대한 봉사라 정의한다. 그리고 인간상호관계론적 학설에 의하면 서비스란 무형적 성격을 가지는 일련의 활동으로서 고객과 서비스 근무자의 상호관계에서 발생하여 고객의 문제를 해결해 주는 것으로 해석하고 있다.

① 서비스의 본질적 특성

가. 무형성(Intangibility)

객관적 실체를 보거나 만질 수 없으며 주관적으로 서비스가 어떤 것인지 상상하기 어렵다.

나. 비분리성(Inseparability)

서비스는 생산과 소비가 동시에 일어나 소비되며 분리할 수 없다.

다. 이질성(Heterogeneity)

한 사람에 대한 서비스는 다른 사람에게 동일한 서비스가 될 수 없다. 왜냐하면 서비스의 내용과 질이 달라지기 때문이다.

특히, 건물자산관리에 있어서 용역은 건물자산관리 서비스 개념으로 보다 심도있게 분석할 필요가 있다. 왜냐하면 건물자산관리는 건물실체의 관리도 중요하나 관리의 특성상 서비스 생산과 제공을 통해서만 고객을 만족시킬 수 있기 때문이다.

라. 소멸성(Perisbability)

판매되지 않는 서비스는 재고로 창고에 보관할 수 없으며 곧 사라진다.

② 서비스의 부수적 특성

가. 서비스는 행위 또는 과정이다.
나. 서비스의 소유권 이전 개념이 없다.
다. 서비스는 고객과 서비스 제공자 간에 상호작용으로 생산 공급된다.
라. 서비스는 주로 사람에 의존한다.
마. 서비스 생산공급은 장소적 요소와 시간적 요소가 크게 작용한다.
바. 서비스의 평가는 고객의 주관적 평가에 따라 결정된다.
사. 서비스의 유통경로는 있으나 매우 짧고 인식이 거의 불가능하다.

아. 서비스 생산과 공급계획은 불확실하다.
자. 서비스 생산공급은 통제가 어렵다.
차. 서비스 품질평가는 즉시 결정된다.
카. 서비스 혁신은 커뮤니케이션 기술과 정보에 의존한다.

(4) 국민경제 3대 기본문제와 선택문제

자원의 제한적 존재와 희소성 등으로 인하여 필요한 재화와 서비스는 누구나 손쉽게 얻을 수 없다. 다시 말하면 희소성의 법칙으로 인하여 어느 경제주체이던 간에 첫째, 어떤 종류의 재화와 서비스 상품을 얼마나 생산할 것인가? 둘째, 어떤 방법으로 재화와 서비스 삼품을 생산할 것인가? 그리고 셋째, 누구를 위하여 생산할 것인가의 문제에 당면하게 되는 바 이를 국민경제의 3대 기본문제라 한다.

이와 같은 기본문제들을 개인, 기업, 국가 등의 각 경제 주체에 있어서도 선택의 문제가 되며 이와 같은 선택의 문제는 희소한 자원과 한정된 자원을 한 곳에 사용하는 경우 다른 곳의 희생이 수반하게 되어 결국 선택의 문제는 다른 것을 포기하는 문제로 귀결되어 결국 기회비용(Opportunity cost)이 수반된다.

어떤 재화와 용역의 기회비용이란 그 재화와 용역을 선택함으로써 다른 재화나 서비스를 포기하여야 하는 것 중 최선의 것을 의미한다.

건물자산의 경제관리에 있어서도 제한된 재무적 자원으로 A건물자산을 선택할 경우 B건물자산을 포기해야 할 때 포기하는 B건물자산의 손실이 최소화되어야 하므로 선택의 문제는 건물자산의 경제관리에 있어서 매우 중요하다. 또한 국민경제 3대 기본문제는 생산과 분배에 관계되는 내용이므로 건물자산관리의 내용과 맥을 같이 하고 있다.

왜냐하면, 건물자산관리에 있어서 건물자산취득은 매입이 중심이 되나 투자나 개발 또는 교환들의 방법으로 건물자산이 취득될 수 있으므로 때로는 생산방법을 통하여 원시 취득하는 경우도 있기 때문이다. 따라서 건물재화나 건물서비스 등의 생산문제와 생산방법의 문제 그리고 어떻게 분배할 것인가의 국민경제 3대 기본문제는 건물자산관리에 있어서 특히, 경제관리에 있어서 그대로 적용되고 활용되는 경제이론이라 할 수 있다.

(5) 효율성과 공평성

효율성과 공평성은 경제문제(생산, 분배, 소비)를 푸는 기준이 된다. 전술한 국민경제 3대 기본문제의 첫째와 둘째는 생산의 문제와 관계되고 셋째는 소비의 문제와 관계된다.

이와 같은 생산, 분배, 소비의 경제문제는 가장 바람직한 방법으로 문제를 해결해야 하는 바 이는 전적으로 재화와 서비스의 희소성에 기인하고 있다.

효율성은 생산과 소비의 판단기준이 되며 공평성(또는 공정성)은 분배의 기준이 된다.

생산과 소비의 판단기준이 되는 효율성(Efficiency)이란 최소의 비용이나 시간, 노력 등으로 최대의 효과를 얻는 것을 의미한다. 다시 말하면 투입되는 Input 보다 산출되는 Output이 큰 경우를 의미한다. 다시 말하면, 효율성은 최소비용의 원칙이나 최대효과의 원칙이 달성됨을 의미한다.

한편, 분배의 기준이 되는 공평성(Equity)은 바람직한 분배로 이해당사자가 만족하는 것을 의미한다. 따라서 건물자산의 경제관리에 있어서 효율성과 공평성의 경제이론은 매우 유용한 이론이라 할 수 있다.

왜냐하면 건물자산관리의 효과는 반드시 가장 경제적 방법으로 안전하게 효율적으로 생산되어야 하며 효율적 분배(제공)는 가장 적합한 방법(공평성)으로 공급되도록 강조하고 있기 때문이다. 다시 말하면 건물자산관리는 위의 내용을 담은 최유효관리법에 따라 경영성과와 관리성과 즉, 건물자산경영관리 성과를 생산하고 공급(분배)해야 하기 때문이다.

그러나 효율성은 건물자산 관리성과의 생산에 있어서 그대로 적용하여도 무리가 없는 경제이론이나 공평성은 이해당사자의 주관적 판단에 따라 만족이 이루어지므로 이해당사자 모두에게 일률적으로 적용하기란 쉽지 않을 것으로 판단된다. 따라서 건물자산관리자는 생산효과의 분배에 있어서 공평성 적용은 환경여건 그리고 이해당사자 입장을 고려하여 적용하는 것이 현명할 것으로 인식된다.

(6) 경제체제

건물자산의 경제관리에 있어서 경제체제(Economic System)가 중요하게 다루어져야 하는 이유는 경제체제가 건물자산관리 효과의 생산, 분배, 소비에 영향을 미치는 개념이기 때문이다. 뿐만 아니라 경제체제는 국민경제 3대 기본문제를 해결하는 사회제도적 양식이기 때문이다.

경제체제에는 시장경제체제와 계획경제체제 그리고 혼합경제체제가 있으며 우리나라는 주요 외국과 같이 혼합경제체제를 유지하고 있다.

시장경제체제(Market economy System)란 생산과 생산요소(토지, 자본, 노동 등)시장에서 상품으로 매매되며 생산과 소비가 시장가격기구에 의하여 이루어지는 경제체제를 의미하나, 계획경제체제(Planing economy System)는 생산, 분배, 소비가 국가의 계획에 의하여 이루어지는 경제제도이며, 혼합경제체제(Mixed economy System)란 시장경제와 계획경제가 혼합된 경제체제를 의미한다.

시장경제체제는 자본주의제도(Capitalistic System)라 하며 생산요소인 토지, 노동, 자본이 개인소유로 되어 있는 사유재산제도가 특징이고 계획경제체제는 사회주의제도(Socialistic System)라 하며 생산요소가 국가가 소유하는 국유재산제도가 특징이다.

건물자산관리에 있어서도 개인소유의 건물자산과 국유의 건물자산의 관리는 혼합경제체제에 의하여 건물자산관리효과의 생산, 분배, 소비에 일정한 규제나 통제가 있을 수 있으므로 매우 유의하여 분석해야 한다.

(7) 최적화 이론

건물자산의 경제관리에 있어서 최적화 이론은 매우 유용하게 활용된다. 최적화(Opilimization)란 가계나 기업 및 정부 등의 개별 경제주체들이 주어진 여건과 환경 그리고 제약 아래 자산을 통제할 수 있는 조정변수들을 활용하여 개별경제 주체들의 목적을 최대로 달성할 수 있는 행위를 의미한다.

최적화는 선택의 문제를 해결하는 열쇠이므로 기회비용문제도 최적화 문제에서 발생하며 가계의 소비나 기업의 생산투자자의 투자 등의 경제행위는 모두 최적화를 기준으로 도출된다. 건물자산경제관리에 있어서도 건물자산의 취득, 보유, 처분 등은 최적화 이론에 따라 의사결정을 하며 활동해야 한다.

(8) 균형이론

균형(Equilibrium)이란 가계, 기업, 정부 등의 개별경제 주체나 주어진 여건, 환경, 제약 아래서 동원 가능한 조정변수 등을 활용하여 개별경제 주체가 최대로 달성하였기 때문에 더 이상의 조정이 불가능한 정지된 상태를 의미하며 최적화에서 발생되는 상태를 의미한다. 건물자산경제관리에 있어서도 건물자산의 재화와 서비스에 대한 소비자의 욕구와 공급사이에 균형이 반드시 이루어져야 하므로 균형이론은 매우 중요한 분석의 대상이 되고 있다.

(9) 미시경제와 거시경제

미시경제와 거시경제는 경제학에서 경제를 분석하고 경제현상을 설명하는 방법으로서 미시경제는 가계나 기업 같은 개별적 경제주체의 경제활동을 분석하므로서 경제현상을 해명하고자 하는 방법으로 경제사회 구조를 미시적 이론과 분석에 따라 설명하려는 근대경제학의 한 분야를 의미한다.

한편 거시경제는 국민소득과 소비, 투자와 같은 사회전체의 집단적 총체적인 경제법칙을 발견하여 경제현상을 해명하고자 하는 경제학의 한 분야로서 경제현상을 자체적 총체적으로 파악하고자 하는 점에서 개인가계와 같은 개별적 경제주체의 경제활동을 분석하는 미시경제와 상대적 경제개념이라 할 수 있다.

건물자산관리에 있어서 미시경제와 거시경제의 분석이 필요한 이유는 자산을 운용하여 적정 건물자산 또는 최적 건물자산을 취득하고자 하는 의사결정을 하기 전에 미시경제분석과 거시경제분석의 결과를 반드시 의사결정에 반영해야 하기 때문이다.

예컨대, 개인 또는 가계의 소득이 낮은 단계에 있거나 유효수효가 없는 경우 건물자산의 건축 또는 개발이나 공급은 의미가 없기 때문이며 국민전체의 투자나 소득, 소비 등의 지수가 낮은 경우에는 건물자산의 투자의사결정을 해서는 안 되기 때문이다.

미시경제와 거시경제의 분석시 공통적으로 요구되는 것은 미시경제 관련 경제지수와 거시경제 관련 경제지표들을 조사하여 분석자료로 활용해야 한다는 점이다.

(10) 사용가치 극대화와 교환가치 최대화

건물자산경제관리론은 건물자산의 사용가치 극대화와 교환가치 최대화를 연구과제로 상정하고 있다. 경제학 측면에서 고찰하면 사용가치의 극대화는 건물자산의 효용성과 수익성의 극대화를 통하여 달성될 수 있으며 교환가치는 법률적 처분을 통한 양도차익 실현과 물리적 처분을 통한 유익가치(유용성증대)를 통하여 달성될 수 있다. 따라서 분석의 대상이 된다.

(11) 건물자산 최유효 사용수익화

모든 건물자산 최유효 사용수익화는 건물자산관리학의 최대 연구과제이자 학문적 목적이기도 하다.

최유효 사용수익화(The Best use and the Highest Returns)란 건물자산의 효용성과 유용성의 극대화와 수익성의 최대화를 의미하며 건물자산 경제관리론의 최대 연구분석 대상이 되고 있다.

(12) 경제원칙

경제학의 경제원칙이란 최소의 비용으로 최대의 이익을 창출하는 것을 내용으로 하는 원칙을 의미한다. 건물자산의 경제관리에 있어서도 최소의 비용으로 건물자산을 취득(또는 매입)하고 효율적 보유와 운영관리하여 운영수익을 최대화하며 전략적 또는 합리적 매각 또는 처분으로 양도차익의 실현을 도모하고자 하므로 경제학의 경제원칙은 매우 중요한 분석의 대상이 되며 그 분석결과를 건물자산경제관리에 반영해야 한다.

(13) 시장과 가격이론

경제관리의 분석대상에는 시장과 가격이론이 있다. 시장은 재화와 서비스를 거래하는 의도된 장소이며 가격은 교환가치를 화계로 표시된 상품이나 서비스의 값을 의미하는 것으로 건물자산관리에 있어서 중요한 분석의 대상이 되고 있다.

(14) 경기변동과 수요공급

호황과 불황을 나타내는 경제변동은 호황국면, 후퇴국면, 불황국면, 회복국면으로 8년~12년 주기로 순환되고 있으며 또한 수요와 공급은 경제주체나 재화나 서비스 등의 상품을 구입하고자 하는 욕구를 의미하고 상품(재화와 서비스)의 판매를 의욕하는 것을 의미하는 바 이 모두 경제관리의 주요 분석의 대상이 되고 있다.

제2절 경제관리영역과 경제관리업무

1. 경제관리영역

건물자산경제관리 영역은 큰 틀의 건물자산 6대 관리영역 중 중심위치를 점하고 있는 가운데 건물자산관리의 경제성 업무를 가장 경제적 방법으로 다루고 있다.

건물자산 6대 관리영역이라 함은 건물자산의 복합개념과 건물자산관리업무의 복합성에 기인한 최광의 관리개념으로 인하여 다음의 [그림 2]와 같이 건물자산 6대 관리영역을 의미하며 다음과 같이 구성되고 있다.

전술한 건물자산 6대 관리영역 중 경제관리영역은 건물자산관리에 있어서 핵심관리 영역의 위치를 가지고 있으면서 사용가치 극대화와 교환가치 극대화를 추구하여 경제이익 최대화를 경제관리 목표로 상정하고 있다.

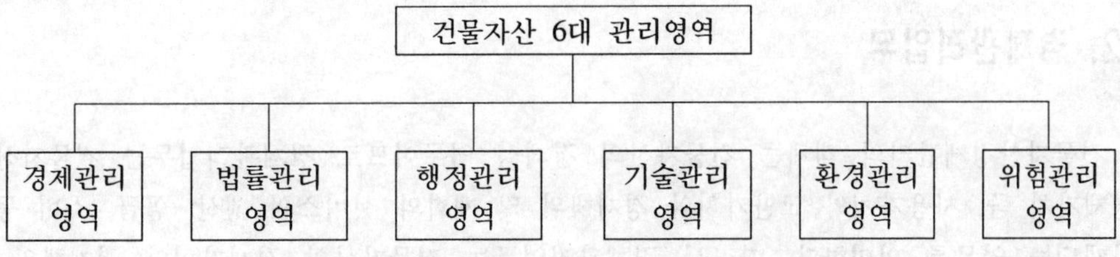

[그림 2] 건물자산 6대 관리영역

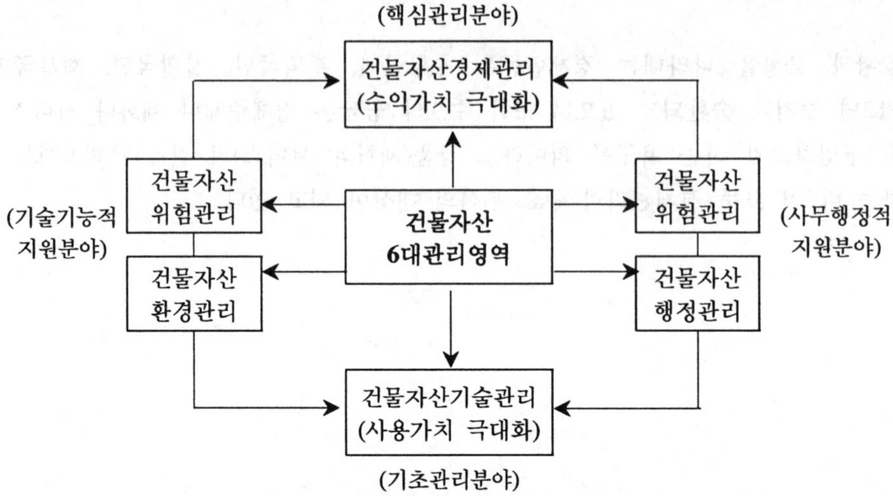

(자료출처 : 김일효, 건물자산임대관리론, 남두도서, 2009. p. 14 [그림 1] 인용)

[그림 3] 건물자산 6대 관리영역의 기능과 역할

6대 관리영역 중 기술관리영역은 건물재화의 기술관리영역으로서 시설물의 기능과 성능의 정상적 유지와 안전 및 쾌적화와 내구화로 최유효 건물사용화를 목표로 하는 기초관리 기능과 역할을 하고 있으며 법률관리와 행정관리영역은 사무행정적 지원분야로서 경제관리와 기술관리를 법과 행정 측면에서 지원하고 있으며 환경관리와 위험관리는 기술기능적 지원분야로서 환경과 안전측면에서 경제관리와 기술관리를 지원하고 있다. 이를 그림으로 정리하면 [그림 3]과 같다.

건물자산 기초관리 분야인 기술관리영역의 구체적인 내용은 건물자산관리학 각론의 하나인 건물자산기술관리론에서 설명하고 있다. 그리고 법률관리, 행정관리, 환경관리, 위험관리 등은 핵심관리분야인 경제관리와 기초관리분야인 기술관리분야를 지원하는 사무행정적 지원분야와 기술기능적 지원분야로서 구체적인 내용은 해당 각론에 설명하고 있으며 [그림 3]과 같이 각각의 기능과 역할을 담당하고 있다.

2. 경제관리업무

건물자산경제관리의 객체는 건물자산의 경제성 업무이므로 경제관리업무는 건물자산의 경제가치 즉, 사용가치와 교환가치와 경제행위 및 재화와 서비스의 생산, 공급, 소비 등에 관계되는 업무를 의미한다. 따라서 경제관리업무는 건물자산의 경제가치와 경제행위 및 건물재화와 서비스의 생산공급소비 등에 관계되는 업무를 총칭한다.

그러므로 건물자산경제관리의 주요 업무에는 다음과 같은 업무들이 있다. 여기에서 소개하는 경제관리업무들은 실무활동편인 제Ⅱ편 건물자산경제관리활동과 경제가치 평가활동, 제Ⅲ편 금융시장과 자본의 조달 등에서 각각 설명하기로 한다.

① 미시경제와 거시경제 분석업무
② 시장분석업무
③ 재무관리업무
④ 자산평가업무
⑤ 조세관리업무
⑥ 회계관리업무
⑦ 금융관리업무
⑧ 투자관리업무
⑨ 취득대상 건물자산의 재무구조 분석업무
⑩ 경제적 타당적 조사 분석업무

제3절 건물자산경제관리의 3요소

건물자산경제관리의 3요소라 함은 경제관리를 함에 있어서 없어서는 안 될 근본 조건들을 의미하며 이에는 경제관리주체, 경제관리객체 그리고 경제관리수단(경제관리자원) 등이 있다.

1. 경제관리의 주체

경제관리의 주체라 함은 주어진 재무적 자원을 효과적으로 운용하여 건물자산의 취득, 보유, 처분 등의 건물자산 전생애과정 동안 건물자산의 사용가치와 교환가치를 유지하거나 제고하며 손실을 방지하고 위험을 통제함으로써 건물자산의 경제가치 보존유지 제고에 권한과 책임을 동시에 가지는 개인, 단체, 법인 등을 말한다.

경제관리의 주체에는 투자의 경우 직접투자는 투자자가 경제관리의 주체가 되나 간접투자의 경우에는 펀드조성자인 운용자가 경제관리의 주체가 된다. 개발의 경우 개발자 또는 개발주체가 경제관리의 주체가 된다.

자산운용의 경우에는 자산운용자(예 : Asset Manager)가 경제관리의 주체로서 기능과 역할을 하게 되며, 임대관리의 경우 건물의 소유자나 Leasing Manager 또는 Property Manager가 경제관리의 주체가 된다. 특히 사용수익 중에 있는 건물자산의 경제주체는 건물자산의 소유자나 관리법 또는 계약 등에 의하여 권한 있는 자가 경제관리주체가 됨은 물론이다.

2. 경제관리의 객체

경제관리의 객체라 함은 경제관리의 목적물을 의미하는 것으로 경제관리의 대상을 의미한다. 그러나 건물자산경제관리의 대상은 유형적 건물자산과 무형적 건물자산의 총체를 의미한다. 유형적 건물자산은 재화성을 가진 건물자산을 의미하고 무형적 건물자산은 경제가치와 경제적 이익 등을 의미하는 바 이 모두가 경제관리의 객체로서 인정된다.

결국 건물자산의 경제관리 객체는 건물자산에 대한 경제측면의 관리를 통하여 관리해야 될 대상을 의미하는바 경제가치의 본체인 건물자산과 건물자산에 대한 경제관리를 통하여 창출되는 경제가치와 경제적 이익 등을 보다 구체적으로 살펴 건물자산경제관리의 의의를 살릴 필요가 있다.

(1) 건물자산

건물자산은 경제적 가치가 있는 재산 성격의 건물을 의미하며 이에는 유형적 건물자산과 무형적 건물자산 모두를 포함한다. 건물자산이라 함은 인간의 자본과 기술과 노동력의 결합으로 생산된 건설물 중 기초와 기둥과 벽과 지붕이 있는 3차원 공간이 있는 건축물로서 사용가치와 교환가치가 있는 것으로 사용수익이 가능한 건물을 의미하며 이에는 주거용 건물, 상업용 건물, 공업용 건물, 문교사회용 건물, 기타 용도의 건물들이 있다.

건물자산으로서 사용수익이 가능한 조건은 다음과 같다.

① 일정한 내구성이 있는 건물
② 관리가 가능한 건물
③ 법, 제도상 하자나 지장이 없는 건물
④ 사용수익에 필요한 안전성이 확보된 건물
⑤ 사용수익의 편리성과 쾌적성 및 보건성 등이 확보된 건물

(2) 건물자산의 경제가치

가치(Value)의 사전적 의미는 어떤 사물이 지니는 의의나 중요성을 의미하는 것으로 경제가치란 건물자산이 지니는 의의(意義)나 중요성을 말한다. 건물자산의 경제가치에는 사용가치와 교환가치가 있다.

전자는 건물자산을 사용함에 있어서 사람의 욕망을 채워주는 재화의 효용성을 의미하며 효용은 소비자가 재화나 용역(Service)을 소비하므로서 느끼는 만족의 크기를 의미하므로 결국 건물자산의 사용가치는 사람이 건물자산의 사용함에 있어서 느끼는 사용과 수익의 가치를 의미한다.

후자는 일정량의 물품을 다른 종류의 물품과 교환할 수 있는 상대적인 가치를 의미하는 것으로 교환가치는 결국 가격으로 평가된다.

건물자산의 교환가치는 매매, 교환, 담보, 임대차의 가치평가에서 가격으로 환산되어 화폐단을 매개로 거래되는 것으로서 건물자산의 경제관리에 있어서 사용가치와 함께 매우 중요한 의의를 지니는 경제관리의 객체라 인식된다.

(3) 건물자산의 경제적 이익

경제관리 객체의 하나인 경제적 이익의 의미는 경제적으로 이롭고 도움이 되는 것을 의미하며 경제적 이익 역시 화폐단위로 평가될 수 있다.

다시 말하면, 건물자산의 취득, 보유, 처분 등 건물자산 전체 생애과정 중에 사용수익함으로서 얻어지는 경제적 도움이나 이로움으로서 화폐단위로 평가되어 경제관리 주체에게 귀속하게 된다.

건물자산관리의 핵심은 경제관리로서 관리대상 건물자산의 경제가치와 경제적 이익의 관리에 있으며 이에 대한 효율적 관리를 위해서는 고도의 건물자산경제관리의 전문성과 기술이 필요하며 현대경영기법이 접목되어야 함은 물론이다.

3. 건물자산경제관리의 수단

건물자산경제관리의 수단이라 함은 바람직한 건물자산의 경제관리를 위하여 필요한 방도를 의미하는 것으로 이에는 재무적 자원, 인적 자원, 물적 자원, 정보적 자원, 기술적 자원 등이 있다.

(1) 재무적 자원

재무란 국가 또는 단체가 그 존립유지에 필요한 재산을 조달하여 사용하는 일체의 작용을 의미하며 건물자산경제관리에 있어서 재무적 자원이란 건물자산의 취득, 보유, 처분 전 과정에 필요한 자본이 되는 화폐나 화폐조달 또는 금융조달에의 자본적 자원을 의미한다.

(2) 인적 자원

건물자산경제관리에 필요한 인력을 의미하는 것으로 이에는 Portfolio Manager, Asset Manager, Property Manager, Facility Manager, Account, Analyst 등이 있다.

(3) 물적 자원

건물자산경제관리에 필요한 경영관리 전산시스템과 분석도구 건축물과 건축설비, 건축대지, 기타 부대시설 등으로 구성된 건물자산을 의미한다.

(4) 기술적 자원

건물자산경제관리 업무를 정확하고 능률적 처리하는데 필요한 전산기술, 경영기술, 회계관리기술, 금융관리기술, 마케팅기술 등을 의미한다.

(5) 정보적 자원

건물자산경제관리에 필요한 경제관리의 내용이나 형편에 관한 소식이나 자료 등을 의미하는 것으로 이에는 경제정보, 기술정보, 경영정보, 조세정보, 금리정보, 매물정보와 매수정보, 공급과 수요정보 등이 있다.

제2장 건물자산시장과 시장경제이론

제1절 시장의 일반적 개념과 건물자산시장의 개념

1. 시장의 일반적 개념

시장의 일반적 개념은 여러 가지 상품(재화와 서비스)을 사고파는 장소를 의미하며 특정 상품이 거래되는 곳 또는 상품의 수요와 공급의 관계에 따라 가격이 결정되는 추상적인 장소를 의미한다. 또한 시장이란 재화와 수요의 공급에 의하여 가격이 형성되고 거래가 이루어지는 장소를 말하나 크로소(A, Courmot)의 견해에 의한 시장의 개념은 일물일가의 법칙이 적용되는 범위를 시장이라 정의하고 있다.

그러나 어느 국가 어느 사회이던 간에 인간이 욕구하는 재화와 서비스는 무한정 존재하지 않는다. 왜냐하면 재화와 서비스는 제한적으로만 존재하며 희소성이 있기 때문이다.

따라서 시장경제체제를 유지하고 있는 국가나 사회에서는 제한적으로 존재하고 희소성이 있는 재화와 서비스의 생산과 분배(유통)에 관하여 효율적으로 욕구를 충족하도록 관리하기 위하여 어떤 상품의 생산을 얼마만큼 언제하느냐와 어떤 경로를 통하여 유통하고 분배하여 어느 정도로 만족하느냐 등을 시장을 통하여 이루어지도록 의욕하고 있다.

이와 같은 재화와 서비스 분배구조의 문화적 배경에 의하여 오늘날에도 제한적으로 존재하는 재화와 서비스의 생산, 분배, 소비가 적절하게 시장을 통하여 이루어지고 있다. 따라서 일반적 시장은 재화와 서비스의 수요자와 공급자간에 직접 또는 간접(상인 매개)적으로 가격을 결정하고 매매 등의 거래가 이루어지는 장소로 정의할 수 있다.

시장의 종류에는 기준에 따라 매우 다양하게 분류할 수 있으나 시장성격을 기준으로 구체적 시장과 추상적 시장으로 분류할 수 있다. 전자는 판매자와 구매자가 일정한 장소에서 만나 거래를 하는 특정 장소를 의미하고 후자는 국내시장, 국제시장과 같이 장소의 제한을 받지 않는 공간적 개념의 시장을 의미한다.

본래 의미의 시장은 구체적 시장을 의미하였으나 유통경제의 발달로 인하여 국제시장의 영역을 뛰어넘어 추상적 시장으로 확장되어 왔다. 건물자산시장의 경우에는 불완전시장과 추상적 시장의 성격을 모두 가지고 있는 특징이 있다.

2. 건물자산시장의 개념

건물자산시장이란 건물자산을 대상으로 매매, 교환, 투자, 임대 등의 거래가 이루어지며 건물자산관리용역이 자산관리용역시장을 통하여 수급이 이루어지는 특성으로 인하여 일반적인 시장의 개념과는 다소 차이점이 있다. 왜냐하면 건물자산시장은 일반재화시장과는 다르게 건물자산의 위치의 고정성(지리적 고정성)으로 인하여 위치 중심의 국지성 시장의 특성을 보이고 있으며 매매나 임대가 시작되는 순간부터 매매시장 또는 임대시장이 형성되는 관계로 보디스(Byrl, N. Boyce)가 정의한 바와 같이 건물자산시장은 건물자산관리의 교환, 공간적 배분과 공간이용 패턴을 결정하고 수요와 공급에 의하여 가격이 결정되는 상업이 활동하는 곳을 의미한다.

건물자산관리의 경우 건물자산의 재화와 자산관리의 서비스(용역)가 병존하고 있으므로 재화시장과 서비스시장을 통하여 건물자산이 거래되고 건물자산관리 서비스가 대가를 매개로 거래되고 있어 건물자산시장은 결국 건물자산거래시장과 건물자산관리 서비스(용역) 시장으로 나누어 살펴보아야 한다.

건물자산거래시장에는 매매시장과 임대시장 등이 있으며 건물자산관리 서비스(용역)시장에는 AM시장, PM시장, FM시장, CM시장, 보수정비용역시장 등이 있다.

건물자산시장의 개념을 보다 구체적으로 이해하기 위해서는 경제학 측면의 시장개념을 이해할 필요가 있다. 경제학 측면의 시장개념은 상품인 재화(Goods)와 용역(Service)에 대한 수요와 공급에 의하여 가격이 형성되거나 매매, 교환 등의 거래가 이루어지는 장소를 의미하며 일물일가의 법칙이 적용되는 범위를 시장으로 보고 있다.

시장의 종류에는 분류기준에 따라 여러 종류의 시장이 있을 수 있으며 시장의 성격에 따라 크게 분류하면 전술한 바와 같이 구체적 시장과 추상적 시장으로 분류된다. 장소 기준의 구체적 시장의 의미는 가락시장과 같이 상품을 거래하기 위하여 거래당사자(판매자와 구매자)가 일정한 장소에서 만나는 특정한 장소를 의미하고 추상적 시장은 노동시장, 자본시장 등과 같이 장소의 제한을 받지 않는 공간개념의 시장을 의미한다.

본래 의미의 시장은 구체적 시장만을 의미하나 유통경제의 발달로 인해 추상적 시장으로 확장되어 가고 있으며 건물자산관리시장은 추상적 시장인 동시에 불완전 시장에 해당된다. 건물자산의 매매의 경우 건물자산의 소유권이전을 매개로 대금과 교환이 이루어지므로 공간이용과 공간적 패턴이 교환형식으로 결정되며 공급과 수요에 의하여 가격이 결정된다.

건물자산시장에서 거래되는 상품은 재화(건물자산)와 서비스(건물관리서비스)이며 재화의 유통은 건물자산을 매매하거나 임대차를 의욕할 때부터 시장이 형성되는 특징이 있고 유통과정에서 매도자와 매수자, 임대인과 임차인 상호간에 직접 이루어지며 AM서비스나 PM서비스 그리고 FM서비스 등은 계약에 의하여 직접 또는 간접으로 유통된다. 또한 건물자산시장은 상품(건물재화)의 고정성으로 인하여 건물재화가 위치한 장소가 중심이 되며 용역의 경우는 FM과 PM서비스를 제외한 AM서비스는 매매를 제외하고는 장소적 위치적 제한을 받지 않는다. 따라서 건물자산은 소유자가 바뀌어도 건물자산은 이동하지 않으며 소유권만 이전하게 된다.

결론적으로 건물자산시장(建物資産市場)이란 건물자산의 권리와 대금의 교환, 가액결정, 공간배분 또는 공간이용 패턴의 결정이나 수급조절을 돕기 위한 의도된 상업활동 장소를 의미하며 추상적 시장과 불완전 시장의 성격을 가지고 있다.

(1) 건물자산시장의 특성과 기능

1) 건물자산시장의 특성

건물자산시장의 특성에는 국지성, 거래의 비공개성, 비표준화성, 비조직성, 수급조절의 공난성, 매매기간의 장기성, 추상적 시장성, 불완전 시장성 등이 있다.

2) 건물자산시장의 기능

또한 건물자산시장의 기능에는 자원분배기능, 교환기능, 가격형성기능, 정보제공기능, 양과 질의 조정기능 등이 있다.

(2) 건물자산시장의 파악기준

건물자산시장의 파악기준에는 물리적 경계, 토지이용상태, 사회, 경제적 수준 그리고 통행패턴, 서비스의 종류, 서비스의 양과 질 등이 있다. 또한 건물자산시장을 분석하기 위해서는 건물의 수요공급분석, 경기변동, 인근지역 생애주기의 변화 등을 함께 분석해야 한다.

(3) 건물자산관리시장의 현황

건물자산시장은 전술한 바와 같이 재화적 성격의 건물자산거래시장과 서비스 성격의 용역시장으로 나누어져 있으며 그 현황을 건물자산거래시장과 건물자산관리 서비스시장으로 나누어 살펴봄이 타당하다.

1) 건물자산거래시장

건물자산거래시장은 건물자산(재화)을 중심으로 매매, 교환, 임대차 등의 거래가 형성되는 시장을 의미한다. 건물자산의 거래시장 매매교환 중심의 거래와 임대차 중심의 거래로 대별되며 건물자산 매매규모는 문헌상 정확한 통계는 없으나 수십조원으로 추정되고 있다.

2) 건물자산관리 서비스시장

건물자산관리 서비스시장은 주로 AM 서비스시장, PM 서비스시장, FM 서비스시장, CM 서비스시장을 통하여 이루어지며 그 거래규모는 정확한 정부 통계는 없으나 신뢰성 있는 교육기관(한국생산성본부)의 자료를 기초로 2006년 말 기준 시장현황을 보면 다음과 같다.

오피스 빌딩 중심의 자산관리시장(PM시장)의 규모는 850억 원이며 시설관리 시장규모는

8500억 원, CM시장 규모는 9200억 원 정도로 약 2조원의 시장규모로 추정하고 있다. 그러나 투자자문(AM시장), 임대차사업(LM시장)과 오피스 이외의 학교, 백화점, 병원, 호텔, 공공시설과 주택 등의 시설관리를 합하면 6조원 내지 10조원 규모로 추정되고 있다.[3)]

(4) 건물자산시장의 변화

건물자산시장의 변화추이를 살펴보면 건물자산 보유 및 사용 중심의 건물자산취득에서 수익 중심의 건물자산취득으로 취득목적이 크게 변화되고 있으며 임대시장에서도 임대자 중심시장에서 임차인 중심시장으로 변화되고 있다. 또한 종전의 임대차시장에서는 건물의 공간과 시설의 제공만으로 임대사업이 충분히 가능했으나 현재의 임대시장의 경우에는 사용자의 욕구는 Welbing차원, 친환경차원, IBS차원의 편의 시설들을 요구하고 있으며 따라서 종전의 FM기술만으로는 현재 임차인의 욕구를 충족할 수 없어 국제 글로벌스텐다드 표준을 기준으로 관리인력을 전문화하여 One Stop Service System을 갖추고 양질의 서비스를 제공하도록 시장환경이 크게 변화되고 있다.

따라서 종전의 FM개념만으로는 건물자산관리를 감당할 수 없는 사태가 현실화되었음을 인식해야 하며 고도의 건물자산관리 기술과 경영을 연구하지 않으면 안 된다.

제2절 건물자산의 수요와 공급

1. 수요와 공급의 개념

수요란 개인, 가계, 기업 국가 등의 경제 주체가 재화나 서비스 등의 상품을 구입하게 하는 욕구를 의미하고 공급이란 재화와 서비스의 생산자가 생산된 상품을 판매하고자 하는 의욕을 의미한다. 또한 건물자산의 수요는 건물이나 건물의 서비스 중 구매력을 확보

3) 한국생산성본부, 기업부동산자산과리실무, 2006. p.47 인용

하고(유효수요) 구입하려는 욕구를 의미한다.

건물자산의 공급은 건물생산자가 건물과 건물관리서비스(이용서비스 등) 상품으로 시장에 판매하기 위하여 의욕하는 것을 의미한다. 그러나 공급과 수요가 일치되지 않아 가격의 변동이 자주 일어나고 있다.

2. 수요와 공급의 결정요인

(1) 수요의 결정요인

건물자산 수요의 결정요인은 다음과 같다.

1) 인구의 증가와 이동

인구의 증가와 도시집중화 현상에 의한 지역 간의 인구이동은 수요를 창출한다.

2) 건물자산의 가격과 금융조건

건물자산의 수요는 가격이 내려가면 수요는 높아지고 가격이 오르면 수요는 감퇴한다. 또한 은행 등 금융기관의 금융조건이 수요에 도움이 되는 유리한 조건을 충족하면 건물자산의 수요는 증가하고 금융조건이 불리하면 수요는 감퇴한다.

3) 조세정책

건물조세정책은 취득, 보유, 처분 등에 막대한 영향을 미친다. 따라서 취득, 보유에 유리한 조세정책이 시행되거나 예정되어지는 경우 수요가 일어나고 반대의 경우에는 수요가 위축된다.

4) 경기변동

건물자산(부동산)의 수요는 경기변동에 크게 영향을 받는다. 경기가 회복단계에서 호황단계에 진입하면 수요가 크게 늘어나고 경기가 불황으로 내려가면 수요가 급격히 위축되거나 중단되는 현상이 나타난다. 그러나 외국 투기자본의 경우 국내 부실화된 건물자산의 매입수요가 늘어나는 경향이 있다.

5) 가구수의 증가와 핵가족화

여러 가지 요인으로 가구수의 증가와 핵가족화의 요인은 건물자산 수요에 영향을 미치는 요인적 변수이다. 우리나라의 경우 핵가족화 현상이 계속 나타나고 있어 주택수요는 경기변동이 호황으로 가는 경우 계속 증가될 것으로 판단된다.

6) 경제적 소득과 사회적 수준의 향상

인간의 욕망의 속성은 현재의 양과 질에 머물지 않는 성질이 있어 경제적 소득향상과 사회적 수준이 향상되면 건물자산의 양적, 질적 욕구가 발생되므로 자연스럽게 수요가 발생한다. 최근의 중국의 경우가 경제적, 사회적 수준향상에 따라 건물자산(부동산) 수요가 급격히 높아진 사례라 할 수 있다.

7) 도시화와 산업화

정부정책 또는 경제정책 등의 영향으로 도시화와 산업화가 추진되면 도시 건물자산의 수요가 증가하는 현상이 나타난다. 다시 말하면 도시화와 산업화가 건물자산 수요증가의 변수로 작용한다.

(2) 공급의 결정요인

공급 역시 수요와 같이 공급 결정요인을 가지고 있는 바 이를 기술하면 다음과 같다.

1) 상품(건물자산) 가격

건물자산을 생산하는 기법이 건물의 상품가격이 상승하여 이익창출의 기대가 높아지는 경우 공급량을 늘리고 반대의 경우에는 공급량을 감소 또는 조절한다.

2) 경기변동

경기가 호황경기로 진입이 예상되거나 호경인 경우 공급량이 증가되고 불황으로 진입이 예상되거나 불황인 경우 공급량은 크게 감소한다.

3) 조세정책과 금융조건

건물자산(부동산)의 공급은 조세정책의 유리 · 불리조건과 금융조건의 충족 또는 미충족에 따라 공급량이 증가되거나 감소된다.

4) 대체재와 보완재의 가격

대체재의 경우 다른 재화의 가격 상승 또는 하락에 따라 공급량이 감소 또는 증가된다. 즉, 대체재의 경우 다른 재화가격이 상승하면 공급량은 감소하고 하락하면 공급량이 증가

되는 요인이 된다. 그러나 보완재의 경우에는 다른 재화의 가격이 상승하면 공급량이 증가되고 하락하면 공급량이 감소된다.

5) 생산요소의 가격변화

생산요소의 비용이 증가하면 생산량이 감소하고 생산요소 비용이 낮아지면 생산량이 증가한다.

6) 공급자의 예상 또는 판단

공급자의 예상 또는 판단이 가격이 시장에서 오를 것으로 예상 또는 판단되는 경우 생산량 증가의 변수로 작용하여 공급이 늘어나게 된다. 또한 인구의 이동이 늘어나거나 핵가족화, 산업화, 도시화 현상을 예상하거나 경기변동이 호경기로 판단하거나 예상되는 경우 공급량이 증가한다.

7) 기술수준의 변화

기술수준이 발전되면 공급이 늘어나고 기술수준이 후퇴하면 공급량이 줄어든다.

8) 생산기업의 경영정책 요인

기업의 경영정책은 공급이 늘어나고 줄어드는 요인으로 작용한다.

3. 수요와 공급의 제약요인

건물자산 수요의 제약요건을 살펴보면 다음과 같다.

① 건물자산의 가격비중이 크므로 구매자금을 마련하는데 오랜 시간이 소요되는 점
② 건물자산(부동산) 구매결정을 하려면 사전검토 사항이 복잡하고 구매절차 또한 까다로워 전문적 지식과 경험을 요구하고 있는 점
③ 공법상의 규제가 복잡하고 사법상의 등기절차와 조세제도의 영향이 크다는 점
④ 금리가 오르거나 주식시장의 상황 등에 따라 수요에 제약을 가져온다는 점
⑤ 수요주체와 부동산(건물자산)의 종류에 따라 현저한 차이점이 있는 점

공급의 제약에도 다음과 같은 제약요인이 있다.

① 경기변동 요인
② 금융, 조세 정책요인

③ 유효수요의 감퇴요인
④ 도시화, 산업화, 핵가족화 둔화요인

4. 수요법칙과 수요곡선

수요법칙이라 함은 가격만을 변수로 하여 수요와 가격의 상호관계를 나타낸 것으로 가격의 인상은 수요량의 감소를 가져오고 가격의 인하는 수요량을 증가시킨다는 경제 원칙을 의미한다. 건물자산의 경우 건물자산의 매매수요와 임대수요는 건물자산의 가격과 임대료와 반비례하며 건물자산의 가격과 임대료가 상승하면 수요는 감퇴하고 하락하면 수요는 증가한다.

한편 수요곡선이란 임대료와 수요량과의 관계를 그림으로 나타낸 것으로 수요곡선이라 하며 [그림 4]와 같다. 그림에서의 DD는 수요법칙에 따라 그린 것이고 점선 부분은 수요법칙의 예외 현상을 표시한 것이다.

수요법칙은 가격이 P0에서 P1으로 하향하면 수요는 Q0에서 Q1으로 증가하며 수요예외 법칙(점선) 가격이 상승할수록 수요도 증가하는 가수요현상이 나타나고 있다.

즉, 현재 필요하지 않는 재화를 가격이 오를 때 구입하여 두면 장래 가격이 더 오를 것으로 예상하고 구입하는 경우이다.

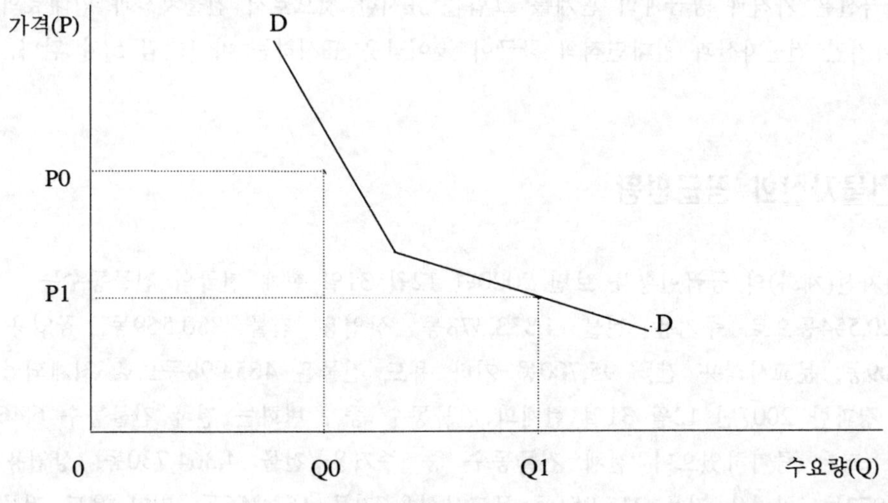

[그림 4] 수요곡선

5. 공급법칙과 공급곡선

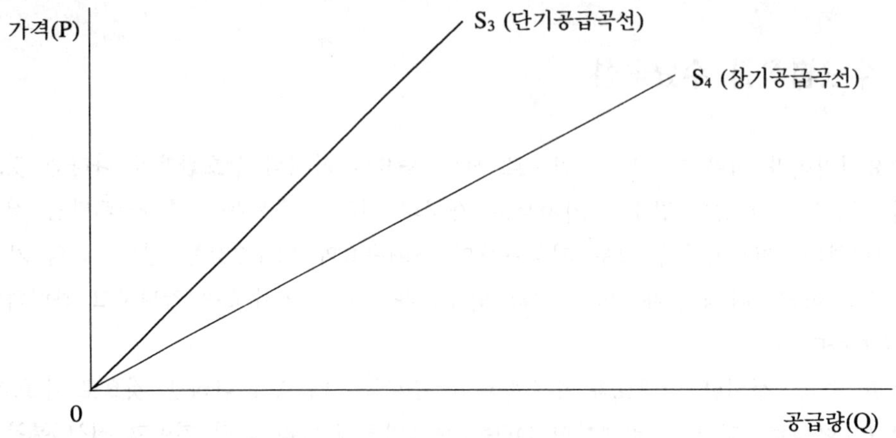

[그림 5] 공급곡선

공급법칙은 가격만을 변수로 하여 공급과 가격과의 관계를 나타낸 것으로서 가격상승은 공급량의 증가를 가져오며 가격의 하락은 공급량의 감소를 가져온다는 경제원칙이다. 즉, 다른 조건이 일정한 경우 건물자산(재화)의 가격과 임대료가 상승하고 건물자산의 공급과 임대건물의 공급이 늘어나고 하락하면 반대로 공급이 감소한다는 경제원칙이다.

공급곡선은 가격과 공급과의 관계를 그림을 표시한 것으로서 건물자산과 임대료의 가격이 높아지면 건물자산과 임대면적의 공급이 늘어남을 표시하는 바 [그림 5]와 같다.

6. 건물자산의 공급현황

건물자산(재화)의 공급현황을 보면 2000년 12월 31일 현재 전국의 건물동수는 5,920,554동으로 주거용 건물 4,333,378동, 상업용 건물 880,569동, 공업용 건물 144,909동, 문교사회용 건물 95,700동 기타 용도 건물은 465,998동으로 집계되었으나[4] 7년이 경과한 2007년 12월 31일 현재의 건물동수 증가 변화는 전국 건물동수 6,460,489동으로 크게 증가하였으며 전체 건물동수 중 주거용 건물 4,364,730동, 상업용 건물 1,010,972동, 공업용 건물 215,951동 문교사회용 건물 163,355동, 기타 용도 건물 705, 841동으로 증가되어 공급되었다.[5]

---

4) 건설교통부(현, 국토해양부), 건설교통통계연보, 2002. P.255.

5) 국토해양부 국토정책국, 건축기획과 통계자료 2008, 인용

이를 분석하면 전국 전체 건물동수의 증가현상은 539,935동으로서 매년 평균 77,133동이 증가되어 왔음이 확인되고 있다.

제3절 경기변동과 건물자산 인근지역의 생애주기

1. 일반경기변동과 건물자산 경기변동

(1) 일반경기변동

건물자산관리는 건물자산의 취득, 보유, 처분 등을 통하여 건물자산 가치를 보존, 이용, 개량하고 경제가치를 극대화하여 경제적 이익을 최대화하는 경제활동이므로 일반경기변동과 건물자산 경기변동(부동산 경기변동)에 직접적인 영향을 받는다.

따라서 일반경기와 건물자산경기를 면밀히 분석하여 취득시기와 매각시기 및 보유시기 등에 필요한 의사결정을 해야 한다. 일반경기변동의 순환은 8년~10년의 주기로 호황, 후퇴, 불황, 회복 등의 4국면으로 나뉘어 순환되고 있다.

1) 호황국면

경기호황의 국면은 전체 경제활동이 활발하여 경제생활이 상승하는 국면으로서 투자와 소비가 함께 증가하고 고용과 생산 및 소득도 따라서 증가하는 현상을 나타낸다. 또한, 생산재고는 줄어들고 기업의 이윤율이 오르며 은행대출증가와 은행이자가 상승하며 전체 시장경기가 활성화 현상을 보인다. 건물자산의 경우 건축공간의 생산이 늘어나고 임대료가 인상되며 공실률이 낮아진다. 뿐만 아니라 건물자산가치가 상승하고 매매활동도 활발하게 일어난다.

2) 후퇴국면

호황경기가 일정기간 유지되거나 정점(Peak)에 도달한 후 후퇴국면으로 접어들게 된다. 호황때의 경제활동이 생기를 잃고 활기를 상실하여 투자, 고용, 소비, 생산 등이 모두 감소되기 시작하고 판매 또한 부진하거나 감소되어 시장경제가 축소된다. 건물자산의 경우에도 건축물의 건축이 다소 둔화되기 시작하고 손실이 늘어나 공실률을 다소 높이는 현상이 나타나기 시작한다.

3) 불황국면

경기가 불황국면으로 접어들면 소비와 투자가 평소 상태보다 극도로 나빠지고 고용과 소득이 급격히 감소하게 되며 기업도산이 속출한 가운데 물가나 임금, 이자율, 주가들이 하락하는 현상을 나타낸다.

건물자산시장의 경우에는 건물생산활동이 중단되고 생산된 건물을 매매 또는 임대 분양되지 않아 재고가 누적되며 공실률이 급격히 상승하여 임대수익이 낮아지고 건물자산가치의 하락현상을 보이게 된다.

경기 불황에 접어들면서부터 건물자산관리는 어렵게 되며 유능한 관리자의 활용이 요구되는 때이다.

4) 회복국면

불황국면이 저점(Though)에 도달하면 다시 회복국면으로 진입하게 되며 재고 건물을 매각 또는 임대가 촉진되고 공실률은 떨어지고 임대율은 상승되며 고용과 소비 투자 생산들이 점차 개선되는 현상을 보이게 된다.

이상에서 설명한 경기변동 4국면의 모습을 그림으로 정리하면 [그림 6]과 같다.

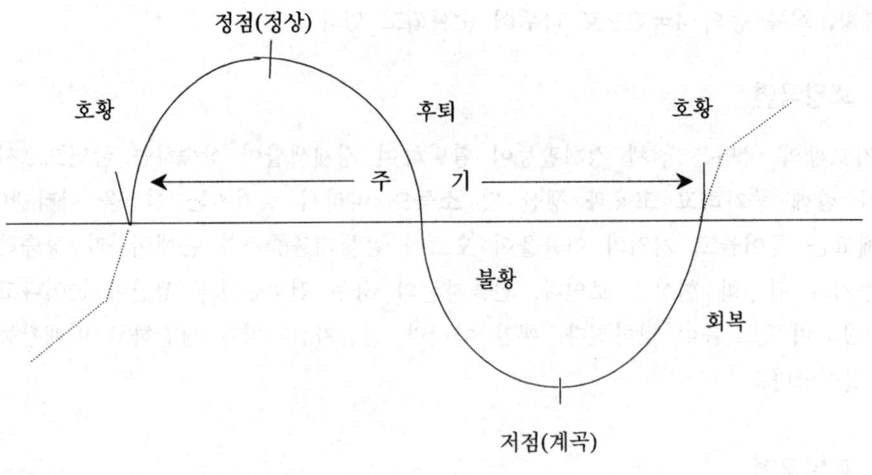

[그림 6] 경기변동의 4국면

또한 경기순환에 따른 경제현상의 특징은 다음의 <표 1>과 같다.

〈표 1〉 경기순환 국면의 특징

구분	호황기	후퇴기	불황기	회복기
물가	최고소비재가 등귀	전반적 하락	최저 수준	전반적 상승 생산재가 등귀
생활 활동	전반적으로 소비재생산 완만	전반적으로 하강	최저 수준	전반적으로 활발 생산재 생산 완만
소득	최고	감소	최저	증가
고용률	최고수준	감소 시작	최저 수준	증가수준
현금	대부 자금 핍박	지불의 불능	금융 완만	대부 증가 시작
주식 가격	최고	하락	폭락	상승
부동산 경기	가격상승 수요 투자 증대	가격 안정	가격 위축 수요투자 감소	가격상승 기미

(2) 건물자산 경기변동

건물자산(부동산) 경기순환은 일반 경기순환과는 달리 미국의 경우 20년의 주기로 순환하고 있으며 우리나라와 일본의 경우 5~15년의 주기로 호황과 불황이 반복되고 있다. 이와 같은 부동산 경기의 국면이 일정치 않은 이유는 경기순환의 영향과 수요요인의 증가, 공급과잉, 개인의 부동산 수요시기, 정부정책 및 조세제도 등의 원인에 기인되고 있는 것으로 판단된다.

건물자산경제의 순환국면은 하향시장, 회복시장, 상향시장, 후퇴시장 안정시장국면 등으로 진행되며 일반경기의 순환국면과는 매우 다른 모습과 특징을 보이고 있다.

1) 하향시장 국면

건물자산 경기변동의 하향시장은 일반경기의 후퇴국면에 해당하는 국면으로 시간이 경과하면 저점에 도달하게 된다. 하향시장의 특징은 부동산 거래가 대체로 저조양상을 뛰게 되며 부동산 가격의 상승둔화 약보합세를 유지하고 공가률이 다소 늘어나며 공실률 또한 늘어나는 경향을 보이게 되며 하향시장이 장기간 계속되면 호화주택이나 불요불급한 건물자산의 경우 처분 또는 거래가 크게 어렵게 되는 경향을 띄게 된다.

2) 회복시장 국면

불황시장에서 위축되었던 거래가 점차 늘어나기 시작하는 국면을 회복시장이라 한다. 일반적으로 경기회복은 개별 또는 지역별로 일어나는 것이 상례이나 이와 같은 회복국면의 신호는 형성된 가격수준, 공가공실의 동향, 건축허가신청 건수, 택지의 거래동향, 거래량 증가 등에서 회복시장의 동향을 감지할 수 있다.

건물자산(부동산)시장의 후퇴국면은 신속히 진행되는데 비하여 회복시장의 국면은 장시간 소요되는 전이 큰 특징으로 되어 있다.

3) 상향시장 국면

회복시장 국면 다음에 오는 건물자산시장 국면으로서 경기가 본격적으로 활발해지는 경향을 보인다. 건물자산이 규모와 가격의 고저에 관계없이 거래가 활발히 이루어지고 정점에 도달하면 후퇴가 진행되는 국면이다. 상향시장에서의 후퇴시장 국면으로서 진입시기는 예측하기 어렵다.

4) 후퇴시장 국면

호경기의 건물자산시장이 불황으로 반전하는 국면으로서 거래 감소현상, 빠른 경기 후퇴의 현상을 보이게 된다.

5) 안정시장 국면

시장이 안정기로 접어드는 국면으로 불황과 관계없이 우량 주택이나 필요한 건물자산(부동산)은 신규 수요층에 의해 거래가 이루어지며 경기 후퇴의 영향도 비교적 적게 받는 시장국면이다. 안정시장을 형성하는 층은 신규 수요층과 임대수요층이다.

(3) 부동산시장 경기변동의 측정지표

건물자산 거래시장 경기변동의 순환국면을 측정하는 지표에는 다음의 6가지 측정지표가 대체로 활용된다.

1) 거래량

건물자산(부동산) 거래량은 건물자산거래 시장조사의 유효한 수단이 되며 이는 등기신청 건수, 부동산 취득세 납부실적 등으로 거래량을 추정할 수 있다. 왜냐하면 호황국면(상향시장)에는 신청건수가 많고 불경기 후퇴국면(하향시장)의 경우에는 신청건수가 적기 때문이다.

2) 건축허가건수와 미분양 재고 현황

주거용 또는 비주거용도의 건축허가 건수와 미분양 재고량의 현황을 조사하면 경기순환의 국면을 파악할 수 있다. 왜냐하면 경기순화 국면마다 건축허가 건수와 미분양 재고량이 다르게 나타나기 때문이다.

3) 건물자산(부동산) 가격변동

건물자산(토지 및 건물)의 가격변동 추이를 살펴보면 경기의 흐름을 파악할 수 있다. 왜냐하면 경기가 호황일 때는 건물자산의 가격이 일반적으로 상승하고 후퇴국면인 경우에는 가격이 하향곡선을 긋기 때문이다.

4) 공가율과 임대료 수준

공가율의 동향과 임대료 수준으로 부동산경기 측정이 가능하다. 왜냐하면 호황경기일 때는 공가율이 낮아지고 임대료 수준은 높아지며 불황일 때는 그 반대가 되기 때문이다.

5) 주택금융의 상태

주택금융 상태가 악화되면 건물자산거래 경기도 악화되는 경향을 보이게 된다. 따라서 주택금융의 상태를 점검하여 건물자산시장의 경기를 파악할 수 있다.

6) 택지의 분양실적

택지분양실적을 보면 건물자산경기의 선도현상을 파악할 수 있다. 왜냐하면 택지거래의 활성화는 건물자산(부동산)경기의 호황진입을 예고하기 때문이다. 그러나 투기 세력을 겨냥한 택지거래량의 증가는 경기호황 진입을 판단하는데 오히려 오류를 범하기 쉽다. 2007년 초의 택지분양 증가이후 2008년도 대량 주택(아파트) 건설이 붐을 이루었으나 2008년도 하반기부터 주택재고량이 약 150,000세대에 육박하여 거래가 실종된 유례없는 불황의 국면을 맞이했기 때문이다.

2. 건물자산 인근지역의 생애주기

건물자산이 위치한 동일 생활권 안의 인근지역에는 생애주기가 작동하고 있으며 이에 따라 변화를 보이고 있어 건물자산관리의 변수로 작용하고 있다. 그러므로 인근지역의 생애주기와 그 변화를 관찰하고 파악하여 건물자산경제관리에 적용하는 것이 바람직하다.

인근지역의 생애주기는 성장기, 성숙기, 쇠퇴기, 천이기, 악화기 등으로 주기적 현상을 보이고 있다.

(1) 성장기

새로이 설정된 어떤 지역이 성장하는 시기로 그 기간은 지역의 특성, 규모, 인구, 개발 방법, 주변상태 등에 따라 다소 다르나 발전의 다음 단계인 성숙기에 이르기까지는 약 20년이 소요된다. 성장기의 특색으로는 다음의 특징이 있다.

① 지가상승과 안정
② 지역 내 공간이용이 경쟁적임
③ 교육수준 높은 젊은층 유입 가속
④ 유입자의 사회적 지위, 수입수준, 교육, 직업수준의 유사성

(2) 성숙기

개발 다음 단계로 지역기능이 안정되는 시기로서 지역 내 토지는 용도되고 활발히 활용되고 있으며 근린 편의시설이 잘 갖추어져 있고 공공시설 역시 정비되어 있다. 이때의 부동산 가격은 높게 형성되어 있고 지역기는 사회경제기능이 높으며 약 20~25년 정도 지속된다.

(3) 쇠퇴기

지역이 쇠퇴하는 시기로서 여과현상이 현저하고 초기, 중기, 말기로 나눌 수 있으며 대체로 30년에서 60년 정도 소요된다. 초기 쇠퇴기에는 지역주민이 떠나고 부동산 가격은 상승하되 다른 지역에 비해 떨어진다.

중기 쇠퇴기에는 인근의 쇠퇴가 진행되는 시기로서 다음과 같은 특징이 있다.

① 임료수준이 낮아 소유자는 유지관리의 절약을 시도한다.
② 시설이 노후화되고 물리적 상태가 악화된다.
③ 무직자가 많아지고 사회적 지위가 낮아진다.
④ 평판이 낮아져 부동산 가격이 하락한다.

또한 말기 쇠퇴기에는 다음과 같은 특징을 나타낸다.

① 임대주택 주민이 많아진다.
② 임대료 수준은 낮으나 유지관리비가 크게 상승한다.
③ 공가가 늘어난다.
④ 구호대상자와 생활보호대상자 등이 입주한다.

(4) 천이기

인근지역의 생애주기가 성장기, 성숙기 그리고 쇠퇴기의 3단계 중에 쇠퇴기가 계속되는 경우 완만한 커브가 계속되는 말기 쇠퇴 국면이 이어지며 재개발을 하는 경우 새로운 성장기가 도래하는 시기를 의미한다.

(5) 악화기

지역이 악화되어 소유자들에 의해 포기되는 시기이다. 노숙자, 무단점유자, 떠돌이 생활자 등이 생활하는 지역으로 슬럼화가 가속되는 지역이다.

건물에 필요한 전기, 수도, 가스 등의 공급이 중단되고 방화, 범죄가 늘어나며 폐차 차량이 증가한다. 지방자치단체마저 관리를 포기하는 곳으로 변모하여 지원을 중단한다. 이 때를 악화기라고 한다.

인근지역 생애주기 변화 국면을 그림으로 정리하면 [그림 7]과 같다.

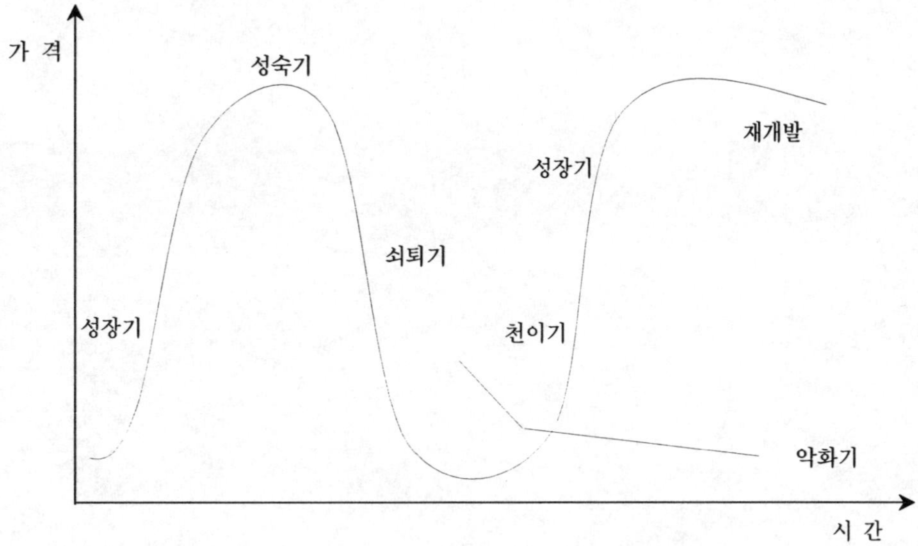

[그림 7] 건물자산 인근지역 생애주기변화 국면

제3장 건물자산관리 재무회계 기본이론

■ 제1절 재무관리의 기초개념
■ 제2절 건물자산관리 회계의 개념과 계정과목
■ 제3절 일반회계의 기초개념
■ 제4절 현금흐름표의 구조와 작성방법
■ 제5절 재무보고서의 작성 및 보고
■ 제6절 투자수익성 분석

제1절 재무관리의 기초개념

1. 재무관리의 의의

건물자산경제관리에 있어서 재무관리라 함은 건물자산경영주체나 관리주체의 존립과 유지에 필요한 재산을 조달, 관리, 사용하는 일체의 작용에 대한 사무관리를 의미한다.

다시 말하면, 건물자산경영주체나 관리주체의 경영관리활동에 필요한 자금을 조달하거나 관리 또는 사용에 관한 사무를 건물자산의 재무관리라 한다.

건물자산관리 업무를 크게 분류하면 자산운용과 재무관리, 임대관리 그리고 시설관리 등의 업무 등으로 대별할 수 있으나 재무관리업무가 건물자산관리의 핵심업무 영역을 차지하고 있어 매우 중요한 건물자산경제관리 업무라 할 수 있다. 왜냐하면 재무관리업무는 건물자산의 취득이나 보존 및 운영관리나 처분 등에 있어서 소요되는 금융의 조달, 수입관리와 지출통제, 제세공과금의 납부 및 장부상의 기록과 보존 등을 통하여 현금의 흐름을 정상화하고 자산경제관리를 통한 순이익을 최대화하는 등 현금관리업무가 대종을 이루고 있기 때문이다.

건물자산경제관리에 있어서 반드시 이해하고 숙지해야 할 재무관리 내용은 다음과 같다.

① 건물자산 재무관리의 개념과 재무관리 시스템
② 건물자산 재무관리 회계의 기초와 계정과목
③ 현금흐름의 구조 및 계산법과 Caprate의 계산방법
④ 건물자산의 수익과 비용구조 및 투자운용 수익률 계산방법
⑤ 건물자산관리 현금흐름표의 구조 및 작성
⑥ 금융상황분석 및 금융의 조달
⑦ 건물자산 조세와 부담금관리
⑧ 재무보고서의 작성 및 보고
⑨ 투자수익성 분석

2. 재무관리 시스템

돈의 흐름에 대한 회계상의 실수나 오류 또는 고의적 부정을 원천적으로 차단하기 위해서는 2중 또는 3중의 상호확인 기능을 가지는 재무관리 시스템의 구축이 필수적이다.

뿐만 아니라, 재무관리 시스템은 정확한 수입현금관리와 비용에 대한 통제 그리고 분석 기능을 가져야 하며 나아가 통일되고 체계적인 예산, 회계, 보고체계를 갖추어 개별 건물

자산 또는 전체 건물자산(Portfolio)에 적용 가능하고 통일된 종합보고 원칙이 지켜져야 하며 특히 전체 건물자산에 대한 자산운영자인 Asset Manager가 회계관리자인 Property Manager 그리고 회계감사 주거래은행인 수탁은행, 사무수탁 담당자 모두가 일관성 있게 감시하고 관리할 수 있도록 재무관리 시스템을 구축해야 한다.

효율적이고 체계적이며 통일적인 현금흐름의 상호확인을 위한 일일자금관리 시스템은 다음의 [그림 8]과 같이 시스템 모형화하여 운영하는 것이 바람직하다.

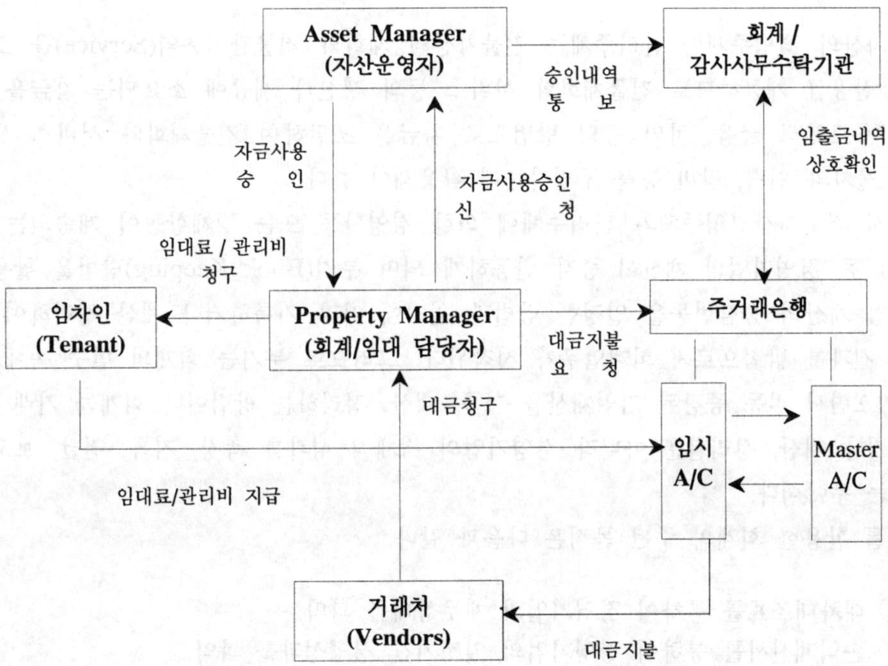

(자료출처 : 한국생산성본부, 기업부동산 자산관리실무, 2006, P.21 인용, 재구성)

[그림 8] 재무관리 시스템의 모형

제2절 건물자산관리 회계의 개념과 계정과목

1. 건물자산관리 회계의 개념

(1) 회계관리의 의의

건물자산의 경영주체와 관리주체는 건물자산의 재화와 건물관리용역(Service)을 소비자에게 생산공급 제공하므로 건물재화와 서비스 등의 생산과 제공에 소요되는 자금을 은행이나 대주로부터 금융, 차입 등의 방법으로 자금을 조달하여 건물재화와 서비스 생산에 필요한 물자와 인력, 장비 등을 구입하는데 활용해야 한다.

따라서 건물자산경영주체와 관리주체에 의한 경영활동 또는 경제활동이 계속되는 사이에 현금 등 경영기업의 재산이 증감 변동하게 되며 부기(Book Keeping)방법을 활용하여 경영기업 재산의 증감변동을 일정한 방법과 원리에 따라 기록하거나 계산 정리하여 증감원인과 결과를 밝힘으로써 회계업무가 시작된다. 그러므로 부기는 회계의 범주 속에 포함되어 있으면서 변동 증감된 기업재산을 기록, 계산, 정리하는 방법이나 회계는 거래내용을 기록하거나 계산, 정리할뿐 아니라 경영기업의 경제적 성과를 측정, 기록, 전달, 보고하고 해석하는 분야이다.

부기를 활용한 회계의 주된 목적은 다음과 같다.

① 대차대조표를 통하여 경영기업의 재무상태를 파악
② 손익계산서를 통하여 경영기업의 일정기간 경영성과를 파악

또한 회계의 부수적 목적은 다음과 같다.

① 경영기업의 이해관계자에게 기업활동 정보제공
② 경영방침 수립시 자료제공
③ 과세자료 제공
④ 분쟁시 증거자료제공 등

(2) 재무제표

재무제표라 함은 건물자산관리에 있어서 자산경영관리회사가 경영회사의 재무적 정보를 정리하여 건물자산관리 이해관계자(투자자/채권자/세무서/종업원/거래자 등)들에게 재무적 정보를 제공하여 주는 공식적 재무보고서로서 주요 재무제표는 다음과 같다.

① 대차대조표(B/S : Balance Sheet)
② 손익계산서(P/L : Profit and Loss Statement, I/S : Income Statement)
③ 현금흐름표(Cash Flow)
④ 이익잉여금 처분계산서 또는 결손금 처리계산서
⑤ 자기자본명세서

그러나 건물자산관리에 있어서 내외부의 건물자산관리 이해관계자가 경영기업의 재무적 사항에 대하여 감사할 수 있는 재무보고서는 현재 또는 미래의 투자관리의 의사결정시 또는 대출심사 등에 사용되며 다음과 같은 기본적 재무보고서인 손익계산서, 대차대조표, 현금흐름표, 자기자본명세서 등이 작성되어야 한다.

(3) 대차대조표

결산일 또는 대차대조표일 등의 일정시점의 경영기업 재무상태를 나타내는 재무제표로서 계정과목에는 자산, 부채, 자본 등이 있다.

1) 자산(Asset)

경영기업이 현재 또는 미래에 경제적 혜택을 누릴 수 있게 해주는 재화와 권리 등을 의미하며 유동자산과 고정자산이 있다. 건물자산을 고정자산 중 유형자산에 해당된다. 자산으로 분류되기 위해서는 다음 조건을 충족해야 한다.

① 화폐단위로 측정 가능할 것 즉, 화폐와 교환이 가능할 것
② 경제적 자원일 것
③ 현재 또는 미래에 경제적 효익 제공이 가능한 것
④ 거래의 결과로 취득한 것일 것

2) 부채(Liabilities)

경영기업이 미래 상환할 경제적 의무로서 유동부채와 고정부채가 있다.

3) 자본(Capital)

경영기업이 보유자산총액에서 부채총액을 차감한 순자산(차감잔액)을 의미한다. 즉, 적극적 재산인 자산에서 소극적 재산인 부채를 차감한 것이 자본(순재산)이다. 자본의 분류를 보면 자본금, 자본잉여금, 이익잉여금, 자본조정 등으로 분류된다.

(4) 손익계산서

회계기간(일정기간) 경영기업의 경영성과(일정기간 총수익과 총비용)을 나타내는 재무제표로서 개정과목에는 수익(Revenues)과 비용(Expenses) 등이 있다.

2. 건물자산재무관리 계정과목

건물자산재무관리(부동산재무관리)의 자산의 총액과 수익과 비용의 현황을 나타내는 건물자산재무관리 계정에는 건물자산, 건물자산수익, 건물자산비용 등이 있다.

(1) 건물자산

건물자산의 계정에 포함되는 건물자산의 항목은 다음과 같다.

① 건물(부속시설을 포함한다.)
② 건축대지
③ 건설중인 시설(대수선, 신축, 개축, 보수, 정비 등의 비용)
④ 공기구와 비품
⑤ 건물자산 관련 유가증권
⑥ 임차보증금
⑦ 조경시설물
⑧ 선급 자본금 등

(2) 건물자산 수익

건물자산 수익의 계정에 포함될 항목은 다음과 같다.

① 건물자산임대수입 : 건물자산임대수입에는 월임대료, 보증금, 이자수입, 환산보증금, 선수수익 등이 포함된다.
② 건물자산 매각 양도차익 : 건물자산 매각 양도차익과 건물자산 유가증권 매각수익이 포함된다.
③ 시설물 사용료
④ 임차보증금 기회수익
⑤ 건물자산 간접투자 배당금

건물자산(부동산) 관련 채권인 ABS나 MBS나 Project Financing 이자와 이익, 리츠 또는 건물자산(부동산) 펀드배당금이 포함된다.

(3) 건물자산 비용

건물자산 비용계정에는 다음 항목이 포함된다.

① 건물자산 취득비 : 매입비용, 매입제세공과금, Renovation 비용 등이 포함된다.
② 보유세금과 부담금 : 보유세금에 해당되는 건물자산 관련 세금에는 재산세, 종합토지세, 재산할 사업소세, 도시계획세, 공동시설세, 지역개발세, 교육세, 간주임대부가세, 인지세 등이 있으며 건물자산관리 관련 부담금에는 환경개선부담금과 교통유발부담금, 과밀부담금 등이 있다.
③ 감가상각비
④ 건물자산 매각손 : 건물자산 매각손에는 건물자산 매각손과 건물자산 관련 유가증권 매각손 등이 포함된다.
⑤ 간접비
⑥ 건물자산 유지관리비용과 기타 건물자산관리 비용 : 건물자산 유지관리비용에는 일반관리비(인건비), 용역비, 에너지비, 소모자재구입비, 수선비 등이 있으며 기타 건물자산 비용에는 행정과태료, 형사법상 벌금, 강제이행금, 대손상각비용 부실채권, 공실보전비 등이 포함된다.

제3절 일반회계의 기초개념

1. 일반회계이해의 필요성

건물자산임대는 보증금 · 임대료(월차임) · 관리비 · 사용료 등 일정한 수익이 발생하며, 동시에 일반관리비 · 용역비 · 재료비 · 장비비 · 소모품비 등 일정한 지출이 발생되는 현장이다. 그러므로 회계업무는 일일업무 · 월말업무 · 연말업무 형태로 발생하므로 이에 관한 회계처리가 불가피하다. 특히 임대료와 관리비의 징수수납업무, 급료지급이나 퇴직금 정산, 세금처리 등 그 업무가 매우 다양한 회계업무이므로 이에 관한 체계적 연구와 이해가 필요하다. 따라서 임대관리자는 임대업무의 체계적인 관리를 위하여 임대에 관한 회계실무를 구체적으로 연구하고 체계적으로 이해해야 한다.

다음 절에서 건물임대에 관계되는 임대실무에 대하여 개괄적으로 소개하고, 이를 통하여 건물임대 회계업무에 도움이 되기를 기대해 마지않는다. 회계실무에 대한 체계적 이해를 위하여 일일회계업무, 월말회계업무, 연말회계업무로 나누어 설명하고자 한다.

2. 일일회계업무

(1) 일일업무

회계실무의 최종 산출물은 재무제표를 작성하는 것이지만, 기말에 재무제표를 작성할 수 있기 위해서는 매일매일 발생하는 거래에 대한 처리가 명확히 이루어지고 매일매일의 장부가 일치하여야 한다.

일상적으로 발생하는 매일업무의 처리과정은 [그림 9]와 같다.

1. 분 개
2. 전표 작성, 분개장 작성, 일계표 작성
3. 총계정원장 작성
4. 보조부 작성
5. 현금의 예금과 출금
6. 실제액과 장부상 잔액의 비교
7. 어음과 수표 등의 발행 · 결제 · 회수
8. 납품서, 주문서, 거래명세표의 작성
9. 일일 자금조달계획 수립
10. 기타 장부의 작성

[그림 9] 일일회계업무 흐름도

(2) 현금의 관리와 회계처리업무

현금은 일상 임대활동 중에서 입 · 출입이 빈번하여 도난의 위험이 매우 높은 자산이므로 현금에 대한 내부통제는 매우 중요한 부분이다.

현금의 관리를 위한 내부통제 기법으로는 다음과 같은 방법들이 있다.

1) 현금·예금 등의 금고보관

현금·수표·예금통장증서 등은 안전한 금고에 보관하고, 금고의 접근을 통제하고, 열쇠는 출납담당자에 의해 적절하게 보관해야 한다. 또한 은행에 신고된 인장은 수표나 예금통장 등과는 별도로 보관해야 수표의 부정발행을 예방할 수 있다.

2) 현금과 관련된 업무의 분장

현금수취 담당자는 현금수입자의 기록과 같은 회계기록업무를 담당하지 않도록 한다. 또한 현금지출 담당자는 현금지출장과 같은 회계장부의 기록업무를 담당해서는 안 된다.

3) 대금지급시 그 정당성 및 적법성의 확인

대금의 지급은 반드시 승인절차를 거친 정당한 금액만이 지출되어야 한다.

4) 매일의 장부확인

현금출납 담당자는 매일 업무마감 후 실물을 계산하여 장부잔고와의 일치여부를 확인해야 한다. 현금과 장부잔액이 일치하지 않으면 차이의 내용을 명확히 밝혀야 한다. 수시감사로 현금출납 담당자 이외의 사람에 의해 예고 없이 현금과 장부잔액에 대한 감사를 하면 현금출납 담당자의 부정이나 실수를 방지할 수 있다.

5) 임대관리자가 수취하는 모든 현금의 당일 내 은행예입

현금을 사무실 내 보유하면 도난과 분실의 위험이 존재하므로 현금을 보관하지 않고 은행에 예치하도록 해야 한다.

6) 수표를 이용한 대금의 지급

현금의 지급을 되도록 자제하고 수표를 통해 대금을 지급하도록 하여 현금지출에 대한 증거를 확보하도록 한다.

7) 정기적으로 은행계정 조정표 작성

기업의 예금잔액원장과 은행측의 은행계정 명세서 잔액의 일치여부를 확인하기 위한 은행계정 조정표를 정기적으로 작성하여 차이를 조정해야 한다.

(3) 소액현금

관리주체나 임대관리조직에는 일상적인 업무를 수행하는 과정에서 소액의 현금지출을 필요로 하는 경우가 빈번히 발생한다. 이와 같은 적은 금액의 현금을 소액현금이라 하며, 이 소액현금을 관리하는 장부를 소액현금출납장이라고 한다. 경리담당부서에서 각 용도계의 소액현금 담당자와 필요한 소액현금을 설정하고 미리 지급하면 소액현금을 지급받는 담당자는 필요시 지출을 하고, 월말에 영수증과 함께 경리과에 보고한다. 그리고 경리과에서는 보고받은 지출금액 중 부족분을 다시 소액현금 담당자에게 지급한다.

(4) 현금에 과부족이 있는 경우

현금출납장을 마감한 후에 실제 현금과 장부상의 잔액이 맞지 않는 경우가 있다. 이 경우 현금과부족이라는 계정과목을 만들어 현금과부족의 원인이 밝혀질 때까지 처리한다.

〈사례 1〉 금의 금고가액은 ₩150,000이나 장부상의 잔액은 ₩200,000인 경우 회계상의 처리는 일단 장부가액을 현금실재액에 맞춘다.

(차) 현금과부족	50,000	(대) 현금	50,000

그 후 현금과부족의 원인이 소모품을 현금으로 구입하고 이를 장부에 누락시킨 것을 발견했다.

(차) 소모품비	50,000	(대) 현금과부족	50,000

만약 현금과부족의 원인을 결산시까지 발견하지 못한 경우는 이를 잡손실 또는 잡이익으로 처리한다.

(5) 수표 · 어음의 관리

1) 수표의 발행

수표를 발행하기 위해서는 먼저 거래은행에 당좌예금 계좌를 개설해야 한다. 이때 기업이 현금이나 타인이 발행한 수표를 예입시키면 당좌예금계정이 증가하게 되고, 대금을 결제하기 위해 수표를 발행하면 당좌예금계정이 감소하게 된다. 발행인은 수표용지에 액면금액 · 발행일 · 발행지를 기재하고, 발행인이 기명날인하여 수취인에게 교부한다.

당좌예금의 주된 사용목적은 수표와 어음의 발행이다. 수표와 어음을 발행한 후 만기일이 되어도 당좌예금에 잔액이 없으면 부도처리되며, 1년에 3회 이상 부도를 내게 되면 은행과 거래정지처분을 당한다.

단, 미리 은행과 당좌차월약정을 맺어 예금잔액이 부족해도 차월 한도액 이내에서 발행한 수표와 어음은 지급이 가능하게 할 수 있다.

2) 수표관련 용어

수표관련 용어의 의미는 다음과 같다.

① 횡선수표

횡선수표는 수표의 표면에 두 줄의 평행선을 긋고 그 사이에 은행 또는 이와 동일한 의미가 있는 문자를 기재한 수표를 말한다. 이를 은행에 제시하면 은행에서는 직접 현금으로 지급하지 않고 제시한 사람의 은행계좌에 입금시키므로 지급처가 명확하게 되고, 도난의 위험도 방지할 수 있다. 특정 횡선수표를 받은 경우 그 은행에 계좌가 없으면 지급을 받을 수 없게 된다.

② 선일자수표

선일자수표는 은행과 어음거래 약정을 맺지 못한 영세업자들이 주로 사용하는 방법으로 수표를 발행할 때 실제로 발행하는 날짜를 기입하지 않고 장래의 날짜를 발행일로 기입하는 수표이다. 실제 발행한 날짜에 지급제시를 하면 결제할 능력이 없으므로 미래의 지정한 날짜를 발행일로 하여 그날에 지급 제시하면 결제하겠다는 뜻이나, 수표법에서는 은행이 선일자수표 소지인에게 지급을 청구받더라도 지급을 하도록 되어 있기 때문에 선일자수표를 발행할 경우에는 상대방의 신용도를 잘 판단해야 한다.

(6) 어음의 발행

일반적으로 많이 사용되는 어음은 약속어음인데 은행을 지급장소로 하는 어음을 발행할 때에는 수표의 경우와 마찬가지로 당좌예금계좌를 개설할 필요가 있다. 그러나 어음의 발행은 수표의 발행과 달리 은행에 한정되지 않고 신용금고나 신용조합 등의 금융기관에서도 취급하고 있다.

어음관련 용어의 의미는 다음과 같다.

1) 어음의 결제

어음의 만기일에 어음이 현금화되는 것을 어음의 결제라고 한다.

2) 어음의 개서

어음의 만기일을 연장하고 싶은 경우 수취인의 양해를 얻어 새롭게 어음을 발행하고 이전 어음과 교환할 수 있는데, 이를 어음의 개서라고 한다. 개서할 경우에는 연기한 날짜분만큼의 이자를 수취인에게 지급한다.

3) 어음기입장

어음거래가 빈번한 경우에는 총계정원장만으로는 상세한 내용을 알기 어려우므로, 상세한 내용을 기입해서 관리할 장부가 필요하다. 이런 어음의 명세를 기입하는 장부를 어음기입장이라고 한다. 어음발행시 지급어음기입장에, 수취시 받을어음기입장에 기입한다.

(7) 일일자금운용

건물임대 현장에서 자금운용, 가수금, 거래내역은 <표 2>의 일일자금운용표와 같이 처리하면 된다.

(8) 자주 발생되는 비용의 회계처리

1) 복리후생비

복리후생비는 종업원의 복리를 증진하거나 건강관리를 촉진하기 위한 경비로서, 법정복리비와 회사가 독자적으로 실시하고 있는 복리후생시설, 사내의 각종 행사 · 의료 · 보건 · 소모품 · 음식 · 교양 등을 위한 비용으로 나눈다. 법정복리비는 근로기준법에 의해 의료보험이나 산재보험 등에 소요되는 비용이다.

2) 통근비 · 여비교통비 · 출장비

통근비는 회사에 근무하는 사람이 통근하기 위해 소요되는 비용이다. 이를 회사에 따라서는 여비교통비로서 일괄적으로 처리하기도 한다.

반면, 회사의 업무상 교통수단을 이용해서 이동한다거나 출장을 가는 경우의 교통비나 숙박비 등을 여비교통비라고 한다. 여비교통비에는 전철 · 버스 · 택시의 운임, 고속도로 · 유료도로의 통행요금, 주차비, 여관이나 호텔의 숙박비, 출장수당 등이 포함된다.

출장이 장기인 경우 미리 출장비 견적을 내서 출장 전에 회사로부터 그 비용을 지급받는데, 이를 가지급금으로 회계 처리한다. 가지급금은 출장에서 돌아온 단계에서 정산하고, 여비교통비로 대체된다.

〈표 2〉 일일자금운용표

2009년 3월 10일 현재

결제	담당	대리	과장	부장	대표이사

1. 자금운용

구분		전일잔액	증가액	감소액	금일잔액	비고
현금						
예금	정기예금					
	정기적금					
	신탁형저축					
	보통예금					
	계					
미수금	보험료					
	가산금					
	징수금					
	가산금					
	수입이자					
	계					

2. 가수금(본인부담 환급금)

구분	전일잔액	증가액	감소액	금일잔액	비고
현금					
보통예금					
계					

3. 거래내역

입금		출금	
적요	금액	적요	금액

3) 소모품비

소모품이란 사용함에 따라 소멸된다거나 마모되는 자산으로 이 소모품 구입에 드는 비용을 소모품비로 처리한다. 소모품비는 표류·장부류·노트·용지·필기구·스탬프·도장·전자계산기·근무시간기록표 등 사무에 사용하는 소모품의 소비액인 사무용품비와 소모성 공구·기구·비품비 등으로 나누어진다.

소모품의 구입시 소모품비로 처리한 후 결산이 재고가 남아 있는 경우 미사용분을 소모품비로부터 소모품 또는 저장품 과목으로 대체하고 당기 사용분만을 손익계산서에 소모품비로 계상한다.

4) 관리비

자주 발생되는 비용 중에는 건물관리비가 있다. 공동주택의 관리비 세부내역은 <표 3>과 같다.

〈표 3〉 공동주택관리비의 세부내역(주택법시행령 제58조제1항 관련)

비 목	구 성 내 역
1. 일반관리비	• 인건비 : 급여 · 제수당 · 상여금 · 퇴직금 및 산재보험료 · 고용보험료 · 국민연금 · 의료보험료 · 식대 등 복리후생비 • 제사무비 : 일반사무용품비, 도서인쇄비, 교통통신비 등 관리사무에 직접 소요되는 비용 • 제세공과금 : 관리기구가 사용한 전기료 · 전화료 · 우편료 및 관리기구에 부과되는 세금 등 • 피복비 • 교육훈련비 • 차량유지비 : 연료비 · 수리비 및 보험료 등 차량유지에 직접 소요되는 비용 • 그 밖의 부대비용 : 관리용품구입비, 회계감사비, 그밖에 관리업무에 소요되는 비용
2. 청소비	용역시에는 용역금액, 직영시에는 청소원 인건비 · 피복비 및 청소용품비 등 청소에 직접 소요된 비용
3. 경비비	용역시에는 용역금액, 직영시에는 경비원 인건비 · 피복비 등 경비에 직접 소요된 비용
4, 소독비	용역시에는 용역금액, 직영시에는 소독용품비 등 소독에 직접 소요된 비용
5. 승강기 유지비	용역시에는 용역금액, 직영시에는 제부대비 및 자재비 등. 다만, 전기료는 공동으로 사용되는 시설의 전기료에 포함한다.
6. 난방비	난방 및 급탕에 소요된 원가(유류대 · 동력전기료 · 난방 및 급탕용수비)에서 급탕비를 뺀 금액
7. 급탕비	급탕용 유류대 · 동력전기료 및 급탕용수비
8. 수선유지비	• 보수용역시에는 용역금액으로 하고, 직영시에는 자재 및 인건비 • 정화청소비 · 냉난방시설의 청소비 · 소화기충약비 · 옥상방수공사비 · 외부도장비 등 공동으로 이용하는 시설의 보수유지비 및 제반검사비

5) 수선비

수선비란 건물・집기・기계・자동차 등의 고장이나 성능저하를 원래상태로 복구하거나 현상태를 유지하도록 보수하기 위한 비용을 말한다.

예를 들면 벽을 새로 칠한다거나, 옥상의 수리・해체에 드는 비용이나 비품의 칠과 부품 교환, 자동차의 칠과 부품 교환, 기계의 부품 교환, 정기점검, 이동에 필요한 비용 등이 있다. 또, 가라앉은 지반을 다시 평평하게 하는 데 드는 비용, 배수가 잘 되도록 노면에 모래를 까는 데 드는 비용 등도 수선비에 포함한다. 이를 수익적 지출로 인식하여 당기의 비용으로 계상한다.

(9) 일일업무의 회계처리 예시

매일매일 발생하는 회계상의 업무를 일일업무라 하며 회계처리하면 <표 4>와 같다.

3. 월말회계업무

회계기간이 1년을 기준으로 이루어지지만 실무에서는 월단위로 장부를 마감하고 각 장부의 합계와 잔액을 산출하는 작업을 하게 된다. 또한 건물관리직원에게 월단위로 급여를 지급하므로 급여의 지급은 가장 대표적인 월말업무 중 하나이다. 월말결산과 함께 차월의 예산수립도 중요한 업무이다. 월말업무를 도식화하면 [그림 10]과 같다.

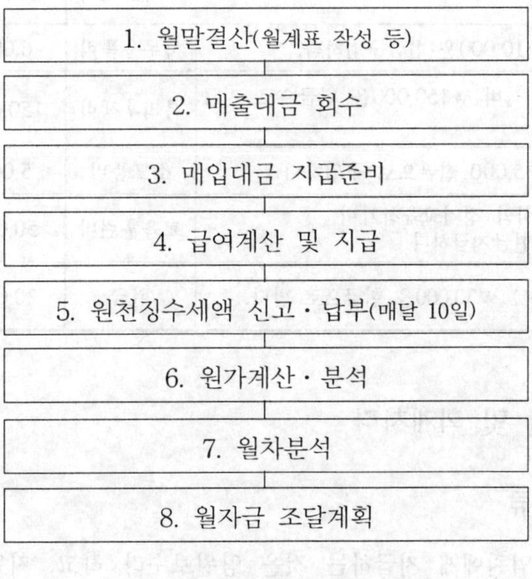

[그림 10] 월말회계업무

〈표 4〉 일일업무의 회계처리 예시

거 래	차 변		대 변	
9/1. 청소비 ₩200,000을 현금으로 지급하다.	청소비	200,000	현금	200,000
9/1. 1305호로부터 9월분 관리비 ₩135,000를 미리 받다.	현금	135,000	선수관리비	135,000
9/1. 현금 ₩100,000을 통장에 예입하다.	제예금	100,000	현금	100,000
9/1. 502호가 이사를 가서 전에 선수하였던 관리비 ₩80,000을 예금통장에서 인출하여 환불하다.	현금 선수관리비	80,000 80,000	제예금 현금	80,000 80,000
9/1. B/C유를 입고하고 대금 ₩2,000,000은 나중에 지급하기로 하다.	저장품	2,000,000	미지급금	2,000,000
9/1. 1년간의 화재보험료 ₩1,200,000을 현금으로 지급하다.	선급보험료	1,200,000	현금	1,200,000
9/1. 종업원이 9월분 급여일부인 ₩500,000을 가불하다.	가지급금	500,000	현금	500,000
9/1. 전화설치와 관련설비비 ₩200,000과 설치비 ₩20,000과 수수료 ₩3,000을 현금지급하다.	전신전화가입권 통신비	200,000 23,000	현금	223,000
9/1. 공구 ₩2,000,000과 비품 ₩500,000을 예금통장에서 인출하여 구입하다.	현금 비품	2,500,000 2,500,000	제예금 현금	2,500,000 2,500,000
9/1. 테니스장을 1년간 임대하기로 하고 임대보증금 ₩10,000,000을 정기예금하다.	제예금	10,000,000	임대보증금	10,000,000
9/1. 종업원 김갑돌에게 교통비 ₩1,500을 현금지급하다.	교통비	1,500	현금	1,500
9/1. 8월분 전화요금 ₩80,000을 현금납부하다.	통신비	80,000	현금	80,000
9/1. 8월분 일지 인쇄비 ₩200,000을 현금으로 지급하다.	도서인쇄비	200,000	현금	200,000
9/1. 회계장부 ₩10,000을 현금구입하다.	사무용품비	6,000	현금	6,000
9/1. 종업원의 회식비 ₩150,000을 현금으로 지급하다.	복리후생비	150,000	현금	150,000
9/1. 목장갑을 ₩5,000 현금으로 구입하다.	소모품비	5,000	현금	5,000
9/1. 위탁관리협회의 정기교육참가비 ₩50,000을 현금지급하다.	교육훈련비	50,000	현금	50,000
9/1. 곤도라 사용료 ₩30,000을 현금으로 받다.	현금	30,000	곤도라 사용 수익	30,000

(1) 급여계산 및 회계처리

1) 급여의 종류

일반회사에서 임원에게 지급하는 것을 임원보수라 하고, 지원에게 지급하는 것을 급여라고 한다. 급여에는 크게 나누어 임금 · 급료 · 제수당 · 상여금 · 퇴직금 등이 있다. 임금은 제조활동과 관련된 종업원에게 지급하는 것으로 제조원가에 계산되고, 급료는 사무직이나 영업직에게 지급하는 것으로 복리후생비 · 접대비 등과 함께 판매비와 관리비의 한 계정과목이 된다.

2) 급여처리 및 원장

① 급여처리원장에는 여러 가지 종류가 있는데 급여명세서와 원천징수부 첨부용지를 같이 사용한다. 계산순서는 다음과 같다.

> ① 급여는 먼저 기본급에 가족수당, 통근수당, 잔업수당, 정근수당 등의 각종 수당을 가산해서 급여총액을 계산
> ② 급여총액에서 비과세액을 빼고 과세분 급여액을 산출
> ③ 과세분 급여액에서 의료보험료 등의 차감
> ④ 원천징수세액표를 근거로 과세분 급여액에서 사회보험료를 뺀 금액에 대한 소득세 산출
> ⑤ 소득세와 주민세 차감 후 실제 현금지급액 산출

② 원천징수 세액의 납부

- 원천징수한 세액은 다음날 10일까지 은행 · 우체국 등 가까운 금융기관에 납부하고, 원천징수 이행상황 신고서는 세무서에 제출한다.
- 반기별납부 승인을 받은 자는 상반기 원천징수한 세액은 7.10까지, 하반기 원천징수한 세액은 다음해 1.10까지 납부한다. 원천징수 이행상황 신고서도 반기별로 제출한다.
- 원천징수할 세액은 간이세액표에 의하여 계산한다.

③ 일용근로자의 경우에 원천징수할 세액 : 원천징수할 세액=(하루 급여액－5만원)×9%(세율)×55%(근로소득세액 공제를 감안한 비율)

근로소득의 경우에는 매월 급여지급시에는 간이세액표에 의하여 원천징수하고, 다음 연도 1월 급여지급시에는 1년간의 근로소득에 대하여 연말정산을 하여야 한다.

월급여액은 비과세소득만 제외한 급여액이므로 국민건강보험료 등을 차감하지 아니하고 과세대상금액 전액에 대하여 해당란에 간이세액표를 참고하여 세액을 적용한다.

공제대상 가족의 수는 기본공제 대상자인 본인 · 배우자 · 부양가족의 수로 계산한 것이므로 경로우대 또는 장애자공제 등의 추가인원은 공제대상 가족의 수 계산시 추가로 반영하지 아니한다. 간이세액의 내용은 <표 5>와 같다.

〈표 5〉 간이세액표

월급여액 (비과세소득은 제외)		공제대상 가족의 수(본인・배우자를 각각 1인으로 봄)										
		1	2	3	4	5	6	7	8	9	10	11
천원 이상	천원 미만											
1,480	1,485	22,520	20,230	17,930	13,350	8,770	4,180	0	0	0	0	0
1,485	1,490	22,770	20,470	18,180	13,600	9,020	4,430	0	0	0	0	0
1,490	1,495	23,040	20,720	18,430	13,850	9,260	4,680	100	0	0	0	0
1,495	1,500	23,360	20,970	18,680	14,090	9,510	4,930	340	0	0	0	0
1,500	1,510	23,830	21,340	19,050	14,470	9,880	5,300	720	0	0	0	0
1,510	1,520	24,460	21,840	19,540	14,960	10,380	5,790	1,210	0	0	0	0
1,520	1,530	24,950	22,220	19,930	15,340	10,760	6,180	1,590	0	0	0	0
1,530	1,540	25,580	22,710	20,420	15,840	11,260	6,670	2,090	0	0	0	0
1,540	1,550	26,210	23,290	20,920	16,330	11,750	7,170	2,580	0	0	0	0
1,550	1,560	26,840	23,920	21,410	16,830	12,250	7,660	3,080	0	0	0	0
1,560	1,570	27,470	24,550	21,910	17,320	12,740	8,160	3,570	0	0	0	0
1,570	1,580	28,100	25,180	22,400	17,820	13,240	8,650	4,070	0	0	0	0
1,580	1,590	28,730	25,810	22,900	18,310	13,730	9,150	4,560	0	0	0	0
1,590	1,600	29,360	26,440	23,520	18,810	14,230	9,640	5,060	480	0	0	0
1,600	1,610	29,990	27,070	24,150	19,300	14,720	10,140	5,550	970	0	0	0
1,610	1,620	30,460	27,540	24,630	19,670	15,090	10,510	5,920	1,340	0	0	0
1,620	1,630	31,090	28,170	25,260	20,170	15,590	11,000	6,420	1,840	0	0	0
1,630	1,640	31,720	28,800	25,890	20,660	16,080	11,500	6,910	2,330	0	0	0
1,640	1,650	32,350	29,430	26,520	21,160	16,580	11,990	7,410	2,830	0	0	0
1,650	1,660	32,980	30,060	27,150	21,650	17,070	12,490	7,900	3,320	0	0	0

월급여액이 155만 원이고, 공제대상 가족이 4인(본인 포함)이면 원천징수할 세액은 14,470원이 된다.

④ 기본급

직책에 따라 설정된 기본급이 달라진다.

⑤ 충당금

• 상여충당금 : 상여금 지급을 위해 적립하는 금액

1개월을 넘는 기간마다 정기 또는 임시로 근로자의 근무성적 등을 감안하여 지급되고 있는 상여금은 근로계약에 의해 달라질 수 있다. 예를 들어 300%의 충당금을 설정한 경우 통상 '기본급×300%÷12월'로 계산한다.

⑥ 기본급 및 충당금 등 급여산정

건물관리종사자의 급여산정 방법은 <표 6>과 같다.

〈표 6〉 건물관리종사자 급여산정 방법

<table>
<tr><th colspan="2">비 목</th><th>세부내역</th></tr>
<tr><td colspan="2" rowspan="4">기본급</td><td>관리직 ○명 ○월분 기본급(급여)</td></tr>
<tr><td>전기직 ○명 ○월분 기본급</td></tr>
<tr><td>설비직 ○명 ○월분 기본급</td></tr>
<tr><td>경비직 ○명 ○월분 기본급(용역인 경우 제외)</td></tr>
<tr><td colspan="2" rowspan="3">충당금</td><td>상여충당금 : 기본급×300%÷12월</td></tr>
<tr><td>연차충당금 : 일급(日給)통상임금×10일÷12월
={(기본급+자격수당+직책수당+출납수당+식대보조비)÷226×8}×10일÷12월</td></tr>
<tr><td>퇴직충당금 : (1년 뒤의 퇴직금-현재 적립한 충당금 총액)÷12월</td></tr>
<tr><td rowspan="2">제수당</td><td>법정수당</td><td>월차수당 : 일급통상임금
생리수당 : 일급통상임금
연차수당 : 연차충당금으로 지급(별도부과 안 됨)
야간근로수당 : 시간급 통상임금×야간근로시간×1.5
휴일근로수당 : 시간급 통상임금×휴일근로시간×1.5(감시단속직 승인을 받은 경우 제외)
연장근로수당 : 시간급 통상임금×연장근로시간×1.5(감시단속직 승인을 받은 경우 제외)</td></tr>
<tr><td>법정외 수당</td><td>자격수당 : 주택관리사, 방화관리자, 전기기능사, 전기산업기사
출납수당
직책수당</td></tr>
</table>

*자료원 : 부산지역 공동주택 관리비 부과내역서 표준화 - 아파트를 중심으로(보고서)

- 연차충당금 : 근로기준법에 의한 연차휴가는 1년간 개근한 근로자에게는 10일, 9할 이상 출근한 근로자에게는 8일의 연차유급휴가를 부여하며, 근속연수가 늘어남에 따라 1년당 1일의 연차유급휴가가 늘어난다.
  근로기준법에 따라 계산하면 다음과 같다.

> 일급통상임금×10일÷12월
> 일급통상임금=월급통상임금÷226(월평균 법정근로시간)×8(1일 법정근로시간)

- 통상임금 : 근로자에게 정기적·일률적으로 소정근로 또는 총근로에 대하여 지급하기로 정하여진 시간급·일급·주급·월급금액 또는 도급금액을 말하는 것(근로기준법

시행령 제31조제1항)으로 관리사무소 종사근로자들의 월급(月給)통상임금은 기본급 + 자격수당 + 직책수당 + 출납수당 + 식대보조비가 포함되며, 법정수당인 연장(시간외)근로수당, 휴일근로수당, 야간근로수당, 월차수당, 연차수당, 생리수당 등은 제외된다.

이에 따라 월급통상임금은 다음과 같다.

월급통상임금(기본급+자격수당+직책수당+출납수당+식대보조비)÷226×8

그리고 직원들의 근속연수에 따라 연차휴가일수도 다양할 수 있으나 일률적으로 10일로 계산한 것은 연차휴가 지급시기가 직원별로 다르므로 충당금이 부족한 일은 별로 없기 때문에 직원별로 세분화함에 따른 불편을 없애기 위함이다.

- 퇴직충당금 : 근로기준법상 계속근로연수가 1년 이상 된 근로자가 퇴사하는 경우 퇴직금을 지급하도록 되어 있는바, 아파트에서는 직원들의 퇴사에 대비하여 퇴직금을 매월 일정액씩 부과하여 적립하고 있다. 근로기준법상 기준에 따르면 퇴직금은 근속연수 1년에 대하여 평균임금 30일분 이상을 지급하게 되어 있는데 보통 아파트는 그 기준에 따라 평균임금 30일분을 지급하고 있으며, 누진제를 시행하는 단지는 거의 없다. 여기서 평균임금의 개념을 살펴보면 다음과 같다.

  평균임금이란 산정하여야 할 사유가 발생한 날 이전 3개월간에 당해 근로자에게 지급된 임금의 총액을 그 기간의 총일수로 나누어 산정한 금액을 말한다. 평균임금은 통상의 생활임금을 있는 그대로 산정하려는 의도에서 산정하여야 할 사유가 발생한 날 이전 3개월간에 그 근로자에 대하여 지급한 임금의 총액을 그 기간의 총일수로 나눈 금액을 말하며, 취업 후 3개월 미만도 이에 준하게 된다고 규정하고 있다(근로기준법 제19조제1항). 또 통상임금보다 저액일 때는 근로자의 보호를 위해 그 통상임금을 평균임금으로 하게 되는데 그 산식은 다음과 같다.

평균임금 = 이전 3개월간의 임금총액/이전 3개월간의 총일수

  평균임금에서의 임금총액에 해당하는 항목은 기본급 + 연차수당 + 월차수당 + 생리수당 + 연장근로수당 + 야간근로수당 + 휴일근로수당 + 직책수당 + 출납수당 + 자격수당 + 당직수당(당직인 경우 해당) + 식대보조비 + 상여금 + 업무추진비(관리소장의 경우에 해당) 등이 포함되며, 체력단련비 등은 제외된다.

월급평균임금 = (기본급+제수당(연차수당+월차수당+생리수당+연장근로수당+야간근로수당+휴일근로수당+직책수당+출납수당+자격수당)+식대보조비+1개월치 상여금)

* 제수당에 당직수당이나 업무추진비(관리소장인 경우) 등이 포함될 수 있다.

그런데 많은 아파트에서 적립하고 있는 퇴직급여충당금의 계산방법이 잘못되어 있어 과다징수한 단지가 있는 반면 과소부과하여 직원 퇴사시 퇴직금이 부족하여 어려움을 겪는 단지도 있다.

일반적으로 사용되고 있는 아파트의 퇴직급여충당금 계산방법을 보면 다음과 같다.

(기본급+제수당(연차수당+월차수당+생리수당+연장근로수당+야간근로수당+휴일근로수당+직책수당+출납수당+자격수당)+식대보조비+1개월치 상여금)÷12 = 월적립금

위 식과 같이 개략적인 1개월치 평균임금을 12로 나누어 매년 같은 방식으로 적립하는데 재직 중에 임금에 변동이 없었다면 별 문제가 없겠으나 만약 임금이 인상되었다면 퇴직급여충당금이 부족하게 된다. 그 이유는 퇴직금 산정의 기준이 되는 평균임금은 퇴직하는 날 이전 3개월간의 임금을 기준으로 계산되기 때문이다. 구체적인 사례를 들어 설명해보면 다음과 같다.

〈사례 2〉 한 직원의 아파트 입사 첫 회의 30일분 평균임금이 100만 원이었고, 매년 10만 원씩 인상되었다. 이 아파트에서 10년 근속한 직원의 퇴직급여충당금 적립액을 계산한다고 하면 1,900만 원이나 현재의 방법으로는 1,450만 원이므로 450만 원이 부족한 결과가 나타난다.

즉, 매년 임금인상이 있었다면 퇴직금 계산은 퇴직금 산정 시점의 평균임금을 기준으로 하므로 인상되기 전 평균임금으로 산정하여 적립한 충당금은 그만큼 부족할 수밖에 없다.

반대로 남는 경우도 있는데 이 경우는 1년이 채 지나지 않아 퇴사한 직원들이 있을 경우 이미 부과하여 적립되어 있는 충당금만큼 남게 된다.

결론적으로 말하자면 임금 인상폭이 크고 인원이 많을수록, 또 장기근속자가 많을수록 종전의 방법대로 할 경우 부족액은 많아지게 된다. 이 경우 많은 인원이 한꺼번에 퇴직할 때에는 충당금이 부족하여 퇴직금 지급이 곤란하게 된다.

현재 퇴직급여충당금 계산방법은 <표 7>과 같다.

〈표 7〉 현재 퇴직급여충당금 계산방법의 예

(단위 : 만 원)

근속연수	평균임금 30일분	현재의 방법		실제 지급해야 할 퇴직금	부족금액
		연 적립액	누계액		
1	100	100	100	100	0
2	110	110	210	220	10

근속연수	평균임금 30일분	현재의 방법		실제 지급해야 할 퇴직금	부족금액
		연 적립액	누계액		
3	120	120	330	360	30
4	130	130	460	520	60
5	140	140	600	700	100
6	150	150	750	900	150
7	160	160	910	1,120	210
8	170	170	1,080	1,360	280
9	180	180	1,260	1,620	360
10	190	190	1,450	1,900	450

따라서 이런 사태를 예방하기 위해서는 퇴직급여충당금 적립금 산정 시점에서 1년 뒤 전직원이 동시에 퇴사한다고 가정하고 퇴직금 총액을 계산한 뒤 현재 적립되어 있는 퇴직급여충당금을 뺀 나머지 금액을 12개월로 나누어 매월 적립하면 된다.

> (1년 뒤의 퇴직금 총액－현재 적립한 충당금)÷12 = 매월 퇴직급여충당금 부과액

이런 방법을 매년 반복하면 퇴직급여충당금이 남거나 부족한 일이 발생되지 않을 것이다. 부족액이 너무 많다면 1년 만에 모두 메우기에는 무리가 따르므로 몇 년에 걸쳐 조금씩 채워나가면 좋을 것이다.

1년 뒤의 퇴직금 총액 계산방식의 예를 들어보자.

한 아파트 단지에 3명의 직원이 있고, 1년 뒤 전 직원이 동시에 퇴직한다고 가정하여 1년 뒤의 퇴직금 총액 계산방법은 다음과 같다.

• 퇴직금 총액 계산방법(A)
  1일평균임금×총근무일수/365×30일＝직원의 1년 뒤 퇴직금 예상 총액
  직원 A：39,710×1,167/365×30일＝3,808,896원(A의 1년 뒤 퇴직금 예상 총액)
  - 직원 B：42,310×930/365×30일＝3,234,107원(B의 1년 뒤 퇴직금 예상 총액)
  - 직원 C：52,310×1,050/365×30일＝4,514,425원(C의 1년 뒤 퇴직금 예상 총액)
  계 11,557,428원 : 전직원의 1년 뒤 퇴직금 예상 총액
• 퇴직금 총액 계산방법(B)
  (전직원 1일평균임금 합계/직원수)×(전직원 근속일수 합계/365)×30
  (39,710＋42,310＋52,310)/3×(1,167＋930＋1,050)/365×30＝11,581,908원

<방법 A>와 <방법 B>는 거의 비슷한 총액이 제시된다. 이를 통해 공식을 세운다면 다음과 같다.

> 전직원 1년 뒤 예상 퇴직금 총액＝전직원 1일 평균임금의 평균×전직원 평균 근속연수×30

이를 다시 풀면 다음과 같다.

1년 뒤의 예상 퇴직금 총액＝(전직원 1일평균임금 합계/직원수)×(전직원 근속일수 합계/365)×30

1년 뒤의 퇴직금 총액 계산방법은 <표 8>과 같다.

〈표 8〉 1년 뒤의 퇴직금 총액 계산방식의 예

<table>
<tr><th colspan="2">* 퇴직금 산출을 위한 기본 조건</th></tr>
<tr><td colspan="2">• 기본급 : 월급 800,000원
• 제수당 : 직책수당 월 100,000원
식대 월 50,000원
• 상여금 : 연 300%(기본급 기준)
• 임금지급일 : 매월 말일 당월 임금을 지급함
• 연차휴가수당 12일분 403,540원을 2001년 10월 31일에 지급할 예정
• 입사일 : 1998년 10월 4일 － 산정시점 : 2000년 1월
• 퇴직일 : 2001년 12월 15일자로 사직 － 총근무일수 : 1,167일</td></tr>
<tr><th colspan="2">* 계산식</th></tr>
<tr><td colspan="2">- 퇴직금 총액 = 일일 평균임금 × 30일 × 근속연수
- 일일 평균임금 = 과거 3개월간의 임금총액÷과거 3개월간의 역(曆)일수
- 근속연수 = 총근무일수÷365일</td></tr>
<tr><th colspan="2">* 산출방법</th></tr>
<tr><th>가. 산정기간(임금계산 기간)</th><th>나. 평균 임금 계산기간</th></tr>
<tr><td>- 2000년 12월 퇴직급여충당금 부과를 위해 매월 충당금 액수를 정할 필요가 발생
- 1998년 10월 4일 입사한 직원 홍길동이 2001. 12. 15 퇴사한다고 가정하면 총근무일수 1,167일이 됨</td><td>2001. 9. 15 ~ 9. 30 : 16일
2001. 10. 1 ~ 10. 31 : 31일
2001. 11. 1 ~ 11. 30 : 30일
2001. 12. 1 ~ 12. 14 : 14일
계 : 91일</td></tr>
<tr><th colspan="2">* 임금내역</th></tr>
<tr><td>(1) 기본급
9월 : 800,000원 × 16일 / 30일 = 426,667원
10월 : 800,000원
11월 : 800,000원
12월 : 800,000원 × 14일 / 31 = 361,290원
계 2,387,957원</td><td>(2) 직책수당 등
계산방법이 동일하므로 합쳐서 계산하여도 가함.
직책수당 월 100,000원, 식대 월 50,000원,
계 150,000원
9월 : 150,000원 × 16일/30 = 80,000원
10월 : 150,000원
11월 : 150,000원
12월 : 150,000원 × 14일 / 31 = 67,742원
계 447,742원</td></tr>
</table>

(3) 연차휴가수당 연차유급휴가는 3년 되는 시점인 2001년 10월 3일이면 12일(개근할 것으로 가정) 발생하여 403,540원을 지급받을 수 있으며, 이를 12로 나누어 3개월치만 계산하면 100,885원이 됨	(4) 월차휴가수당 매월 개근하여 월 31,600원 정도의 월차휴가수당을 수령하였다면 이도 평균임금 산정에 포함시켜야 한다. 다만 퇴사하는 12월은 개근하지 못하였으므로 월차수당이 없음. 9월 : 31,600원 × 16일 / 30 = 16,853원 10월 : 31,600원 11월 : 31,600원 계 80,053원

(5) 상여금
연간 지급총액을 월말 계산 후 당해 월액만을 산입함.
월분할액 = 기본급 800,000원 × 3배/12월 = 200,000원
9월 : 200,000 × 16 / 30 = 106,667원
10월 : 200,000
11월 : 200,000
12월 : 200,000원 × 14/31 = 90,323원
계 596,990원

* 평균임금 계산

3개월 간 임금총액 = 2,387,957 + 447,742 + 100,885 + 80,053 + 596,990원 = 3,613,627원
일일 평균임금 = 3,613,627원 / 총일수 91일 = 39,710원
퇴직금 총액 = 1일평균임금 × 총근무일수 / 365일 × 30일
= 39,710 × 1167/365 × 30 = 3,808,896원

이상과 같은 방법으로 홍길동 외 전직원에 대하여도 퇴직금을 계산해야 한다.
각 직원들의 퇴직금을 계산하여 합계한 금액이 1년 뒤의 퇴직금 총액이 된다.

⑦ 제수당

법정수당과 법정외수당으로 구분한다. 법정수당으로는 월차수당·생리수당·연차수당·야간근로수당·휴일근로수당·연장근로수당이 있고, 법정외수당에는 자격수당·출납수당·직책수당 등이 있다.

경비원과 같이 감시업무에 종사하는 근로자와 야간당직기사 등과 같이 근로가 단속(斷續)적으로 행하여지는 근로자를 합쳐 감시단속직 근로자라 한다. 감시단속직으로 노동부 장관의 승인을 받은 경우 근로기준법의 제4장과 제5장에서 규정하는 근로시간·휴게시간·휴일에 관한 규정의 적용이 제외되기 때문에 연장근로수당·휴일근로수당이 지급되지 않을 수 있다. 또한 판례는 월차수당도 적용이 되지 않는다고 해석하고 있다. 그러나 행정해석에 의할 경우 이러한 감시단속직으로 노동부 장관의 승인을 받더라도 야간근로에 대한 수당과 연·월차수당, 생리수당은 지급되어야 한다고 하므로 이의 절충이 필요하다.

급여총액에 제수당을 포함하기로 하는 포괄임금제 근로계약을 체결한 경우 급여총액에

제수당이 이미 포함되어 지급이 되는 것으로 해석하여 따로 수당을 구분하여 지급할 필요가 없다. 이러한 포괄임금제 근로계약이 유효하기 위해서는 근로시간과 포함되는 수당의 범위를 명시하여야 한다.

- 법정수당
- 월차수당 : 근로기준법에 의한 월차휴가는 1개월 동안 개근하였을 때 1일의 유급휴가를 부여하는 제도로서 1년간에 한하여 적치하여 사용하거나 분할하여 사용할 수 있다. 그러므로 이미 발생한 월차유급휴가를 1년간 사용하지 않고 근로하였을 때에는 그에 대한 대가로 월차휴가 근무수당(통상 월차수당이라고도 함)을 통상임금으로 환산하여 지급하는 것이다. '월차수당 = 일급통상임금'
- 생리수당 : 여직원에게 지급하는 수당이다. '생리수당 = 일급통상임금'
- 연차수당 : 연차수당을 지급하기 위하여 연차충당금을 부과하고 있으므로 별도 부과가 이루어지지 않는다.
- 야간근로수당 : 밤 10시~새벽 6시 사이에 근무할 경우 지급되는 수당이다.

야간근로수당 = 시간급 통상임금×야간근로시간×1.5

- 휴일근로수당 : 법정휴일(주휴일, 근로자의 날)에 근무할 경우 시간수에 따라 지급되는 수당이다.

휴일근로수당 = 시간급 통상임금×휴일근로시간×1.5

(감시단속직 승인을 받은 경우 제외)

- 연장근로수당(= 시간외 근로수당)
  법정근로시간을 초과하여 근무하는 경우 지급되는 수당이다.

연장근로수당 = 시간급통상임금×연장근로수당×1.5

(감시단속직 승인을 받은 경우 제외)

- 법정외수당
- 자격수당 : 일반적으로 아파트 단지 규모에 따라 다르게 지급되고 있는 실정이다. 주택관리사 · 방화관리자 · 전기산업기사 · 전기기능사 등이 자격수당을 받고 있다.
- 출납수당 : 회계업무를 담당하는 경리직원에게 지급되는 수당이다.
- 직책수당 : 소장 또는 중간관리자의 직책에 따라 지급되는 수당이다.
  예 경비반장 · 미화반장 · 소장 등에게 지급되는 수당

(2) 월말 주요 회계처리

월말 주요회계 처리는 <표 9>와 같다.

〈표 9〉 월말 주요 회계처리

거 래	차 변		대 변	
9/30. 9월장부를 마감하여 관리비부과자료를 작성한 결과 비용계정과목의 금액합계가 ₩40,000,000이었다.	미부과관리비	40,000,000	제좌 (비용)	40,000,000
'미부과관리비'란 아직 고지되지 아니한 관리비를 의미하며, 전산처리 과정에서 발생하는 오차(부과차이)를 정리하고 부과하고자 하는 비용계정별 금액을 각각의 계정 대변에 정리함으로써 장부상 발생된 만큼 정확히 부과하였는가를 확인·점검하기 위하여 설정한 '임시계정과목'이다.				
9/30. 곤도라 사용료 ₩30,000을 현금으로 받다.	현금	30,000	곤도라사용 수익	30,000
9/30. 1월 1일부터 1월 31일까지의 B/C유와 경유 사용량을 선입선출법에 의하여 산출한 금액 ₩900,000을 관리비로 부과하기로 하다.	유류비 미부과관리비	900,000 900,000	저장품 유류비	900,000 900,000
9/30. 1년분 선급한 보험료 ₩1,200,000을 12개월로 균등분할하여 부과하다.	화재보험료 미부과관리비	100,000 100,000	선급보험료 화재보험료	100,000 100,000
9/30. 특별수선충당금 전입액 ₩2,500,000을 부과하다.	특별수선충당금전입액 미부과관리비	2,500,000 2,500,000	특별수선충당금 특별수선충당금전입액	2,500,000 2,500,000
9/30. 9월분 급여 ₩20,000,000에서 근로자부담의 갑근세 ₩200,000, 주민세 ₩10,000, 의료보험료 ₩50,000, 국민연금 ₩30,000을 공제한 금액을 현금인출 지급하다.	급여	20,000,000	예수금 현금	290,000 19,710,000
원천징수한 갑근세와 주민세를 현금납부하다.	예수금	110,000	현금	110,000
근로자 부담의 의료보험료 ₩50,000과 사업자 부담의 의료보험료 ₩50,000을 현금납부하다.	예수금 복리후생비	50,000 50,000	현금	100,000
9/30. 9월 1일부터 9월 30일까지의 소모품비 ₩40,000을 관리비로 부과하다.	미부과관리비	40,000	소모품비	40,000
9/30. 9월 30일 전기료 부과를 위하여 세대 및 공동사용량을 점검·산출한 요금 ₩22,000,000을 부과하다.	전기료 미부과관리비	22,000,000 22,000,000	미지급금 전기료	22,000,000 22,000,000
9/30. 사용검사 후 1년이 경과하여 특별수선충당금 ₩2,000,000을 관리비로 부과하다.	특별수선충당금전입액 미부과관리비	2,000,000 2,000,000	특별수선충당금 특별수선충당금전입액	2,000,000 2,000,000

4. 연말회계업무

기업은 결산을 하기 위해 정해진 사업연도를 정하는데, 사업연도의 개시일과 결산일은 각 회사마다 자유로이 정할 수 있지만, 상법의 규정에 따라 매년 1회 이상 결산을 해야 하므로 사업연도의 기간이 1년을 초과할 수는 없다.

결산서를 작성할 때에는 1년분 총계정원장의 계정과목을 모두 집계하고, 연간 합계를 내어야 할 뿐만 아니라 결산을 위한 감가상각 등과 같은 특별회계처리도 해야만 한다. 감가상각이란 고정자산의 사용에 따른 가치의 감소 상당분을 고정자산의 사용기간 중 각 기간에 비용으로서 배분하는 절차를 말하며, 결산서에는 감가상각의 내용을 빠짐없이 정리해서 회사의 재무상태와 경영성적을 표시해야 한다.

결산서 작성은 다음 [그림 11]과 같다.

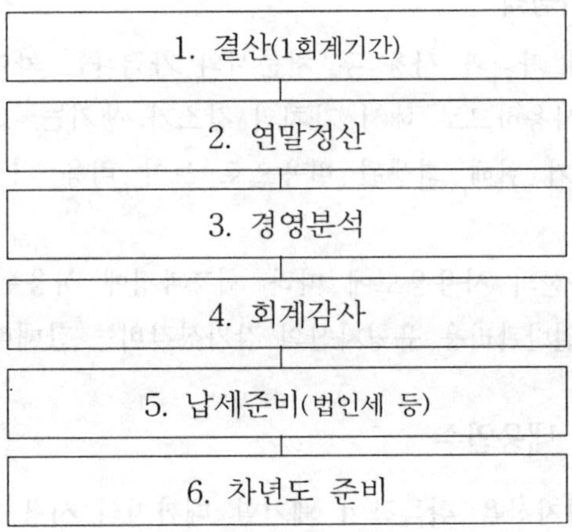

[그림 11] 결산서 작성

(1) 유형자산의 회계처리

1) 유형자산의 취득

유형자산의 취득시의 원가는 원칙적으로 매입대금에다 부대비용을 가산한 가격으로 기장된다.

① 구 입

구입대금 이외에 매입수수료 · 소개료 · 등기료 · 취득세 · 인수비 · 하역비 · 시운전비 등의 부대비용이 포함된다.

② 자가제작 · 건설

적정한 원가계산 방법에 의해 계산된 제조원가를 취득원가로 한다.

③ 현물출자

주식을 발행하여 고정자산을 취득한 경우에는 주식발행가액을 취득원가로 한다.

④ 교환에 의하여 취득한 경우

교환에 의해 제공되고, 제공받은 자산의 공정한 평가액을 취득원가로 한다.

⑤ 증여에 의한 경우

외부로부터 구입한 것으로 가정하여 공정시장가치로 평가하여 자산의 취득원가로 한다.

2) 유형자산의 감가상각

유형자산은 취득시의 가격과 사용 후 처분시의 가격과는 차이가 생긴다. 그 이유는 유형자산을 영업활동에 사용하므로 해서 가치의 감소가 생기는 것이라 인식하고, 그 가치의 감소를 수익을 창출하기 위해 희생된 비용으로 보아 비용 처리한다. 이를 감가상각이라 한다.

감가상각비는 해당자산의 사용용도에 따라 제조과정에 사용된 유형자산의 감가상각비는 제조원가로 계상하고, 일반관리용 유형자산의 감가상각비는 판매비와 관리비로 계상된다.

3) 감가상각자산의 내용연수

내용연수란 감가상각자산을 취득하여 폐기할 때까지의 사용 가능한 연수(年數)를 말한다. 내용연수의 종류에는 물리적 내용연수, 경제적 내용연수, 법정 내용연수가 있다. 물리적 내용연수는 물리적으로 마멸될 때까지의 사용연수이고, 경제적 내용연수는 기술혁신 등에 의해 물리적으로 사용할 수 있지만 효익이 존재하지 않으므로 해서 더 이상 사용할 수 없게 될 때까지의 내용연수이다.

고정자산의 내용연수는 <표 10>과 같다.

법정 내용연수는 세법상 규정된 내용연수를 말한다. 회계실무에서는 주로 법정 내용연수를 기준으로 회계처리한다.

〈표 10〉 고정자산의 내용연수(법인세법시행규칙 제15조)

구 분	재 질	내용연수(년)
공 구	금속제	6
	기타	3
시험・측정기기		3
광학기기		3
음향기기		3
사용책상, 캐비닛	금속제	10
	기타	5
사무용의자, 사무기기		5
금고, 양수지		5
전화기		6
냉장고		6
침구류		3
난방기기		6
응접세트		8
주방용품	유리, 자기	2
	기타	5
알루미늄사다리, 시계		3

4) 감가상각의 잔존가액

잔존가액은 감가상각자산이 내용연수가 끝난 시점에서 폐기될 때 기대되는 추정처분액이다. 감가상각 방법에는 정액법, 정률법, 연수합계법, 비례법 등이 있으며, 회계에서는 이 중 회사의 특성 및 유형자산의 특성에 맞게 어떤 것을 사용하여도 상관없다. 세법에서는 유형자산의 잔존가액을 없는 것으로 하되 정률법에 의한 상각률 계산시 취득원가의 5%로 하고, 동 잔존가액은 감가상각이 종료하는 연도에 전액 상각해야 한다.

또한 무형자산의 잔존가액도 0이다. 즉 취득가액 전부를 비용으로 상각할 수 있는 것이다. 세법에서는 건축물은 정액법, 건축물 이외의 유형자산은 정률법 또는 생산량비례법으로 하도록 정하고 있다.

① 정액법

정액법은 매기간 균등한 금액을 상각하는 방법으로서, 취득원가에서 잔존가액을 뺀 금액을 내용연수로 나누어 감가상각비를 산출한다.

감가상각비 = (취득원가 − 잔존가액)/내용연수

② 정률법

감가상각자산의 장부가액에 정률을 곱해서 계산하는 방법이다. 여기서 장부가액이란 취득원가에서 감가상각누계액을 차감한 금액을 말하며, 각각의 정률은 세법에 의해 정해져 있다.

감가상각비 = 장부가액×정률

③ 연수합계법

감가상각비가 감가상각 첫해는 많이 발생하고 점차 감소하는 방법이다.

감가상각비 = (취득원가 − 잔존가액)×(내용연수를 역으로 표시한 수/내용연수합계)

④ 비례법

비례법에는 생산량 비례법과 작업시간 비례법이 있다. 광산의 채굴권, 산림의 채벌권 등의 상각에는 생산량 비례법, 특수한 기계・자동차・항공기 등의 상각에는 작업시간 비례법이 이용된다.

<생산량 비례법> 감가상각비 = (취득원가 − 잔존가액)×(당기 실제생산량/총추정 생산량)

<작업시간 비례법> 감가상각비 = (취득원가 − 잔존가액)×(당기 실제작업시간/총추정 작업시간)

⑤ 유형자산의 감가상각 회계처리

컴퓨터를 ₩1,000,000을 주고 구입한 경우 내용연수 10년, 잔존가치를 0으로 하여 정액법으로 첫해 연도에 감가상각을 하게 되면 다음과 같이 분개한다.

(차) 감가상각비	100,000	(대) 감가상각누계액	100

이때 감가상각누계액은 자산의 평가계정으로 대차대조표에 각 자산의 금액 밑에 기록되어 자산의 가액을 차감하는 형식으로 기재한다.

B/S

비품 1,000,000 감가상각누계액 △100,000	

⑥ 처 분

유형자산의 처분시 유형자산의 장부가액이 처분가액보다 큰 경우에는 유형자산 처분손실이 발생하고, 유형자산의 장부가액이 처분가액보다 작은 경우에는 유형자산 처분이익이 발생한다.

〈사례 3〉 취득원가가 ₩1,000,000이고 감가상각누계액인 ₩300,000인 컴퓨터를 ₩400,000에 처분한 경우 다음과 같이 기록된다.

(차) 현금	400,000	(대) 비품	1,000,000
비품감가상각누계액	300,000		
유형자산처분손실	300,000		

(2) 충당금 설정

충당금에는 부채로 계상되는 부채성충당금과 대손충당금처럼 해당 계정과목을 평가하는 평가성충당금의 두 종류가 있다.

1) 부채성충당금

① 퇴직급여충당금

앞으로 종업원이 일시에 퇴직할 것에 대비해 기말에 퇴직급여로 인식하고 이를 퇴직급여충당금으로 전입하는 것을 말한다. 상여충당금과 마찬가지로 종업원이 대상이므로 임원은 포함되지 않는다.

(차) 퇴직급여	×××	(대) 퇴직급여충당금	×××

② 제품보증충당금

판매한 제품에 결함이 있는 경우 판매 후 일정기간 내에 무료로 수리하는 등의 서비스에 드는 비용을 미리 예상해놓은 충당금이다.

(차) 판매보증비 ××× (대) 판매보증충당금 ×××

③ 기타의 부채성충당금

그밖에도 건설공사에 있어서 공사상의 하자나 보수공사에서 발생하는 채무에 대비한 공사보증충당금, 또는 회사가 판매한 제품에 대해 1년 이상의 장기 품질보증으로 인한 손해배상이나 각종 환경오염으로 인한 손해배상 등에 대비한 손해배상충당금 등이 있다.

④ 특별수선충당금

몇 년에 한 번 비율로 많은 금액의 비용이 드는 수선에는 특별수선충당금으로 수선한다. 공동주택 특별수선충당금의 대상 및 구성내역은 <표 11>과 같다.

2) 대손충당금

매출처의 도산 등으로 받을 어음·외상매출금 또는 대여금 등의 수취채권을 회수할 수 없을 경우를 인식하여 기말의 미회수액에 대해서 일정 대손추정률에 따라 대손예상액을 인식한다. 이 대손충당금은 해당계정 아래 차감하는 형식으로 표시한다.

〈표 11〉 특별수선충당금 징수대상 및 구성내역(주택법시행규칙 제30조)

비 목	구 성 내 역
특별수선충당금	• 적립대상 : 300세대 이상의 공동주택, 승강기가 설치된 공동주택, 중앙집중식 난방방식의 공동주택 • 사업주체가 공용부분과 부대시설 및 복리시설에 대해 수립한 장기수선계획에서 정한대로 공동주택의 사용검사 후 1년이 경과한 날로부터 매월 적립하여 장기수선계획에 의해 사용함. • 장기수선계획이 수립되지 않은 공동주택의 경우에는 승강기유지비, 난방비, 급탕비, 수선유지비의 월별 금액을 합한 금액의 3~20%로 함. • 월간세대별 장기수선 충당금 산정방법은 다음과 같다. $\text{월간세대별 장기수선충당금} = \dfrac{\text{장기수선계획기간중의 수선비 총액}}{\text{총공급면적} \times 12 \times \text{계획기간(년)}} \times \text{세대당 주택공용면적}$

(3) 연말정산

일용근로자를 제외한 소득자별 모든 근로소득자에 대하여 매과세연도마다 소득자별로 근로소득원천징수부를 1매씩을 작성하여 비치한다. 근로소득원천징수부에는 근로소득자에 대한 인적 사항, 가족사항, 세액공제 요건, 각 월별 근로소득 지급명세, 연말정산 등 일체의 모든 사항을 기록한다.

매월 급여에서 공제되는 원천징수세액은 1년간의 부담세액을 예상납부하는 것이므로, 매년 12월에는 1년간 산출된 소득세액과 지금까지 원천징수해온 세액과 비교하여 많으면 환급받고, 부족하면 추가로 납부하는 업무를 하게 된다.

연말정산은 일반적으로는 12월분의 급여를 지급하는 시기에 한다. 단, 부득이한 사정으로 연말정산을 하지 못한 경우에는 다음해 1월분 급여를 지급한 날까지 의무적으로 연말정산을 해야 한다.

이때에는 12월분 급여에 대한 세액을 간이세액표에 의하여 징수하여 다음달 10일까지 납부해야 한다. 12월분 급여를 다음해 1월 31일까지 지급하지 못한 경우에도 1월 31일에 지급한 것으로 보아 연말정산을 해야 하며, 세액은 다음 연도 2월 10일까지 납부해야 한다.

또한 당해 연도 중도에 퇴직한 자의 연말정산은 퇴직한 달의 급여를 지급하는 때에 한다. 참고로 근로자 급여 및 지출사항을 예시하면 <표 12>, <표 13>, <표 14> 등과 같다.

(4) 경영분석

경영분석이란 회사의 재무활동 · 생산 · 판매 · 관리 등 경영활동 전반에 대한 분석으로 기업의 안정성 · 수익성 · 생산성 · 비용효율 등을 다루고, 재무상태나 경영성적을 비교 분석한다.

1) 회사의 재무능력 분석

① 유동비율

유동비율은 기업의 채무지급능력을 알 수 있는 비율이다. 기업의 신용도 평가에 가장 많이 영향을 미치는 비율로서 지급어음 · 외상매입금 등 이러한 채무에 대한 지급능력이 어느 정도인가를 평가하는 데 있어 사용되는 비율이 유동비율이다.

유동비율이 클수록 그 회사의 지급능력이 안정되어 있다고 말할 수 있다.

유동비율(%) = 유동자산/유동부채×100

〈표 12〉 2008년 근로자 급여 및 지출사항

◆ 근로자 : 홍길동(621104-1138027. 서울시 종로구 낙원동 100)
◆ 근무처 : 세계(주) 김대표(210-81-21542. 서울시 강북구 수유동 123)

1. 급여상황
   ① 월급여액(5월~12월) : 월 200만 원
   ② 전 근무처[우리(주).108-81-00021] 급여액 : 500만 원
   ③ 현근무처 상여금 연 300%(6, 9, 12월)과 특별상여금 100%(12월)
   ④ 월차 · 연차수당은 12월에 60만 원을 일괄 지급받음
   ⑤ 현근무처에서 매월 식대 10만 원 지급받음(식사제공 없음)
   ⑥ 이미 납부한 원천징수 소득세액 50만 원, 주민세액 5만 원
2. 가족사항
   배우자, 20세 이하 자녀 2명, 모(만 66세), 본인 외의 가족은 소득이 없음
3. 지출비용
   ① 보험료 지출
   • 국민건강보험료 : 연 30만 원
   • 보장성보험 : 생명보험료 연 30만 원, 자동차보험 : 연 50만 원
   ② 병원치료비 등
   • 배우자와 자녀 병원치료비 200만 원
   • 어머니 입원치료비 100만 원, 약품구입비 40만 원, 한약(보약) 30만 원
   ③ 교육비 지출
   • 6세 이하 자녀 : 유치원비 연 50만 원, 태권도도장비 연 36만 원
   • 중학생 등록금 : 연 100만 원, 책 구입비 : 연 20만 원
   ④ 기부금 지출
   • 수재의연금 50만 원
   ⑤ 국민연금보험료
   • 납부액 : 연 100만 원
4. 저축금액
   ① 근로자주택마련저축 불입액 : 연 100만 원
   ② 장기주택저당차입금 이자상환액 : 연 100만 원
   ③ 개인연금저축(2000년 10월 가입) 불입액 : 연 100만 원
5. 신용카드 사용액
   ① 병원진료비 중 200만 원을 신용카드로 결제
   ② 2001. 11월 가전제품 구입 200만 원(1년 할부)
   ③ 기타 잡화 등 구입비 600만 원
   ④ 2001. 9월 현금서비스 50만 원 받음

*국세청 제공 종합사례(http://www.nts.go.kr)

〈표 13〉 항목별계산금액

1. 총급여(3,000만 원)
① 주(현)근무처 급여총액 : 1,700만 원
－급여액 1,600만 원(200만 원×8개월)＋월 · 연차수당 60만 원＋식대 40만 원(월 5만 원까지 비과세. 5만 원×8개월)
② 주(현)근무처 상여총액 : 800만 원(200만 원×400%)
③ 종(전)근무처 급여총액 : 500만 원
※ 비과세급여 : 40만 원
2. 근로소득공제(1,050만 원)
－900만 원＋(3,000만 원－1,500만 원)×10%＝1,050만 원
3. 기본공제 및 추가공제(550만 원)
① 기본공제 : 500만 원(본인, 배우자, 부양가족 3명)
② 추가공제 : 50만 원(경로우대자 1명)
4. 특별공제(690만 원)
① 보험료공제 : 100만 원
－국민건강보험료(의료보험료) : 30만 원(전액)
－보장성보험 : 70만 원(일반보장성보험 지출액 80만 원이나 한도 70만 원)
② 의료비공제 : 250만 원
－공제대상의료비는 의료비총액 340만 원(보약값 제외)에서 총급여액의 3%(90만 원)를 차감한 250만 원으로 공제한도 300만 원 이내
③ 교육비공제 : 150만 원
－6세 이하 자녀 유치원비 50만 원, 중학생 등록금 100만 원
*태권도도장비와 책 구입비는 공제대상이 아님
④ 주택자금공제 : 140만 원
－근로자주택마련저축 불입액의 40%(40만 원)와 장기주택저당차입금 이자상환액(100만 원)의 합계액(140만 원)으로 공제한도 300만 원 이내
⑤ 기부금공제 : 50만 원
－수재의연금 50만 원(전액)
5. 연금보험료공제(50만 원)
－납부보험료 등의 50%(100만 원×50%)
6. 기타 소득공제(180만 원)
① 개인연금저축 소득공제 : 40만 원[불입액의 40%(40만 원)]
② 신용카드 등 소득공제 : 140만 원
－공제대상 사용액(1,000만 원) 중 총급여액의 10%(300만 원)를 초과하는 금액 700만 원의 20%(140만 원)를 공제[500만 원과 총급여의 20%(600만 원) 중 적은 금액 한도]
*현금서비스 사용액은 공제대상이 아님
7. 세액공제(21만6천 원)
① 근로소득 세액공제 : 21만6천 원[산출세액(48만 원)×45%]

〈표 14〉 소득공제신고서

☑ 근로소득자 소득공제신고서
□ 소득공제신고서

소득자	① 성명	홍길동	② 주민등록번호	621104-1138027
	③ 주소	서울시 종로구 낙원동 100		
근무처	④ 명칭	세계(주)	⑤ 대표자 성명	김대표
	⑥ 사업자등록번호	210-81-21542	⑦ 소재지	서울시 강북구 수유동 123

소득공제명세(2001년)

공제대상 \ 구분		⑧관계	⑨성명	⑩자산합산대상 소득외의 소득	⑪주민등록번호	⑫주소	⑬공제액
기본공제	본인	본인	홍길동		6211041138027	종로구낙원동 100	1,000,000
	배우자	배우자	김○○		6401011234567	〃	1,000,000
	부양가족	자	홍○○		8705051234678	〃	1,000,000
	〃	자	홍○○		9611122345892	〃	1,000,000
	〃	모	이○○		3510102356895	〃	1,000,000
	〃						
	〃						
추가공제	경로우대	모	이○○		3510102356895	〃	500,000
	〃						
	장애자						
	부녀자						
	자녀양육비						
	〃						
소수공제자추가공제							
특별공제	보험료	본인	홍길동				1,000,000
	의료비	모외	이○○외				2,500,000
	교육비	자	홍○○외				1,500,000
	주택자금	본인	홍길동				1,400,000
	기부금	본인	홍길동				500,000
	계						6,900,000
	표준공제						
연금저축	2001.1.1이후 가입분						
	2000.12.31이전가입분	본인	홍길동				400,000
투자조합출자공제							
신용카드소득공제		본인외	홍길동외				1,400,000
공제액계							14,200,000

※ 참고사항(세액공제명세)

공제종류	공제대상(저축)금액	공제율	세액공제액	공제한도액

20018 12월 일

신고인 홍길동 (서명 또는 인)

세계(주) 귀하

② 당좌비율

당좌비율은 유동자산 중 비화폐성 자산을 제외한 당좌자산과 유동부채의 비율로 계산한 비율이다. 이는 유동비율보다 재무상환능력을 더욱 명확하게 나타내는 실질적인 비율이다.

당좌비율(%) = 당좌자산/유동부채×100

③ 고정비율

고정비율이란 설비투자와 자금의 균형상태를 알 수 있는 비율로 고정자산을 자기자본으로 얼마만큼 충당했는가를 나타내는 비율을 말한다. 고정자산은 장기에 걸쳐서 운용되는 자산이기 때문에 이에 투하된 자본은 원칙적으로 장기간 이용이 가능한 자기자본으로 조달하는 것이 건전하다. 고정비율은 통상 100% 이하인 것이 바람직하다고 본다. 고정비율이 너무 높아지면 안정성 있는 회사라고 말할 수 없게 된다.

고정비율(%) = 고정자산/자기자본×100

④ 고정장기적합률

고정자산에의 자본의 비중을 타인자본과 자기자본을 합쳐 분석한 비율이다. 타인자본 중 장기차입금·사채 등의 고정부채는 장기에 걸쳐 상환하는 것이므로 안정된 자본이라 할 수 있으므로, 이에 자기자본을 더해서 고정자산과의 비율을 산출한 것이다.

고정장기적합률(%) = 고정자산/(자기자본+고정부채)×100

⑤ 이자보상비율

이자보상비율은 회사의 영업이익으로 회사가 지급하는 이자비용을 감당할 수 있는가를 측정하는 비율이다.

이자보상비율 = (세전순이익+금융비용)/금융비용×100

2) 회사의 수익력 분석

① 총자본순이익률

회사의 수익력을 알 수 있는 비율로 투하한 자본에 대해서 얼마만큼의 이익을 얻을 수 있는가로 판단한다.

총자본순이익률(%) = 당기순이익/총자산(= 총자본)×100

② 자기자본순이익률

이는 자기자본이 올린 이익률을 알아보는 것으로 당기순이익을 자기자본으로 나눈 비율을 말한다.

자기자본순이익률(%) = 당기순이익/자기자본×100

③ 총자본경상이익률

총자본경상이익률은 총자본에 대한 경상이익의 비율로서, 투하자본에 대한 회사 본래의 수익력을 표시한다. 따라서 총자본경상력이 안정되었다는 것을 알 수 있게 해준다.

자기자본순이익률(%) = 당기순이익/자기자본×100

(5) 회계감사

1) 주식회사의외부감사에관한법률

주식회사의외부감사에관한법률은 간단히 '외감법'이라고도 하는데 주식회사가 독립된 외부의 감사인으로 하여금 해당 회사에 대하여 회계감사를 실시하여 회계처리의 적정성에 대한 의견을 표명하게 함으로써 이해관계자를 보호하기 위해 제정되었다.

이 법에 의하면 직전사업연도말 자산총액 70억 원 이상인 회사는 반드시 외부감사계약을 체결하고 외부감사를 받도록 하고 있으며, 감사계약 체결사실을 증권선물위원회에 보고하도록 하고 있다. 또한 회사는 정기주주총회 이후 2주 이내 증권선물위원회에 감사보고서를 제출하여야 한다.

2) 공동주택관리업무의 회계감사

관리주체는 공인회계사 등에 의한 감사실시 여부를 사전에 입주자 대표회의와 협의하여 결정한다. 또한 관리주체는 공인회계사 등에 감사를 받은 경우 그 결과를 입주자 대표회의에 보고하고, 감사보고서를 비치하여 입주자 또는 이해관계인이 열람할 수 있도록 해야 한다.

3) 납세준비

결산 후에 법인이 내야 할 세금은 법인세, 법인세할주민세, 농어촌특별세, 사업소제 등이 있다.

① 법인세

기업회계기준에 따라서 작성된 재무제표의 이익 또는 손실은 법인세법의 규정에 따라 이를 수정하는 세무조정을 한다. 여기서 세무조정이란 기업회계기준에 의한 기간손익이 세법의 규정과 비교하여 과소계상되어 있는 부분을 가산하고, 반대로 과대계상되어 있는 부분은 차감하는 절차를 말한다.

납세의무가 있는 모든 회사는 결산확정일로부터 15일(외부조정 계산서 첨부시는 30일) 이내에 과세표준과 세액을 서면으로 세무서에 신고해야 한다. 여기서 결산확정일이란 주주총회에서 당해 사업연도의 결산과 잉여금 처분을 확정한 날을 말한다.

신고서의 제출은 관할세무서 접수처에 직접 가지고 가서 접수도장을 받아 후일의 증거로 남기는 것이 원칙이다.

세금의 납부는 은행에서도 가능하며, 법인세의 납부기한은 사업연도 종료일로부터 3월 이내에 과세표준과 세액을 관할세무서장에게 신고납부하여야 한다. 따라서 정해진 기한 내에 자진납부를 하지 않으면 가산세를 물게 된다.

법인세의 중간예납이란 법인세의 사업연도 종료 후 세액을 확정하여 신고납부하게 되어 있는데, 법인들의 사업연도가 대부분 비슷한 시기에 있어 세액의 납부가 일정기간에 집중적으로 행해지고 있다. 따라서 이러한 집중납세현상을 해소하기 위해 중간예납이라는 제도를 두고 있다. 이는 사업연도가 6개월을 초과한 법인에 대해서 중간예납기간(사업연도 개시일에서 6개월간)을 두어 그 기간의 법인세액을 중간예납기간이 경과한 날로부터 60일 이내에 신고 납부하도록 하는 제도이다.

② 주민세

회사는 소재지인 시나 군에 주민세를 납부하고 지방 재정에 공헌하는 것이 의무로 되어 있다. 회사에 부과되는 주민세에는 균등할과 법인세할이 있다. 균등할은 회사의 자본금이나 종업원 수에 의해서 세액이 결정되며, 이것은 회사의 손익과는 관계없이 일률적으로 부과된다. 반면 법인세할은 당해 사업연도의 법인세액을 토대로 부과되며, 법인세액이 많을수록 세액이 증가한다. 법인이 두 군데 이상의 시나 군에 사무소를 두고 있는 경우의 법인세할은 법인세액을 사업소 종업원 수 등의 기준으로 나눈 후 주된 사무소, 또는 본점 소재지의 관할 시나 군에 균등할을 첨가하여 납부해야 한다.

③ 사업소세

사업소세는 도시 등의 환경개선과 정비에 필요한 비용에 충당하기 위하여 특정지역 내에 사업소를 두고 사업을 경영하는 사업주에게 부과되는 목적세이다. 사업소세에는 재산할과 종업원할이 있다. 재산할의 과세표준은 납기개시일 현재의 사업소의 연면적이며, 종업원할의 과세표준은 매월 말일 지급한 종업원의 급여총액으로 한다.

제4절 현금흐름표의 구조 및 작성방법

1. 현금흐름표의 구조

건물자산관리에 있어서 세후 현금흐름을 통하여 순이익의 파악과 재산지분(Equity) 파악을 위해서는 Cash Flow의 구조 및 계산법에 따라 항목별 가감을 다음과 같이 계산해야 한다. 순이율(Caprate)을 계산하기 위해서는 순영업소득 ÷ 총투자액 × 100의 산식으로 계산하면 되고, Caprate= $\frac{\text{NOI}}{\text{V(건물자산가격)}}$ 으로도 계산한다. 현금흐름의 계산은 Cash Flow의 계산법에 따라 먼저 가능조소득(PGI, Portential Gross Income)을 단위당 예상임대료 × 예정임대료인 임대단위수로 곱하여 얻은 다음 주차장임대료, TV안테나 사용료, 광고탑수입, 커피자판기수입 등의 기타 소득(Others Income)을 더한 후 공실 및 불량 채권에 대한 충담금 등의 공실 및 대손료(Vacancy and Collection Loss)를 차감하여 (PG1+기타소득－V&C) 유효소득(EGI, Effective Gross Income)을 계산한 후 유지관리비용(고정관리비, 변동관리비, 수선비 등 건물자산을 유지하고 유효 총소득을 얻기 위하여 투입해야 하는 정기적 지출액)을 차감하면 소득접근법 가치평가기준으로 세전 평가하여 순영업소득(NOI, Net Operation Income)을 얻게 된다.

다시 순영업소득에서 저당대출금의 매월 이자지급금인 부채서비스액(DS, Dest Service payment 또는 Mortgage payment)을 차감하면 세금공제전의 지분인 Equity에 해당하는 세전 현금흐름(BTCF, Before Tax Cash Flow)을 얻게 되고 세전 현금흐름에서 [과세대상소득 NOI－이자－감가상각비]×세금과 같은 계산방법에 의하여 법인세 성격의 영업소득세를 최종 차감하면 마침내 세금공제 후의 지분(Equity)인 세후 현금흐름(ATCF, After Tax Cash Flow)을 마침내 구할 수 있다.

이상에서 설명한 건물자산관리 현금흐름의 구조에서 최종 BTCF를 얻기까지 계산법에 대한 설명을 도식화하면 [그림 12]와 같다.

2. 임대소득 현금흐름표의 작성방법

임대활동을 통하여 발생된 순임대소득은 현금흐름표(Cash Flow)를 통하여 나타난다.

따라서 연간 임대소득에 대한 현금흐름표를 미리 작성하고 임대계획에 반영해야 한다. 임대소득 Cash Flow는 다음의 <표 15>와 같이 작성하면 된다.

	1	가능조소득(PGI)	+	2	기타 소득(other Income)
−	3	공실 및 대손금(V&C)	=	4	유효소득(EGI)
−	5	운영관리비용(OE)	=	6	순영업소득(NOI)
−	7	부채서비스(DS)	=	8	세전 현금흐름(BTCF)
−	9	영업소득세(Tax)	=	10	세후 현금흐름(ATCF)

[그림 12] Cash Flow 구조

〈표 15〉 임대소득 Cash Flow

총가능임대소득(PGI : Potential Gross Income)
+ 기타 소득 (Other Income)
− 공실 및 부실임대료채권(Vacancy and Collection Loss)

유효임대소득(EGI : Effective Gross Income)
− 운영관리비 (OE : Operation and Management Expenses)

순영업소득(NOI : Net Operating Income)
− 부채서비스액(DS : Debt Service, Mortgage Payment)

세전임대소득(BTCF : Before Tax Cash Flow)
− 영업소득세 및 부담금(Tax)

세후임대소득(ATCF : After Tax Cash Flow)

임대소득 현금흐름표에 나타나는 각 항목의 산출기준과 계산방법은 다음과 같다.

(1) 총가능임대소득(Potential Gross Income)

총가능임대소득은 가능조소득이라고 하며 임대면적이 100% 임대완료되었을 때 발생될 수 있는 임대소득으로서 다음의 산식에 의하여 산출된다.

PGI = 임대단위(임대면적)×단위당 임대료(평당 임대료)

(2) 기타 소득(Other Income)

임대료가 아닌 소득으로서 주차장사용료, 광고탑사용료, 커피자판기 수입 등이 이 범주에 해당된다.

(3) 공실손실보전 및 부실임대채권 대손료(Vacancy and Collection Loss)

공실손실보전과 부실임대채권에 대한 손실보전성격의 충담금을 의미한다.

공실손실보전금은 공실이 없는 경우에도 계상해야 하며 일반회계와는 달리 건물자산관리회계에서는 영업경비로 처리되지 않는 특징이 있다.

(4) 유효임대소득(Effective Gross Income)

유효조소득이라고 하며 건물자산임대로부터 수입이 기대되는 유효소득으로서 산출방법은 전술한 바와 같이 다음의 산식으로 산출된다.

PGI − Other Income − V & C

(5) 운영관리비용(Operation and Management Expenses)

임대목적 건물자산을 유지관리하여 유효임대소득 또는 유효총소득을 창출하기 위하여 정기적 지출비용을 의미하며 이에는 고정비용과 변동비용 및 수선비, 충당금이 포함되나 일반회계와는 달리 저당변제액(이자포함)이나 감가상각비는 포함되지 않는다.

운영관리비의 핵심목표는 비용의 최소화와 관리효용의 극대화에 있으며 유효총소득(유효임대소득)에 대한 운영관리비 비율이 가장 낮게 나타나도록 영업경비율을 최저로 유지해야 한다. 운영관리 최소호의 관건은 인건비와 에너지비의 절감에 있다.

(6) 순임대소득(Net Operating Income)

순영업소득을 의미하는 것으로 유효 임대소득(유효총소득)에서 운영관리를 제한 수입을 의미한다. 평가기준은 소득접근법 가치평가기준을 적용해야 하고 건물자산 소유자의 세율 차등으로 반드시 조세와 부담금 지급전의 소득에서 평가되어야 한다.

(7) 부채서비스액(Dest Service)

건물자산 취득시 대출받은 저당부채의 이자나 모기지론의 경우 모기지(Mortgage) 월정 원금이나 이자를 포함하여 매월 정해진 날 지출하는 비용으로서 순영업 소득에서 이를 공제하면 세전 현금흐름인 세전 임대소득이 발생한다.

(8) 영업소득세(임대소득세) 및 부담금(Tax)

임대사업을 영위하기 위한 조세와 부담금을 의미하며 세전현금흐름(세전임대소득)에서 이를 제하면 세후 현금흐름인 세후 임대소득이 최종적으로 얻게 되어 가처분할 수 있게 된다. 영업소득세의 산출공식은 다음과 같다.

영업소득세 = (NOI－DE－감가상각비)×세율

(9) 세후 임대소득(After Tax Cash Flow)

세후 현금흐름으로서 세금과 부담금 공제 후의 Equity(지분)를 의미한다. 세후 임대소득(세후 현금흐름)은 최종적으로 얻게 되는 가처분 임대소득이다.

제5절 재무보고서의 작성 및 보고

1. 재무보고서의 개념

재무보고서(Financial Report)란 건물자산관리자가 관리대상 건물자산에 대한 관리상태를 건물자산 이해관계자로 하여금 감사 또는 미래투자 의사결정이나 대출을 목적으로 작성되는 수리적 회계정보보고서를 의미한다.

재무보고서를 작성하고 제출하기 위해서는 재무 Program 소프트웨어를 개발하고 개정과목을 확정하여 전산시스템을 활용하는 재무관리 자동화가 구축되어야 한다.

기본적으로 재무보고서에는 대차대조표(Balance Sheet), 손익계산서(Income Statement), 자기자본명세서 세무보고 목적의 현금흐름표(Cash Flow), 그리고 감가상각현황표와 대출상환현황표 등이 있으며 제무제표 작성을 위해서는 건물자산 운영보고서(Operating Reports)를 먼저 작성해 보는 것이 바람직하다.

건물자산 운영보고서는 건물자산 소유자의 투자성과를 측정하는 도구가 되며 투자수익성을 측정해서 투자정보를 제공해주며 이와 같은 정보들을 보유 또는 재개발 처분 등의 의사결정에 기여하게 된다.

2. 임대관리 재무보고서의 내용

(1) 재무제표

재무제표라 함은 건물자산관리에 있어서 자산경영관리회사가 경영회사의 재무적 정보를 정리하여 건물자산관리 이해관계자(투자자/채권자/세무서/종업원/거래자 등)들에게 재무적 정보를 제공하여 주는 공식적 재무보고서로서 이에는 다음과 같다.

① 대차대조표(B/S Balance Sheet)
② 손익계산서(P/L, Profit and loss Statement 또는 I/S income statement)
③ 현금흐름표(Cash Flow)
④ 이익잉여금 처분계산서, 또는 결손금 처리계산서
⑤ 주설과 주기 등

그러나 건물자산관리에 있어서 내외부의 건물자산관리 이해관계자가 경영기업의 재무적 사항에 대하여 감사할 수 있는 채무보고서는 현재 또는 미래의 투자관리의 의사결정시 대출심사 등에 사용되며 다음과 같은 기본적 재무보고서인 손익계산서, 대차대조표, 현금흐름표, 자기자본명세서 등이 작성되어야 한다.

(2) 대차대조표

결산일 또는 대차대조표 일 등의 일정시점의 경영기업 재무상태를 나타내는 재무제표로서 계정과목에는 자산, 부채, 자본 등이 있다.

1) 자산(Asset)

경영기업이 현재 또는 미래에 경제적 혜택을 누릴 수 있게 해주는 재화권리 등을 의미하며 유동자산과 고정자산이 있다. 건물자산을 고정자산 중 유형자산에 해당된다. 자산으로 분류하기 위해서는 다음 조건을 충족해야 한다.

① 화폐단위이고 측정 가능할 것 즉, 화폐와 교환이 가능할 것
② 경제적 자원일 것
③ 현재 또는 미래에 경제적 효익 제공이 가능한 것
④ 거래의 결과로 취득한 것일 것

2) 부채(Liabilities)

경영기업이 미래 상환할 경제적 의무로서 유동부채와 고정부채가 있다.

3) 자본(Capital)

경영기업이 보유 자산총액에서 부채총액을 차감한 순자산(차감잔액)을 의미한다. 즉, 적극적 재산인 자산에서 소극적 재산인 부채를 차감한 것이 자본(순재산)이다. 자본의 분류를 보면 자본금, 자본잉여금, 이익잉여금, 자본조정 등으로 분류된다.

대차대조표는 대체로 다음의 <표 16>과 같이 작성보고 된다.

(3) 손익계산서

회계기간(일정기간) 경영기업의 경영성과(일정기간 총수익과 총비용)를 나타내는 재무제표로서 개정과목에는 수익(Income)과 비용(Expenses) 등이 있다.

손익계산서는 <표 17>과 같이 작성 보고된다.

〈표 16〉 대차대조표

				비 고
자산	자산총액			
	유동자산계			
	현금			
	유가증권			
	외상채권			
	재고			
	부동산투자원가			
	감가상각누계			
	순투자원가			
부채/자본	계			
	부채총계			
	지급어음			
	외상채무			
	유동성장기부채			
	장기부채			
	이연법인세			
	자본총계(지분)	계		
		보통주		
		주식발행초과금		
		유보이익		

〈표 17〉 손익계산서

			비 고
수입	계		
	임대수입		
	기타수입		
비용	계		
	영업경비		
	감가상각		
	지급이자		
세전이익			
소득세			
순이익			
주당이익			

(4) 자기자본명세서

주주지분의 변동정보를 알려주는 재무보고서의 일종으로서 이익잉여금 처분명세서를 의미하며 <표 18>과 같이 작성 보고된다.

〈표 18〉 자기자본명세서

	차년도	비고
기초잔액		
순이익		
계		
현금배당		
기말잔액		

(5) 대출상환계획표

임대목적물의 취득시 금융기관으로부터 대출받은 금융에 대한 대출상환계획표를 다음의 <표 19>와 같이 작성 보고된다.

〈표 19〉 대출상환계획표

연차	상환	이자	원금	잔액
				260,000
1	28,644	26,000	2,644	257,356
2	28,644	25,736	2,908	254,448
3	28,644	25,445	3,199	251,249
4	28,644	25,125	3,519	247,731
5	28,644	24,773	3,871,	243,860
6	28,644	24,386	4,258	239,602

(6) 현금흐름표

	1	가능조소득(PGI)	+	2	기타 소득(other Income)
–	3	공실 및 대손금(V&C)	=	4	유효소득(EGI)
–	5	운영관리비용(OE)	=	6	순영업소득(NOI)
–	7	부채서비스(DS)	=	8	세전 현금흐름(BTCF)
–	9	영업소득세(Tax)	=	10	세후 현금흐름(ATCF)

[그림 13] 건물자산임대관리 현금흐름표

현금흐름을 통하여 순이익의 파악과 재산지분(Equity)를 파악하기 위한 재무보고서의 일종으로서 [그림 13]과 같이 작성된다. 현금흐름표의 작성요령은 전술한 제 3절의 현금흐름표의 구조 및 계산방법을 참고하기 바란다.

제6절 투자수익성 분석

건물자산의 경영관리에 있어서 건물자산에 대한 투자와 투자운용의 결과 수익에 대한 판단을 하기 위해서는 투자운용수익률 계산에 관계되는 주요 산식을 이해하고 분석할 필요가 있다. 건물자산투자수익률 분석과 관계되는 주요 산식에는 다음과 같은 공식들이 있다.

1. 투자수익률

건물자산관리에 있어서 투자수익성을 판단하는 척도로서 투자수익률(ROI, Return on Investment)지표가 있다.

투자수익률은 자기자본투자액(건물자산에 대한 투자액)대비 세후 현금흐름(After Tax Cash Flow)의 비율을 의미한다. 투자자가 투자금액으로부터 어느 정도로 수익이 발생했는지를 판단하는 지표로서 다음의 산식에 의하여 쉽게 산출된다.

$$\text{투자수익률(ROI)} = \frac{AFCF}{E} \times 100$$

이때의 E는 건물자산에 투자한 자기자본투자액(Equity)을 의미하며 AFCF는 세구현금흐름인 After Tax Cash Flow를 의미한다. TROI는 회계적 수익률이라고도 하며 회계적으로는

$$(\text{순영업소득} - \text{감가상각}) \div \text{총투자액} \times 100$$

의 식으로 계산한다. 투자수익률계산의 중요성은 투자의사결정을 판단하는 하나의 척도

이자 기준이 되기 때문이다. 투자수익률은 안정자산이 채권이나 예금의 이자율보다 높거나 최소한 같아야 하며 투자수익률을 높이기 위해서는 금융비용이나 운영관리비용, 세금 등을 최소화하거나 감가상각률을 조정해야 한다.

투자건물자산에 대한 ROI가 높게 평가되지 않을 경우 다른 투자대안을 검토해야 하고 보유 건물자산의 매각도 고려해야 한다.

2. 손익분기점

손익분기점(Break-Even Point)의 판단은 투자건물자산의 수익성 분석에 필요한 기준으로서 총임대수입과 기타 수입이 고정운영 관리비용과 같아지도록 해주는 임대율 산정방식이라 할 수 있다.

임대소득 또는 기타 소득이 손익분기점을 초과하여야 한다. 투자건물자산의 수익성이 있는 것으로 판단할 수 있으며 반대로 낮은 경우에는 수익성이 없는 것으로 평가할 수 있다. 손익분기점 계산은 다음 식으로 계산할 수 있다.

$$\text{손익분기점(BE)} = \frac{\text{FC}}{100 - \text{VCR}}$$

이때의 FC는 금융차입금 이자 등의 고정비용을 의미하며 VCR은 변동비용비율을 의미한다.

3. 자본환원률

자본환원률(Capitalization Rate)이란 건물자산 수익성지표 중의 하나로서 투자시 적극적으로 고려해야 한다.

다시 말하면 자본환원률이란 종합환원률 또는 Net이율 또는 Caprate라 하는 것으로 투자건물자산의 미래소득을 현재의 가치로 나타내주는 것으로서 투자건물자산 투자자본 대비 건물자산순운영수익(NOI : Net Operating Income)의 비율이라 할 수 있다. 자본환원률의 또 다른 특징은 위험의 수준을 표상하는 것으로 자본환원률이 낮아지면 위험이 낮으며 자본환원률이 높아지면 위험도 높아지게 된다.

투자대상 건물자산의 자본환원률에 따라 투자자는 투자하게 된다. 왜냐하면 투자자는 투자시 순운영수익을 최대로 고려하기 때문이다. 자본환원률의 또 하나의 특징은 투자자본과 순운영수익의 비교평가 목적도 가지고 있으며, 미래의 건물자산 소득을 현재의 건물자산가치로 바꾸어 줄 뿐 아니라 과거의 투자한 자본으로 건물자산의 미래를 매입(취득)하는 것으로 인식된다.

자본환원률(Caprate)의 산식은 다음과 같다.

$$\text{자본환원률(Caprate)} = \frac{I}{V} \times 100$$

자본환원률 산식은 Caprate 또는 *R*은 자본환원률를 의미하고 *I* 는 금융부채(Debt Service) 이자지급전 순운영수입(Net Operating Income)을 의미한다.

또한 *V*는 건물자산의 가격(가치)를 의미한다. 그리고 위의 산식 외에 Caprate는 순영업소득 ÷ 총투자액 × 100으로도 계산할 수 있다.

4. 종합수익률

건물자산에 대한 투자 종합수익률을 구하려면 소득수익률에 자본수익률을 합하는 경우 종합수익률을 구할 수 있다. 득, 소득수익률+자본수익률의 산식을 적용하게 된다. 이때의 소득수익률은 순수익/기간초의 자산가치(건물가격+토지가격)으로 산출할 수 있으며 자본이득수익률은(기간말의 자산가치－기간초의 자산가치)/기간초의 자산가치 산식으로 계산할 수 있다.

5. 조이율

조이율은 Gross이율을 의미하며 표면이율 또는 단순이율로 호칭되는 것으로 연간임대수입 ÷ 총투자액 × 100의 산식으로 산출할 수 있다.

6. 자기자본 수익률

자기자본 수익률은 Cash on cash라 하는 것으로 현금흐름 ÷ 총투자액 × 100의 산식으로 계산할 수 있다.

제 II 편

건물자산경제관리활동과 경제가치평가 실무

제 II 편 경제관리활동과 경제가치평가 실무편은 제 I 편의 건물자산경제관리의 이론적 기초편의 경제관리이론을 바탕으로 건물자산의 경제가치의 보존유지와 극대화를 위한 경제관리 실무활동과 경제가치평가 실무를 소개하고 있다.

그리고 전체 5개장을 두고 건물자산투자관리활동, 건물자산임대관리활동, 감정평가활동, 마케팅활동, 조세관리활동, 건물자산경제가치평가활동 등의 주요 경제관리실무를 구체적으로 소개하고 있다.

제4장

건물자산투자관리활동

제1절 건물자산시장 개관

1. 건물자산시장의 등장

우리나라 건물자산시장은 1997년 IMF직후로부터 본격적으로 등장하기 시작하였다.

부실화된 회사(기업)자산이 채권자인 은행, 보험사 또는 국세청의 압류 등으로 한국자산관리공사(당시 성업공사)에 위탁관리되면서 한국자산관리공사를 중심으로 건물자산투자시장이 형성되어 외국계 부동산투자회사(미국, 싱가포르 단기투자펀드)에 의한 단기투자로 연평균 수익률 20%이상을 목표로 High Risk-High Return형 투자가 1999년에서 2001년까지 지속되었다.

그 후 2002년에서 2003년 사이에 연평균 투자수익률 10%이상을 목표로 Medium Risk-Medium Return형의 중장기(3년~5년) 투자시장이 형성되다가 2004년부터 현재에 이르기까지는 외국계 단기펀드의 퇴조와 철수로 우리나라 국내 부동산펀드와 REITS 및 독일계 등의 장기투자자가 연평균 수익률 10%미만(통상 투자수익률 8%대)의 장기투자(5년이상의 투자)시장이 형성되고 있다.

이에 참여하고 있는 국내 건물자산투자자에는 코람코, RAK, 샘스자산운용 등의 자산운용사와 삼성생명 등의 일부 생명보험회사 등이 있으며, 외국계 건물자산투자자에는 모건스텐리, GIC RE, GE RE, ING RE, Pramerica, DEGI, DEKA, 리먼브라더스, Macquarie, Ascendas, DBPA 등이 활동하고 있다.

2. 건물자산시장의 규모

우리나라 건물자산시장의 규모에 대한 정부차원의 통계는 없다. 다행히 한국생산성본부 기업부동산자산관리실무교재의 자료에 의하면 오피스빌딩 자산관리시장규모(PM시장 규모)는 850억원, 시설관리시장(FM시장 규모) 8,500억원, 건축사업관리사업(CM Service)의 규모는 9,200억원 규모로 건물자산시장의 규모는 약 2조원으로 추정하고 있다.

그러나 오피스빌딩 외 주택, 호텔, 학교, 백화점, 공공시설, 병원 등을 합치고 투자자문(Investment Consulting Service) 및 임대차업(Leasing Management) 모두를 포괄하면 6조 내지 10조원의 시장규모로 추정하고 있다.

그러나 서울시 오피스빌딩 투자시장규모는 약 52조원 규모로 추정되며 2005년도 거래건수는 45건으로 투자규모는 무려 2조4,000억원에 달하고 있다.[6)]

---

6) 한국생산성본부, 전게서, pp.47~49 참조.

3. 건물자산시장의 전망

우리나라 서울소재 오피스빌딩의 공실률이 2009년 6월 현재 2%대를 유지하므로 세계 주요도시 중 가장 낮은 공실률을 기록하고 있다.

뿐만 아니라 10%대의 투자수익률을 기록하고 있는 터에 외국계 투자회사와 국내 투자군이 함께 약 절반의 투자세력을 형성하고 투자시장을 지배하고 있으며 국내 자금사정이 호전되어 유동성이 풍부해진데다 아직까지는 저금리가 지속되고 있으며 부동산펀드 활성화와 해외 헤지펀드 허용이 이루어질 조짐이 있어 국내 오피스빌딩을 중심으로 활발한 투자활동이 예상된다. 또한 IMF이후 현재까지 매년 거래량과 투자규모가 계속 늘어나는 현상 등을 종합해볼 때 국내 오피스빌딩중심의 투자시장은 점차 투자규모가 늘어날 전망으로 보이며 거래규모 또한 크게 확대될 것으로 판단된다.

제2절 투자의 기초개념

1. 투자개념의 이해

투자의 사전적 개념은 양도차익이나 경제적 이익을 얻을 목적으로 물건구입 또는 사업 등에 돈을 대거나 출자하는 것을 의미하며 이윤을 생각하여 주식, 채권 등의 구입에 돈을 돌림 등의 의미로 해석하고 있다.

그러나 미국 부동산감정사협회의 투자에 관한 개념의 정의는 투자란 이익획득의 목적으로 합리적인 안정성과 원금의 궁극적 회수를 전제로 항구적인 용도를 갖는 자산에 금전을 투입하는 것으로 해석하고 있다.[7] 또한 투자란 현재의 소비를 희생한 대가로 미래의 경제적 보상을 받으려고 하는 투자행위를 말한다.[8]

결국 건물자산투자관리란 투자자가 미래의 경제적 이익획득을 목적으로 건물자산에 금전을 투입하는 행위 또는 활동으로 해석할 수 있다.

7) 김원규, 부동산학개론, 남두도서, 2006, p.266 재인용.
8) 이래영, 부동산투자론, 삼영사, 2004, p.20.

2. 투자자산의 분류와 목적

투자는 투지, 건물, 귀금속 등 실무자산투자(The Real Thing Investment)와 국채, 지방채, 사채, 외환, 유가증권 등의 금융자산투자(Financial Investment)로 분류된다(금융자산은 무형자산 또는 재무자산이라고도 한다).

실무자산투자는 인플레이션, 희소성에 바탕을 두고 자산가치의 증가로 인한 양도차익 등 미래 경제이익을 목적으로 투자의사가 결정되며 금융자산투자는 경제성장, 생산성향상, 금융시장변화와 같은 경제상황의 호전으로 미래의 경제적 보상을 얻을 목적으로 투자의사가 결정된다. 실무자산투자는 인플레이션, 증시, 정부규제강화, 정치적 불안, 소비에 바람직한 경제 환경, 사회적 불안 등에 유리하고 금융자산(재무자산, 무형자산)투자는 통화의 신뢰감, 안정기조 경제성장, 생산성향상, 정부 민간기업 규제축소, 저축투자경제상황 등에 유리하다.

3. 건물자산투자의 특징

자산에 대한 투자는 일반적으로 다음과 같은 특징을 가지고 있다.

(1) 투자이익과 위험 상호비례성

일반적으로 자산투자는 High Risk-High Return, Low Risk-Low Return의 형태를 띠고 있다. 즉, 높은 위험과 높은 수익, 낮은 위험과 낮은 이익관계는 상호비례관계에 있다. 따라서 자산투자의 첫 번째 특징은 투자이익과 위험은 상호 비례하는 특징이 있다.

(2) 수익최대화와 위험의 함수관계

건물자산투자는 투입자본과 시간, 활동의 노력에 비해 산출되는 자산가치와 수익이 보다 클 것을 전제로 투자된다. 즉, 투자에 Input되는 것 보다 Output되는 결과인 자산가치와 수익이 극대화되고 최대화되지 않는 경우 투자의사결정은 없게 되는 특징이 있다.

(3) 화폐시간가치와 위험의 함수관계

화폐가치는 시간이나 사정 또는 환경에 따라 변하는 속성이 있으며 따라서 경제적 환경에 의한 인플레이션은 화폐가치를 크게 떨어뜨리고 화폐와 교환된 실물자산은 인플레이션의 영향으로 자산가치 상승이 이루어진다.

즉, 현재의 화폐가치는 미래의 화폐가치보다 크므로 큰 가치를 가지고 있는 화폐로 실물에 투자하여 낮아지는 미래 화폐가치를 보전함으로써 미래위험도 방어하게 된다. 즉, 화폐의 시간가치와 위험(미래위험)과의 함수관계는 화폐가치를 x로 보고 위험을 y로 볼 때 x의 미래 화폐가치는 하락하나 투자실물자산의 가치는 상승하였으므로 미래의 위험 y역시 높은 상승률을 가지고 있는 실무투자자산에 의하여 위험이 낮아지는 것을 의미한다. 따라서 건물자산의 투자는 화폐의 미래시간가치와 위험과 서로 함수관계에 있는 특징이 있다.

4. 투자와 투기의 상이성

투자활동을 해석하고 응용하기 위해서는 투자와 투기개념의 확립이 필요하다. 투자의 사전적 의미는 전술한 바와 같이 합리적인 이익목적으로 돈을 돌림 또는 돈을 댐이나 출자 등으로 해석되나 투기는 재화의 시가를 미리 기약하고 그 차액을 얻을 목적으로 매매하는 거래로 해석하고 있다.

바로우(Barlow) 교수의 견해에 의하면 투기란 자본이득을 얻을 목적으로 스스로의 위험부담과 책임으로 금전을 투입하는 것으로 해석하고 있다.

투자는 합리적 이익창출을 위한 정당한 경제행위이나 투기는 요행을 바라면서 불확실한 미래이익을 얻을 목적으로 금전을 투입하는 사행행위라 판단된다. 또한 투자는 원금회수는 보장되며 시간의 경과에 따라 이윤이 확실히 기대되는 것으로 경제행위의 반대급부로 해석되나 투기는 경제 성장 또는 경제 확대 등의 큰 변화 없이는 기대하기 어려운 것으로 투자와 큰 차이가 있다.

건물자산(부동산) 투자와 투기의 상이성을 비교하면 <표 20>과 같다.

〈표 20〉 건물자산(부동산) 투자와 투기 상이성 비교

구 분	투 자	투 기
주 체	실수요자	가수요자
대 상	건물, APT 등 항구적 건물자산	미완성 건물 또는 미성숙 개발부지
목 적	정당한 기대이익	양도차익
가 격	시장가격	투기가격
이용 또는 관리의사	있 음	없 음
기 간	장 기	단 기

(자료출처 : 김원규, 부동산학개론, 남두도서, 2006, p.267 재구성)

다시 말하면 투자와 투기는 다음과 같은 상이성과 특징을 가지고 있다.

(1) 투자의 특징

① 실수요자의 행위이다.
② 예측가능한 정당한 이익이 목적이다.
③ 시장가격이 형성되며 그것으로 거래한다.
④ 충분한 기간동안 소유한다.
⑤ 이용 · 관리할 의사가 있다.
⑥ 임대아파트 · 점포 · 빌딩 등 수익성 용도의 자산 중 경제부담력과 관리가능한 양의 금전을 투입한다.
⑦ 단기적인 투자거래보다는 윤리적으로 고상하고 금융적으로 득이 된다.
⑧ 시장조사를 통하여 안정성 · 합리성을 추구한다.
⑨ 대상 건물자산(부동산)이 자기나 타인에게 기여한다.

(2) 투기의 특징

① 가수요자의 행위가 많다.
② 이용 · 관리할 의사가 없다.
③ 예측불허하는 양도차익이 목적이다.
④ 땅값이 낮은 미성숙지 등을 필요량 이상으로 구입한다.
⑤ 보유기간이 단기적이다.
⑥ 투기가격으로 거래한다.
⑦ 전매로 이익을 실현화시킨다.
⑧ 시장조사를 하지만 모험적 · 금전 투입을 감행한다.
⑨ 대상건물자산이 소요될 뿐 본인이나 타인에게 기여하지 못한다.

5. 투자 3분법

(1) 투자 3분법의 의의

투자는 투자 자체의 위험성, 환금성으로 인하여 자산별, 지역별, 용도별로 분산하여 투자하는 것이 투자위험을 최소화할 수 있다. 즉, 안정성과 수익성, 환금성을 고려하여 한 가지 자산에 집중 투자하는 것보다 분산하여 투자하는 것이 유리하다.

통상 투자 대상을 투자자산의 대표적 성격을 가지고 있는 부동산(건물자산), 증권, 예금 등에 안전성 · 수익성 · 환금성 등을 고려하여 분산하여 투자하는 것을 자산투자 3분법이라 한다. 건물자산투자실무에서도 건물자산투자는 국가별, 지역별, 용도별 위험을 분산하여 자산위험의 관리를 Portfolio 제도를 실시하고 있다.

예컨대, 한국건물자산, 미국건물자산, 중국건물자산과 같이 위험도가 낮은 국가를 선택하며 도시지역, 농촌지역을 분산하고 건물자산용도 역시 주거용, 상업용, 산업용 등으로 분산투자해야 한다. 건물자산의 위험은 주거용 < 오피스빌딩 < 리테일 < 산업용 순으로 위험도가 증가된다.

국가별, 용도별로는 한국오피스빌딩이 외국오피스빌딩보다 가장 위험도가 낮으며, 고수익을 보장하는 투자대상임이 외국계 투자회사의 일반적 견해이다. 그러나 자산의 위험은 예금 < 국채 < 지방채 < MBS < 건물자산 < 주식의 순으로 크다. 따라서 건물자산과 주식은 위험투자자산에 해당된다.

투자대상의 장단점은 <표 21>과 같다.

〈표 21〉 투자자산의 장단점 비교

○ : 유리, × : 불리

구 분	건물자산(부동산)	예 금	주 식
수익성	○	×	○
환금성	×	○	○
안전성	○	○	×

(2) 자산투자 3분법의 고려사항

1) 안전성

투자안전성의 반대인 투자위험은 투자수익과 비례하는 특징이 있다. 어떤 자산의 투자에도 투자대상에 따라 작은 위험에서 큰 위험에 이르기까지 투자 위험이 존재한다. 따라서 투자의사를 결정하기 전에 위험분석을 철저히 하고 투자 후에도 투자 위험을 최소화해야 한다. 건물자산투자의 경우 자산취득 전에 다음의 자산위험의 분석이 요구된다.

① 투자수익률 잠재위험분석

투자대상 건물자산에 대한 투자의사결정 전에 투자자산의 기존의 Profit & Loss, Balance Sheet, Cash Flow를 가지고 수익률 잠재 위험여부를 분석해야 한다.

② 경기변동 위험분석

경기변동은 회복기, 확대기, 침체기, 불황기 등으로 변화하므로 다음과 같이 경기변동

투자위험에 따라 의사결정 및 다음과 같이 대응해야 한다.

가. 회복초기 및 침체말기 – 건물자산 매입 적합
나. 확대초기 – 건물자산 투자 적합
다. 확대말기 – 건물자산 매도 적합
라. 회복말기 – 건물자산 개발 적합
마. 불황기 – 장기임대, 우량임차인 중심 임대구조 개선 대응
바. 불황기 공급과잉기 – Niche Market 개발, 매각중단 대응

③ Property 위험분석

건물자산의 위험은 주거용 건물이 가장 낮으며 개발용도 부지가 일반적으로 가장 높다. 건물자산의 위험은 개발부지 > Renovation 용도건물 > 산업용도 건물 > 판매시설 > 오피스빌딩 > 주거용건물 순으로 낮아진다. 또한 대규모 건물자산과 소규모 자산의 위험을 비교하면 대규모 건물이 Low Risk-High Return 형태로 매각위험이 소규모 빌딩에 비하여 높은 편이며 소규모 건물자산은 High Risk-Low Return 형태로 매각위험은 대규모 건물자산에 비하여 상대적으로 낮다.[9)]

④ 운영위험분석

건물자산관리대상의 운영에 있어서 일반적으로 나타나는 화재위험, 안전사고위험, 물리적 위험, 작업위험, 공실위험, 임차인위험 등에 대해서도 분석도구를 만들어두고 분석도구에 따라 분석하여 건물자산투자관리에 있어서 안전성을 우선적으로 확보하도록 관리해야 한다.

2) 환금성

투자자산을 자산가치와 교환가치를 높여 가장 유리한 조건으로 현금화하는 것을 의미한다. 환금성은 투자자산을 현금화하는데 소요되는 시간에 따라 소요시간이 짧을 때 환금성이 높다하고 장기간 소요되면 환금성이 떨어지거나 없다고 할 수 있다.

즉, 환금성이란 자산가치의 현금화 실현을 의미하며 금융자산은 환금성이 높으나 실무자산은 일반적으로 환금성이 떨어지는 단점이 있다.

3) 수익성

장래에 투자자산으로부터 얻을 수 있는 자본이득과 소득수익이 현금흐름표상에 확실하게 예치될 수 있느냐를 의미한다.

자본이득은 투자자산가치의 상승에 따른 이익을 의미하고 자산매각 때 자본이득이 실현

9) 한국생산성본부, 전게서, p.116.

되므로 매각 전에는 미실현 자산소득이라고 하나 경제학에서는 실현, 미실현 관계없이 자본이득이라 한다. 또한 소득수익은 이자수입, 배당수입, 지대, 임대료 등이 이에 해당된다.

그러나 건물자산 소유자의 경우 투자자산을 직접 이용시 서비스로 보아 소득수익으로 간주되지 않는다. 투자건물자산의 수익성 판단은 손익계산서, 대차대조표, 현금흐름표 등으로 판단해야 한다.

먼저 손익계산서를 통하여 NOI(순영업이익)와 매출액 경상이익률을 분석하고 대차대조표를 통하여 Cap. Rate(자본환원율), ROE, Leveraged(자본수익률), Un-leveraged(Proj. 수익률)를 분석해야 한다. 또한 Cash Flow(현금흐름표)를 통하여 IRR(내부수익률), PV(현가, Present Value) - Investment Value, NPV(순현가, Net Present Value), Cash on Cash Return(자기자본수익률) 등을 분석해야 한다.

건물자산 투자수익률 위험분석과 관계되는 산출공식은 다음과 같다.

① Cap. Rate(순이율, Net 이율, 종합환원이율)

순영업소득 = 총투자액 × 100

② Cash on Cash Return(자기자본수익률)

현금흐름 ÷ 자기자본투자액 × 100

③ 종합수익률

소득률 + 자본이득수익률

④ 소득수익률

$$\frac{\text{순수익}}{\text{기간초의자산가치}} \times 100$$

⑤ 자본이득수익률

$$\frac{\text{기간말의자산가치} - \text{기간초의자산가치}}{\text{기간초의자산가치}} \times 100$$

⑥ Gross이율(총이율)

연간임대수입 ÷ 총투자액 × 100

⑦ ROI(회계적 수익률)

(순영업소득 − 감가상각비) ÷ 총투자액 × 100

제3절 건물자산투자의 목적과 장단점

1. 건물자산투자의 목적

건물자산의 투자목적은 다른 투자대상 재화에 비하여 위험성은 높은 편이나 임대소득과 양도차익의 투자수익의 극대화를 도모할 수 있고, 최유효사용의 가능실현을 통하여 보유자체만의 이미지나 상징성으로 인하여 투자대상으로 건물자산을 선호하게 된다.

건물자산의 투자목적은 최유효 사용목적(최유효 이용목적), 수익목적, 양도목적(처분목적) 등으로 분류되며 투자자의 투자의도에 따라 단일목적 또는 복합목적으로 나누어진다. 즉, 효용의 극대화나 수익의 극대화를 일반적으로 투자목적으로 인식된다. 또한 투자는 현재 소비의 포기로 미래의 경제적 보상을 목적으로 하기도 한다. 또한 건물자산투자의 투자이유는 여러 가지 견해가 있으나 랜다우어(Landauer)의 견해에 의하면 부동산 투자이유를 인구의 증가로 인한 토지가격의 상승, 부동산의 인플레이션 헷지(Inflation Hedge)[10]와 타인자본을 이용하여 큰 수익을 올리는 지렛대작용(Use of Leverage)에 두고 있다.[11]

또한 베드포드(Bedford)는 부동산(건물자산)투자의 이유로 안전한 것으로 임대소득창출, 수익창출성, 저당(대부) 자금의 이자수익, 소유의 안정성, 미래의 가변적 양도차익이나 유리성 등을 들고 있다.

결론적으로 안정적 임대소득, 양도시세차익(자본이득), 인플레이션으로부터 보호, 세금보호, 건물자산보유로 인한 사회적 신용과 지위평가 등이 건물자산(부동산) 투자를 선택하는 이유로 작용하고 있다.

---

10) 인플레이션 헷지(Inflation Hedge)란 인플레이션의 효과(예 화폐가치의 하락)로부터 방어하는 것을 의미한다. 인플레이션을 대비하여 부동산실무에 투자하는 것은 바람직한 투자방법이다.

11) 이래성, 전게서, p.21.

2. 투자대상 건물자산의 범위와 투자수익 및 비용

(1) 투자자산의 범위

건물자산의 투자대상은 전술한 바와 같이 경제적 가치가 있는 건물자산으로서 사용수익이 가능한 주거용 건물, 상업용 건물, 공업용(산업용 포함) 건물, 문교사회용 건물, 기타 특수용도의 건물 등이 있다.

건물자산의 의미는 건축대지(토지), 건물, 건축설비, 부대시설, 건설중인 건물자산, 건물자산관련 유가증권, 공기구나 비품, 임차보증금, 선급금 또는 조경수목 등을 모두 포함하는 넓은 의미의 건물자산을 의미한다.

(2) 투자수익의 범위

건물자산의 수익의 범위는 임대수익과 건물자산 매각차익(양도차익), 임차보증금 기회수익, 시설일시사용료, 간접투자배당금(리츠, 부동산펀드, MBS, ABS, 프로젝트 파이낸싱, 부동산관련채권 등), 기타 건물자산 수입 등을 포함한다.

(3) 투자비용의 범위

부동산 투자비용의 범위는 자산취득비와 등기등록비, 인건비, 유지관리비(용역비, 수선비, 수도광열비 기타)와 각종 조세와 부담금(재산세, 종토세, 면허세, 환경개선부담금, 교통유발부담금 등), 대출이자, 감가상각비, 부동산 매각 손·공실로 인한 임대손실부담금, 간접비, 벌금, 손해배상, 부실임대채권 등의 기타 부동산 비용 등이 포함된다.

3. 건물자산투자의 장점과 단점

건물자산(부동산)에 투자하는 경우 다음과 같은 장점과 단점을 함께 가지고 있다.

(1) 장 점

건물자산(부동산)투자의 경우 다음과 같은 장점이 있다.

1) 자본이득과 소득이득

건물자산은 환금성은 다른 투자대상보다 뒤떨어지나 수익성과 안전성은 유리한 편이다.

건물자산은 타인에게 사용수익하거나 직접 사용함으로써 일정한 소득(임대료, 지대)을 얻을 수 있으며 매각함으로써 양도차익을 실현하여 자본적 이득을 얻을 수 있다.

2) 자금융통

저당권설정, 환매제도, 담보, 가등기, 양도담보 등을 통하여 일정한 자금을 융통할 수 있다. 이를 통하여 지렛대효과를 얻을 수 있다.

3) 인플레이션 헷지

인플레이션이 진행되는 경우 화폐가치 손실을 실물자산(건물자산, 토지 등)에 투자함으로써 인플레이션 피해를 어느 정도 방어할 수 있다. 따라서 후일 인플레이션의 방어로 미래의 구매력을 보호하게 된다.

4) 절 세

감가상각, 장기자본소득에 대한 낮은 세율, 세액공제, 세법상의 감면, 면세 등으로 각종 세금을 절세할 수 있다. 따라서 건물자산(부동산)투자는 절세(Tax Shelter) 기회를 제공한다.

5) 소유의 긍지와 신용평가에 관한 선(善)작용

건물자산의 소유는 그 자체만으로 긍지를 느끼게 하며 사회적 신용, 평가에도 긍정적인 선작용을 하게 된다.

(2) 단 점

건물자산(부동산)의 투자는 전술한 장점 외에 다음과 같은 단점도 있다.

1) 낮은 환금성의 문제점

부동산(건물)은 소유자가 매각을 원하는 시점에 시장가격으로 단시간 내에 현금화되지 않는 환금성의 문제점을 가지고 있다.

2) 재산위험성 상존

건물자산은 자연재해, 화재, 안전사고 등으로 인적 · 물적 손실을 가져오는 재산위험이 항상 존재한다. 또한 관리부실의 경우 조기노후화와 내용연수 단축 등으로 사용수익의 사용성이 후퇴하고 경제기능이 저하가 나타나는 재산상의 위험이 상존하고 있다.

또한 상권의 이동이나 외환위기나 장기불황 등 경기변동, 사회적 행정, 법·제도 등의 변화와 대형 사고나 전쟁 등의 비상상황의 경우 부동산(건물자산)의 경제적 가치는 급격히 하락하게 된다. 따라서 건물자산은 재산위험이 항상 상존하는 단점이 있다.

3) 공신력의 문제점

부동산(건물자산)은 보존등기나 이전등기 등 등기를 함으로써 소유권 변동이 일어난다.

그러나 우리나라 등기제도는 공시적 효력은 있으나 공신력이 없으며 형식적 심사주의와 절차적 등기법으로 인해 공신력에 큰 문제점이 있다.

4) 소유자의 재산관리 어려움

건물자산은 물건이므로 시간의 경과, 사용 잘못, 부실관리 등으로 마모, 훼손, 부식화, 중성화, 박리, 박락, 변형, 변위, 부동침하, 균열 등이 일어나고 기능의 저하, 조기노후화가 촉진된다. 따라서 전문적 관리대응이 필요하다.

그러므로 유지보수를 위한 자본적 지출과 수익적 지출의 비용이 항상 소요되고 관리적 작업이 뒤따라야 한다.

특히 임대용 건물의 경우 입주자의 사용수익에 맞는 청소, 경비, 위생관리, 시설관리, 전기·기계 설비관리, 임대료수납 등 매우 복잡한 관리활동을 해야 하는 등 재산관리상의 상당한 어려움이 수반된다. 뿐만 아니라 소유권 보존관리, 관계법령관리, 대외기관(공적서비스 제공기관)관리, 제세공과금관리, 입주자관리, 안전관리 그리고 유지관리 등 전문적 관리대응이 크게 요구되므로 건물재산관리의 어려움이 있다.

제4절 건물자산투자위험과 포트폴리오 관리

1. 건물자산투자위험

(1) 투자위험의 의의

건물자산관리는 시설측면에서 사용가치를 극대화하여 최유효 건물사용화하는데 목적이 있으며 건물재산경영 측면에서는 자산가치를 극대화하고 수익을 최대화하는데 목적이 있다.

따라서 시설관리 측면과 재산경영 측면 모두에 있어서 위험은 체계적으로 관리되어 최소화하거나 제로화해야 한다.

왜냐하면 시설관리 측면의 위험은 인적 결함과 물적 결함 및 환경과 결합하여 사고로 이어지고 인적 손실과 물적 손실을 가져오는 재해로 발전되기 때문이다. 또한 재산경영 측면의 위험은 건물자산투자목적인 재산수익 최대화와 자산가치 극대화를 정면으로 저해하기 때문이다. 건물자산투자의 의사결정은 확실성을 토대로 의사결정의 경우에는 투자목적을 손쉽게 달성할 수 있으나 불확실성(위험)의 토대위에 투자의사결정을 하는 경우 투자목적인 수익의 최대화를 달성할 수 없게 된다.

이와 같은 건물자산투자위험은 투자사업을 실패하게 하는 요인으로서 불확실성을 의미한다. 또한 위험은 건물자산투자의 손실을 가져올 수 있는 가능성으로서 리빙 페페(Lyving Peffe)는 확률에 의하여 측정 가능할 수 있는 개개의 위험의 결합을 위험이라 정의하였다.

결국 건물자산투자위험은 건물자산투자사업의 실패가능성이라 투자손실을 가져올 수 있는 불확실성을 의미하며 투자수익과 위험은 상관관계에 있다.

이와 같은 투자수익과 위험의 상관관계는 건물자산투자시장에서 High Risk-High Return과 Low Risk-Low Return으로 나타나고 있다. 따라서 건물자산투자사업에 성공하려면 투자위험을 철저히 분석하고 관리하여 최소화 또는 제로화해야 한다.

(2) 건물자산투자위험의 종류와 내용

건물자산의 투자는 투자활동을 통하여 수익최대화를 달성하고자 한다. 따라서 투자의사결정자는 가능한 방법을 동원하여 투자의 불확실성(위험)을 제거하거나 관리하여 최소화 또는 제로화를 실현하여 확실성의 토대위에 투자의사의 결정을 바라고 있다.

그러나 건물자산투자시장의 현실은 투자대상 건물자산 자체뿐만 아니라 건물자산투자에 영향을 미치는 환경에 크고 작은 불확실성(위험)이 존재하거나 생성되고 있어 건물자산투자자는 투자의사결정전에 투자위험에 관한 분석을 반드시 실시하고 있다.

뿐만 아니라 투자자는 투자위험을 분산시켜 최소화하기 위하여 포트폴리오 이론을 활용하고 재산 3분법을 적용하기도 한다. 특히 건물자산투자시장에는 투자위험이 적으면서 수익성이 높은 오피스빌딩을 주 투자대상으로 상정하고 있다. 이와 같은 투자전의 분석대상인 투자위험에는 다음과 같은 위험이 있다.

1) 법적 · 제도적 위험

법과 제도는 건물자산가치와 수익에 지대한 영향을 미치는 것으로 상호 밀접한 관계에 있다. 투자대상 건물자산은 재화성과 권리성(재산권, 소유권)으로 결합되어 있다. 즉, 건물은 물건(건물실체)과 재산으로 표상된다.

그러므로 건물자산의 가치는 재산성을 표상하는 소유권(권리)에 있으며 실제로 부동산거래시장에서 건물의 매매는 소유권(권리)의 알선 중개로 이루어지고, 소유권 이전서류가 매각대금과 동시이행으로 교환되며 매매목적물인 건물은 소유이전 즉시 인도되어 신소유자의 사실상 지배(점유)상태에 들어가게 된다.

이와 같은 건물자산은 사법과 공법의 지배와 영향을 받으므로 사법상의 소유권 보존을 위협하는 제한물권과 기타 권리(압류, 가압류, 가처분, 재판, 경매 등)에 관한 권리분석을 철저히 하고 투자 후에도 이와 같은 사법상의 제문제에 대하여 사후관리해야 한다.

특히 공법측면의 자산관계규정은 더욱 심각한 영향을 주고 있다. 왜냐하면 건물자산의 재산권은 공법과 공법에 의하여 만들어진 각종 제도로부터 직 · 간접적으로 영향을 받기 때문이다.

예컨대 부동산 투기지역지정, 토지이용규제, 매매허가제, 지역지구제, 건폐율, 용적률, 이자율, 조세제도, 토지정책, 통화정책, 재정정책, 주택정책 등은 투자수익에 직접 영향을 심각하게 주기 때문이다.

다시 말하면 전술한 공법이나 부동산 자산관계제도의 변화는 건물자산의 수요, 공급에 영향을 주고 이자율을 높이거나 부동산세금에 영향을 주어 투자수익 최대화와 건물자산가치 극대화에 악영향을 준다. 따라서 법 · 제도의 위험은 건물자산투자자 모두의 위험분석대상이 되고 있다.

그러므로 투자자는 투자의사결정전에 투자대상 건물자산과 관계되는 공법과 사법, 각종 관련제도 등을 면밀히 조사 분석해야 하며 불확실성의 확실성으로의 변화가능 유무를 검토해봐야 한다.

2) 경기변동위험

경제는 생물과 같거니와 상승운동과 하강운동의 반복으로 파도와 같이 확장기 국면, 후퇴기 국면, 수축기 국면, 회복기 국면 등 4가지 국면으로 주기적으로 변화한다.

따라서 경기변동에 따라 상승국면의 경우 투자목적을 쉽게 달성하여 투자수익의 최대화에 도달할 수 있으나, 갑작스러운 경기변동으로 예상치 못한 하강국면인 경우 공급이 수요보다 과잉되어 공실이 늘어나고 임대료가 하향곡선을 긋거나 자산가치가 크게 후퇴하는 경우 투자수익의 극대화는 커녕 투자손실과 매각손을 기록하여 투자실패로 귀결된다.

왜냐하면 경기변동은 주기적으로 건물자산투자나 실물경제에 적지 않은 영향을 주기 때문이다. 건물자산투자와 관련하여 경기순환변동이 투자나 투자에 대한 미래예측에 어떤 영향을 미치는지 살펴보면 경기순환변동 4국면의 내용은 대체로 다음과 같다.

① 확장기(Expansion Phase)

생산이 증가(건물건축 증가)되고 고용과 임금 및 구매력도 가장 높은 수준으로 증가된다. 이때 초과 수요가 늘어나 건물의 공실이 부족현상을 나타내나 화폐가치는 인플레이션 현상을 보이게 된다. 자본유치나 동원이 용이하여 생산설비와 건축이 증가되고 과잉공급의 위험발생의 시발점이 되기도 한다.

② 후퇴기(Recession Phase)

건축물 과잉공급으로 수요량을 초과하는 건물의 공실이 늘어나고 임대가와 양도가액이 하향곡선을 그으며 곧바로 침체기에 접어들게 되며 마침내 후퇴기 순환국면의 정점에서 경기는 하강하기 시작한다. 이때부터 불경기의 기운이 감지되기 시작한다.

③ 수축기(Contraction Phase)

경기순환변동이 수축기에 접어들게 되면 건물을 포함한 제품의 수요가 서서히 감소하고 생산감소, 고용감소, 실업률상승, 소비감소, 가격하락 현상이 두드러지게 나타난다.

경기는 계속 하락하며 건축경기가 하향곡선을 그으며 공실이 크게 발생하여 임대소득이 크게 낮아진다. 수축기의 또 하나의 현상은 경기가 완전히 죽지 않는 가운데 의식주를 위한 경기는 계속 순환된다는 점이다.

④ 회복기(Revival Phase)

회복기의 일반적 현상은 소비자가 다시 투자하는 현상이다. 이때부터 초과공급 건물의 공실은 임대되거나 소모되고 중요한 구매는 바로 이루어지며 소비자는 싼 가격으로 물건을 구매하기를 희망하게 된다.

특히 회복기 바로 전단계인 저점(Lull)에서 약하게나마 경기가 살아나고 생산설비를 준비하며 기업으로의 자본유입과 추가인력 고용이 이루어진다. 이때부터 건물의 공실이 줄어들고 공실률 감소가 현실적으로 인식된다. 이때 고용이 늘어나고 수요가 증가하면 마침내 확장국면으로 접한다.

이상에서 설명한 경기순환변동의 4국면을 소개하였으나 경기순환은 정점과 저점을 기준으로 하여 저점에서 정점까지는 확장국면이고 정점에서 저점까지는 수축국면이라 할 수 있다. 결국 경기순환변동은 크게 확장국면과 수축국면으로 진행되어 상승파도와 하강파도가 반복적으로 진행되는 경제현상이라 인식된다.

결론적으로 경제가 상승국면인 경우 건축물의 신축증가, 임대료증가, 선임대증가, 공실률감소 등의 현상이 나타나며 경제가 하강국면의 경우 임대료감소, 공실률상승, 순운영수익(Net Operating Income)이 악화되어 마침내 자산가치가 하락하여 투자에 악영향을 끼치게 된다.

예컨대, 상승국면의 100의 임대소득 등의 순운영수익이 80이나 그 이하로 나타나게 되며 자산가치 역시 100에서 50이하로 떨어질 수 있으며 순이율(종합환원이율, Cap. Rate)도 5%에서 10%로 상승하는 현상을 보이게 된다. 따라서 불황국면의 경우 특단의 투자전략을 세워 적절히 대응해야 한다.

결론적으로 경기변동위험은 건물자산투자에 있어서 투자의사결정에 대한 불확실성으로 작용하므로 건물자산투자위험으로 분류된다.

경기변동위험은 매입, 매각, 개발 및 투자전략에 타이밍(최적기)을 놓치게 하거나 유효전략수립을 방해하게 된다. 즉, 경기변동위험은 타이밍이 문제(Issue)가 되며 타이밍이 맞지 않는 투자의사결정은 곧 투자손실로 귀결된다.

따라서 경기변동위험을 극복하기 위해서 매입과 매각, 기타 전략을 다음과 같이 수립하고 실천하는 것이 바람직한 투자전략이라 할 수 있다.

① 건물자산 매각 타이밍 – 확대말기
② 건물자산 매입 타이밍 – 침체말기 또는 회복초기
③ 건물자산 투자 타이밍 – 확대초기
④ 건물자산 개발 타이밍 – 회복말기

또한 경기변동국면 속에서 특별한 다음의 상황의 경우에는 경제상황에 맞는 전략을 구사해야 한다.

① 공급과잉 경제상황 – 거래중단, Niche Market 개발
② 경제 불황기상황 – 장기임대용 건물자산투자, 개발 또는 증축가능 건물자산투자, 우량임대구조를 가진 건물자산투자, 경기변동에 민감하지 않는 건물자산투자
③ 일시 건물자산(부동산) 급격한 가격하락상황(예 IMF 경제위기상황) – 투자기회로 활용

3) 건물자산 자체위험

건물은 유형의 물건이므로 시간의 경과나 사용 잘못 또는 부실관리 등의 이유로 조기에 부실화되거나 물리적 내용연수 및 경제적 내용연수가 급격히 단축될 수 있으며 건물이 위치하고 있는 주변의 상권이 이동하여 수요를 떨어뜨리거나 자산가치를 하락하게 한다. 또한 건물자산은 위험시설과 위험물이 상존하고 대규모 건물의 경우 수많은 재실자와 출입자, 출입차량 등으로 화재, 추락, 감전 등 크고 작은 안전사고가 날 수 있어 경우에 따라 3종 위험에 해당하는 대형안전사고(예 1995, 삼풍백화점 붕괴사고)가 발생하여 기업이 도산하는 경우도 있다.

뿐만 아니라 건물의 용도별, 규모별, 유형별 위험도 상존하고 있다. 예컨대 대규모 건물자산은 자산운영과정에서 안정적 임대구조를 가짐으로써 수익률이 양호하여 Low Risk-High Return이 가능하나 매각위험이 소규모 건물자산에 비해 상대적으로 높은 위험이 있다.

그러나 소규모 건물자산은 운영과정 중에 우량임차인을 유치할 수 없어 안정적인 임대구조를 가지지 못함으로써 수익률이 대규모 건물자산에 비해 떨어져 High Risk-Low Return의 형태로 수익률이 떨어지는 위험이 있다.

그럼에도 불구하고 소규모 건물자산은 매각위험이 대규모 건물자산보다 월등히 낮은 장점이 있다. 즉, 소규모 건물자산의 Exit Risk가 적은 것은 결국 규모별 건물자산의 위험 프리미엄이라 할 수 있다.

또한 건물자산의 유형별 위험 역시 주거용 건물이 오피스빌딩의 투자위험보다 투자위험이 낮으며 오피스빌딩은 소매판매시설보다는 투자위험이 낮으며 소매판매시설은 산업용(공업용 포함) 공장건물보다 투자위험이 낮다. 또한 산업용 건물은 개발용 나대지보다 투자위험이 낮으므로 결국 개발용 나대지가 투자위험이 가장 큰 자산으로 평가된다.

오피스빌딩 또한 위치와 지역에 따라 위험도가 다르며 전문업체만이 입주되어 있는 경우 전문업이 쇠퇴하면 쇠퇴속도에 따라 공실로 남게 된다. 특히 산업용 건물이나 공업용 건물은 해당 산업이 후퇴하면 해당 건물 역시 수익성이 떨어지고 자산가치가 하락한다.

이와 같이 건물자산은 그 자체가 가지고 있는 위험이 존재하고 있으므로 투자의사를 결정하기 전에 건물자산 자체위험을 분석해야 한다.

4) 건물자산 매각위험

건물매각위험(Exit Risk)이란 투자자산을 원하는 시점에 현금화하지 못하거나 매각되더라도 매각손이 발생하는 위험을 말한다. 건물매각위험은 비유동성 위험, 비환매성 위험 또는 자산관리실무 측면에서 Exit Risk라 호칭한다.

다시 말하면 건물매각위험은 원하는 자산처분시점에 매각되지 않거나 매각되더라도 매각손이 발생하는 경우로서 매각 타이밍과 매각손이 매각위험의 핵심이다.

건물자산투자시장에는 원하는 처분시기에 매각되지 아니함으로써 매각 후 전체 건물책임임대 또는 일부 책임임대, 5년 후 우선매수선택권(Put Back Option), 재매각보장 등 옵션을 통한 위험관리 사례가 가진 매매거래현장에서 자주 볼 수 있다.

따라서 건물매입의사를 결정하기 전에 매각위헌 여부를 분석하고 매각위험을 최소화하는 옵션을 확보한 후 매매거래가 성사되는 것이 현명한 투자방법이라 할 수 있다.

5) 자산운영위험

건물자산운영(Property Operation)과정에 나타나는 위험으로 다음과 같은 위험의 종류가 있다.

① 임대료연체와 공실증가위험

자산운영에서 가장 두드러지게 나타나는 정기적 임대료 수납이 지연되거나 연체 또는 지불불능상태가 되는 경우로서 자산운영 수입관리에 크게 악영향을 끼치게 된다. 또한 임대마케팅의 실태와 경쟁 건물의 새로운 등장 및 임대환경과 여건의 변화 또는 일시적인 임대가격의 하락이나 매매가의 하락현상(Fluctuations Phenomenon) 등으로 임대수익 손실과 매각손이 발생하는 것과 이율인하, 수요후퇴로 공실이 크게 증가하는 현상이 나타나게 된다.

② 금리변동위험

자산운영 중에 이자율이 상승되는 경우 운영수익률과 거래가격의 변동이 일어난다.

다시 말하면 자산운영을 위한 일정 금융을 고정금리로 차입하였으나 정부재무정책, 은행 여수신제도변화 또는 경제사정으로 금리가 상향조정되는 경우 이자지급총액이 늘어남에 따라 전체 운영예산에 부담으로 작용하게 된다. 따라서 운영수익률이 떨어지게 된다. 또한 이자율 상승조정은 요구수익률과 차입금리 상승으로 작용하여 임대가와 매매가를 하락시키게 된다.

③ 임차인 위험

임차인의 파산, 부도 등으로 신용상태가 악화되어 정기적 임대료, 관리비 지급이 지연되거나 장기부실 입주로 보증금 전체가 고갈되고 관계법에 따라 명도소송수단의 법적 조치로 비로소 임대차관계를 종료함으로써 기존 임대채권의 부실과 신규 임차조치의 기회를 모두 상실함으로써 2중, 3중의 손실을 임대인이 안게 되어 경영손실로 귀결된다.

특히 임차인 한사람(한회사)이 전체 건물을 임차한 경우 임차인의 부실 신용상태는 심각한 자산운영수익 전체에 악영향을 주게 된다.

따라서 건물을 세분하여 임대하고 Local Tenant보다 Non-local Tenant 또는 우량임차인, Anchor 임차인 등으로 임차인 구성을 해야 하며 자산운영 중에 입주자관리를 체계적으로 실시하여 부실징후가 포착되는 즉시 협의 또는 소송방법에 의하여 임차인 교체를 해야 한다.

④ 유지관리위험

건물자산의 유지관리비는 일반적으로 매년 증가하는 추세에 있다. 그러나 건물자산의 소유자는 매년 유지관리비의 예산감액을 요구하는 경향이 있다.

이와 같은 일반적 유지관리 증가추세와 유지관리비 감액요구경향 사이에 건물소유자의 우월적 지위로 유지관리 예산이 축소되는 경우, 건물관리서비스의 품질이 크게 떨어지게 되므로 임대가의 하락 또는 매각에 지장을 초래하여 매각위험이 도래하게 된다.

⑤ 사고보상위험

건물자산의 운영중 화재, 안전사고, 붕괴, 작업사고 등 크고 작은 사고로 인한 인적·물적 피해는 해당 보험금만으로 전액 보상이 불가능하다. 따라서 안전사고 보상위험은 또 하나의 자산운영위험으로 인식된다.

2. 포트폴리오 관리

(1) 포트폴리오의 개념

포트폴리오(Portfolio) 용어의 사전적 의미는 서류가방을 의미하며, 투자자산 중 위험을 최소화하고 확실한 수익을 얻기 위하여 여러 종류의 자산에 분산투자한 투자대상자산을 의미한다.

금융시장에서의 Portfolio 개념은 광의의 개념으로 투자자산의 조합을 의미하며 증권시장에서의 Portfolio 개념은 협의의 개념으로 회사채나 주식 등의 금융투자대상(재무투자대상)을 의미한다. 이와 같은 Portfolio 개념을 바탕으로 재산 3분법이론이 도출된바 예금, 주식, 부동산에 분산투자함으로써 투자의 최대목적인 위험을 최소화하고 투자수익(Investment Return)을 최대화할 수 있게 된다.

기대수익의 크기가 위험의 크기보다 크게 하여 투자수익을 최대화하는 것은 바람직한 투자활동의 목표이기도 하다. 이와 같이 위험의 분산과 위험축소는 포트폴리오의 효과로서 투자수익의 안정화와 최대화를 가져오는 결과를 얻게 된다.

건물자산관리시장이나 현장에도 분산투자를 통한 투자위험의 축소로 투자수익의 안정화와 최대화를 도모하고 있다. 즉, 투자건물자산의 유형은 오피스빌딩, 주거용 건물, 상업용 건물, 산업용 건물 등으로 분산투자하며 지역별, 투자구조, 투자수단, 임대구조 등에 대해서도 위험분산을 시도하고 있다. 미국의 주요 자산투자자인 연기금 운영기관 역시 부동산, 주식, 예금 등에 분산투자하고 있다.

포트폴리오 관리는 전술한 바와 같이 투자위험을 최소화하는데 있으므로 투자수단의 경우 직접 투자와 REITS나 부동산펀드 등을 이용한 간접 투자를 고려해야 하며 투자구조도 프로젝트 파이낸싱(BTL : Build-Transfer-Lease, BLT : Build-Lease-Transfer), 지분투자(Equity), ABS 등을 활용하며 지역별로도 대도시와 중소도시, 한국 · 일본 · 미국 등 나라별로 투자위험을 분산시키고 있다.

(2) 포트폴리오 관리

포트폴리오는 투자대상 위험의 크기를 알아보고 그 위험의 크기를 축소 또는 최소화하여 불확실한 투자수익을 확실한 투자수익으로 보장받기 위하여 행하는 일련의 위험분석기법이다. 따라서 포트폴리오는 다음과 같이 단계별로 진행된다.[12)]

1) 제1단계 : 투자목표 설정 및 제약요인 분석

투자자는 투자대상을 설정하고 투자의사를 결정하기 전에 요구수익률과 위험의 크기, 가용자금의 유동성, 투자기간과 함께 법적 · 제도적 제약요인을 면밀히 분석하고 위험의 수준과 크기를 가늠하고 최소화 방안을 모색해야 한다.

2) 제2단계 : 건물자산관리시장 조사 분석

거시경제, 미시경제 상황분석 및 물가현황, 매매시장과 임대시장의 여건, 경쟁 임대 대상건물 임대조건 분석, 금융 · 세제 분석을 통하여 투자전망을 분석한다.

3) 제3단계 : 표적 투자자산 포트폴리오 결정

제2단계에서 분석한 내용을 토대로 분석자료를 종합하고 다음 단계에서 수립되는 전략준비에 필요한 자료를 종합한다.

4) 제4단계 : 현재의 자산구성과 비교분석 및 전략수립

현재의 자산구성(Portfolio)과 매입대상 자산과의 비교분석을 통하여 위험최소화 전략을 수립한다.

---

12) 한국생산성본부, 전게서, p.15 인용 재구성.

5) 제5단계 : 점검과 재편성

기 편성한 포트폴리오에 대하여 다시 한 번 점검하고 문제가 있는 경우 투자자산 포트폴리오를 재편성하여 위험을 최소화한다.

6) 제6단계 : 포트폴리오 성과측정

자산시장의 일반 포트폴리오와 위험관리를 체계적으로 하고 있는 벤치마킹 포트폴리오와 비교하여 Net Operation Income, Real Operation Income 및 Cap. Rate 등을 확인하여 성과를 측정해야 한다.

제5절 건물자산투자계획과 분석대상

1. 건물자산투자계획

투자계획(Invest Plan)이란 건물자산을 대상으로 장래의 경제적 투자이익을 얻기 위하여 현재의 노력이나 현재 소비희생의 대가로 미래의 경제적 보상을 받기 위한 방법, 절차, 전략 등을 미리 작성한 진행절차서를 말한다.

투자계획은 투자목적의 확정 후 작성되는 것으로 투자의 방향, 방법, 절차나 자금의 조달 등을 세부적으로 적성해야 한다.

투자계획의 목적은 투자자의 투자목적이 투자위험을 최소화하고 투자수익을 최대화(Low Risk-High Return)하는 것이므로 투자계획은 투자목적이 경제적 방법으로, 안전하게 그리고 효율적으로 달성되도록 작성되어야 하고 자원조달(자금, 금융 등)의 구체적 계획과 전략이 포함되어야 한다.

건물자산투자는 건물자산의 속성과 부동산시장의 특성 및 관련법과 제도에 의하여 크게 영향 받으며 장래의 불확실성에 의하여 자산가치나 수익이 감소하고 손실이 있을 수 있으므로 투자위험과 법·제도, 경제환경, 경기변동, 건물자산자체 등의 분석과 수익성은 판단을 위한 재무적 분석 등을 바탕으로 수립되어야 한다.

2. 분석대상

건물자산투자계획을 수립하기 위한 분석대상은 다음과 같다.

(1) 자산분석

건물자산투자계획을 수립하기 위해서 가장 먼저 분석 실시해야 하는 분석대상은 취득자산에 대한 일반개요와 물리적 상태, 감가상각현황, 관리조직과 투입인력현황 및 용역계약현황, 에너지 사용현황, 입주사현황 및 임대료·관리비현황, 주요 임차인과 공실현황 그리고 건물운영에 필요한 준공도서와 장비사용서, 매뉴얼, 재고, 자재, 부품, 원료, 공사일지, 업무일지, 각종 보수정비이력서, 계약서 등 일체의 필요한 정보를 자산실사와 분석을 통하여 도출해야 한다.

(2) 재무분석

자산의 재무분석은 수입과 비용 및 수지차에 대한 수리적 분석을 의미한다.

넓은 의미의 재무분석은 부동산조세와 부담금, 예산, 원가, 회계 등 전반의 분석을 의미하며 광의의 분석을 통하여 수지차를 1년 또는 5년 단위로 운영예산을 수립하여 수지를 살펴보아야 한다. 건물자산의 재무분석을 위해서는 총자산의 규모와 수입 및 지출비용과 수지차를 합리적으로 산출해야 한다.

건물자산관리실무 측면의 자산은 토지와 건물, 공도구, 수목, 임차보증금, 선급금 및 부동산 관련 유가증권의 합계액에서 임대보증금과 선수수익을 차감한 잔액을 건물자산(부동산자산)으로 인정한다. 즉, 보유부동산에 자본적 지출을 통한 개량비인 신규투자분의 합계액이 자산으로 인정된다.

또한 재무분석 대상의 하나인 세금과 부담금, 인건비, 용역비, Utilities 비용, 보험료, 구매비, 수리비, 감가상각비, 이자(담보대출이 있는 경우), 간접비(사무실운영비, 행정적 지출 등), 기타 비용(손해배상, 벌금, 과태료 등) 등의 합계액을 의미한다.

운영비의 분석은 재무제표, 손익계산서, Cash Flow, 관리예산, 운영보고서 등을 통하여 분석할 수 있다. 또한 재무분석의 하나인 건물자산 운영수입은 임대수익과 매각익, 시설사용료, 배당금, 기타 수입(주차사용료, 자판기수입, Concierge 수입 등) 등의 합계액을 의미한다.

그리고 수익과 비용지출의 결과 나타나는 수지는 Cash Flow(현금흐름표)를 통하여 얻을 수 있다. 현금흐름표의 수지는 다음과 같이 작성된다.

즉, 예상총수익에서 공실손실률을 차감한 유효수익률 중에서 총운용비용을 차감하면 순운영수익(NOI)이 발생하고 NOI에서 융자상환과 감가상각을 제한 후 세전수지가 집계되고 부동산세금을 다시 차감하면 세후수지가 Cash Flow상에 기록된다. 이를 등식화하면 다음과 같이 산출된다.

- PGI(Potencial Gross Income) − Vacancy Loss = EGI
- EGI(Effective Gross Income) − Operating Expense = NOI
- NOI(Net Operating Income) − (감가상각 + 융자상환) = BTCF
- BTCF(Before Tax Cash Flow) − Tax = ATCF(After Tax Cash Flow)

최종 ATCF는 After Tax Cash Flow상에 가용현금수지를 의미한다.

(3) 시장분석

시장분석은 동일생활권과 인근지역 분석 및 상권분석을 의미하는 것으로 다음 사항을 분석해야 한다.

1) 물리적 경계

투자대상 건물자산이 위치하고 있는 지역은 교통간선이나 하천, 주요도로, 철도, 호수, 강, 하천, 산 등 물리적 경계로 인근지역을 구분할 수 있다.

이와 같은 물리적 경계를 아는 것은 투자대상 건물자산의 투자의사결정을 위해 위치위험을 경감시켜 준다.

2) 토지이용상태

토지의 이용상태를 살펴보면 투자대상지역이 성장성이 있는지 또는 후퇴성이 있는 지역인지를 알 수 있다.

특히 나대지가 많은 경우에는 성장할 수 있는 지역으로서 투자지역으로 적합하다.

3) 사회적 · 경제적 수준

주거하거나 위치한 주민과 기업, 공장들의 사회적 · 경제적 수준을 분석하는 것은 투자대상 건물자산의 잠재이익 개발여부의 바로미터가 된다.

특히 주민의 소득수준, 직업, 학력, 연령 등을 조사하여 분석해야 하며 그 지역에 위치한 주요산업, 업종, 생산품, 연매출, 경제기반 등을 분석하여 수요예측에 필요한 정보를 얻어야 한다.

4) 교통시설

철도, 전철, 버스, 승용차 등의 교통수단의 현황과 통행량, 통행횟수, 노선 등 교통시설 전반에 걸쳐 조사 분석해야 한다.

왜냐하면 교통시설로 사람을 이동시켜 상권형성이나 건물자산 수요·공급이나 거래 및 거래가격에 지대한 영향을 주기 때문이다.

5) 부동산시장동향

입지여건이나 건물자산 수급현황, 매매거래가격, 임대기준, 관리비기준, 경쟁건물현황, 주변의 협력업체현황 등을 조사 분석해야 한다.

또한 공실률과 임대환원율 등을 조사하여 수요예측에 필요한 정보를 얻어야 한다.

6) 부동산경기순환

부동산시장 경기순환기가 하향기, 회복기, 상향기, 후퇴기, 안정기 중 어디에 있는지를 부동산경기순환을 분석하고 적절한 대처를 해야 한다.

부동산경기순환은 건축허가량과 미분양 재고량, 거래량, 부동산의 가격변동, 공실률과 임대수준, 택지의 분양실적, 주택금융의 상태 등으로 측정할 수 있다.

7) 인근지역 생애주기

인근지역의 생애주기란 투자대상 중심의 동일생활권 지역이 물리·사회·경제기능을 다할 때까지의 연한을 의미하는 것으로 그 지역의 성쇠현황을 말한다. 이에는 성장기, 성숙기, 쇠퇴기, 천이기, 악화기 등으로 분류된다.

성장기는 인근지역이 성장하는 시기이고 성숙기는 개발단계를 지나 지역기능이 안정된 시기의 국면을 말한다. 쇠퇴기는 지역의 물리 또는 경제나 사회기능이 쇠퇴하는 시기의 국면이고, 천이기는 인근지역이 성장기, 성숙기, 쇠퇴기 3단계 중에 쇠퇴가 계속되면 완만한 커브가 계속되는 말기의 쇠퇴국면이 이어지고 재개발을 하는 경우 새로운 성장기가 도래하는 국면을 말한다. 그리고 악화기는 자산소유자 스스로 포기하는 국면을 말한다.

제6절 투자분석의 필요성과 투자결정과정

1. 투자분석의 필요성

건물자산의 투자의 의사결정은 건물자산의 물리적 속성으로 인하여 그리고 기술·행정·경제·법률·환경·위험 측면의 복합성과 법·제도, 정책 등의 규제로 인하여 신속한 투자 의사결정을 하기 어렵다. 특히 건물자산은 주식보다는 위험도가 낮으나 주식과 함께 위험자산이므로 위험에 대한 분석없는 투자의사결정은 있을 수 없다.

왜냐하면 건물자산투자는 미래위험에 대한 금전적 보상이고 위험이 최소화되어야 투자수익이 극대화되는 위험과 투자수익과의 함수관계가 있기 때문이다. 또한 건물자산의 투자수익의 극대화는 투입되는 현금유출(Cash Outflow)보다 산출되는 현금유입(Cash Inflow)이 상대적으로 큰 경우를 의미하므로 미래위험이 예상되는 경우 투자의사결정은 손쉽게 이루어지지 않는다.

그러므로 투자자는 투자의사결정시 신중에 신중을 기해야 한다. 왜냐하면 건물자산투자는 전술한 바와 같이 건물자산 자체의 속성과 기술·경제·행정·법률·환경·위험 복합성과 법·제도, 정책 등의 규제를 직접 받는 자산일 뿐 아니라 건물자산 고유의 특성으로 인하여 투자위험이 산재되어 있어 투자위험분석이 투자의사결정전 최우선 과제(Issue)로 인식된다.

왜냐하면 건물자산투자와 건물자산투자시장은 다음과 같은 속성과 특성이 있기 때문이다. 건물자산투자는 전술한 바와 같이 투입(Input)하는 현금유출(Cash Outflow), 산출(Output)되는 현금유입(Cash Inflow)이 크도록 하여 투자수익의 극대화를 꾀하는 경제활동이다.

그러나 건물자산의 투자는 일반적으로 큰 자금이 투입되며 위험자산에 대한 투자일 뿐 아니라 건물자산투자시장은 불완전시장이고 추상적 시장이며 법·제도, 정책 등의 규제와 건물자산 자체의 속성과 특성으로 인하여 투자전 투자분석을 반드시 실시하여 투자위험의 유무판단과 투자위험이 있는 경우 그 위험의 크기를 예측하고 대책을 미리 설계하여 투자전략을 수립하여야 한다.

따라서 투자의사결정전의 투자분석은 대단히 필요하고 중요하다. 왜냐하면 건물자산투자와 관계되는 투자 저해요인이 많기 때문이다. 그러므로 다음 사항을 투자의사를 결정하기 전에 반드시 분석하고 문제점을 도출하여 투자전략을 수립해야 한다.

(1) 위험자산성과 저유동성

건물자산은 투자대상자산 중 주식과 함께 높은 위험도를 가지고 있는 자산이다. 투자대상 중 금융자산(재무자산)인 예금, 국채, 지방채 등은 위험도가 비교적 낮으나 ABS나 선물, 건물자산(부동산), 주식 등은 위험도가 상대적으로 높은 자산에 해당된다. 따라서 건물자산은 다른 자산에 비하여 환금성이 떨어지며 유동성이 낮은 자산이라 할 수 있다.

그러므로 투자자가 원하는 시점에 타이밍을 맞추어 매수자를 만나거나 현금화하기 어려운 저유동성, 저환금성의 속성이 있다. 따라서 투자의사결정전 위험자산인 투자대상 건물자산의 위험을 분석하고 위험의 크기를 예측하여 투자전략을 수립해야 한다.

(2) 법적·제도적 제약과 규제

건물자산은 부동산의 일종이므로 부동산사법과 공법 및 공시제도, 조세제도, 금융제도, 임대차제도와 토지정책, 주택정책 등으로 직접 영향과 규제를 받는다. 특히, 건축규제, 토지이용규제, 환경규제 등의 복합한 규제로 전문 투자지식이나 경험 없이는 투자의사결정을 하기가 쉽지 않다. 그러므로 투자의사결정 전에 반드시 건물자산투자와 관계되는 법·제도·정책을 통한 투자 제약요소와 규제내용을 분석하여 투자전략수립에 활용해야 한다.

(3) 감가상각과 물리적 내용연수

건물자산은 경제적으로 지방세법에 의하여 일정한 경제적 내용연수를 가지고 있으며 정액법과 정률법에 따라 매년 자산가치를 감가하고 법정연수 마지막 해에는 건물자산가치가 제로가 된다. 또한 건물은 물리적 내용연수를 가지고 있어 일정한 내용연수(예 철근콘크리트조 오피스빌딩의 경우 55년(최저 50년, 최대 60년))가 지나면 물리적 기능과 성능이 크게 떨어져 사용수익이 어렵게 되는 속성이 있다.

그러므로 건물자산은 일정한 시간의 경과로 자산가치가 떨어지게 되므로 다른 투자재화와 달리 투자금의 회수가 어렵게 되는 단점이 있다. 그러므로 내용연수기간동안 사용수익을 통하여 투자금의 회수와 함께 투자수익을 최대화해야 한다.

따라서 이러한 관점에서도 투자분석은 선행되어야 한다.

(4) 개별성과 대체성

건물자산은 다른 부동산과 가격이나 수익률, 사용수익가치, 운용비용 등의 측면에서 비교하기 어렵다. 왜냐하면 투자대상 건물자산은 개별성이 있으며 대체성이 없기 때문이다.

따라서 다른 투자대상과 달리 개별자산분석을 실시해야 한다.

(5) 불완전 경쟁시장

건물자산투자시장은 완전시장이 아니다. 따라서 수요곡선과 공급곡선이 만나는 점에서 가격이 결정되지 않는다. 또한 가격정보보다 이용정보가 불확실성을 가지고 있으며 수요와 공급과 가격결정이 완전시장에서와 같이 이루어지지 않는 특성이 있다.

(6) 원상회복 난이성

건물자산투자는 거액의 자금이 일시에 투입되는 내구소비재이므로 분석 잘못이나 투자의사결정의 실수로 투자가 이루어지는 경우 투자비의 회수나 원상복구가 어려운 특성이 있다. 따라서 투자타당성 조사와 분석이 의사결정전에 이루어져야 한다.

(7) 수요 · 공급 불균형성

건물자산의 생산은 기획, 설계와 시공을 거쳐 건설되므로 장시간이 소요되기 때문에 일반재화와 같이 시장의 수요에 맞추어 공급이 불가능하다.

다시 말하면 수요와 공급 사이에 불균형이 되기 쉬운 속성이 있다. 따라서 시장분석을 통하여 수요예측과 함께 건물자산의 생산을 균형화하도록 해야 한다.

그러므로 투자분석이 필요하다.

(8) 자산운영의 애로성

건물자산의 보존, 유지, 개량관리를 통하여 사용가치 극대화와 최유효 건물사용화와 자산가치 극대화로 투자수익의 최대화는 대단히 복잡한 운영과정(Operation Process)을 거쳐 달성된다. 특히 시설관리는 고도의 기술을 요하며 법정 기술인력에 의하여 이루어지며 화재, 안전사고로 인한 인적 · 물적 손실 역시 현실적으로 발생되므로 투자자산의 운영은 대단히 어려운 관리과정이다.

따라서 투자의사결정 전에 반드시 운영애로사항에 대하여 분석하는 것이 현명하다. 이와 같은 이유로 자산운영의 애로와 문제점을 분석하고 투자전략에 반영해야 한다.

2. 건물자산 투자결정과정

건물자산의 투자결정이란 건물자산투자에 대한 투자자의 의사결정을 말한다. 투자결정은 여러 가지 투자대안 중 최적대안을 선택함으로써 종결된다. 우리가 건물자산투자활동을 전개할 때도 다른 재화에 대한 투자와 마찬가지로 투자철학과 투자목표, 투자결정요인이 있다. 이 철학과 투자목표 및 결정요인은 투자자가 의사결정을 하는데 겪어야 하는 과정으로 투자자에게는 꼭 필요한 사항이다.

(1) 건물자산투자결정

1) 투자태도

투자태도란 투자자가 투자활동을 할 때 대안선택의 관련 정도와 성격을 규정하는 것으로서 투자결정시 고려해야 할 투자태도는 다음과 같다.

① 직접 · 간접 관련

투자자는 투자 건물자산을 직접 살 것인가, 아니면 간접적으로 살 것인가를 결정해야 하는데, 전자는 직접관련이라 하고 후자를 간접관련이라 한다.

직접관련은 자본의 투자와 함께 투자자산을 직접 경영 관리하는 것을 말하는 것이고 투자 건물자산과 간접적으로 관련을 갖는다는 것은 회사가 소유하고 있는 건물자산의 지분을 투자자가 매입한다는 것을 의미한다. 즉, 경영에는 직접 참여하지 않고 제공한 자본에 대한 과실을 목적으로 하는 것이다. 만일 투자자가 간접적인 관련을 갖고자 한다면 건물자산투자회사, 개발회사 또는 건물자산 서비스업의 중개 · 평가회사, REITS 등에 투자하면 된다.

② 시간투자

투자활동에 얼마만큼의 시간을 소비할 것인가를 결정해야 한다. 대개의 사람들은 처음엔 단기간 모험을 하나 나중엔 정상기간을 추구하게 된다.

③ 투자자의 역할

투자자는 수동적인 순지분 투자자가 될 것인가, 아니면 모험적인 능동적 투자자가 될 것인가를 결정해야 한다. 그에 따라 투자자는 역할이 달라진다. 경우에 따라서는 건물자산을 쉽게 처분하기 위해 저당금융 대부자가 되기도 한다.

④ 관리형태와 기능

투자 건물자산을 전문관리인에게 맡겨야 하는가, 아니면 자신이 직접 관리해야 하는가 하는 문제가 있다. 전자를 위탁관리, 후자를 직영관리라 한다. 위탁관리는 경제 · 물리 · 법률관리 등의 전부 혹은 일부를 위탁하는 것이다. 전문관리자를 이용하면 편리하다. 직영관리하는 경우는 투자자가 전문지식이 없으므로 외부 상담자의 조력에 따라 행동하는 것이 유익하다.

2) 투자자의 경제목표

투자자가 의사결정할 때 고려할 투자태도에 대해 전술한 바와 같이 살펴보았다. 그러나 태도에 적합하게 의사결정을 한다하더라도 투자자의 투자목표는 경제이익이나 건물자산의 이용에 있으므로 경제목표에 대하여 분명히 결정하여야 한다. 투자자의 관심인 경제목표가 무엇인지 살펴보기로 한다.

① 투자의 안전

투자자 경제관점에서 안전해야 한다. 이것은 투자자가 목적으로 하는 투자행동에서 의사결정에 가장 크게 영향을 미치는 요인이다.

투자가 보장되려면 투자에 대한 충분한 수익이 보장되거나 투자 건물자산을 매각하였을 때 취득원가를 초과하는 가격으로 팔 수 있을 정도로 양도가격이 보장되어야 한다.

② 수익의 확실

투자 건물자산은 산출능력이 확실해야 한다. 투자 건물자산이 주기적인 수익을 발생하거나 또는 자본가치가 증대할 자질을 가지고 있어야 한다. 투자자는 투자수익이 기대될 때에 투자결정을 내린다.

③ 투자의 환금성

투자자는 그의 자산을 단기간 내에 시장가격으로 처분할 수 있어야 한다. 어떤 부동산 또는 어떤 시기에는 처분과 환금이 어려운 경우가 있다.

④ 자본가치의 증대

투자자는 자본가치가 증대하길 바라며 가치의 감가는 될수록 적어지길 바란다. 부동산은 대체로 인플레이션의 좋은 방지책이 되어 자본가치의 하락을 막아준다.

⑤ 세금면의 이익

투자자는 세금면의 우대조치도 기대한다. 특정 건물자산의 경우 세제혜택이 있으면 투자가 유리하게 된다.

⑥ 관리의 부담

투자자가 원하는 경우에는 관리를 할 수 있고, 그렇지 않으면 관리부담으로부터 자유로워야 한다. 다른 투자재와 달리 건물자산은 투자자가 관리·이용할 수 있는 기회가 많은 것이 특징이다.

⑦ 순수익의 재투자

투자 건물자산으로부터 발생하는 임료나 이윤은 재투자를 할 수 있어야 한다.

⑧ 지렛대 효과의 기회

지렛대 효과는 건물자산투자에서 많이 활용된다. 이때 지렛대 효과란 차입금에 대한 산출이익을 말하는 것으로 순자본금에 비해 가능한 한 많은 돈을 차입하여 더 많은 수익을 얻는 것을 의미한다. 지렛대 효과가 크면 투자결정이 빨라진다.

⑨ 인플레이션 방어

인플레이션 방어(Inflation Hedge)는 실물투자에서 방어된다. 인플레이션 현상이 있을 때 투자자는 투자결정을 하게 된다.

⑩ 사회적 인정과 소유의 긍지

투자자산을 취득하므로 갖게 되는 사회적 인정과 소유함으로써 갖게 되는 긍지가 누려질 때 투자결정이 이루어진다.

⑪ 자본적 이득

양도차익의 실현이 확실할 때, 즉 자본적 이득이 보장될 때 투자결정이 이루어진다.

3) 투자결정의 주요 변수

제이퍼(Arstin Jaffe)와 월터스(David Walters)는 건물자산(부동산)투자에 대한 의사결정의 주요 변수를 찾기 위하여 감수성 분석을 하여 다음과 같은 여섯 가지 변수가 투자결정에 주요한 영향을 미치고 있는 것을 지적하였다.

투자의사결정 주요 변수는 다음과 같다.

① 경상비
② 융자비율 혹은 지렛대비율
③ 유효 총수익
④ 부동산 가격상승률
⑤ 저당대부금의 이자율
⑥ 구입가격

(2) 투자결정과정

투자의사결정과정을 그림으로 구성하면 [그림 14]와 같다.

제1단계	투자목표설정
제2단계	투자방침 및 투자계획수립
제3단계	표적 투자대상선정
제4단계	시장조사분석과 법적·제도적 제약요인 및 규제사항 검토
제5단계	투자기대수익률 및 투자위험분석
제6단계	투자사업 확정 및 자금조달방안 수립
제7단계	투자결정
제8단계	투자실행

[그림 14] 투자의사결정과정

제7절 건물자산 투자분석기법

1. 투자분석기법의 의의

분석의 사전적 의미는 복잡한 사물을 그 요소와 성질에 따라서 가르는 일을 의미하는 것으로 건물자산투자활동에 있어서 필수적 이행과정이다.

건물자산에 대한 투자의사를 결정하기 전에 Property 분석, 위험분석, 미시경제·거시경제 분석, 수익률분석, 시장분석 등 여러 가지 분석대상에 대하여 분석활동이 선행적으로 이루어져야 한다. 이 중에서 현금수입과 지출에 대한 수지분석, 수익률분석은 필수적 투자분석항목이다.

2. 투자분석기법의 종류와 내용

투자분석기법에는 크게 할인현금수지 분석법, 어림셈법, 비율분석법 등이 있으며 이를 분설하면 다음과 같다.[13)]

(1) 할인현금수지 분석법

할인현금수지 분석법이라 함은 장래 예상되는 현금수입과 지출을 현재 가치로 할인하고 이것을 서로 비교하여 투자판단을 결정하는 방법을 말한다. 이에는 순현가법과 내부수익률법이 있다.

1) 순현가법

순현가법(NPV : Net Present Value Method)이란 장래 기대되는 세후소득의 현가합과 처분에 투자비용으로 지출된 지분의 합계를 서로 비교하는 것을 말한다. 투자가는 순현가가 0보다 크면 투자를 할 것이고, 0보다 작으면 투자를 하지 않을 것이다.

2) 내부수익률법

내부수익률법(IRR : Internal Rate of Return Method)이란 투자에 대한 내부수익률과 요구수익률을 서로 비교하여 투자결정을 하는 방법을 말한다.

내부수익률은 예상된 현금수입과 지출의 합계를 서로 같게 만드는 할인율 즉, 순현가를 0으로 만드는 할인율이다. 투자자는 내부수익률이 요구수익률보다 크면 투자를 할 것이고, 내부수익률이 요구수익률보다 작으면 투자를 하지 않을 것이다. 일반적으로 순현가법이 투자판단의 준거로 내부수익률보다 선호하게 된다.

(2) 어림셈법

어림셈법에는 승수법과 수익률법이 있다.

---

13) 김원규, 전게서, pp.280~283.

1) 승수법

승수법이란 여러 종류의 현금수지를 승수의 형태로 표시하는 것을 말한다. 조소득승수(GIM) 또는 조승수란 조소득에 대한 총 투자액의 배수를 말한다.

$$조소득승수 = \frac{총투자액}{조소득}$$

순소득승수(NIM) 또는 순승수는 순영업소득에 대한 총 투자액의 배수이다. 순소득승수를 자본회수기간이라고도 한다.

$$순소득승수 = \frac{총\ 투자액}{순영업소득}$$

세전현금수지승수(세전승수)는 세전현금수지에 대한 지분투자액의 배수이다.

$$세전현금수지승수 = \frac{지분투자액}{세전현금수지}$$

세후현금수지승수(세후승수)는 세후현금수지에 대한 지분투자액의 배수이다.

$$세후현금수지승수 = \frac{지분투자액}{세후현금수지}$$

2) 수익률법

수익률법이란 여러 종류의 현금수지를 수익률의 형태로 표시하는 것이다. 어림셈법에 의한 수익률에는 종합자본환원율, 지분배당률, 세후수익률이 있다.

① 종합자본환원율(종합환원율)이란 총투자액에 대한 순영업소득의 비율을 말하며 종합수익률 또는 종합률이라고도 한다. 종합환원이율의 역수가 순소득승수이다.
② 지분배당률이란 지분투자액에 대한 세전현금수지의 비율을 말한다.
③ 세후수익률이란 지분투자액에 대한 세후현금수지의 비율을 말한다.

(3) 비율분석법

비율분석의 수단으로 이용되고 있는 비율에는 다음과 같은 것이 있다.

1) 대부비율

대부비율이란 부동산 가치에 대한 융자액의 비율을 말하며, 저당비율이라고도 한다. 대부비율이 높을수록 채무불이행시 원금을 회수하기가 어렵다. 대부비율이 높아짐에 따라 부채비율도 급격하게 증가한다.

$$대부비율 = \frac{부채잔금}{부동산의 가치}$$

2) 부채감당률

부채감당률이란 순영업소득이 부채 서비스액의 몇 배가 되는가를 나타내는 비율이다.

$$부채감당률 = \frac{순영업소득}{부채서비스액}$$

3) 채무불이행률

채무불이행률이란 유효조소득이 영업경비와 부채 서비스액을 감당할 수 있는 능력이 있는가를 측정하는 것이다.

$$채무불이행률 = \frac{영업경비 + 부채서비스액}{유효조소득}$$

영업경비와 부채 서비스액이 유효조소득에서 차지하는 비율이 클수록 그만큼 채무불이행의 가능성은 커지는 것이다.

4) 총자산회전율

총자산회전율이란 투자된 총자산(부동산가치)에 대한 조소득의 비율을 말하며, 조소득승수의 역수가 된다.

$$총자산회전율 = \frac{조소득}{부동산의 가치}$$

5) 영업경비비율

영업경비비율이란 영업경비가 조소득에서 차지하는 비율을 말한다.

$$영업경비비율 = \frac{영업경비}{조소득}$$

제8절 건물자산투자전략

1. 투자전략의 의의

투자의 목적인 투자위험의 최소화와 투자이익 최대화를 위한 전반적 또는 세부적 방책과 투자목적을 효과적으로 달성하기 위한 준비, 계획, 동원, 조직 등에 대한 투자자의 투자방향과 지원 등을 말한다.

2. 투자전략의 종류와 내용

투자수익 최대화에 요구되는 전략의 종류와 내용은 다음과 같다.
건물자산투자전략을 크게 분류하면 다음과 같다.

① 적정자산 매입전략
② 효율적 자산보유전략
③ 전략적 매각전략 등

왜냐하면 건물자산투자는 적정 건물자산의 매입으로부터 시작되며 효율적 보유로 진행되다가 마침내 전략적 매각으로 완성되기 때문이다.

(1) 적정 건물자산 매입전략

건물자산투자의 성공여부는 적정 건물자산의 취득(Acquisition)에서 판가름나므로 적정자산의 매입은 투자활동에 있어서 가장 중요하다.

적정 자산의 매입의 요체는 잠재적 가치를 개발할 수 있는 자산으로서 안정적 임대소득이 발생할 수 있으며 목표이상의 양도차익이 실현될 수 있는 자산이어야 한다. 또한 적정 자산의 또 하나의 조건은 경제적 비용으로, 안전하게, 효율적으로 취득하고 운영할 수 있는 자산이어야 한다.

이와 같은 적정 자산은 말과 같이 쉽지 않으므로 여러 가지 적정 자산의 취득에 필요한 전략을 수립해야 한다. 적정 자산의 매입은 건물자산투자의 시작이고 요체로서 투자수익 창출에 결정적인 역할을 하게 된다. 또한 적정 건물자산매입은 보유와 매각과정에서 선(善)기능과 역할을 하므로 자산매입은 철저한 기술적, 경제적, 법률적 분석과 위험과 수익성 분석을 통하여 매입해야 한다.

이와 같이 중요한 적정 자산매입을 위한 구체적 세부전략은 다음과 같다.

① 자산매입 타이밍 전략
② 안정적 임대소득원 건물자산 매입전략
③ 잠재가치 보유 건물자산 매입전략
④ 저비용 고소득 건물자산 매입전략
⑤ 재매입 또는 임차조건부 옵션 건물자산 매입전략
⑥ Anchor 임차인입주 건물자산 매입전략
⑦ 대도시, 대규모 오피스빌딩중심 매입전략
⑧ 상권중심 건물자산 매입전략
⑨ Low Risk－High Return형 건물자산 매입전략
⑩ 불황기 건물자산 집중매입전략
⑪ 인플레이션 방어전략(Inflation Hedge Strategy)
⑫ 지렛대 전략(Leverage Strategy)
⑬ 포트폴리오 전략(Portfolio Strategy)

이상에서 열거한 구체적 세부 매입전략을 분설하면 다음과 같다.

1) 자산매입 타이밍 전략

취득은 부동산 매매에 의한 거래활동이므로 취득시점이 매우 중요하다. 호황기에 건물자산을 취득하면 불황기에 더욱 거래가격이 위축되고 환금성이 후퇴하나 건물자산의 매입은 경기순환변동 국면에서 침체말기나 회복초기에 의사결정하는 것이 현명하다.

또한 건물자산투자는 경제순환 국면에서 볼 때 확대초기가 적합하다. 또한 건물자체의 물리적으로 설비노후화가 진행되지 않는 건물 또는 대수선이 끝난 건물의 매입이 유리하다. 즉, 건물시설 노후화와 대수선 측면에서 10년 이하의 건물이나 25년 이상의 건물매입이 매입타이밍 측면에서 유리하다.

또한 건물자산가격이 사회적 변동, 대형사건 등으로 일시적 하락현상(Real Estate Fluctuation)이 발생하는 경우 지체 없이 투자결정과 함께 투자실행을 하는 것이 수익극대화에 도움이 된다. 공급이 수요보다 클 때 자산매입시점으로 잡는 것도 투자수익 극대화에 유리하다.

2) 안정적 임대소득원 건물자산 매입전략

오늘날 건물자산의 취득은 보유와 사용에 있지 아니하고 사용과 수익에 있으므로 안정적으로 매월 일정한 임대수익을 얻을 수 있는 건물자산을 매입하여야 한다.

3) 잠재가치 보유 건물자산 매입전략

취득자산은 잠재경제이익을 보유한 자산이어야 한다. 즉, 자산가치 개량을 통하여 수익을 극대화할 수 있는 증축이나 용도변경, Renovation, Re-positioning, 임대구조개선 등을 할 수 있는 투자자산을 취득하는 것이 투자전략상 요구된다.

왜냐하면 보유 잠재가치를 개발함으로써 투자수익을 최대화할 수 있기 때문이다.

4) 저비용 고소득 건물자산 매입전략

경제적 유지관리 비용지출로 정상적 기능과 성능이 장기적으로 유지되는 건물로서 고소득의 생산성(임대소득 및 기타 소득)을 나타내는 건물자산의 매입전략이 필요하다.

일반적으로 건물은 철근콘크리트 오피스빌딩의 경우 물리적 내용연수가 55년이나 25년 경과 후 건물시설의 기능과 성능의 악화로 대수선 공사를 실시해야 하므로 막대한 대수선 공사비 지출이 불가피하다. 따라서 매입 건물자산은 완공초기 건물이나 대수선후의 건물을 매입하는 것이 바람직하다.

또한 장착된 건축설비 중 주요기기의 물리적 내용연수는 일반적으로 15~18년 정도이므로 이 또한 전면교체 후에 매입의사를 결정하는 것이 전략상 필요하다.

특히 매입전략상 주의할 것은 임대소득을 목적으로 노후단계에 있는 건물자산을 매입하는 것은 바람직하지 않으나 재개발 목적으로 매입하는 것은 바람직하다.

5) 재매입 또는 임차조건부 옵션 건물자산 매입전략

매도자의 사정으로 환매 옵션이나 전체 또는 일부의 임차보상조건으로 매도하는 건물자산을 매입하는 전략이 필요하다.

재매입 또는 임차조건부 자산매입은 임대나 유지관리에 별도의 추가비용이 소요되지 않기 때문에 안정적인 투자수익 창출에 매우 유리하다.

6) Anchor 임차인입주 건물자산 매입전략

Anchor 임차인은 양질의 임대고객으로서 관련업체를 신규 임대차로 유인하는 역할을 하므로 Anchor 임차인 또는 다수의 양질의 임차인으로 구성된 건물매입이 매입전략상 유리하다.

7) 대도시 · 대규모 건물, 오피스빌딩의 매입전략

대도시 대형건물, 오피스빌딩은 출구계획(매각계획)에는 다소 부담과 위험이 수반되나 안정적인 임대소득과 양도차익 실현에는 소규모 건물자산보다 매우 유리하다.

서울지역 오피스빌딩 공실률은 2%대로서 뉴욕 4.4%, 런던 3.1%, 홍콩 3.9%, 워싱턴

DC 7.5%, LA 8.9% 보다 훨씬 낮아 대도시·대규모 매입전략이 투자자산 중 유리하다.[14)]

8) 상권중심 건물자산 매입전략

상권이 안정기나 성장기에 있는 중심 상권에 위치한 건물자산 매입이 투자수익 창출에 유리하다.

9) Low Risk-High Return형 건물자산 매입전략

위험분석결과 저위험 고소득이 보장되는 건물자산의 매입이 유리하다.

우리나라의 경우 1997년 IMF이후 2년간 외국자본에 의하여 매입된 서울 중심상권의 오피스빌딩 단기투자 모델이 Low Risk-High Return 모델이었다. 당시 외국 부동산투자회사는 단기간에 25% 이상의 투자수익을 실현하였다.

10) 불황기 건물자산 집중매입전략

불황기의 건물자산은 장기투자관점에서 투자의사를 결정해야 하며 증축가능하거나 우량임차인 유치 및 장기임대로 임대차하되 불황시장에 의존하지 않는 투자활동이 투자전략상 요구된다.

또한 경기하강이 지속될 때 투자자금을 총동원 집중 매입하여 호황 경기상승국면에서 전략적 매각을 함으로써 양도차익 실현을 해야 한다.

11) 인플레이션 방어전략

인플레이션 방어전략(Inflation Hedge Strategy)이라 함은 인플레이션의 피해를 방어하기 위하여 인플레이션 현상 발생 전에 실물자산에 투자함으로써 인플레이션 현상시 나타나는 금융자산의 경제가치 하락을 방어할 수 있게 하는 실물자산 투자전략을 의미한다.

실물투자는 인플레이션 현상 속에 실물자산의 가격을 상승시켜 양도차익의 실현으로 현금손실을 보상해주기 때문에 인플레이션 방어전략은 투자전략으로 매우 유용하다.

12) 지렛대 전략

지렛대 전략(Leverage Strategy)이란 투자자금의 용도로 금융을 차입하여 자산을 매입할 때 투자자산의 임대소득이나 양도차익이 차입금융의 금융비용(이자 포함) 보다 클 때 구사하는 금융활용전략이다. 투자에 활용되는 금융의 종류에는 일반 금융 외에 프로젝트 파이낸싱, 부동산펀드, 지분참여 등이 있다.

---

14) 조선일보, 2007. 9. 23, A17(서울빌딩공실률 세계 최저).

일반적으로 투자자금의 내용에는 자기자본 외에 타인자본(주로 금융)에 의존하는 경우가 많으나 지나친 타인자본의 의존은 경우에 따라 투자자산 전체를 상실할 수 있으므로 바람직한 투자활동에 있어서 지나친 타인자본 의존은 조심해야 한다.

13) 포트폴리오 전략

포트폴리오 전략(Portfolio Strategy)이란 투자위험을 분산하여 수익최대화를 도모하고자 하는 위험최소화와 수익극대화 전략이다.

투자의 수익은 위험과 비례하므로 항상 위험의 분석과 관리에 최선을 다해 최소화해야 한다. 따라서 국가별・지역별・자산유형별・규모별・용도별 투자구조, 투자수단, 임대구조 등의 위험분산이 요구되며 위험을 최소화하고 투자수익의 안정화를 위하여 재산 3분법에 따라 같은 종류의 자산일지라도 오피스빌딩, 주거용 건물, 리테일 등으로 분산 매입하고 관리하는 것이 투자위험을 최소화하여 투자수익을 증대시키는 요체가 된다.

외국 대형투자회사의 경우 Portfolio 담당 Manager를 별도로 두고 투자위험을 전담하나 국내의 경우에는 AM Manager나 PM Manager 또는 B/D Manager가 부분적으로 담당하고 있다.

(2) 효율적 보유전략

효율적 보유전략은 경제적 비용으로, 안전하게, 효율적 방법으로 보존・유지・개량하여 임대소득을 극대화하여 자산가치를 높임으로써 안정적 수익기반과 함께 양도차익의 실현을 가져오는데 필요한 전략을 의미한다.

또한 보유전략은 건물자산시장의 고유특성인 자산시장요소, 건물자산의 위치적 요소, 건물자산의 생애관계, 수익성 구조 등의 정태적 요소와 건물자산의 임대수입과 지출 및 이로 인한 Cash Flow상의 수지차(세후 현금수지) 그리고 수선비와 자본적 지출 등에 의한 건물자산의 자체 변화요소인 동태적 요소들을 분석하여 매입・보유・매각 등을 결정해야 하는바 동태적 요소와 정태적 요소들에 대한 분석결과 보유방향이 유리한 경우 보유중심으로 자산을 관리해야 하는 전략을 의미한다.[15)]

효율적 보유는 적정 자산의 매입이 대전제가 되어야 효율적 보유전략을 구사할 수 있다. 적정 건물자산 매입을 바탕으로 효율적 보유를 위한 전략에는 다음과 같은 구체적이고 실천적인 세부 보유전략들이 있다.[16)]

---

15) 건물자산의 매입과 보유 및 매각에 영향을 미치는 요소에는 정태적 요소와 동태적 요소가 있다. 전자는 건물자산과 시장의 특성으로 부동산시장 특성, 자산의 위치, 자산생애단계(Building Life Cycle), 수익성 구조 등을 의미하고, 후자는 건물자산 스스로의 가치변화에 관계되는 요소로서 수입과 지출, 그리고 수지차 및 자본적 지출과 수선비 등을 의미한다.

16) 한국생산성본부, 전게서, p.75 인용 재구성.

① 임대구조개선 전략
② Anchor 임차인유치 전략
③ 저비용 운영 및 고효율 생산을 위한 협력자 제휴전략
④ 건물용도변경 전략
⑤ Renovation 전략
⑥ 추가수입창출 전략
⑦ 증축 전략
⑧ 고급화 전략
⑨ 손실방지 전략
⑩ 출구(Exit) 전략
⑪ Niche Market 개발전략
⑫ Re-positioning 전략
⑬ 시설운영 효율화 전략

이상에서 열거한 효율적 보유전략의 구체적 세부전략을 분설하면 다음과 같다.

1) 임대구조개선 전략

임대구조가 목표 임대소득을 창출할 수 없는 구조일 때는 임차인의 업종을 변경, 임대평수를 재조정, 양질의 임차인으로 대처, Anchor 임차인유치, 장기임대로 변경, 임대수입조건(보증금, 월임대료, 관리비, 사용료 등) 변경, 부실 임대채권정리, 불량 임차인 특별사후관리, 임대채권 관리철저 등의 방법으로 임대구조를 크게 개선하여 임대소득 극대화구조로 안정적 수익기반을 조성하여야 한다. 그리고 임대구조개선을 위한 약간의 자본적 지출은 감수하여야 한다.

이와 같은 임대구조의 개선으로 높은 수준의 임대소득이 유지되는 경우 자산가치가 상승하여 매각시 큰 폭의 양도차익을 실현할 수 있게 된다.

2) Anchor 임차인 유치전략

Anchor 임차인[17]이 없는 경우, Anchor 임차인을 우선 유치하여 관련 업종의 업무편익을 위하여 스스로 Anchor 임차인이 임차한 건물에 입주하도록 하는 전략이 필요하다.

저자가 신축건물 임대를 위하여 Anchor 임차인으로 특허청을 우선 유치함으로써 대부분의 공실이 짧은 시간에 임대하는데 성공할 수 있었다.

---

17) Anchor 임차인이란 장기적으로 한 건물을 임차하여 사용하는 대형 Tenant로서 스스로의 영향력으로 다른 임차인을 유치할 수 있는 임차인을 말한다. 예컨대 특허청이 입주하는 경우, 특허관련 업종이 업무 편익상 특허청 입주건물에 임차하게 되는데 이때의 특허청을 Anchor 임차인이라 한다.

3) 저비용 운영 및 고효율 생산을 위한 협력자 제휴전략

시설물을 전문관리할 수 있는 업체(FMC)와 전략적 제휴를 하거나 파트너십을 갖는 경우 투자목적물의 효율적 보유에 유익하다. 또한 재산운영과 임대관리를 위한 PMC, 임대관리를 위한 LMC 그리고 자산운용을 위한 AMC의 전략적 제휴는 저비용으로 고효율의 이익을 창출할 수 있다.

4) 건물용도변경 전략

건물자산의 효율적 보유방법에는 건물용도변경 전략이 있다. 건물의 전체 또는 일부의 용도를 수익성제고와 자산가치 증가에 부합하도록 용도를 변경하는 전략이다. 매입자산의 자산가치를 증가시키고 임대소득을 최대화하려면 건물의 용도를 변경하여 임대화하는 전략이 필요하다.

예컨대 주차장용도의 지하건물을 용도변경허가로 근린상가시설로 개조하는 경우 자본적 지출에 임대소득이 늘어나고 재산가치가 크게 상승하게 되므로 바람직한 효율적 보유전략이 될 수 있다.

건물일부 용도변경으로 자산가치와 임대소득을 크게 개선한 대표적 사례건물에는 서울 중구 태평로의 서울 파이낸스센터빌딩을 들 수 있다. GIC가 매입하고 두산건설에 의하여 지하1층과 2층 및 3층 약 5,700평을 근린생활시설로 용도변경하여 최고급의 빌딩 아케이드화함으로써 임대소득과 자산가치 제고에 크게 성공하였다.

5) Renovation 전략

노후화 건물을 적정가격으로 매입하고 합리적인 공사비를 투입하여 입지여건을 최대로 활용하고 편리하고 쾌적하며 효율적 비즈니스 환경을 조성하여 우량 입주자나 대형 Anchor 입주사를 유치하는 경우 임대소득은 상승은 물론 전체 자산가치 제고에 크게 이바지하는 건물 Renovation 전략은 효율적 보유전략으로 매우 바람직한 전략이다.

예컨대, 2001년 골드만삭스가 약 200억의 자금으로 매입한 논노빌딩(현, 메트로빌딩)을 약 70억의 공사비로 삼성건설이 Renovation공사를 시공 후 약 410억에 매각함으로써 단기간에 양도차익을 크게 실현함으로써 효율적 보유전략을 통한 성공적 투자사례라 할 수 있다.

그러나 Renovation 전략을 구사하려면 매입 전에 매입목적물의 층고의 적정성, 승강기 용량 적정성, 주차용량 적정성, 건물내부공간 효율성 등의 유무에 대한 조사 분석 후 타당성과 적정성이 있는 건물매입이 전제되어야 함을 유의해야 한다.

비전문가와 저기술 능력자에 의한 비능률 손실, 부실관리로 인한 조기 대수선의 경우 공사비 손실, 부실점검과 보수로 공구·부품·장비·설비·기기 등의 구입비 손실 등,

투입적정 자산매입에 실패하여 회복할 수 없는 투자손실 등 건물자산관리현장에서 예상되는 손실의 원인과 배경을 철저히 조사하고 분석하여 손실발생을 예방하거나 최소화함으로써 투자목적을 효과적으로 달성할 수 있게 된다.

대형 안전사고(예 화재, 붕괴) 발생의 경우 제3종 위험에 해당되어 자산관리회사 전체가 도산하는 경우도 있을 수 있으므로 손실방지전략은 큰 틀의 효율적 보유전략으로 유용하다.

6) 추가수입창출 전략

투자자산의 효율적 보유를 위해서는 임대소득의 추가적인 수입창출이 요구된다. 예컨대 자판기수입, 특수시설 사용료, 일시적 로비 사용료, 특별 서비스의 대가, 주차장 효율적 활용 등으로 추가수입을 발생시키는 경우 운용수익에 다소나마 유리하게 작용하게 된다.

따라서 운용비용절감 전략 못지않게 추가수입창출 전략 구사가 필요하다.

7) 증축 전략

증축은 신축 못지않게 자산의 가치를 증가시키고 임대소득의 증가를 가져온다.

잠재가치(예 용적률, 건폐율의 여유가 있는 자산)가 있는 건물자산을 매입한 경우 건폐율과 용적률을 감안하고 건축구조안전을 고려하여 문제가 없는 경우 소규모의 자본적 지출을 통하여 보다 큰 자산가치와 임대소득을 창출함으로써 효율적 보유전략으로 매우 유효하다. 건축물의 용적률과 건폐율은 건축법 시행령과 해당 시·군·구의 조례를 반드시 참고하고 구조안전진단을 실시한 후 증축여부를 결정해야 한다.

8) 고급화 전략

효율적 보유방법 중 하나에는 고급화 전략이 있다. 시장조사와 분석결과 지역적으로 대형 임차인이나 양질의 임차인이 높은 임대료 부담 잠재력이 있는 경우 과감하게 자본적 지출을 통한 고급화 전략으로 대응하는 경우 지출한 공사비를 몇 년의 운영으로 흑자화할 수 있다. 따라서 인근지역의 여건과 환경 및 고급화를 원하는 예상 임차인이 있는 경우 구사해볼만한 보유전략이다.

9) 손실방지 전략

화재, 안전사고 등의 발생으로 인한 인적·물적 피해손실, 부실임대채권으로 인한 손실, 각종 소송 등에 의한 비용과 시간손실, 부적절한 회계적 손실, 구매 잘못에 의한 경제적 손실 등을 제도적으로 방지함으로써 경제적 이익을 확보하는 보유전략이다.

10) 출구(Exit) 전략

출구 전략(Exit Strategy)이라 함은 전략적 매각에 대비한 전략으로서 임대수입을 매입 당초보다 증가시키어 자산가치를 높이며 임대경쟁력을 인근 건물보다 비교우위에 둠으로써 수요자의 매수욕구를 자극시켜 매입의사를 행동으로 옮기는 전략이다.

통상 출구 전략은 PM Manager에 의하여 실천되는 전략으로서 매입자 소스를 개발, 유지하고 유리한 조건으로 매각 타이밍에 맞추어 전략적으로 매각함으로써 목표 양도차익을 실현시키는 전략으로서 효율적 보유의 한 가지 전략이다.

11) Niche Market 개발전략

Niche Market(틈새시장) 개발전략이란 경쟁자인 다른 자산투자자가 미쳐 예상치 못한 적정자산을 매입하고 효율적으로 보유하여 전략적 매각함으로써 임대소득과 양도차익실현을 통하여 투자수익을 최대화하는 전략을 말한다.

오피스빌딩만이 투자이익을 항상 보장하지 않음을 틈새시장이 시사하고 있다.

12) Re-positioning 전략

등급이 낮은 건물자산을 접근통로를 신설하거나 BAS(사무자동화, Building Automatic Service) 또는 IBS(설비시설 첨단화, Intelligent Building System)건물로 개조하거나 냉난방 성능개선, 주차장시설 개보수, 맞춤형 서비스제공, 퀵서비스제공, 컨서러지 서비스(Concierge Service) 제공으로 건물 실내환경을 획기적으로 개선함으로써 관리대상 건물자산의 경쟁력을 비교우위에 두고 자산가치를 높임으로써 전체 건물자산의 가치나 편리성, 쾌적성 등을 업그레이드(Upgrade)하는 전략을 Re-positioning 전략이라 한다.

Re-positioning 전략을 구사하면 자산가치와 수익이 증대되는 효과를 가져다 준다. Re-positioning 전략을 구사하여 자산가치와 수익을 증대하려면 먼저 매입자산은 임대공간의 평면설계(Layout)가 용이해야 하고 일정 층고가 확보되어야 하며 승강기 용량이 충분해야 하고 입지여건이 맞아야 함은 물론 주차시설의 편리성이 확보된 건물이어야 한다.

13) 시설운영 효율화 전략

시설 중 주차장의 경우 주차장방식의 선진화나 전문화하는 경우 수입누수가 방지되고 Early Bird Parking 시스템과 같은 주차시설운영방법의 변화로 이용자의 급증을 가져와 주차시설이용 수입이 크게 늘어날 수 있었다.

예컨대, 서울시티타워나 스타타워 등에는 호주계 주차장관리전문회사인 Wilson Parking을 고용하여 주차수익을 극대화하고 있다.

(3) 전략적 매각전략

전략적 매각전략(Strategic Sale Strategy)은 투자자가 매각을 원하는 시점에 목표양도차익발생을 전제로 현금화하는 전략을 의미한다. 건물자산투자에 있어서 전략적 매각이 이루어지려면 매각 전단계인 건물자산매입의 적정화가 이루어져야 하며 자산보유 또한 효율화가 달성되었을 때 비로소 전략적 매각이 성사되어 투자수익을 최대화할 수 있다.

그러므로 적정자산의 매입이나 효율적 보유 그리고 전략 매각 등은 별개의 전략이 아니라 투자전략의 한 방편일 뿐 셋 중의 하나인 전략임을 유의하고 각 전략 간에 서로 조화되도록 해야 한다.

전략적 매각전략에는 다음과 같은 구체적이고 실천적인 전략들이 있다.

① 매각타이밍 전략
② 옵션부매각 전략
③ 지분매각 전략
④ Portfolio 특별관리대상 우선매각 전략
⑤ 대규모 자본적 지출대상 우선매각 전략

전략적 매각전략의 주요 내용을 분설하면 다음과 같다.

1) 매각타이밍 전략

매각타이밍은 전략적 매각을 통한 양도차익 실현에 있어서 결정적인 역할을 하는 전략이다. 매각타이밍을 실기하는 경우 투자의 최대목적인 투자수익 극대화에 치명적인 악영향을 주게 되며 또 다른 자산재투자 계획에 결정적인 차질을 가져오게 한다.

이와 같이 중요한 매각타이밍을 맞추어 현금화하려면 경비순환변동 확대말기에 매도하는 것이 최적기이다. 왜냐하면 확대말기 후 경기하향 국면인 불황기 국면이 곧 도래하면 매각최적기를 놓치게 되기 때문이다. 또한 공급이 초과현상을 보일 때에는 매각시점을 뒤로 미루고 유지전략과 틈새시장개발과 공략으로 수입유지에 우선을 둔다. 왜냐하면 초과공급의 경우 자산가격이 하락하기 때문이다.

2) 옵션부 매각전략

매각시 재임대조건이나 환매조건부 매각이 유리한 경우 옵션부매각 전략을 구사하여 양도차익의 실현과 함께 경제적 비용으로 재사용수익할 수 있는 기회확보와 불경기도래시 재매입함으로써 장기적으로 안정적 수익기반을 재창출할 수 있게 된다.

3) 지분매각 전략

전체 건물 중 위험도가 높은 용도의 건물지분(예 주상복합건물 중 Retail 부분의 건물지분)을 분할매각함으로써 보유자산의 위험을 경감시켜 보유자산가치를 유지 또는 재고할 수 있다.

4) Portfolio 특별관리대상 우선매각 전략

Portfolio를 구성하고 있는 개발자산 중 위험측면에서 Portfolio 관리대상을 우선 매각함으로써 전체 자산의 수익과 가치를 계속 유지할 수 있다.

5) 대규모 자본적 지출대상 우선매각 전략

25년 이상의 건물은 대부분 물리적 기능과 성능이 떨어져 노후화현상을 보이므로 25년이 가까워오는 보유자산을 대수선 전에 미리 매각함으로써 대규모 대수선 비용을 절약할 수 있다. 필요한 경우 대수선 후의 매각이 유리한 경우에는 자본적 지출을 통하여 대수선 공사 후 매각하는 것도 하나의 전략적 매각전략이 될 수 있다.

제5장

건물자산임대관리활동

제1절 임대관리활동의 기본개념

건물자산임대관리는 건물자산운영관리(Property Management)의 핵심 업무로서 보유자산의 임대소득 최대화로 PM자산의 가치를 극대화하는데 목표를 두고 있다.

1. 임대차의 의의

임대차란 민법 채권편의 대차개념 중 하나로서 상대방의 건물(물건)의 사용 수익할 것을 약정하고 건물사용자는 차임을 지급하기로 약정함으로써 효력이 발생하는 계약을 법개념측면에서 임대차라 한다.

임대차에는 부동산의 임대차와 동산의 임대차 등이 있으며 임대목적물을 명도받아 사용수익한 후 동일 임대목적물을 되돌려주는 점에서 소비대차와 다르고 유상 임대차인 점에서 무상의 사용대차와 차이가 있다.

임대차개념은 임대개념과 임차개념의 복합개념으로서 임대는 대주입장에서 임대목적물의 사용수익을 원하는 임차인에게 일정기간 일정한 차임을 받는 조건으로 임차권을 허여함으로써 임대차관계가 성립된다.

즉, 임대인 측면에서 행하는 건물자산(임대목적물)을 임대수익 목적으로 이용하는 활동이라 할 수 있다. 보다 구체적으로 임대개념을 설명하면 건물자산임대란 전술한 바와 같이 임대인이 임차인에게 임대목적물을 사용수익하게 할 것을 약정하고 일정기간 일정한 차임(임대료)을 받는 조건으로 임대차계약을 체결과 임대목적물의 명도, 합의갱신, 법정갱신, 재계약, 임대료 · 관리비 등의 청구, 수납, 해지, 해제, 보증금 지급과 임대목적물과의 동시이행, 원상복구, 임대목적물의 반환 등에 이르기까지 임대목적물을 마케팅하고 수급하는 건물자산운영활동을 건물자산임대라 한다.

따라서, 임대란 임대인 관점에서 임대목적을 가장 경제적 방법으로 안전하게(위험없이) 그리고 효율적으로 적합하게 달성하는데 필요한 임대전략에 따라 임차인을 모집하고 임대차계약을 체결, 우량임차인 중심으로 장기간 유지하며 Tenant Mix 개념에 따라 임대면적의 Lay-out수립과 공간관리, 공실관리 및 손실보전, 적정임대료와 관리비 산정, 적정임대수익창출을 위한 자산관리시장 조사분석, 물건분석, 자산가치 보전과 제고하며 임차인으로 하여금 임차한 공실을 편리하고 쾌적하며 안전하게 사용수익할 수 있도록 필요한 서비스를 제공하는 일련의 업무를 임대업무의 범위로 인식하고 있다.

그러나 임차의 개념은 임차인 측면에서 사업상 또는 개인활동상 필요한 최적의 임차목적물을 적절한 시기와 장소에서 확보하고 제공하여 임대차계약시부터 종료시까지 임차목적물을 가장 경제적 방법으로 안전하게 그리고 효율적으로 적합하게 사용수익할 수 있도록 지원하는 서비스 활동을 건물임차라 한다.

따라서 임차업무의 범위는 임대와는 달리 최적 건물공간을 경제적 비용으로 확보하고 필요한 시설을 보완하여 임차인으로 하여금 임차목적물을 안전하고 편리하며 쾌적하게 사용수익할 수 있도록 필요한 시기에 맞추어 공실을 공급하는 서비스 활동을 포함하며 이에 부수적으로 처리해야 할 권리분석, 경제적 분석, 기술적 분석, 채권보전, 위험관리, 보증금 회수, 법적 관리 등을 포함하며 이를 유급조건으로 의뢰인의 의뢰로 제공하는 서비스를 임차업무라 한다. 임차사업시장 규모의 통계는 불분명하나 부동산중개업법에 의한 부동산 중개활동으로서 사전업무와 사후관리업무를 포함하는 업무범위를 가지고 있다.

2. 건물임대차시장의 실태

우리나라 임대차시장은 IMF이전과 이후가 크게 다른 임대차시장구조를 가지고 있으며 중개주체의 성격도 복덕방 → 중개인 → 중개사 → 중개법인에 의하여 국지적, 부분적으로 주도되어 오다가 IMF이후 국내에 진출한 미국중심의 외국계 투자와 자산관리법인들에 의한 투자활동과 Property Manager가 주도하고 있으며 병행하여 임대·임차업무를 자산관리업무 범주에 편입하여 오늘에 이르고 있다.

1997년 IMF이전의 경우에는 임차수요가 언제나 공급보다 높게 나타나 신축건물의 임대는 사업상의 위험으로 간주되지 않았으며 임대인 중심의 임대료, 관리비가 책정되고 동일 임대서비스를 동시에 모든 임차인에게 제공하여도 별문제가 될 수 없었다. 즉, IMF이전의 임대차시장은 임대인(공급자) 중심의 시장이었으며 1, 2차 경제계획에 힘입어 임대사업이 크게 성장하였다.

그러나 1997년 IMF이후 유수기업이 부실화되고 구조조정되는 가운데 유동성 부족으로 기업도산이 속출하여 임차수요가 급감함에 따라 IMF이전의 공급부족현상이 반대로 공급과잉현상으로 공급이 수요를 초과함에 따라 임대료가 점차 하향곡선을 나타내고 있는 가운데 임차인(수요자/사용자) 위주의 임대차시장으로 변모하였다. 따라서 의식있는 임대사업자들은 IMF초기 임대경쟁력을 강화하고 임대목적물을 특화(예 벤처용도 건물, IT용도 건물 등)하고 시설을 첨단화(예 BAS, IBS)하거나 시설관리서비스를 고품질화함으로써 IMF이전의 임대시장 소규모 구조보다 오히려 전문업형태의 임대사업기업으로 크게 성장하는 계기가 되었다.

그러나 IMF초기 이후(2000년 현재) 수요와 공급이 균형을 이루는 가운데 임대인과 임차인 공동이익 위주로 임대시장구조가 운영되고 있다. 따라서 공실률도 세계 주요도시 중

최하위인 3%대를 유지하고 있으며 2008년도 말까지 2%대까지 떨어지고 있었다(조선일보 2007. 9. 26 참조) 그러나 2009년 초부터 미국발 세계금융위기로 공실률이 점차 높아가고 있는 추세에 있다.

임대시장에 참여하고 있는 국내업체는 샘스, 에버랜드, 신영, 부동산114(R2Korea), 부동산뱅크 등이 있으며, 외국계 업체로는 CBRE, ERA, JLL, Cushman & Wakefield, BHPK(KAA) 등이 활동하고 있다.

3. 건물임대차 관계법과 임대차제도

임대차는 전형계약의 일종이고 법률행위이므로 법률행위의 효과를 나타나게 하는 관계법을 가지고 있다. 일반임대차의 관계법에는 일반사법인 민법의 계약편이 이에 해당되고 주택임대차의 근거법에는 주택임대차보호법이 있으며 상가건물임대차는 상가건물임대차보호법이 있고 농지임대차는 농지법이 있다.

따라서, 현행 법체계상 법정 임대차제도는 일반건물임대차제도, 주택임대차제도, 상가건물임대차제도 그리고 농지임대차제도 등이 있다. 또한 임대차계약이 체결되면 임대인과 임차인이 각각 권리의무 상호관계, 급부 반대급부 상호관계, 법적 평등상호 관계 등이 성립된다. 이를 그림으로 나타내면 [그림 15]와 같다.

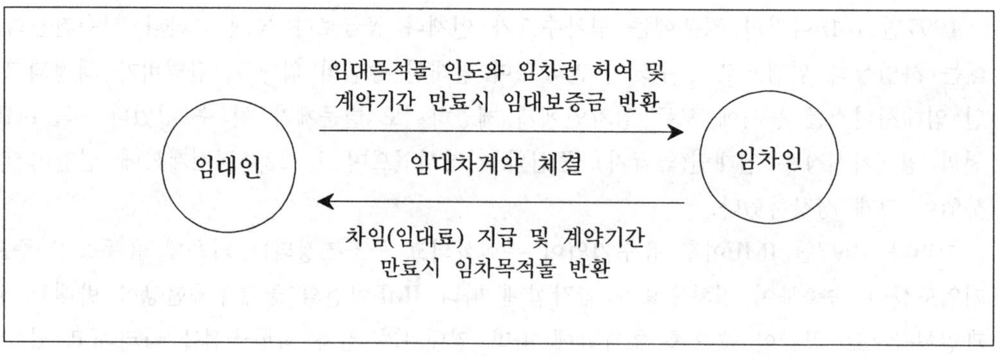

[그림 15] 임대인과 임차인 상호관계

4. 임대차방식

우리나라 임대차 관계법에는 임대방식에 대한 명문규정은 없으나 전통적으로 활용되는 두 가지 방식이 있다.

첫째는 전세방식이고 둘째는 월세방식이다.

전세방식은 임대료를 전세보증금으로 책정하고 반환기까지 전세보증금을 운용하여 이자수입을 얻거나 보증금전액을 건축비로 활용하는 방식이다. IMF와 같이 경기위기나 임대가 폭락사태 시 중도해지가 어렵게 되고 자칫하면 경매로 건물전체의 소유권 변동이 일어날 수 있는 단점도 있다.

서울 3대 권역 중 강남권역에서 자주 볼 수 있으며 금융기관이 위치한 빌딩의 1층이 주로 전세방식으로 임대되고 있다. 전세방식에는 다시 채권적 전세(전통적 전세, 미등기 전세)와 물권적 전세(등기 전세, 전세권)로 분류된다.

월세방식은 전세가격에서 일정보증금 부분을 제외한 부분을 시중금리에 따라 월임대료로 환산한 것으로 임대가격을 일정 보증금과 일정 월세로 구분하여 차임(임대료)을 정하여 매월 일정 지급일에 지급하는 임대방식이다.

월세방식은 보증(금)부월세와 무보증(금)부월세로 대별되며 종전의 보증(금)부월세의 보증금과 월세의 범위는 5 : 5의 비율이었으나 최근에는 1 : 9로 변화하고 있다. 그러나 임대채권이 법적 문제가 되어 소송하는 경우, 적어도 월세 10개월분의 보증금확보가 필요하다. 보증(금)부월세의 최대 장점은 안정적 현금수익 확보와 경제사정에 의한 금리변동에도 탄력적으로 대응이 가능하다는 점이다.

중소형 건물의 규모, 임차인의 성격, 건물의 위치, 적용 관련법(예 상가건물 연 15%미만, 주택 연 21%미만)에 따라 월세산정 적용금리가 다른 문제점도 가지고 있다.

이상에서 설명한 임대방식을 표로 정리하면 <표 22>와 같다.

참고로 미국의 임대방식에는 Gross Lease방식[18], Net Lease방식[19], Percentage Lease 방식[20] 등이 있다.

---

18) Gross Lease방식이란 미국임대시장에서 임대실무상에 사용되는 임대차방식 중 하나로 총임대료계약 또는 Straight Lease라 호칭한다. Gross Lease계약이 성립되는 경우 건물임차인은 고정임대료만 지불하고 다른 일체의 비용은 건물임대인이 지불하는 임대차방식을 말한다.

19) Net Lease방식이라 함은 순임대료 임대차계약방식으로 net임대차방식, net-net임대차방식 그리고 net-net-net 임대차방식(Triple net임대차빙식) 등 3가지 net변형 임대차방식 등이 있다.
net임대차방식에서는 건물임차인이 고정임대료 외에 세금, 공공요금, 기타 부담금 등을 추가적으로 지불하는 임대차제도이다.
net-net는 net부담비용과 보험료를 추가로 지불해야 하며 net-net-net방식은 net-net방식의 부담외 유지관리 비용을 부담하는 임대차방식으로 통상 30내지 50년의 장기 건물임대차에 사용된다. Triple net방식은 주로 Land lease방식으로 사용된다.

20) Percentage Lease방식이란 연동형 임대료 임대차계약방식으로 Overage Lease계약방식으로도 호칭된다. 이는 고정임대료 외에 일정판매액을 초과하는 경우 총수익의 일정 퍼센트를 추가로 지불하는 임대차계약방식이다. 주로 소매점포 임대나 백화점 분할점포임대차에 사용된다.
(자료출처 : 신창덕, 김규진, 이용남, 서후석(역), 자산관리, 부연사, 2005, pp.165~167.)

〈표 22〉 전세방식과 월세방식 비교

구분	분류	계약성격	보증금	월세	관리비
전세임대방식	물권적 전세	물권	○	×	○
	채권적 전세	채권	○	×	○
월세임대방식	보증(금)부월세	채권	○	○	○
	무보증(금)부월세	채권	×	○	○

5. 임대차의 4대요소

일반적으로 요소(要素)라 함은 어떤 사물의 성립이나 효력 따위에 없어서는 안 될 근본적인 조건을 의미한다. 건물임대의 성립에도 이와 같은 일정한 근본적인 조건이 존재한다. 이와 같이 건물임대에 있어서 반드시 존재해야 할 근본적인 조건을 건물임대차 4요소라 한다. 건물자산임대차계약이 성립되려면 적어도

① 임대목적물
② 임대인
③ 임차인
④ 임대차계약과 차임

등의 4가지 요소가 존재해야만 건물자산임대차가 성립된다.

일반적으로 임대목적물이라 함은 임대대상물을 의미하며, 이에는 동산이나 부동산 등이 있다. 건물임대목적물이란 건물임대의 대상물인 건물자산을 의미한다. 건물자산임대의 대상물에는 주거용 건물, 상업용 건물, 산업용건물(공업용 건물 포함), 특수용도의 건물 중 수익성건물 등이 있다.

임대인이란 임대목적물을 임차인에게 명도하고 차임의 청구권을 행사하는 계약당사자를 말한다. 또한 임차인은 임대목적물을 임대인으로부터 명도받아 용법에 따라 사용수익하는 대가로 차임지급의 의무를 지는 계약당사자를 의미한다.

마지막 임대요소의 하나인 임대차계약이란 임대목적물의 사용수익 대가로 일정한 임료(차임)를 지불하기로 약정한 계약을 의미한다. 또한 차임이란 임차인이 임대목적물을 사용수익의 대가로 임대인에게 지불하는 금전 또는 유가물을 말한다. 차임은 반드시 현금으로 지불할 필요는 없으며, 곡물·과일 또는 유가물로도 가능하다. 그러나 건물자산임대에서는 차임은 반드시 현금지불이 임대관습상 관행으로 정착되어 있다. 차임 없이는 임대차란 성립되지 않는다. 왜냐하면, 차임은 임대차의 성립요소이기 때문이다.

6. 건물자산임대차의 특성

건물임대차 개념을 보다 정확히 이해하기 위해서는 건물임대활동의 특성을 이해하는 것이 필요하다. 일반적으로 특성이라 함은 사물의 본질을 이루는 고유한 특징이나 성질을 의미한다. 건물임대활동 역시 건물자산관리 일반항목과 같이 외견상 동일하고 평범한 경제관리 항목으로 인식하기 쉬우나 임대활동은 분명 여타 관리항목에 없는 고유한 특징이나 성질을 가지고 있다. 이를 건물임대차활동의 특성이라 한다.

건물임대차활동에는 다음과 같은 특성이 있다.

(1) 건물투자금 환원수단성

건물시설관리활동은 일반적으로 관리비용의 투입(Input)에 비하여 반대급부의 산출(Output)이 금전으로 환원되지 않으나 건물임대활동은 임대계약의 완성으로 일정한 산출(임대료)을 가시적 현금으로 수입을 얻게 된다. 이와 같은 수입은 임대라는 건물자산 운영수단을 통해서 얻어지는 결과이므로 임대는 건물투자금의 환원수단성의 특성이 있다.

(2) 경제적 분배성

임차인은 막대한 건물건설 투자비의 지출 없이 경제적인 비용으로 타인의 건물을 임차하여 사용수익할 수 있다. 그러므로 경제적 방법으로 타인의 건물을 사용수익하는 경제적 분배성의 특성이 있다.

(3) 임대업무 복합성

건물자산관리활동에 있어서 대부분의 관리활동은 단일한 활동의 특성이 있으나 임대관리활동은 법률관리활동성과 경제관리활동성 및 행정관리활동성, 기술활동성 등이 복합하여 함께 작용함으로써 관리되는 복합성의 특성이 있다.

그러므로 건물임대관리자는 다양한 임대업무의 복합성에 따라 임대에 관련 법률지식, 경제경영에 관한 지식 및 건축지식 그리고 임대행정에 관한 전문적 지식과 경험을 갖추어야 한다.

(4) 계약당사자 쌍방구속성

일반적으로 건물자산관리업무는 소유주체나 경영주체 또는 관리주체가 해당 건물자산의 소유권, 경영권, 관리권에 의하여 일방적으로 관리활동을 하게 된다. 그러므로 소유자, 경영자, 관리자의 책임과 권한으로 관리함으로써 관리결과의 문제에 대해서는 소유자나 경영자 그리고 관리자가 일방적으로 그 결과에 구속되고 책임지게 된다.

그러나 임대활동의 결과에 따라 비록 건물소유자, 경영자, 관리자라 할지라도 임대인의 지위에 서게 되고, 따라서 임대인의 의무에 구속받으며 책임지게 된다.

뿐만 아니라 임차인 역시 임대계약 결과에 따라 임차인의 의무에 충실하지 않으면 안 된다. 그러므로 임대인과 인차인은 공동으로 권리자인 동시에 의무자의 지위에 서게 되며 공동으로 임대계약 내용에 구속되게 된다.

따라서 건물자산임대활동에는 임대인과 임차인 모두를 법률행위인 계약에 의해 구속당하는 쌍방구속성의 특성이 있다.

(5) 쌍무계약성과 유상계약성

임대인은 임차인에게 임대목적을 반드시 명도해야 하고 건물임차인은 체결된 임대계약에 따라 건물자산의 사용과 수익에 대한 대가(차임)를 반드시 지불해야 한다. 왜냐하면 사용대차가 아닌 유상, 쌍무계약성질의 임대차이기 때문이다.

따라서 건물자산임대는 건물명도의 의무와 사용수익 대가의 임료지불 의무를 쌍방이 지는 특성이 있다.

(6) 교차점유성

건물임대가 성사되면 건물주(임대인)는 임차인에게 임대목적물인 건물자산을 명도해야 한다. 또한 임대기간만료, 기타 원인으로 임대차의 효력이 종료되는 경우 임차인은 임차목적물을 원상회복하여 다시 임대인에게 반환하여야 한다. 이와 같이 임대활동에는 건물자산의 교차점유성의 특성이 있다.

(7) 임장활동성

건물자산관리 중 임대관리는 임대목적물이 위치하고 있는 건물현장에서 사용과 수익이 이루어지는 임장활동성의 특성이 있다.

(8) 동시이행성

건물임대차의 개시나 종료시 임대목적물의 반환과 보증금반환은 동시이행관계에 놓이게 된다. 따라서 동시이행성의 특성이 있다.

(9) 장기계약성

건물자산임대차계약은 임차인의 임차기간이 1년 또는 수년간에 걸쳐 사용수익을 전제로 체결되므로 장기계약성의 특성이 있다.

(10) 임대관계법의 적합성

임대차계약은 계약법(채권법), 상가건물임대차보호법, 주택임대차보호법 등의 규정에 적합하게 계약되어야 유효하다. 이를 임대관계법의 적합성이라 한다.

(11) 급부 반대급부 의무성

임대차가 성립되면 임대인과 임차인 사이에 임차권과 임대료가 급부와 반대급부의 의무관계가 성립된다. 따라서 급부 반대급부 의무성의 특성이 있다.

(12) 권리의무 병존성

임대차계약이 체결되면 임대인과 임차인 모두 권리의무의 주체가 된다. 따라서 권리의무의 병존성이 존재한다.

(13) 임대계약당사자 법적 평등성

임대차계약이 체결되면 임대인과 임차인 상호관계는 법적으로 평등관계가 성립된다.

7. 건물자산임대차업무의 내용

건물자산임대업무는 PM의 핵심업무의 하나로서 임대목적물을 합리적으로 유통시켜 안정적 임대수입구조 구축과 임대수익 최대화 및 이를 통하여 자산가치를 증대시켜 교환가치를 높이고 양도차익을 보다 크게 실현시키는데 기여하는 건물자산운영관리 업무이다.

따라서 이와 같은 건물자산임대의 목적을 달성하기 위하여 다음과 같은 임대 관련 업무가 수행된다.

① 임대시장분석(Macro분석과 Micro분석)
② 임대목적물의 기술적, 경제적, 법률적, 행정적, 환경적, 안전적 분석
③ 마케팅 전략수립과 실행 및 평가

④ 임대기준의 책정
⑤ 임차인 모집과 적격심사
⑥ 임대차계약과 임차인 사후관리
⑦ Lay-out 및 공간관리와 공실관리
⑧ 임대채권관리
⑨ 임대관련 공사(칸막이공사, 원상복구공사 등)관리
⑩ 기타 임대차 관련 업무 등

8. Leasing Manager의 요구능력과 직업윤리

(1) 임대관리자의 요구능력

건물임대업무는 Property Manager가 직접 담당하게 되나 특별한 경우 Leasing Manager를 고용하여 임대업무를 위탁시켜 처리하기도 한다.

임대관리자(Leasing Manager)는 임대자산의 마케팅 활동을 통하여 임대수익을 극대화하고 자산가치를 높이는 실질적 자산수익관리자이므로 다음과 같은 능력이 요구된다.

1) 조사 분석능력

임대인의 목적, 시장 및 인근지역조사 분석, 물건조사 분석, 경쟁사조사 분석 등의 능력이 있어야 한다.

2) 임대계획 및 마케팅능력

조사 분석의 자료를 이용하여 임대계획수립과 임대계획에 의한 임대마케팅능력이 있어야 한다.

3) 임대차기준 설정 및 면적산출능력

임대료, 관리비, 임대기간 등의 임대차기준 설정과 면적산출능력이 있어야 한다.

4) 법률적 지식과 경험지식, 정보수립 및 분석능력

임대관리자는 법률적 지식 외 경험과 정보 등을 기반으로 임대업무를 처리하는 능력이 있어야 한다.

5) 세무, 회계처리능력

임대관리자는 부동산 세금과 부담금 및 공과금 등의 세무처리능력과 보증금, 임대료, 관리비 등의 입출금 회계처리능력과 함께 재무보고, 경리보고, 결산 등의 회계능력도 있어야 한다.

6) 외교, 기술, 인간관계, 시설의 기능과 성능 등 다양한 대인·대물관리능력

임대차관리자는 대인·대물관리능력이 있어야 한다. 외교관 같은 설득능력, 유지관리 기술처리능력, 신뢰있는 인간관계 유지능력 등 대인·대물관리능력이 있어야 한다.

(2) 임대관리자의 직업윤리

임대관리자는 소유건물자산을 임대하는 경우도 있으나 주로 타인의 건물자산을 임대하는 사람이므로 전문직업인으로서 지켜야 할 도리나 규범을 성실히 이행하여야 한다.

건물임대관리자가 지켜야 할 직업상의 윤리는 대체로 다음과 같다.

1) 성실성과 정직성

건물임대관리는 타인의 재산관리이므로 건물소유자의 임대지침에 따라 성실한 태도와 정직한 마음으로 임대업무에 임해야 한다. 임대관리자가 임대에 관한 직무수행에 있어서 자기를 위한 업무집행이 되지 않도록 해야 하며, 감독자가 있을 때만 성실하게 업무를 수행하다가 감독관리자가 사라지면 불성실한 태도로 변하는 업무자세는 지양되어야 할 직업인의 자세라 판단된다. 다시 말하면, 임대관리자는 전문직업인으로서 건물의 소유자를 속이거나 기만하지 말아야 하며, 건물소유자의 유익을 위하여 자기직업에 언제나 충실해야 한다.

2) 업무상 지득한 기밀이나 정보 외부누설 금지

건물임대와 같은 자산관리를 함에 있어서 업무상의 비밀을 알게 되는 경우에 임대관리자는 업무상 지득한 회사 기밀을 어떠한 경우에도 누설하거나 악용해서는 안 된다. 임대관리자는 한 사람의 전문직업인으로서 의리가 있어야 하고, 불의하지 말아야 하기 때문이다.

3) 회사의 자산과 금전 개인유용 금지

임대관리자가 자기의 직책과 업무를 이용하여 사리사욕을 채우거나 회사의 자산이나 금전을 사적인 용도로 활용하거나 이용하는 것은 직업인으로서의 윤리에 반하는 행동이다. 직업윤리는 전문직업인으로서 지켜야 할 도리의 의미와 함께 옳은 행동과 잘못된 행동에 대한 도덕적 기준이기 때문에 회사의 자산이나 금전은 회사를 위하여 사용되어야 하고, 개인을 위하여 유용하는 것은 옳지 않은 행동이기 때문이다. 그러므로 건물임대관리자는 어떠한 경우라도 회사의 자산과 금전을 개인적 용도로 사용하거나 사취하지 말아야 한다.

4) 회사규정 순응 자세 및 태도견지

하나의 직업인은 직업을 수행하는 조직의 구성원이므로 소속된 조직의 규칙이나 지침에 순응하는 자세와 태도를 견지해야 한다.

회사가 제정한 규정이나 지침 등에서 요구하고 있는 것이 비록 사소한 것이라 하더라도 하나의 질서유지와 발전을 위해서 그리고 경비절약을 위해서 반드시 따라야 하고, 요구하고 있는 규정을 실천하고 금지사항을 부작위함으로써 조직구성원으로서의 책임을 다해야 한다.

예컨대, 회사의 규정에서 요구하고 있는 내용 중 정시간 출·퇴근, 지각·조퇴 금지, 점심시간 엄수, 잦은 핑계로 결근하지 말 것 등은 반드시 지켜야 하며, 근무시간 중 개인적인 용무를 본다든지, 또는 회사전화를 개인적으로 사용하는 행동이나 회사비품을 집으로 가져가는 행위 그리고 개인적인 식대나 경비를 회사비용으로 처리한 다든지, 출장 후 허위로 경비를 청구하는 행위 등도 마땅히 삼가야 할 비윤리적인 행동이라 판단된다.

비윤리적인 행동은 윤리의 기준으로 볼 때 옳지 않은 행위 등의 기준에 해당되므로 건물임대관리자는 윤리적인 행동(옳은 행동)만을 행해야 한다.

5) 회사이익 절대우선 및 향응접대 금지

건물임대관리자는 회사에 소속되어 회사를 위하여 회사업무를 담당하고 있으므로 언제나 회사의 이익을 위하여 노력하여야 한다.

거래고객으로부터 선물을 받거나 고객이 베푸는 향응에 응하여 회사에 손해나 누를 끼치는 행위는 지극히 옳지 않은 행동에 해당되므로 매우 조심하고 삼가야할 행위이다. 특히 건물임대관리자는 건물소유자와 임차인 사이에서 임차인으로부터 여러 가지 형태로 유혹을 받는 경우가 있을 수 있으므로 언제나 건물소유자를 위하여 유혹에 넘어가지 않도록 마음가짐을 바르게 해야 한다.

6) 신뢰받는 대리인

임대관리자는 건물소유자를 대신해서 건물자산을 임대하고 있으므로 주인의 입장에 서서 공정하고 정직하며 성실하게 임대업무를 처리함으로써 신뢰있는 언행과 태도를 견지해야 한다. 자산관리자가 건물이해관계자로부터 신뢰를 잃으면 더 이상 자산임대관리자가 될 수 없기 때문이다.

7) 임대목적 조기달성 최선 노력

임대관리자는 건물자산을 임대함에 있어서 전문적인 지식과 경험을 최대로 활용하고 문제를 스스로 해결하여 임대목적이 조기에 경제적인 방법으로 안전하게 그리고 효율적으로 달성되도록 최선의 노력을 다해야 한다.

8) 자기계약(自己契約)과 쌍방대리 금지

임대목적물을 임대관리자 사익을 위하여 유리하게 자기계약을 하거나 임대인과 임차인 쌍방을 대리하여 임대인에게 또는 임차인에 손해를 끼쳐서는 아니된다. 그러나 임대인과 임차인의 사전 승인하는 경우에는 무방하다.

9) 신의성실의 원칙과 보고의무 및 순종의무 이행

임대관리자는 정당하게 상대방이 기대하는 바에 따라 성실히 행동해야 하고 건물주에게 보고의무와 순종의무를 성실히 이행해야 한다.

제2절 임대마케팅전략

1. 임대마케팅전략의 의의

임대마케팅전략이란 임대목적을 효율적으로 달성하는데 요구되는 전략을 의미한다.

다시 말하면, 마케팅(Marketing)이란 상품이나 용역(Service)을 생산자로부터 소비자에게 합리적으로 유통시키기 위한 기업의 활동을 의미하며 임대를 위한 방책을 임대마케팅 전략이라 한다.

2. 임대마케팅 성공조건

임대마케팅을 효율적으로 수행하여 성공하려면 마케팅리서치(시장조사, Marketing Research)가 필요하다.

그러나 임대마케팅 담당자가 임대목적물에 대하여 장단점(Merit and Demerit Point), 소구점(Selling Point) 등을 파악하는 것이 마케팅성공의 요체이다. 왜냐하면, 임대하고자 하는 임대목적물의 파악 없이 임차인에게 합리적으로 유통시킬 수 없을 뿐 아니라 효과적인 마케팅전략을 수립하고 구사할 수 없기 때문이다. 따라서 임대마케팅을 효과적으로 수행하여 성공하려면 다음 조건이 수반되어야 한다.

① 임대시장조사(Leasing Market Research)와 분석
② 건물소유자의 임대목적과 임대목적물 조사 분석
③ 임대마케팅 전략수립과 실행 및 평가 등

3. 임대마케팅의 목적

임대마케팅의 목적은 가장 경제적 마케팅 비용으로 가장 빠른 시간 안에 합리적 임대기준에 따라 임대목적물을 유통(임대계약)시켜 안정적인 임대수익구조를 완성함으로써 임대수익 최대화를 도모하는데 있다.

이를 위해서는 임대차시장 실태와 구조변화, 임대차사업 참여업체, 임대차제도와 임대방식, 임대료결정방법, 임차인(Tenant) 선호도, 임대마케팅 방법(On-line Marketing과 Off-line Marketing) 그리고 임대마케팅 업무진행절차(Job Flow)와 임대차계약실무와 임대차계약실무 유의사항, 임대마케팅의 타겟마케팅과 포지셔닝전략, 임대사례분석, 임대차 관련법과 조세 등 임대마케팅을 위한 선행 항목에 대한 이해와 파악 등이 먼저 요구된다.

4. 임대마케팅 방법

임대마케팅 방법에는 On-line 마케팅 방법과 Off-line 마케팅 방법이 있다. 임대마케팅은 실수요 임차인에게 임대목적물을 소개하고 임차의사를 결정하게 하는 임대정보를 제공하는 것으로서 임대마케팅 담당자(Leasing Manager)의 능력, 임대 Network 또 임대상황(Lease Situation)에 따라 임대마케팅 방법도 달리해야 한다.

Off-line 마케팅 방법에는 D/M방법, F/M방법, E/M방법, T/M방법, M/M방법, 현수막

부착 등의 방법이 있으며 임대설명회, 미디어작업도 Off-line 마케팅 방법으로 유효하다.

특히, 마케팅방법 중 Data-Base(DB)를 내·외부적으로 구축하고 이를 잠재 임차인을 발굴하거나 임차사업에 활용하는 경우 매우 유용하다. E/M과 F/M은 잠재 임차수요 개발과 사전 홍보용도로 활용함이 현명하며, D/M은 사전홍보 또는 T/M에 의한 임차의사 보유자의 결심을 유도하는데 도움이 된다.

그러나 M/M은 직접 홍보효과가 크며 임차인 반응정도와 예비임차인의 요구사항 확인에 도움이 된다. 또한 미디어작업과 임대설명회 개최 등은 임차수요자의 조기발견과 임대목적물의 사전홍보 및 임대환경조성, 임차인의 요구파악에 도움이 되는 Off-line 마케팅 방법이다.

또한, On-line 마케팅 방법은 인터넷을 활용하여 현재의 임차인을 발견하거나 미래 예상임차인을 찾아내는 Marketing방법으로서 임대전문 사이트(예 www. rei-korea.com)를 활용하거나 자체 또는 업무제휴로 부동산전문 사이트(예 부동산뱅크, R114, 각종 경제신문 사이트)를 활용함이 편리한 On-line 마케팅방법이 된다. 또한 자체개발하여 운영하고 있는 오피스전문 사이트(예 (주)신영 오피스사이트)를 활용하는 것이 도움이 된다.

5. 임대마케팅 진행과정

임대마케팅의 진행단계(Leasing Marketing Flow)는 크게 임대 사전준비과정, 계약과정 그리고 사후관리과정의 3과정으로 진행되며 임대실무절차는 다시 5단계로 나누어 진행된다(후술하는 임대관리실무절차 참조).

(1) 임대 사전준비과정

임대 사전준비단계(Pre-Marketing Phase)는 임대마케팅의 준비단계로서 다음과 같은 임대준비를 해야 한다.

① Macro 분석과 Micro 분석 : 동일생활권과 인근지역의 Macro 분석과 Micro 분석을 통하여 교통시설, 주요기업체현황, 고용상태, 수요공급, 공실률, 공공시설 등과 경쟁 임대목적물(경쟁건물)의 현황, 임대가와 관리비 수준, 임대서비스와 품질, 시설의 규모와 상태, 공실 등을 조사하고 분석해야 한다.
② 임대를 위한 마케팅전략 및 홍보계획 수립
③ 홍보물 제작과 표준계약서 등의 준비
④ 임대목적물의 Merit Point와 Demerit Point 및 Selling Point 파악
⑤ 임대기준(임대료, 관리비, 주차사용료, 임대방법, 임대기간, 연체요율 등) 결정

⑥ 임대목적물 현황도(층별 임대면적, 전체 임대면적과 적용 임대가) 작성 비치
⑦ 임대업무일지 등의 준비와 유지
⑧ 예상임차인의 주소록 준비
⑨ 자체 또는 제휴 인터넷망 등재
⑩ Data-Base(DB) 구축 준비
⑪ 임대예산 확보
⑫ 임대팀 조직과 업무분장 및 Manpower 준비
⑬ 기타 임대준비사항

(2) 임대계약과정

임대계약단계(Leasing Contract Phase)는 마케팅중심단계(Main Marketing Phase)로서 임대마케팅 2번째 단계이다. 임대계약단계는 사실상의 임대마케팅효과를 거두는 단계이다.

임대계약단계에서는 임대마케팅을 위하여 다음 업무가 진행된다.

① 임대사무실 개설과 마케팅 Man power 투입
② 마케팅활동과 On-line과 Off-line 총동원 홍보활동
③ 예상임차인 방문과 현장안내
④ 임차신청서 접수 및 검토(적격판단)
⑤ 임대차계약협상과 계약체결
⑥ Lay-out 및 칸막이공사와 인테리어공사
⑦ 입주사전점검 및 입주지원

(3) 임대사후관리과정

임대사후관리단계(Post Management Phase)는 계약단계 즉후에 진행되는 임대마케팅 마지막 단계이다.

임대사후관리단계에서는 다음과 같은 임대사후관리업무가 진행된다.

① 계약이행 사후관리
② 입주자 사후관리
③ 잔여 임대평수 임대
④ 계약의 변경, 해지, 해제, 재계약 등
⑤ 임대료관리, 주차장 사용료 등의 채권관리
⑥ 이사지원 및 원상복구 작업 및 재임대
⑦ 세무보고와 정기적 임대현황보고
⑧ 입주자 신청, 고충, 민원 등에 대한 신속한 Service 제공
⑨ 기타 임대사후관리 업무

6. 임대마케팅 전략수립시 고려사항

임대마케팅 전략수립시 고려해야 하는 사항에는 임차인 임대건물 선호도와 임대계약 유의사항 등이 있다.

(1) 임차인 임대건물 선호도

1995년 서울시 시정개발연구원이 2,500개의 외국 업체를 대상으로 설문조사를 통하여 조사 분석한 임차인의 임대관련 항목별 선호도를 살펴보면 다음과 같다.

① 편리한 교통(39%)
② 관련 기업과의 접근성(32.7%)
③ 임대료(8.7%)
④ 건물 및 지역의 지명도(6.7%)
⑤ 주변환경의 쾌적성(4.8%)
⑥ 정보통신 관련시설의 유무(3.9%)
⑦ 넓은 주차공간(2.4%)
⑧ 행정관청과의 접근성(1.0%)
⑨ 기 타(0.4%)

서울시 시정개발연구원의 설문조사의 결과에 의하면 임대를 원하는 임차인의 가장 큰 임대결정요인으로 편리한 교통과 관련기업과의 접근성 두 항목이 무려 71.7%를 차지하고 있어 이에 해당하는 임대대상건물의 마케터는 이를 최대 활용함이 유리할 것으로 인식된다.

또한 최근 임차인의 건물임대 선호도를 보면 조망권, 그린권, 일조권, 건물자산소유자의 신용과 안정성, 건물소유권의 온전성 등이 고려되고 있으며 임대결정에 영향을 주고 있다.

(2) 임대계약시 유의사항

임대계약은 법률행위이므로 계약체결 전 계약조항을 면밀히 검토하고 임대계약체결시 다음 사항을 고려해야 한다.

① 담보권설정, 기타 임차보증금, 보전권리 설정등기 여부
② 주차장 사용 유무, 범위와 주차조건
③ 인테리어 허용범위
④ 전기기기 사용가부
⑤ 임대료 2회 이상 연체시 조치내용

⑥ 용도 외 사용시 법적조치 내용
⑦ 임차권리 양도, 전대금지, 점유이전 금지
⑧ 전용면적내의 관리책임과 범위
⑨ 개보수공사 후 처리방법
⑩ 명도 및 원상복구
⑪ 보험가입과 보험금 납부의무자
⑫ 부가세 부담책임
⑬ 임대인의 권리와 계약해지권 및 면책사항
⑭ 계약방법
⑮ 계약기간
⑯ 임대료 적용기준
⑰ 연체이자
⑱ 관리비
⑲ 분쟁처리방법
⑳ 임차인의 금지사항 등

제3절 임대관리실무절차

1. 임대관리실무의 개념

종전의 건물자산의 임대관리업무는 시설관리업무의 부수적 업무로 취급되어 왔으나 1997년 IMF이후 최고의 안정수익모델로 변화 발전되고 있어 건물임대관리의 중요성이 크게 부각되고 건물자산관리 PM의 가장 중요한 수익창출 핵심업무로서 최근에는 LM (Leasing Management)영역으로 독립된 업무로 발전하고 있다.

왜냐하면, IMF이전의 업무용빌딩 중심의 건물자산취득은 건물주의 소유목적과 자사 사용에 주된 목적이 있었으나 IMF이후 론스타, GE캐피탈, 멕커리, 모건스텐리, GIC 등의 외국계 투자펀드의 국내유입과 함께 수익목적의 업무용빌딩 대거 매입과 임대를 통한 최대수익창출 및 전략적 매각을 통한 시세차익(양도차익)의 실현으로 막대한 투자이익이 자산현장에서 창출되는 변화를 경험한 국내 건물자산관리 관계자 모두는 사무실용도 오피스빌딩의 임대사업은 안정된 수익모델로 크게 인식하기 시작하였다.

건물임대는 임대수익목표 달성을 위한 실무활동이다. 그러므로 임대에 관한 이론이나 경험 및 전문지식을 바탕으로 실제적인 임대 업무를 경제적 방법으로 안전하게 효율적으로 처리해야 한다.

건물임대관리자(Leasing Manager)가 임대목적물을 인수하고 파악하며, 임대환경이나 임대시장, 임대조건 등에 대하여 조사 분석하고 임대계획을 세워야 하며 그 다음으로 임대마케팅전략과 홍보 전략을 수립하고 준비하여 임차인을 모집, 상담, 계약, 사후관리하는 일련의 업무를 임대계획에 따라 계획적으로 추진해야 한다.

임대실무는 PM업무의 중심업무로서 건물경영계획에 명시하고 있는 수익을 건물자산 보유기간동안 직접 발생시키는 활동이며, 자산관리활동 중 PM(Property Management/건물재산운영 및 임대수익관리)실무활동영역으로 분류된다. 또한 임대는 임대에 관한 법률적 배경과 실무적 업무가 병존하므로 임대실무를 성공적으로 수행하기 위해서는 임대에 관한 법률적 지식도 함께 확보하고 있어야 한다. 아울러 임대업무는 단계적으로 진행되어야만 임대업무를 효율적으로 처리할 수 있다. 따라서 임대실무는 임대업무의 단계적 처리과정을 의미하기도 한다.

결론적으로, 임대실무는 임대전문지식과 임대경험을 바탕으로 임대소득을 발생시키는 일련의 임대관리 실제 업무를 의미한다.

2. 5단계 임대실무 처리절차

임대관리업무를 효율적으로 처리하여 임대목표를 효과적으로 달성하려면 임대관리과정을 3개 과정으로 나누고, 건물임대관리실무를 다시 5단계로 나누어 임대업무를 단계별로 처리하는 것이 매우 바람직하다.

전술한 임대관리업무의 효율적 처리를 위하여 임대관리 3과정에서 기술한 업무들을 다음과 같은 임대목적물 인수 및 분석단계, 임대시장 조사단계, 임대계획 수립단계, 입주자 모집단계, 임대계약 체결단계 그리고 사후관리 단계로 세분하여 임대 프로세스별 관리가 효과적이다. 5단계 임대관리실무 처리절차를 프로세스별로 소개하면 다음과 같다.

(1) 임대목적물 인수 및 물건분석과 임대시장 조사단계

건물임대실무의 첫 시작은 임대목적물의 인수와 인수된 임대목적물에 대한 물리적 상태와 시설개요 및 법적 현황과 경제가치에 대한 조사 분석부터 시작된다.

다시 말하면 위임되고 인수된 임대목적물에 대한 기술적·법률적·경제적 조사와 분석 작업이 선행되어야 한다. 또한 목적물에 대한 물건분석과 함께 임대계획 등 임대시장 조사를 철저히 해야 한다.

1) 임대목적물 조사 분석

① 기술적 조사 분석

인수된 목적물에 물리적 또는 기술적으로 하자가 없는지, 현존 상태대로 임대가 가능한지와 보수보강의 필요성은 있는지 등에 대하여 조사 분석해야 한다.

또한 인수된 임대목적물의 하자보수기간이 남아 있는지와 얼마나 경과된 상태인지를 확인해야 하고, 향후 임대시에 필요한 장치나 미관상의 작업에 대한 필요여부도 판단해야 한다. 건축물관리대장(현장 작성)과 시공상의 차이점이나 인수전 보수보강 내용도 함께 조사해야 한다. 이와 같은 조사 분석 작업의 결과는 후일 진행되는 임대계획수립에 반영해야 한다.

② 법률적 조사 분석

뿐만 아니라 인수된 임대목적물에 대한 법률적 현황을 등기공부나 행정공부를 통하여 조사하고, 권리분석 작업도 병행해야 한다. 다시 말하면 권리상으로 토지·건물의 소유권이 온전한 상태로 유지되고 있는지, 아니면 소유권이 허유권의 상태인지를 판단하고, 임대계획시에 이를 반영해야 한다.

특히 등기공부상에 제한물권(전세권·저당권·지상권 등) 외에 기타 등기사항(임의경매·압류·가압류·가처분 등)이 없는지도 꼼꼼히 조사해야 한다. 이와 같은 제한물권이나 기타 권리가 등기되어 있는 경우 임대활동에 여러 가지 제약과 함께 임대추진에 결정적인 장애가 된다.

따라서 인수한 임대목적물에 대한 법률적 조사 작업을 통하여 권리상태를 확인하고, 해결할 내용이 있는 경우 적절히 해결하거나 개선해야 한다.

③ 법률적 조사 분석

인수된 임대목적물에 대한 경제적 조사와 분석 작업이 기술적 분석과 법률적 분석과 함께 진행되어야 한다. 인수된 임대목적물에 대한 현재의 가치와 미래의 가치도 함께 검토되어야 한다.

뿐만 아니라 투자총액은 얼마이며 적정임대수익은 어느 정도가 타당한지와 세법상 감가상각 상태가 어느 정도 진행되었는지(신축건물은 해당 없음)와 임대료와 관리비의 적정성은 어느 정도인지도 함께 조사 분석해야 한다. 이와 같은 경제적 분석의 결과도 다음 단계의 임대계획 수립시 반영해야 한다.

결론적으로 제1단계인 임대목적물 인수 및 조사 분석, 임대시장 조사단계에서 인수한 임대목적물은 기술적 측면에서 건물의 실체(토지와 건물 및 부속시설)와 함께 건물이 신축 준공된 경우, 준공도서 기존건물인 경우 관리현장에서 작성된 건축관리대장, 작업일지와 근무일지 등을 함께 조사해야 한다.

또한 법률적 측면에서 등기공부와 행정공부, 고문변호사에 관한 사항이나 각종 계약서와 규정 등을 접수해야 한다. 뿐만 아니라 경제적 측면에서 경제가치를 측정하기 위한 정보나 자료(예컨대 감가상각 상태나 공시지가 등)들을 확인하여 건물경영목표를 수립하고, 일정기간 내에 이를 달성하기 위한 임대계획을 수립해야 한다.

이와 같이 임대목적물의 기술적 · 법률적 · 경제적 조사 분석 외에 임대목적물의 현재의 임대기준과 임대조건(관리범위, 임대면적, 공실면적, 임대료, 관리비, 주차료, 연체요율, 계약기간)과 인근 경쟁관계 건물의 편의시설, 특수시설, 장점, 규모, 층수 등을 함께 파악해 두어야 한다.

④ 행정적 조사 분석

임대목적물에 대한 행정측면의 조사분석으로서 시 · 군 · 구에 의한 행정체제, 건물자산 공법상의 행정규제, 건축물공부상의 하자, 위반 건축물 존재여부, 제세공과금의 미납, 행정상의 과태료 등을 면밀히 조사하고 분석하고 임대계획에 반영해야 한다.

⑤ 환경적 조사 분석

임대목적물의 환경적 분석이란 건물 주변환경의 유해요소와 불편성들을 확인하고 건물 임대에 미치는 영향 평가를 하는 작업을 의미한다. 환경적 조사 분석결과 역시 임대계획에 반영해야 한다.

⑥ 안전적 조사 분석

임대건물에 대한 자산위험과 시설물위험을 조사 분석하여 임대계획에 반영해야 한다.

2) 임대시장 조사

임대계획을 수립하기 위해서는 임대목적물의 물건분석과 함께 동일수급권과 인근지역 (Macro Area와 Micro Area)의 임대시장에 대하여 조사해야 한다. 임대시장의 조사항목은 대체로 다음과 같다.

① 임대시장동향, 경쟁업체동향, 매매시장동향, 분양시장동향
② 주요 사업체 분포현황
③ 지역개발 현황과 계획

④ 임대건물의 공급현황과 수요전망(임대건물 수급현황)
⑤ 인구분포와 통계
⑥ 최근 5년간의 변화추이
⑦ 교통망 · 교통시설 · 통신 · 편의시설 · 관공서 · 학교 · 은행 등 분포현황,
⑧ 주요 교통수단
⑨ 지역경제 사정
⑩ 장래의 지역경제 전망
⑪ 지역상권 현황과 변화추이
⑫ 토지이용 현황
⑬ 지역발전 가능성
⑭ 임대건물의 임대현황과 공실률
⑮ 경쟁건물의 임대료, 관리비, 주차사용료 수준과 연체요율 등

임대시장의 조사방법은 ① 기초자료 조사는 공공기관 자료(각종 통계연감, 국토종합개발계획 등)와 각종 간행물(각종 총람, 전문잡지, 부동산정보), 각종 신문 등을 통하여 조사가 가능하며, ② 현장방문 조사는 부동산 중개업자, 대상건물 관리사무소, 대상건물 입주업체나 그 본사를 통하여 조사해야 한다.

이상과 같은 작업을 통하여 임대목적물의 ① 시설개요 현황, ② 건물 조사 분석표, ③ 임대시장 조사표 등을 작성하여 임대계획 또는 임대실무에 활용해야 한다.

(2) 임대계획 수립단계

임대계획 수립단계란 임대실무상 두 번째 단계로서 건물경영목표 중 수익목표를 달성하는 임대업무의 세부적인 진행과 절차를 수립하는 단계를 말한다. 임대계획 수립단계는 약 11가지의 세부적인 과정을 거쳐 비로소 임대계획이 수립된다.

임대계획 수립단계에서 진행되는 업무를 구체적으로 소개하면 다음과 같다.

1) 임대면적 산출 및 확정

건물의 임대평수는 일반적으로 연건평을 의미하기도 하나 인근지역에 있는 건물의 공실이 과다한 경우 경쟁이 예상되므로 주차장 같은 면적을 서비스 면적화하여 임대면적에서 제외하고 전용률을 높여 건물의 전용면적을 인근 빌딩보다 크게 하여 입주자 유치를 쉽게 해야 하는 경우가 있다. 따라서 인근지역의 유사 빌딩과 비교하여 임대조건과 가격이 경쟁력이 있도록 임대면적을 산출 확정해야 한다.

임대면적의 산출은 보통 다음과 같은 기준에 의하여 산출되고 확정된다.

> • 건물연면적(전용면적+공용면적)=임대면적
> • 건물연면적(전용면적+공용면적)−서비스면적=임대면적

2) 임대료 산정

임대료는 건물경영목표 달성에 매우 중요한 수익이긴 하나 인근 유사 빌딩이나 지역조건, 지역특성, 지리적 여건, 건물 수급현황, 주변 임대시세, 임대목적물의 시설수준 등을 감안하여 결정하여야 한다. 기본 층의 임대료를 기본임대료로 정하고, 이를 토대로 각 층별·용도별·위치별 임대평수의 평당 임대료를 미리 산정해 두어야 한다. 참고로 1층의 임대료는 기준층의 약 3배, 2층의 임대료는 기준층의 약 2배 정도로 임대료를 산정하고, 임대료는 평당 또는 m^2 기준으로 책정해야 한다.

3) 관리비 책정

임대료와 함께 관리비를 적정하게 책정해야 하고, 관리비 부담방법(정액제, 실비정산제, 정액실비병산제)도 선택해야 한다.

4) 건물용도 확정

건물사용허가서에 이미 명기된 내용대로 건물용도를 확정하고 용도에 맞는 입주자를 유치해야 한다.

5) 임대기준 확정

임대기준이란 임대에 기본이 되는 표준을 의미한다. 임대관리자는 다음과 같은 임대기준을 임대계획수립단계에 확정해야 한다.

① 임대방법 확정(전세와 보증(금)부 월세 중 택일 또는 Mix해야 함. 단, 보증금, 월세 비율 1 : 9의 보증(금)부 월세방법이 임대수익 극대화에 유용함)
② 보증금·월세 범위 결정(보증금 비율 최소 10% 수준유지)
③ 전세금 산정[(평당 임대료×12개월)/이율]
④ 임대기간 설정(단기 임대기간(1, 2년)보다 중장기 임대하는 것이 임대수익 유지에 안정적임)
⑤ 임대차업종 확정
⑥ 관리비 적용범위와 산정범위 확정
⑦ 연체요율 결정
⑧ 부과세 범위 확정(원칙적으로 임대보증금은 임대인의 부담으로 하고 월임대료와 관리비는 임차인 부담)

⑨ 가입 보험종류 및 부담범위 확정
⑩ 주차사용료 유료 또는 무료 범위 및 사전결정
⑪ 입주 전 실내장식 등 무상 사용기간 기준과 조건 확정
⑫ 제소전 화해조서 업종 확정
⑬ 임대료와 관리비의 납부일, 납부장소, 납부방법
⑭ 명도기준과 원상복구기준, 전대 · 양도가능 여부

6) 임대추진 방법 및 임대기간 설정

임대계획 수립단계에서 임대방법과 임대추진기간을 설정해야 한다.

임대방법에는 적극적인 임대방법과 소극적인 임대방법이 있다. 적극적 임대방법은 임차대상자를 상대로 광고하거나 방문하거나 임대목적물의 장점을 알려주고 입주하도록 설득하여 임차인을 유치하는 방법이다. 소극적 임대방법은 임대대상건물전면 또는 측면에 임대광고현수막만을 부착하고 임차인을 유인하여 임대목표를 달성하는 임대방법이다.

임대담당자는 임대대상건물의 인근시장조사, 인근지역조사, 경제여건, 경쟁관계 등을 면밀히 검토하여 임대추진방법을 결정해야 한다. 또한 임대기간은 임대대상건물이 신축인 경우에는 건물경영목표에 따라 일정기간을 정할 수 있으나 임대목적물이 기존건물인 경우에는 공실발생이 예상되는 2개월 전에 미리부터 임대기간을 설정해 두고 수시임대를 추진해야 한다.

7) 임대소요예산확보

임대추진계획을 수립할 때 임대소요예산을 확정하고 임대계획에 반영해야 한다.

임대방법에 따라 광고비 · 인쇄비 · 임대수수료 등을 항목별로 확정하고 이를 임대계획에 반영해야 한다.

8) 임대추진 주체결정 및 업무분장과 진행절차수립

임대계획을 작성할 때 임대추진 조직과 업무분장, 의사결정방법, 담당자와 담당업무내용 그리고 보고절차 등 단계별 진행순서를 정하여 절차대로 추진하도록 계획되어야 한다.

9) 임대마케팅 전략수립

임대대상건물의 임대촉진을 위한 임대마케팅 전략수립 및 광고전략이나 홍보방법 등을 정하고 임대계획서에 반영해야 한다.

마케팅 방법은 On-line과 Off-line 마케팅을 병행하되 보유하고 있는 Data-Base를 활용하고 배너광고, 현수막 · 미디어작업과 E/M, T/M 등을 활용해야 한다.

10) 임대시장 조사 분석 결과 반영

임대대상 건물의 인근지역이나 유사지역의 부동산 임대가격, 지리적 특성, 관리비현황이나 수준, 경쟁관계 등을 사전에 조사하고 그 결과를 계획서에 반영해야 한다.

11) 임대서식 등 준비

임대를 추진하기 위해서 임대에 필요한 홍보물, 임대계약서, 영수증, 관리계약서 등을 사전에 확정하고 인쇄하는 등 준비해 두어야 한다.

(3) 입주자 모집단계

입주자 모집단계는 임대실무 제3단계로서 임대대상물의 현황과 조건 및 장점 등을 광고 홍보하고 중개인(중개회사) 등에게 알리는 등 입주자를 모집하는 단계이다. 이 때 임대예산이 허락하는 범위 내에서 과감하고 공격적인 임대마케팅 전략을 구사해야 한다.

입주자 모집단계에서 입주자 유치방법으로는 Tenant Mix를 해야만 임대수익의 안정구조를 유지할 수 있다. 즉, Anchor Tenant 50%, Sub Tenant 30% 그리고 Small Tenant 20%로 Tenant Mix하는 것이 바람직하다.

입주자 모집단계에서 실시해야 할 업무의 종류와 내용은 대체로 다음과 같다(임대업무는 임대목적물의 성격・용도・규모・사정 등에 따라 다소 상이함).

1) 임대목적물 임대광고

임대관리자는 임대예산이 허락하는 범위 내에서 임대목적물의 임대평수, 층수, 건물의 장점, 편의시설과 편리한 교통, 유리한 지역특성을 입주예상 임차인을 상대로 알리는 작업을 수행해야 한다. 임대목적물을 알리는 방법에는 TV나 신문광고가 효과적이긴 하나 광고비가 비싸다는 단점도 있다. TV나 신문광고 외에 현수막이나 팸플릿, DM 광고방법도 유용한 광고방법이 될 수 있다. 짧은 시간 내에 경제적인 방법으로 모든 광고수단을 동원하여 임대목적물을 표적시장의 예상임차인에게 알려서 입주희망자를 모집해야 한다.

2) 예상입주자 방문, 상담 및 현장안내와 현장 브리핑

입주가 예상되는 회사 앞으로 홍보물(팸플릿・DM 등)을 사전에 보낸 후 임대관리자가 직접 방문하여 임대목적물을 홍보해야 한다.

특히 예상입주자의 현장방문시에는 임대기준과 조건, 경쟁력 있는 임대료와 관리비, 지역특성과 임대건물의 장점, 좋은 점(Selling Point) 등을 소상히 설명할 수 있어야 하고, 임대목적물의 소유권이 온전한 경우 권리상에 하자가 없는 점도 크게 강조할 필요가 있다

(임차시 임대보증금 반환의 문제가 없을 것임을 강조해야 한다).

특히 전용면적이 공용면적보다 크며 서비스 면적이 많다는 것도 강조할 필요가 있다. 한 번의 방문으로 끝나는 경우도 있기는 하나 두세 번 정도의 재방문도 고려할 필요가 있다. 방문시에 고려해야 할 점은 방문자의 복장이나 언행, 예의바른 태도, 신뢰성있는 행동 등에 신경을 써야 한다. 예정임차인 현장방문시(답사시) 좋은 점(Selling Point)만 소개하고 청소상태, 안전, 편리성 등을 강조해야 하며 대상목적물(공간)과 비교가 되는 다른 임대대상물을 한두 곳 정도만 안내해야 한다(여러 곳을 안내하는 경우 임차인을 혼란스럽게 한다).

임대시장에 공급되는 건물의 수가 많을수록 방문자의 방문예절과 방문 전에 사전의 약속, 방문준비를 철저히 하여 방문결과가 건물임대계약으로 반드시 연결되도록 해야 한다. 방문은 생산성 있는 과정이 되어야 하며 시간의 낭비나 소비가 되지 않아야 한다.

3) 중개의뢰

건물임대 중개인 또는 건물임대 전문중개회사에 안내문을 보내어 임대목적물의 현황과 장점 등을 홍보하여 임대협조 또는 임대추진을 의뢰해야 한다.

4) 희망입주업체 적격판단 및 결정

광고·홍보·방문·의뢰 등으로 수집된 입주희망자에 대하여 희망입주자 명단을 작성하고 임대조건의 적합성 여부를 판단해야 한다. 이를 입주자 적격판단이라 한다.

입주자 적격판단을 해야 할 필요성은 양질의 입주자를 가려내어 입주시킴으로써 건물사후관리에 문제점이 발생되지 않게 하기 위함이다. 또한 적격판단은 경제적인 방법으로 양질의 입주자를 유치함으로써 건물임대의 장기적인 안정적 수입을 보장하기 위함이다.

입주자 적격판단의 기준은 다음과 같다.

① 임차인 재무상태 및 신용상태
② 임대계약상 이행가능성 여부
③ 임차시 출입차량·인원증가 가능성 여부
④ 임차시 시설과 설비 손상 가능성 여부
⑤ 건물의 이미지 손상 여부
⑥ 임차인 업종이 건물용도와 적합성 여부
⑦ 임차시 위험물반입 취급가능성 여부
⑧ 타입주자와 분쟁유발 가능성 여부 등

이상과 같은 기준으로 입주예정자에 대한 적격 여부를 판단하여 양질의 입주자를 선정 결정해야 한다.

5) 계약준비 및 계약일정 홍보

양질의 입주예정자가 결정되면 임대가격과 조건 등을 상담을 통하여 합의한 후 계약스케줄을 임차인에게 통보한다. 이때 임대인은 임차계약서, 관리계약서, 주차장 사용계약서 영수증, 사용인감 등을 사전에 준비하고 대기해야 한다.

(4) 임대계약 단계

임대계약 단계는 임대실무상 제4단계에 해당하는 업무추진단계로서 법률적으로 하자없이 계약업무를 처리해야 하는 단계이다. 임대계약업무는 임대관리업무 중에서 가장 중요한 업무로서 다음과 같은 업무가 진행된다.

1) 계약조건 및 계약서조항 재검토

임대준비 단계에서 작성 인쇄된 계약서를 고문변호사의 자문을 받아 다시 한 번 검토하여 필요한 경우 수정 보완해야 한다. 특히 계약서상의 필요적 기재사항에 대해서는 다시 한 번 면밀히 검토해야 한다.

임대차 계약서상 반드시 기입되어야 할 필요적 기재사항은 대체로 다음과 같다.

① 임대목적부동산(건물)의 표시조항

임대목적물이 건물인 경우 빌딩명 · 주소 · 층수 · 호실 · 임대평수(전용평수 · 공용평수) · 용도 등이 표시되어 있는지 확인해야 한다.

② 임대차계약기간 조항

임대차가 일반건물인 경우 최장기간은 20년(단 토지는 예외), 최단기는 민법상 규정이 없으나 최소한 1년으로 하는 것이 바람직하다(상가건물임대차보호법의 대상 상가건물은 1년임).

특히 주택임대차의 최단기간은 2년으로 규정(주택임대차보호법)되어 있음을 참고해야 한다. 특히 계약일과 목적물 명도일, 계약종료일과 목적물 반환일을 반드시 계약서 서면에 기재하여야 한다.

③ 임대보증금과 월임대료 조항

임대보증금의 총액과 월임대료 납부일, 납부방법, 납부장소, 연체요율 등을 명기해야 한다. 그리고 보증금 반환조건과 일자를 기입해야 한다. 특히 임대보증금의 월임대료, 부가세 납부에 대하여도 명기해야 한다.

④ 관리비 조항

관리비의 총액과 납부일자, 납부방법, 납부장소, 연체요율 등을 명기해야 한다. 특히 관리비를 일정기간 연체시 단전, 단수, 출입차량 통행금지 조항을 상호 합의하여 명기해 두는 것이 임대인 입장에서 유리하다. 또한 관리비의 부가세 부담자를 명기해야 한다(단 관리계약을 별도로 체결하는 경우는 관리비 조항만 명기하고 상세한 내용은 관리계약서에 위임).

⑤ 보험료 조항

건물의 화재보험료 등에 관한 조항을 별도로 두고 화재보험 또는 기타 보험의 종류와 부보금액을 명시하고, 화재 기타 보험의 보험료, 납부일자 등을 명기해야 한다.

⑥ 무단 권리양도 · 전대금지 조항

임차인은 임대인의 동의없이 무단양도나 무단전대가 금지되고 있음을 명기하고 동의 없이 양도나 전대시 임대차 계약해지 사유가 됨을 기입하는 것이 바람직하다. 우리나라 민법에서는 임대차의 무단 양도와 전대는 원칙적으로 금지하고 있으나 임차목적물 중 그 일부는 임대인 동의없이 양도 또는 전대가 가능하다. 그러나 전세권 제도에서는 특약이 없는 한 양도나 전대가 언제가 가능하다.

⑦ 임차인의 준수사항

임차인이 지켜야 할 의무사항을 명기해야 한다. 우리나라 민법에서는 다음 사항을 임차인의 의무로 규정하고 있다.

- 차임지급의무 : 차임을 두 번 이상 연체하면 해지사유가 된다. 차임지급 시기는 특별한 규정이 없는 한 월말 후불제로 한다. 약정이 있는 경우 약정된 날에 지불한다.
- 통지의무 : 임차인은 임차목적물에 수리를 요하는 사항이 발생되거나 타인이 임차목적물의 권리를 주장하는 자가 있을 경우 임대인에게 반드시 통지해야 할 의무를 이행해야 한다.
- 보전행위 인용의무 : 임대인이 임대목적물의 보전행위를 하는 경우 인용해야 한다. 보전행위로 인하여 임대목적물의 사용수익이 불능할 경우는 그러하지 아니한다.
- 임차물을 용법대로 사용수익해야 할 의무 : 임차인은 건물의 성질이나 정해진 용도에 따라 사용 수익해야 한다. 타 용도로 사용수익하는 경우 해지사유가 된다.
- 무단양도나 전대금지 의무 : 무단양도 · 전대시 해지사유가 된다.
- 임차목적물 보관(보존) 의무 : 임차목적물을 현상대로 보존해야 할 의무가 있다.
- 임차목적물 반환 의무 : 임대차 종료시 임차목적물을 원상회복하여 임대인에게 반환해야 한다. 임대보증금반환과 동시 이행관계에 있다.

⑧ 계약해지 조항

임대인과 임차인은 해지조항을 약정하고 불이행시 해지할 수 있다. 예를 들면 차임 2기 연체나 불법용도 사용, 무단양도나 전대 등은 법정 해지사유에 해당된다.

⑨ 임대인의 권리 및 면책사유 조항

임대인의 권리에는 다음과 같은 것이 있다.

- 차임청구권
- 목적물반환 청구권
- 차임증감 청구권
- 목적물보존 권리
- 법정담보물권

임대인의 면책사유로는 천재지변에 의한 목적물 멸실, 불가항력에 의한 목적물 멸실, 실화에 의한 멸실 등이 있다.

⑩ 임차인의 손해배상 조항

임차인이 고의로 임차목적물을 훼손·손괴·파손·고장 또는 멸실시켰을 경우 손해를 배상해야 한다는 조항을 명기해야 한다.

⑪ 관리규정 준수의무 조항

건물의 사용에 관한 관리규정을 준수하도록 명기해야 한다. 관리규정은 임대계약서의 일부로서 계약시 첨부 또는 별도로 교부해야 한다.

⑫ 건물 내 수선유지비부담 조항

건물의 주요 구조부나 설비 등의 수선비는 임대인이 부담해야 하고 전용부분의 고장은 임차인이 부담해야 한다.

⑬ 공용시설의 사용제한 조항

입주자가 임차목적물의 사용을 정해진 시간의 범위 내에서는 사용이 가능하나 관리규정에 의하여 사용가능 범위시간 등을 참고하여 사용에 제한을 하게 된다. 보안관리상 또는 에너지 절약차원과 질서유지 차원에서 시설의 사용을 제한하게 되는 바 이를 준수하도록 계약서에 기재해 두는 것이 계약 후 분쟁을 막을 수 있다.

⑭ 보증인 조항

임차목적물이 최첨단 건물이거나 임차인이 신용상태가 다소 불량한 경우 임대차계약시에 보증인을 세우도록 요청하여 만일의 손해발생에 대비하는 것이 현명하다.

⑮ 계약기간 자동연장 조항

계약만료일 6월~1월 사이 임대인이나 임차인이 임대기간의 만료나 연장 또는 거절의 의사표시가 없는 경우 종전과 동일한 조건으로 자동 연장됨을 표시하는 것이 현명하다.

⑯ 계약체결 및 효력발생 조항

계약체결일 및 효력발생일자를 특별히 정한 경우 이를 명기해야 한다.

⑰ 관할법원

임대계약의 분쟁이 발생한 경우 이를 해결할 방법으로 재판을 해야 할 경우 관할 법원을 정해야 하는 바 이를 미리 정해두는 것이 편리하다.

2) 예상임차인 적격 재판단

입주자 모집단계에서 입주희망자로 분류된 입주예정자에 대한 마지막 적격판단을 실시하여 확실한 임차인으로 판명되는 경우 임대계약을 체결하는 것이 바람직하다.

통상 임대차 계약기간을 1년으로 정하여 계약하고 입주하는 경우 입주자의 신용이나 재무상태가 불량한 경우 임대자는 원치 않는 정신적·물질적 고통을 감내해야 하기 때문에 입주자 선정과 계약에 특별히 신경쓰지 않으면 안 된다.

따라서 임대계약 전 입주자 적격판단을 다시 한 번 실시하는 것이 현명하다.

3) 임대조건·가격협의 및 확정

임대인은 임대관리자를 통하여 계약 전에 임대목적물에 대한 가격과 조건에 대하여 임차인과 협의하고 상호 조정하여야 한다. 왜냐하면 이와 같은 협의나 확정 없이 계약테이블에 앉는 경우 종종 계약체결이 성사되지 못할 경우가 발생할 수 있기 때문이다.

참고할 사항은 임대료는 반드시 모든 입주자에게 동일하게 적용하여 계약해야 하고 차등 적용시 문제가 발생되며, 비밀유지는 절대로 유지되지 않는다는 점을 명심해야 한다. 그러나 층수가 다른 경우 차등적용해도 무방하다. 차등적용의 기준역시 임대계획수립시에 미리 공시해 두어야 한다.

4) 임대계약 체결 및 계약서 교부

임대인은 준비된 임대계약서상의 필요적 기재사항을 재검토하고 입주희망자에 대한 적격판단을 다시 한 번 실시하여 입주자로서 하자가 없는 경우 임대계약체결에 임해야 한다. 임대계약 체결시에 유의해야 할 사항은 다음과 같다.

① 임대면적(전용면적 · 공용면적)과 층수와 호실 재확인
② 적정보증금 · 임대료 · 관리비 여부 확인
③ 건물용도가 입주사(인)의 업종에 타당한지 여부 확인
④ 공부상 주소와 목적물의 주소상 이상 확인
⑤ 임대차 기간, 명도일, 반환일, 계약효력 발생일, 계약시기와 종기 확인
⑥ 특약이 있는 경우 특약사항 확인
⑦ 임대인과 임차인 본인여부 확인
⑧ 서명날인자 권리 · 자격 확인
⑨ 수입인지 첨부여부 확인(해당되는 경우 전세권 외 일반임대차는 해당 없음)
⑩ 제한물권설정, 채권보전방법, 제소전 화해조서 조건내용 등 확인

이상과 같은 계약 유의사항을 재점검하고 계약서상의 필요적 기재사항 누락여부를 확인한 후 신속하고 정확하게 작성 · 서명 · 날인한 후 한 부를 임차인에게 교부하고, 임대계약금이나 보증금 전액을 수령한 후 영수증을 교부함으로써 임대계약체결업무가 종료된다. 교부시에 입주일자를 확인해야 하고, 임대목적물과 키(열쇠)는 임대보증금 전액이 입금될 때 임차인에게 인계하고 열쇠수령증을 받아 보관해야 한다.

5) 입주 전 임대목적물 관련 시설 재점검

임대계약이 체결되고 이사일자가 정해지면 임대목적물의 사용수익에 지장이 없도록 사전점검을 해야 한다. 전원설비, 위생설비, 조명설비, 출입문, 열쇠, 시건장치, 전화선 등을 꼼꼼히 확인해 두고 필요시 보수하거나 정비해야 한다. 또한 입주 후 불편사항이 없도록 사전 조치한다.

6) 칸막이 등 설치공사

계약체결 후 임차인과 협의하여 전용면적을 정확하게 구획하고 확정하여 필요한 경우 칸막이 설치공사와 전산실 등의 필요시설을 입주 전에 완료해야 한다.

7) 입주지원

임차인의 입주를 위한 이사를 위해서는 이삿짐 운반용 승강기 고정배치, 안내, 시설설비사용방법설명(특히 전원의 용량), 사용상 주의사항, 관리실 위치, 전화번호, 담당자 소개, 비상시 조치내용 등을 안내서를 만들어 전달하고 필요시 소상히 설명하는 것이 현명하다.

특히 이사오는 날 친절한 안내와 불편사항 요청시 즉각 대응으로 해결해주는 일은 입주자를 장기 유치하는 첩경이 될 수 있다.

(5) 임대계약 사후관리 단계

임대관리업무의 마지막 단계로서 다음과 같은 사후관리 업무가 진행된다.

1) 월임대료 부과징수

계약서에 명시된 월임대료의 부과징수는 보증(금)부 월세제도와 무보증(금)부 월임대료 모두에 해당된다.

즉, 전세권 제도와 채권적 전세(미등기전세)에서는 월세의 부과징수는 발생하지 않는다. 임대계약 사후관리 단계에서는 월임대료 부과징수는 월관리비와 함께 임대기간동안 매월 일정하게 발생되는 업무로서 일상적으로 처리되는 업무이다.

따라서 임대료 청구서는 일정한 양식을 미리 인쇄하거나 전산시스템을 개발하여 활용하되 납기일 10일 전에 발송하고 7일 전에 도착되도록 배려하는 것이 임대료 수납관리에 도움이 된다.

특히 임대료 수납사고를 방지하기 위해서 거래은행의 지정구좌에 납입하도록 하는 것이 바람직하다. 따라서 임대료 청구서에는 임대료총액, 부과세, 납기일, 납부장소, 납부방법, 연체요율 등을 상세히 명기하는 것이 임대료 수납업무에 도움이 된다.

임대료 청구서에 세금계산서를 첨부해야 하고 관리사무소나 경리과 등에 직접 납부하는 경우 입금표를 교부해야 한다. 임대료를 관리사무소에 직접 입금하는 경우 당일 마감하여 임대관리 은행구좌에 당일 입금처리하고 관리사무소에 현금을 보관하지 않도록 해야 하며 익일 회계 보고해야 한다.

2) 월관리비 부과징수

월관리비는 부과방법에 따라 부과 징수하는 방법과 절차가 다소 상이하다. 관리비가 정액제인 경우는 관리비 징수 기준일을 기준으로 납부일자를 정하여 관리비 청구서에 정해진 관리비 등을 기입하고 세금계산서를 첨부하여 7일 전에 청구하면 임차인이 지정된 은행구좌에 입금하거나 관리사무소에 직접 입금하면 이를 접수하고 관리비대장에 기입한 후 입금표를 교부하고, 이를 당일 결산하여 빌딩관리 은행구좌에 입금하면 관리비 부과징수 업무는 종료된다.

그러나 실비정산제의 경우는 다소 진행절차가 복잡하다.

지난달의 월말을 기준으로 사용된 에너지 사용량(전기 · 수도 · 가스), 용역비, 공과금, 일반관리비를 모두 취합하여 실제 사용된 관리비를 합계하고 임대평수에 따라 고지 징수하게 된다. 이 경우 건물 내 식당 · 다방 · 전산실 등은 별도의 계량기를 부착하고 이를 별도 사용료를 계산해야 하며 가스 역시 식당 등에 별도의 계량기를 부착하여 사용자부담 원칙아래 실비를 납부하도록 해야 한다. 특히 야근을 자주 하는 입주자에게 전기료사용료를 형평에 맞게 높게 부과해야 한다.

그러나 연체시 연체료를 청구해야 하고 임대건물의 공실이 있는 경우 공실에 대한 관리비는 임대인이 납부해야 한다.

3) 임대기준의 개정

임대기준의 개정에 해당되는 항목에는 임대기간의 연장 또는 변경, 임대료의 인상, 관리비의 인상 등이 있다.

임대기간의 연장이나 개정은 임대기간 종료 시에 임차인이 원하는 경우 정상적으로 이루어지나 임차인이 원하지 않으면 임대가 종료된다. 이 경우 임대료 상승도 자연적으로 상승하게 된다. 임대목적물이 주택인 경우에는 1년에 5/100 범위 내에서만 인상이 가능하도록 주택임대차보호법에 규정되어 있으나 일반건물의 경우에는 인상폭의 제한규정은 없다(상가건물임대차보호법이 2003. 11. 1자로 발효되었으므로 해당 상가건물은 1년에 임대료의 12% 범위 내에서 인상이 가능하다).

문제는 임대기간 중에 금리의 변동, 유가의 변동, 전기료의 상승, 물가상승, 정부정책 변동, 제세공과금의 증액 등 중대한 경제적 사정변경이 있을 경우 불가피하게 임대료·관리비를 증액하게 되는데 현실적으로는 쉬운 문제가 아니다.

이와 같이 경제적 사정변경에 의한 비정기적 임대기준 변경은 원칙적으로 임대인과 임차인 사이에 계약상 금지된 사항이나 예외적으로 상호협의에 의하여 허용되는 경우도 간혹 있으나 분쟁의 대상이 된다. 또 하나의 임대기준 변경 문제는 임대기간의 연장 문제이다. 임대건물이 과다 공급되거나 임대유치에 문제가 있는 경우 임대기간 연장을 유도하는 것이 바람직하다.

4) 임대계약의 해지

체결된 계약에 의하여 입주자가 입주한 후 계약서에 규정된 약정해지 사유가 발생하거나 임대료의 2기 이상 연체나 임대목적물을 타 용도로 사용수익할 때 발생되는 법정 해지사유가 발생할 때 해지관리자인 임대인이 임차인에게 계약해지를 통보하면 해지효과가 발생되고 임차인은 임대인에게 임대목적물을 원상회복하여 반환해야 한다.

이와 같은 해지의 통보, 원상회복, 임대목적물 반환, 임차인 철수 등과 같은 일련의 해지업무가 계약 사후관리업무 중 하나이다(해지통지 등은 내용증명으로 하는 것이 임대인에게 유리하다). 계약이 중도에 해지되면 보증금을 환불하되 미정산 관리비나 임대료가 전혀 없는 상태(완불된 상태)에서 임차인 소유건물이 완전히 임대목적물 밖으로 반출 시에 지급되어야 하며 임대보증금 위에 전세권이나 저당권이 설정되어 있을 때는 반드시 말소확인 후 지급해야 한다.

또한 손해배상금이 있을 때에는 손해배상금 상당액을 유보하고 원상회복비용, 미지급임대료・관리비와 다음 달의 임료 및 관리비 예상액(3개월 평균관리비+50%추가)을 공제 또는 유보한 후 잔액을 지급하고 영수증을 반드시 교부받아야 한다.

채권보전수단으로 교부한 보증서나 약속어음이 있을 경우 반드시 회수한 후 지급한다.

5) 임대목적물 인수 및 원상복구 확인

임대계약 사후관리업무 중 또 하나의 업무는 임대기간이 종료되어 임대기준의 변경으로 계약기간 연장이나 변경이 없을 경우나 해지 또는 해제되는 경우 목적물을 적기에 반환받아야 하고, 또한 목적물을 원상회복시켜 인수받아야 한다. 원상회복이 불가능할 때에는 원상회복에 필요한 비용을 합리적으로 산출하여 명도전에 임차인에게 청구하여야 한다.

임차인의 원인에 의하여 손해가 발생할 때에는 손해배상을 청구해야 하고, 합의되지 않을 시는 민사소송을 통하여 실행해야 한다. 정한 기일 내에 임대목적물을 반환하지 않을 때도 명도소송을 통해 승소하고, 이를 채무명의(집행명의)로 하여 강제집행을 통하여 임대목적물을 반환받아야 한다. 명도소송 전 점유이전금지가처분을 먼저 해두어야 한다.

6) 임대목적물 방해배제 및 현상유지

임대인은 임대기간 동안 임차인이 임대목적물에 관하여 사용수익할 때 외부로부터 방해받을 경우 이를 배제하여야 하고 건물의 현상을 정상적으로 유지해주어야 한다.

7) 입주자현황 정기점검

입주자가 임대계약 불이행의 징후를 정기적으로 점검하여 임대관리대책을 수립해야 한다. 예컨대 입주사의 소속직원 급료가 2기 이상 지불되지 않거나 입주자의 사내회의 횟수가 잦거나 장시간 회의를 자주 할 때, 채권자의 채무독촉이 빗발치거나, 경영자와 직원 사이에 고성이 오고가거나, 직원의 이직률이 급격히 늘어나거나, 압류 등 최고장이 자주 배달되거나, 경영자의 출근이 정상적이지 아니거나, 갑자기 세무조사를 받거나, 경영자가 구속되거나, 임대료의 납부가 2기 이상 연체되거나, 신문방송에 입주사에 대한 나쁜 기사(세무조사・형사・범죄・탈세 등)가 기사화되거나 방송된 경우에는 대부분의 경우 입주사의 경영이 부실해지거나 어떤 사정에 의하여 조만간 도산 또는 파산 가능성이 있으므로 긴급히 구(舊)임대차를 종료처리하고 신(新)임대차 계약을 추진, 입주자를 신속히 교체할 준비를 해야 한다.

8) 입주자 불편사항 및 민원사항 해결

동일한 임대목적물의 공용평수를 동시에 사용하는 다수의 입주자는 공동생활의 이해가 항상 일치하지 않는다. 따라서 자주 이해충돌이나 불만사항이 발생하고 민원사항이 신고

된다. 이때 임대관리자는 계약 사후관리 차원에서 능동적이고 즉각적으로 친절하게 대처하여 접수 즉시 해결하고 그 결과를 먼저 유선으로 통보해야 한다. 해결이 불가능할 경우에도 그 이유와 사유를 밝혀 이해를 구해야 한다.

이와 같이 계약 사후관리 업무가 매우 다양하고 복잡하기는 하나 성공적인 건물자산임대사업을 위하여 반드시 최선을 다하여 관리하여야 한다.

제4절 임대수익률 증대방안

건물임대관리의 최대 목적은 안정적 임대수익구조를 장기간 유지하여 임대수익을 극대화하는데 있다. 건물자산투자의 수익창출은 건물자산의 매각시 발생되는 양도차익(경우에 따라 매각손이 발생할 수 있음)과 보유기간동안의 임대수익으로부터 얻어진다.

특히 임대소득의 증가는 임대자체수익의 극대화를 가져올 뿐 아니라 자사가치를 증가시켜 매각시 양도차익을 크게 실현시키므로 임대수익률 증대가 곧 투자수익 극대화의 원천이 된다. 따라서 임대수익률 증대는 건물자산투자관리에 있어서 매우 중요한 의의를 가지므로 임대관리자나 Property Manager는 임대수익률 증대방안을 검토하고 활용하는 것이 바람직하다.

1. Tenant Mix 방안

건물임대의 안정적 수익은 양질의 장기적 대규모 Anchor Tenant에 의해서 주로 창출된다. 그러나 양질의 대규모 Anchor Tenant에만 의존하는 경우 Anchor Tenant 스스로 문제가 생기는 경우 안정적 임대수익 유지에 큰 허점이 생기게 된다.

따라서 신용과 규모면에서 대·중·소의 Anchor Tenant 50%, Sub Tenant 30% 그리고 Small Tenant 20%로 Tenant Mix하는 경우 안정적 임대수익률 증대에 크게 도움이 된다.

2. 보증(금)부 월세 유치방안

임대방법에는 전세(채권적 전세 또는 미등기 전세)방법과 보증(금)부 월세방법이 있다.

전세의 경우 전세보증금의 운용수익이 현행 은행 금리체계상 매우 낮으므로 보증금과 월임대료 비율이 1 : 9의 보증(금)부 월세방법을 활용하여 임대수익을 증대하는 것이 현명하다.

3. Buy-Back 업체 유치방안

일정기간 임차 후 임차건물을 매입할 수 있는 업체(Tenant)를 유치하는 것이 안정적인 임대수익과 양도차익 실현을 함께 할 수 있어 자산투자관리에 매우 유익하게 된다.

4. 우량업체 유치방안

대기업, 은행, 보험, 공기업 본사, IT계열 우량업체(Anchor Tenant)를 유치하는 것이 임대수익률 제고에 크게 도움이 된다.

5. 임차인 만족 시스템 운영

임차인이 만족하는 경우 기존 임차인이 신규 임차인을 유치하게 되므로 기존 임차인이 건물 사용수익에 있어서 언제나 만족하도록 해야 한다. 따라서 불편사항 및 고장신고 접수 즉시 신속처리, 간담회, VOC, 회식 등을 활용하여 고객만족을 유도하는 시스템을 개발하고 운영해야 한다.

6. 편의시설 제공방안

로비에 자동사무기기 설치, 옥상휴게실 제공, 비즈니스 공간 무료제공, 인테리어, 조경, Renovation 등으로 편리하고 쾌적한 환경을 조성하고 제공하는 경우 임대경쟁력의 제고로 임대수익률이 증가하게 된다.

제6장 건물자산마케팅활동

제1절 마케팅의 개념

1. 마케팅의 정의

시장환경이 세계화 글로벌화되면서 마케팅의 개념도 크게 변화를 보이고 있어 마케팅의 정의를 한마디로 정의화하기란 쉽지 않으나 참고문헌의 견해에 따라 정의하면 다음과 같다.

(1) 미국 마케팅협회의 견해

마케팅은 개인과 조직의 목적의 목적을 충족시켜 주는 교환을 창출하기 위해 아이디어, 제품 및 서비스의 개발, 가격 결정, 촉진, 유통을 계획하고 실행하는 과정이라고 정의하고 있다.

(2) Mccarthy의 견해

1960년 Maccarthy는 마케팅을 4P's 즉, 제품(Product), 가격(price), 유통(place) 그리고 촉진(promotion)으로 정의하고 있다.

최근에는 마케팅을 교환개념에서 관계개념으로 확장하는 추세를 보이고 있으며 표적시장을 중심으로 고객의 욕구를 파악하고 이에 초점을 맞추어 통합적 마케팅수단을 활용하여 고객의 만족을 통한 이익창출이 현대 마케팅개념이라 할 수 있다.

따라서 마케팅개념도 1900년대 이전의 생산개념에서 1950년대의 마케팅개념에서 1970년 이후 현재까지의 사회적 마케팅개념으로 마케팅사의 변화를 보이고 있다.

마케팅의 핵심개념은 재화와 서비스에 대한 인간의 욕구로부터 출발되고 있으며 이와 같은 인간의 욕구는 수요를 창출하고 수요자는 제품의 생산을 가져와 소비되고 소비된 제품의 가치에 평가되며 가치에 따라 고객의 만족이 주어져 시장에서 또다시 교환을 유도하게 되므로 마케팅의 핵심개념은 인간의 욕구로부터 시작하여 시장에서 교환에 의하여 구입한 제품의 가치로 인하여 욕구가 공급되어 만족하게 된다.

건물자산의 경제관리에 있어서 마케팅기법이 요구되는 것은 건물자산과 건물서비스에 대한 욕구가 다양하며 생산된 건물자산이나 건물서비스를 마케팅의 기술없이는 시장에서 고객의 만족을 얻을 수 없기 때문이다.

현대 마케팅이 지향하는 사회지향적 마케팅개념에서 알 수 있듯이 건물자산이나 건물서비스 생산자에게 우선 이익이 주어져야 하지만 소비하는 고개의 만족이 전제되어야 하고 사회측면에서 사회구성원 역시 이해관계가 맞아야 한다.

특히, 건물자산을 재화로서 매매나 교환 및 임대의 목적물이 되며 건물의 사용수익자에게는 사용수익에 필요한 건물의 서비스를 일정한 임대료나 관리비로 구매하는 등의 마케팅개념의 활동이 요구되고 있다.

2. 마케팅의 대상

건물자산의 경제관리에 있어서 주요 마케팅의 대상은 보유자산의 매각 또는 분양이고 임대의 목적물이다.

투자계획에 따라 경제적 방법으로 취득한 최적 건물자산은 보유기간 동안 효율적 보유와 운영관리 및 개량으로 사용가치와 교환가치를 최대화하고 운영수익을 극대화 후 또는 일정한 Renovation이나 Re-positioning과정을 거쳐 전략적 매각을 시도하는 경우 마케팅기법의 도입은 필수적 전략이 되고 있다.

왜냐하면 보유 건물자산을 전략적으로 매각하여 양도차익을 얻으려면 마케팅 전략이 필요하며 임대의 경우에도 안정적 임대수익에 유리한 Anchor Tenant를 장기적으로 유치하고 유지하는데도 마케팅기법이 유효하기 때문이다.

3. 마케팅의 과정

생산된 제품이나 서비스를 경영계획에 맞게 마케팅하려면 마케팅 과정을 통하여 마케팅하는 것이 유리하다. 마케팅 과정은 다음과 같다.

① 표적 소비를 선정하고 욕구를 분석하여 제품과 서비스 생산을 설계하고 공급가격을 책정하며 유통과정을 설정하고 촉진전략을 세워 마케팅 계획을 수립
② 마케팅 계획을 집행
③ 마케팅을 촉진
④ 집행한 마케팅을 분설하여 Feed back

(1) 표적 소비자 선정

표적 소비자를 선정하여 선정된 소비자의 욕구와 욕망을 효과적으로 충족하여 만족시키기 위해서는 다음과 같다.

① 시장의 세분화
② 표적시장 선정
③ 시장포지셔닝

(2) 마케팅믹스 개발

마케팅믹스는 마케팅 변수인 4P 즉, Product(생산), Price(가격), Place(유통), Promotion(촉진) 등의 조합을 의미하며 표적 소비자의 선정의 시장포지셔닝이 결정된 후 마케팅 담당자는 마케팅믹스를 설계하고 계획해야 한다.

(3) 마케팅 관리

마케팅 관리는 마케팅 분석, 마케팅 계획수립, 마케팅 계획의 실행 그리고 마케팅 감사를 통한 마케팅 통제와 평가에 의한 Feed back으로 이루어진다.

제2절 건물자산임대 마케팅

1. 건물자산임대 마케팅의 의의

건물의 자산관리는 건물자산경제관리이므로 마케팅 이론과 실무가 필요하다. 왜냐하면 수익성 건물의 공간이나 평수가 임대목적물이고 상품이기 때문이다. 특히 오늘날 공급되는 임대평수나 공간의 공급이 수요(임차요구 평수)보다 월등히 많은데다 경제수준과 하고 있는 업종의 고급화로 보다 깨끗하고 자동사무시설화 설비가 설치된 IBS건물을 선호하는 등 고객(임차인)의 욕구가 다양하기 때문에 임대대상건물의 상품화와 함께 임대를 위한 광고와 임대마케팅 활동이 요구된다.

또한 인근지역의 경쟁관계에 있는 경쟁건물의 존재는 언제든지 공실률을 높이는 요인이 되고 있다. 따라서 수익성 건물의 임대활동에 있어서 현대적 의미의 마케팅 이론과 이에 근거한 마케팅 실무활동은 대단히 중요하다.

이와 같은 마케팅 개념에 대한 정의는 한마디로 정의하기란 쉽지 아니하나 관계학자들의 견해와 미국 마케팅협회의 정의를 참고하여 정의하면 다음과 같다.

미국 마케팅협회의 견해에 의하면 "마케팅이란 개인과 조직의 목적을 충족시켜주는 교환을 창출하기 위해 아이디어 제품 및 서비스 개발, 가격결정, 촉진 및 유통을 계획하고 실행하는 과정"으로 정의할 수 있다.

이와 같은 경우는 마케팅을 4P's(1960, McCarthy 주장)의 Product(제품), Proce(가격), Place(유통), Promotion(촉진) 개념, 이른바 교환을 창출하는 하나의 행위를 마케팅이라 보고 있다. 특히 사회적 과정을 지지하는 학자들은 마케팅 개념을 "개인과 집단들이 제품과 서비스를 창출하고 제공하며 자유롭게 교환하면서 그들이 필요로 하고 원하고 있는 것을 얻는 사회적 과정"이라고 정의하고 있다.

또한 관리적 과정을 지지하는 입장에 서고 있는 학자들의 주장은 마케팅을 제품을 판매하는 기술로 이해하고 있다.

건물자산관리 측면에서 임대마케팅이라 함은 수익성 건물의 공간이나 잔여 평수를 원하는 사람에게 필요하도록 아이디어나 서비스를 개발하고 가격조건 등을 결정하며, 유통을 계획·촉진하고 실해하는 과정이라 정의할 수 있다.

2. 임대마케팅의 대상

건물임대마케팅의 대상은 건물경영관리 대상건물의 공간이나 건물평수이다. 즉, 임대대상건물을 의미한다.

이와 같은 임대대상을 쓸모있는 공간을 전제로 하므로 언제나 깨끗하고 편리하며 쾌적한 공간으로 유지해야 한다. 일반적으로 건물경영관리 측면에서 마케팅 범위는 건물임대마케팅이므로 수익성 건물이어야 하고, 이에는 주거용 건물, 상업용 건물, 산업용 건물(공업용건물 포함), 그리고 특수용도건물 중 수익성 건물에 국한된다.

3. 임대마케팅의 종류

건물임대마케팅의 종류는 마케팅 대상건물에 따라 다음과 같이 분류된다.

① 주택 임대마케팅
② 상업용 건물(빌딩, 소매점상가 등) 임대마케팅
③ 산업용 건물임대마케팅
④ 기타 특수용도건물 임대마케팅

4. 마케팅 기본개념의 이해

마케팅을 성공적으로 추진하기 위해서는 마케팅의 기본개념을 이해하여야 한다. 마케팅의 기본개념은 소비자의 욕구・수요발생・제품생산・고객의 인식가치・고객의 만족・교환성립・시장형성 등이다.

5. 건물자산임대 마케팅 관리

건물자산임대 마케팅의 개념은 건물임대관리조직이 선정한 표적시장을 정한 후 표적시장의 욕망이나 욕구를 확인하고 만족시킬 수 있는 수단을 통합하고 효과적으로 추진하여 경쟁사보다 우위의 경쟁력을 확보하는 개념이다.

특히 건물자산관리 측면에서 성공하기 위해서는 건물자산임대 마케팅이 효과적으로 수행되어야 하는데 이와 같은 효과적인 마케팅이 변수인 제품・가격・유통・촉진 등의 4P의 조합, 즉 마케팅믹스를 유리하게 개발하고 표적시장 중에서 관리대상건물의 임대마케팅에 가장 욕구를 가지고 있는 세분시장을 정확히 선정하고 포지셔닝을 해야 한다. 이와 같은 개념의 가정하에 건물임대마케팅의 목적을 성공적으로 달성하려면 적어도 마케팅믹스의 설계와 함께 실행과 관리를 해야 한다. 건물자산임대 마케팅 절차는 대체로 다음과 같다.

건물자산의 임대를 촉진하고 임대마케팅 목표를 달성하려면 현대적인 마케팅 이론을 도입하고 활용해야 한다. 이를 위해서 마케팅 관리과정을 이해하고 이를 적절히 활용해야 한다. 다시 말하면, 임대표적시장을 선정하고 전체 임대시장을 파악, 세분시장으로 세분화하여 세분시장에서 포지셔닝하여 예상임차인의 욕구를 충족시키는 데 집중적인 마케팅 활동을 구사해야 한다. 특히 임대마케팅의 변수인 4P's 즉 마케팅믹스를 구사하고 마케팅 관리과정을 적절히 구사해야 한다.

다시 말하면, 성공적인 임대목표를 달성하려면 표적임차인을 선정하고 이를 임대시장을 세분화, 표적시장선정, 시장 포지셔닝한 후, 마케팅믹스를 개발하고 마케팅 활동을 관리해야 한다. 마케팅 관리활동은 다음과 같은 방법으로 관리된다.

① 마케팅 환경 분석
② 마케팅 계획 수립
③ 마케팅 계획의 집행
④ 마케팅 통제 등

이를 분설하면 다음과 같다.

(1) 마케팅 환경 분석

환경 분석을 통하여 위험요소를 피하고 임대시장을 조사・분석하여 임대사업이 성장・발전할 수 있는 기회를 찾아야 한다. 임대대상건물을 분석하여 임대대상건물의 공간의 장점과 단점을 찾아 장점은 유지하고 단점은 보완해야 한다.

(2) 건물임대마케팅 계획과 전략 수립

임대대상건물의 공간의 전반적이고 세부적인 임대전략을 수립해야 한다.

(3) 건물임대마케팅의 계획 실행

건물임대마케팅은 계획에 따라 통합적으로 실행해야 한다. 조직과 구성원이 통합되고 체계적으로 마케팅 계획을 실천해야 한다.

(4) 마케팅 통제

건물임대 성공을 위하여 추진하고 있는 마케팅 계획에 편차나 환경변화 여건, 조건의 변화가 있을 경우 적절히 수정 및 보완과 대응을 해야 한다.

6. 건물자산임대 마케팅 활동절차

건물자산임대 마케팅이란 전술한 바와 같이 부동산 마케팅의 종류(공급마케팅, 서비스마케팅, 임대마케팅) 중 하나로서 업무용 건물, 주거용 건물, 상업용 건물, 산업용 건물 등에 대한 수요를 예측하고 임대를 촉진하여 임대인이나 임차인 모두를 만족시켜주는 과정이라 할 수 있다.

다시 말하면, 임대주체의 경제적 생존과 성장을 위하여 임차인을 만족시키는 임대상품(임대목적물)의 개발, 경쟁적인 임대가격의 결정과 광고 등을 통한 홍보를 효과적인 유통을 통하여 임대계약을 촉진하는 임대활동을 계획(Plan)하고 실천(action)하는 경영관리과정을 의미한다. 일종의 임대인과 임차인 모두의 만족을 얻기 위한 비즈니스 활동이라 볼 수 있다. 따라서 이와 같은 목적을 달성하기 위하여 건물임대마케팅 활동은 다음과 같은 절차로 구체적으로 진행된다.

(1) 건물자산임대전략 수립

일반적으로 전략이라 함은 어떤 목적 달성을 위한 준비·계획·동원 등에 대한 방책 또는 전반적 세부적 방책을 의미한다. 마케팅 개념에서 전략은 마케팅 목표를 달성하기 위하여 수립되는 세부적 방책을 의미한다.

특히, 임대주체(고용임대관리자 또는 제3임대관리자)의 임대마케팅 계획전에 임대주체가 외부 위험환경을 극복하고 임대주체의 임대기술과 자원을 효과적으로 활용하여 위험을 기회로 만들어 임대주체에게 유리하게 외부환경을 변화시키는 방책을 의미한다.

이와 같은 전략은 임대관리자 소속회사(임대주체)의 임대전략과 임대관리자의 임대전략 그리고 임대상품의 임대전략 등으로 전략이 수립되어야 한다. 또한 이와 같은 전략은 마케팅 계획에 반영되어야 한다.

(2) 마케팅 정보조사

마케팅 정보조사는 마케팅 조사와 임대수요 예측에 대한 정보조사이다. 마케팅 정보조사는 임대의사결정, 임대정책 결정을 하기 위하여 필요로 하는 자료와 정보를 수집·조사·분석하는 활동을 의미한다.

임대마케팅 정보조사는 임대추진의 문제점과 장애요인, 조사대상, 추진방향과 방법과 절차, 분석방법의 기준, 조사일정과 필요예산 수립, 평가방법의 제시 등을 설계해야 한다.

이와 같은 마케팅 정보조사 설계에 따라 필요한 자료와 정보를 수집하고 분석하고 판단 해석하여 마케팅 정보조사 보고서를 작성하고, 임대주체에 보고하여 임대의 결정이나 임대정책 결정에 활용해야 한다.

또한 마케팅 정보조사 과정을 통하여 임대수요를 예측하고 잠재임차인의 수를 파악하고 부족현상이 있는 경우 임대개발의 여지까지 예측하는 지혜가 필요하다. 임차수요 예측은 공산품(제조품)의 경우와 같지 아니하며 구매력지수, 연쇄비율법 등과 같은 측정방법을 상용할 수 없다.

그러므로 국내경기와 관련하여 표준산업의 분포나 국세청(관할세무서 포함)의 업체분포 조사표 등을 활용하여 지역분포와 증감을 예측하는 방향으로 임차수요 예측을 해야 한다.

(3) 임대상황 분석

임대마케팅 계획을 수립하는 전제로서 마케팅 관리과정 중 하나의 요소인 임대상황은 임대주체나 임대관리자가 직접 통제할 수 없는 외부적 요인들을 의미하는 거시환경과 임대시장, 임대경쟁자, 임차인 행동 등에 관한 분석을 의미한다.

거시환경에는 정치적 요인, 법률행정적 요인, 사회경제적 요인, 자연환경 요인, 기술적 요인이나 인구의 증감 요인 등이 있으며, 이와 같은 요인을 임대와 관련 지어 위험요인을 사전에 발견하고 이에 적절히 대응하는 방법을 찾아 임대마케팅 계획에 반영해야 한다.

또한 임대시장의 조사 분석을 통하여 임대시장의 규모, 임대시장 구조, 임대시장 요인 등을 면밀히 조사하고 분석해야 한다. 경쟁자분석은 임대목적물의 4km 이내 동일생활권 지역 내의 경쟁관계에 있는 유사 임대목적물에 대하여 장점과 단점, 편리성, 임대가격, 임대조건 등을 면밀히 조사 분석하고 이를 임대마케팅 계획에 반영해야 한다. 또한 예상임차인의 임차행동에 관해서도 객관적인 분석이 필요하다.

(4) 임대표적마케팅 전략 수립

임대마케팅의 목표를 효과적으로 달성하려면 마케팅 계획설계서를 철저히 해야 한다. 이와 같은 계획은 표적시장의 설정이 전제되어야 하며, 표적시장의 인구분포, 업종, 성향, 소득수준, 직업, 연령, 성별 등을 면밀히 검토하고 이를 집중적으로 임대를 촉진하도록 마케팅 활동 전략을 수립해야 한다.

(5) 마케팅믹스 개발

임대주체가 임대표적시장을 포지셔닝하면 임대표적시장을 대상으로 마케팅 활동을 실시해야 한다. 다시 말하면, 임대관리자가 임대표적시장에서의 마케팅 목표를 얻으려면 마케팅의 변수인 4P, 즉 제품(Product), 가격(Price), 유통(Place), 촉진(Promotion)을 조합해야 한다.

즉, 임대상품은 임대표적시장의 예상임차인이 만족하도록 편리한 시설과 미관을 갖추는 외에 임대상품(건물)의 장점(selling point)을 개발하고 광고를 통하여 홍보해야 한다. 또한 유통(Place)과정을 통하여 임차인이 임대대상건물에 쉽게 접근케 하고 이를 위하여 공격적인 광고활동을 펼쳐야 한다.

임대가격 역시 경쟁 임대건물과 비교하여 경쟁우위에 있도록 적정 임대가를 책정하고 유지해야 한다. 특히 임대촉진을 위하여 예상임차인이 임대목적물을 임차하도록 광고, 홍보, 인적 판매 등의 다양한 채널을 동원하는 촉진 믹스를 구사해야 한다. 광고는 임대마케팅에 있어서 대단히 중요하므로 이 과의 후반부에 별도의 장을 두고 설명하고자 한다.

(6) 임대마케팅 계획 수립

임대전략이 수립되면 임대마케팅 계획을 수립해야 한다. 마케팅 계획의 수립은 임대주체의 임대상품 마케팅 절차와 과정을 설계하거나 계획하는 작업을 의미한다. 임대마케팅 관리과정 전체를 설계하는 것을 임대마케팅이라 한다.

임대마케팅 계획은 마케팅 목표, 마케팅 관리과정(마케팅 정보분석, 임대상황분석, 표적시장 마케팅 전략, 4P's Mix(마케팅믹스), 마케팅 활동의 통제와 조정과정 등)과 마케팅 예산과 재무적 준비 등으로 구성된다.

임대마케팅 계획의 실무적인 주요업무는 임대시장의 상황분석, 마케팅 목표수립, 임대마케팅 예산수립, 통제와 조정절차, 임대주체의 임대정책결정 자료·정보·보고 등으로 요약된다.

(7) 임대마케팅 계획 집행

임대마케팅 계획이 수립되면 임대관리 주체는 물론 임대와 관련이 있는 모든 부서가 총동원되어 통합적으로 집행되어야 한다.

(8) 마케팅 통제와 조정

임대마케팅 계획이 집행되는 과정에서 편차가 발견되거나 수정보완이 필요한 경우 즉시 재검토하고 수정 보완해야 한다. 즉 변화하는 환경에 적절히 대응하여 마케팅의 목표를 달성하도록 지속적으로 통제하고 조정해야 한다.

제3절 건물자산임대광고

1. 건물자산임대광고의 필요성

건물임대는 부동산상품이므로 일정한 장소에 고정 위치하여 토지에 정착되어 있으므로 일반상품과 같이 유통시키거나 완전시장에 출품 또는 전시하기가 불가능하다. 그러므로 부동산거래는 언제나 불완전시장에서 정보에 의하여 거래되는 특징이 있다.

따라서 임대촉진을 위하여 불특정다수에게 마케팅과 광고활동을 통하여 가장 빠른 시간

안에, 경제적인 방법으로 알려주고 의사결정을 하도록 설득하는 작업, 즉 건물임대광고가 필요하다. 그러나 건물임대광고는 부동산광고나 일반상품광고와는 차이가 있다.

부동산광고는 살 사람과 팔 사람(수요자와 공급자) 모두를 대상으로 하며, 상품광고는 불특정 수요자만을 대상으로 하는 광고이기 때문이다 (그러나 임대광고는 특정수요자만 대상으로 한다).

결론적으로 광고는 임대목적물을 유리한 조건으로 가장 빠른 시간 안에 예상 임차인에게 알려주어 접근하게 하고 관심을 갖도록 유도하여 임대가 촉진될 수 있도록 기여하고 도와주는 활동이므로 광고는 임대마케팅과 밀접함 관계가 있다. 따라서 광고는 절대적으로 필요한 임대촉진 활동이다. 그러므로 이하 절에서 광고에 대한 일반적인 이론을 살펴보고, 임대촉진을 위한 효과적인 임대마케팅과 관계되는 광고방법을 소개하고자 한다.

2. 건물자산임대광고의 의의

건물임대광고란 건물임대를 촉진하기 위하여 임대목적물을 불특정다수에게 일정한 광고수단이나 광고매체를 통하여 가장 빠른 시간 내에 알려주고, 임차의사 결정을 도와주는 설득활동을 의미한다.

다시 말하면, 건물임대광고란 건물임대마케팅 과정에서 임대목적물을 소개하고 임차인을 유인하여 주목하게 하고, 관심을 갖도록 하며, 마침내 임차욕망을 자극하여 임차의사를 결정케 하는 활동을 의미한다.

3. 광고의 기능

광고의 기능은 대체로 다음과 같다.

① 상품을 시장에 소개한다.
② 판매방법을 강구한다.
③ 고객의 주의를 집중하게 한다.
④ 고객의 흥미를 끈다.
⑤ 고객의 욕망을 자극시킨다.
⑥ 고객의 구매의사를 결정하게 한다.
⑦ 상품을 조기에 판매 또는 임대하게 한다.

4. 광고의 종류와 내용

광고의 종류는 광고 분류기준에 따라 여러 가지 종류의 광고종류가 있으나 광고매체에 따라 광고를 분류하면 다음과 같다.

(1) 신문광고

일반적으로 가장 많이 활용되는 광고매체는 신문이다. 그러므로 광고주는 신문을 통하여 광고활동을 실시함으로써 광고의 효과를 창출하고 있다. 임대광고는 신문을 통하여 광고가 가능한 부동산광고의 일종으로서 부동산광고의 일종인 안내광고와 전시광고 중 안내광고에 해당된다. 안내광고란 건물임대, 공장임대 등의 분류로 동종의 광고를 여러 가지 한데 모은 광고로서 짧은 것은 몇 행으로 처리되는 광고이다.

그러나 건물의 분양이나 매각의 경우에는 전시광고 방법을 주로 사용하게 된다. 신문광고는 일간신문광고(상업용 건물, 산업용 건물임대시)와 지역신문광고(벼룩신문 포함) 등이 있다. 주거용 건물이나 저가 건물은 지역신문을 이용하는 것이 바람직하다.

(2) DM광고

Direct Mail 광고라 한다. 우편을 활용하여 광고물을 우송함으로써 직접 광고하는 것을 말한다. 광고주가 희망하는 고객에게 선별적으로 광고할 수 있는 광고방법으로서 특정 임차인 대상이 설정되어 있는 경우 이 광고방법이 매우 유효한 광고방법이 된다.

신문광고가 불특정다수를 상대로 광고하는 것과는 달리 특정 소수인에게 광고하는것이 DM 광고의 특징이다. DM 광고물은 작은 엽서에서 큰 책자까지 우송이 가능하나 광고효과 측정이 매우 어렵다는 단점도 있다.

미국이나 일본 등의 국가에서 많이 활용되고 있으나 우리나라의 경우 임대광고로는 널리 활용되지 못하고 있으며, 신문에 임대안내 정도의 간지광고 정도로만 활용되고 있다.

(3) 출판물 광고

출판물 광고란 관련업계에 관계되는 잡지나 홍보물을 통하여 광고하는 방법이다. 일반적으로는 광고효과는 크지 않은 것으로 알려져 있으나 임대관련 전문잡지인 경우 효과가 큰 것으로 판단된다.

우리나라의 경우 건물관리 전문잡지가 활발하지 않으나 두 회사에서 발행되고 있다. 이와 같은 전문잡지를 이용하는 경우 임대광고 효과가 있을 것으로 판단된다.

(4) 라디오 광고와 TV광고

라디오와 TV매체를 통하여 광고하는 방법이다. 짧은 시간 안에 많은 고객을 상대로 광고할 수 있으나 광고비가 비싸다는 단점이 있다. 그러나 TV는 가장 효과적이며 강력한 광고매체이다.

(5) 교통 광고

전철이나 버스 등 이동수단의 차내 광고나 역・정류장 내외에 광고하는 방법이다. 교통이용자를 주로 상대하는 광고이다.

(6) 노벨티 광고

가정 또는 개인이 이용하는 실용적이고 편리한 작은 물건을 광고매체로 하는 광고를 말한다. 영어로 Noveley Ads.라 하는 것으로 장래 임대고객을 확보하는 데 도움이 되는 광고이다.

노벨티 선정시 고려해야 할 점은 건물임대광고의 경우 건물임대와 관계있는 물건을 선정해야 한다는 점이다.

(7) 현수막 광고

현수막이나 입간판을 제작하고 임대층수, 임대면적, 상담전화(연락처)만 표시하여 임대목적물 전면이나 출입현관 입구에 부착하여 광고하는 방법이다. 경제적이면서 실제로 임대효과가 큰 광고이다.

(8) 인터넷 광고

인터넷 사이트를 통한 광고를 의미한다.

(9) 전단지 광고와 간지 광고

전단지를 배포하거나 신문배달시 광고지를 신문에 삽입하여 개별 광고하는 방법이다.

5. 효과적 광고방법

효과적 광고방법은 대체로 다음과 같다.

① 계속해서 광고한다.
② 경기가 나쁠 때 계속 광고하고, 경기가 좋을 때 광고회수를 줄인다.
③ 신문광고는 주목률이 높은 날을 선택하여 광고한다.
④ 신문광고는 영향력 있는 신문을 선택해야 한다.
⑤ TV 광고는 효과적인 요일과 시간대를 선택해야 한다.
⑥ 광고비 조성은 월별로 검토한다.
⑦ 광고매체는 광고대상에 따라 효과적인 광고매체를 선택해야 한다.
⑧ 가장 좋은 안내광고 문안을 작성해야 한다.

6. 광고문안 작성기준

효과적인 광고문안 작성기준은 다음과 같다.

① 주의를 끄는 머리글
② 고객요구에 부응하는 광고문안
③ 목표고객에 맞는 광고문안
④ 광고대상의 최고 장점(selling poing)을 강조하는 광고문안
⑤ 흥미를 끄는 광고문안
⑥ 생동감 넘치는 광고문안
⑦ 목표고객이 원하는 점을 부각하는 광고문안

7. 임대광고 전략

임대목적물의 조사와 분석 및 임대계획이 수립되면 임대전략을 수립하고 임대광고를 실시해야 한다. 광고 전략은 다음과 같다.

(1) 광고기획

광고기획은 광고전략상 첫 단계에 해당하는 것으로 어떤 광고매체를 선택하며, 광고문안, 광고예산, 광고실시, 광고효과 측정방법 등에 대하여 계획해야 한다.

(2) 광고매체의 선택

임대대상물에 따라 그리고 임대계획에 따라 광고매체를 결정해야 한다. 신문, 잡지, 라디오, TV, 현수막, 입간판, 교통, DM, 신문간지, 팸플릿, 노벨티 중에서 임대대상물의 규모・성격・광고예산 등에 따라 하나 또는 복수의 광고매체를 선정한다.

(3) 광고문안 작성 및 광고제작

광고매체가 선정되면 그에 합당한 광고문안 작성 등 적절한 광고물을 제작해야 한다.

(4) 광고실시

제작된 광고물을 가지고 효과적으로 광고를 실시한다.

(5) 광고효과 측정

실시한 광고효과(광고반응)에 대하여 객관적 방법으로 측정하고, 효과가 부족할 경우 이의 원인을 분석한 후 광고매체의 교체나 광고방법 변화, 계속 광고여부를 결정해야 한다.

제7장 건물자산조세관리활동

제1절 일반임대건물 조세관리

일반임대건물의 관련조세는 대체로 다음과 같으나 건물자산조세는<제4절 건물자산 조세>편에서 구체적으로 설명하고자 한다.

1. 종합토지세

일반적으로 부동산을 보유하는 기간 중 토지에 대해서는 종합토지세를 부담하여야 하고, 주택과 같은 건물에 대해서는 재산세를 부담하여야 한다. 종합토지세는 개인이나 법인이 가지고 있는 전국의 모든 토지를 소유자별로 합산하여 그 토지가액에 따라 누진세율을 적용하여 과세하는 지방세이다.

종합토지세는 원칙적으로 모든 토지를 합산하여 과세하여야 하나, 과세대상 토지를 종합합산 과세대상, 별도합산 과세대상, 분리과세대상의 3가지로 나누어 각각 별도의 과세표준과 세율을 적용하고 있다. 이것은 이용형태가 다양한 전국의 3,200만 필지에 대하여 하나의 세금체계 속으로 획일적으로 과세한다는 것이 현실적으로 어려움을 나타내주고 있다.

2. 재산세

재산세는 건물, 선박, 항공기 등 등록된 재산에 대하여 부과되는 세금이다. 재산세의 납세의무자는 5월1일(과세기준일) 현재 재산세과세대장에 재산의 소유자로 등재된 재산명의자가 된다.

다만 권리의 양도, 도시계획사업의 시행, 또는 기타 사유로 인하여 재산세과세대장에 등재된 자의 권리에 변동이 생겼거나 재산세과세대장에 등재가 되지 아니하였을 때에는 사실상의 소유자가 재산세를 납부할 의무를 진다. 또한 소유권의 귀속이 분명하지 아니하여 소유권을 알 수 없을 때에는 그 사용자가 재산세를 납부할 의무를 진다.

3. 취득세 및 등록세

지방세법상 부동산의 취득에 관련된 주요한 세금으로 취득세와 등록세가 있다.

취득세의 과세대상은 토지, 건물뿐만 아니라 골프회원권, 콘도회원권, 차량, 중기, 항공기를 취득하였을 때에도 취득세가 부과된다. 또한 매매, 신축, 상속, 증여, 교환 등 일체의 방법에 의하여 유·무상으로 부동산을 취득하였을 경우에도 해당된다.

등록세는 재산권 및 기타 권리의 취득, 이전, 변경 등에 관한 사항을 등기·등록하는 경우에 부과되는 세금이다.

4. 사업소득세

사업을 하는 경우에는 원칙적으로 부가가치세를 내야 하며, 모든 사업자는 소득세 납세 의무가 있다. 또한 특별소비세를 내야 하는 업종도 있다.

(1) 사업을 하는 경우 원칙적으로 부가가치세를 내야 함

그러나 다음과 같이 생활필수품의 판매나 의료, 교육 관련 용역의 제공 또는 신문, 도서출판, 판매의 경우에는 부가가치세를 내지 않는다.

① 곡물, 과실, 육류, 생선 등 가공되지 아니한 식료품 판매
② 연탄, 무연탄, 담배, 복원의 판매
③ 병·의원의 의료보건 용역업
④ 허가받은 학원, 강습소, 교습소 등 교육용역업
⑤ 도서, 신문, 잡지발간

(2) 모든 사업자는 소득세 납세의무가 있음

사업을 해서 얻는 소득에 대해서는 소득세를 내야 한다. 그러나 소득세는 여러 가지 공제제도가 있어 영세사업자는 다음해 5월 중 소득세 확정신고를 하는 경우 공제혜택을 받아 소득세를 내지 않는 때가 있다. 사업을 위하여 종업원을 채용하여 급여를 지급할 경우 급여액에 따라 근로소득을 원천징수하여 납부하여야 한다.

(3) 소득할 주민세를 신고 납부하여야 함

소득세를 확정신고 납부한 후 이에 따른 소득할 주민세(소득세액의 7.5%)도 6월30일까지 관할 시·군·구청에 신고하여야 한다.

(4) 특별소비세를 내야 하는 업종도 있음

사업을 하는 사업자는 부가가치세와 소득세의 특별소비세를 다음과 같은 경우에는 납부하여야 한다.

① 카바레, 나이트클럽, 요정, 사롱, 디스코클럽 등 과세유흥장소
② 귀금속, 고급가구, 모피의복 등의 제조

5. 부가가치세 · 주민세 · 갑종 근로소득세

공동주택관리에 관련된 조세 참조한다.

6. 기타 지방세

(1) 도 세

등록세 · 취득세 · 면허세이다.

(2) 시군세

① 보통세 · 주민세 · 재산세 · 자동차세 · 농지세
② 목적세 · 도시계획세 · 소방공동시설세 · 사업조세

(3) 재산세

① 재산세에는 개인이 소유하는 재산순액이 아니라 재산총액(순재산액+그 재산에 포함된 부채액)을 과세표준으로 하여 그 소유자의 조세부담 능력에 관계없이 부과하는 물세이다.
② 과세대상 및 과세표준 : 재산세의 과세대상은 토지 · 건물 · 광구 · 선박이고, 과세표준도 재산가액이다.

제2절 부담금관리

1. 환경개선부담금

(1) 과세대상

① 연면적 1000m^2 이상의 시설물(관리사무소의 경우 임대상가가 과세대상)
② 경유사용 자동차
③ 면제대상 : 사회복지시설, 주택, 분할 또는 공동소유로서 1인 기준 50m^2 미만인 시설물

(2) 납세의무자

과세대상 소유자(소유자가 불분명할 때에는 점유자)

1) 대기오염물질 배출

연료사용량 × 단위당 부과금액 × 연료계수 × 지역계수

2) 수질오염물질 배출

용수사용량 × 단위당 부과금액 × 오염유발계수 × 지역계수

3) 자동차부담료

8100 × 오염유발계수 × 차량계수 × 지역계수

(3) 납세방법

1) 부과기준일

① 상반기 : 6월 30일
② 하반기 : 12월 31일

2) 부과기간

① 상반기 : 1월 1일 ~ 6월 30일

② 하반기 : 7월 1일 ~ 12월 31일

3) 납 기

① 상반기 : 9월 16일 ~ 9월 30일
② 하반기 : 3월 16일 ~ 3월 30일

2. 교통유발부담금

교통유발부담금이란 대도시의 건물이나 시설물에 대해 교통유발정도에 따라 부과하는 부담금을 말한다. 도시교통 정비촉진법 11조에 근거하여 1990년 처음으로 시행되었으며, 매년 1회씩 부과한다.

부과대상 지역은 서울특별시와 5개 광역시 및 전주, 마산, 포항, 청주 등 11개 도시이다. 부과대상시설은 건축물의 연면적이 1,000m^2 이상인 시설물이며 분할소유 시설물인 경우에는 1인 소유면적이 30m^2 미만이면 부담금이 면제된다. 징수된 부담금은 전액 각 지방자치단체별로 지방교통사업 특별회계의 세입으로 귀속되어 교통시설의 설치・개선 등을 위한 사업비로 쓰인다.

2001년부터는 초・중・고등학교에 대한 교통유발부담금을 부과하는 방침이 폐지된다. 교육시설물에 대한 교통유발부담금을 물리기로 한 종전의 입장을 바꾸어 제외시키기로 하였는데, 대학은 여기에서 제외되어 부담금을 납부해야 한다. 그리고 시설물 소유자가 주차장 유료화, 승용차 10부제, 통근버스운영 등 교통수요감축 프로그램을 실시할 경우에는 부담금의 최대 90%까지 경감받는다.

3. 과밀부담금

수도권 정비계획법에 의하여 건축주는 특정도시 과밀억제 전역에 새로 들어서는 일정규모 이상의 업무, 판매시설에 대해 사업비의 일정액에 대해 부과하는 과밀부담금을 납부해야 한다. 납부세액은 신축, 증축, 용도 변경 건축비의 10%이다.

4. 개발부담금

개발이익환수법에 관한 법률에 의하여 건축주는 개발부담금을 납부해야 한다.
개발부담금의 대상은 다음과 같다.

① 택지개발사업(주택단지조성사업 포함)
② 산업단지개발사업
③ 관광단지 조성사업
④ 도시환경 정비사업(공장건설 제외)
⑤ 분류시설 용지 조성사업
⑥ 온천개발사업
⑦ 여객자동차 터미널 사업과 화물터미널 사업
⑧ 골프장 건설사업
⑨ 지목 변경이 수반되는 사업으로 대통령령이 정하는 사업

제3절 세무처리실무

1. 세금예입

징수된 갑종 근로소득세, 주민세는 예수금 과목으로 공제당일 은행에 예입한다.

2. 세금납부

① 납부기한 : 익월 19일한
② 국세 : 국고금 또는 지정납입처에 납부한다.
③ 지방세 : 시금고 또는 지정납입처에 납입한다.

3. 비치장부 및 서류

① 원천과세 징수부
② 소득자별 근로소득원천징수부

③ 부가가치세 원장
④ 부가가치세 매출장
⑤ 기타 연말정산에 필요한 서류

이상에서 설명한 임대건물자산조세와 부동산 조세 및 각종 부담금을 정리하면 <표 23>과 같다.

〈표 23〉 건물자산세금과 부담금 현황

구분	부과근거의 세율	납세의무자
재산세	지방세법 제182조에 의거 소유재산의 시가표준액의 0.3%해당가액을 과세	건물소유자
재산할 사업소세	지방세법 제244조에 의거 환경개선·정비에 필요한 비용충당을 위하여 지역에 사업소를 둔 자에게 과세	매년 7/1일 현재 사업소세 관리대장 등재 사업주
종합토지세	지방세법 194조에 의거 토지가액의 0.2%~5%를 과세	토지소유자
공동시설세	지방세법 제239조에 의거 소방시설의 필요경비 충당을 위해 소유재산 시가표준액의 0.03% 과세	건물소유자
도시계획세	지방세법 제238조에 의거 도시계획사업에 필요한 비용을 충당하기 위하여 재산세 및 종합토지세 납부의무자에게 소유재산시가표준액의 0.2% 과세	건물소유자
지역개발세	지방세법 제253조에 의거 지하수를 이용하기 위해 채수된 물의 $1m^2$ 당 20원 과세	건물소유자
교육세	재산세·종합토지세액의 20%과세	건물소유자
간주임대 부가세	부가세법 시행령에 의거 임대보증금에 일정 이자율을 곱해 계산한 간주임대료 기준으로 과세	건물임대인
인지세	재산의 권리 창설, 이전, 변경에 관한 문서작성시 부과되는 조세	문서작성자
환경개선 부담금 (대기·수질)	환경개선비용부담법에 따라 유통·소비과정에서 환경오염물질을 다량으로 배출하는 건물에 오염시킨 만큼의 복구비용 해당액을 부과	부과기준일 현재 시설물 소유자
과밀부담금	특정도시 과밀억제권역에 새로 들어선 일정규모 이상 업무·판매시설에 대해 사업비의 일정액에 대해 부과 (신·증축·용도변경 건축비의 10%)	건축주
교통유발 부담금	건교부장관이 도시교통의 원활한 소통과 교통편의 증진을 위하여 도시교통정비지역 안에서 교통유발의 원인이 되는 시설물에 부과	부과기준일 현재 시설물 소유자

제4절 건물자산조세

1. 취득단계의 조세

(1) 취득세

부동산, 차량 등 일정한 자산의 취득에 대하여 그 취득자에 부과되는 조세

1) 과세대상

① 부동산(토지, 건축물), 차량, 기계장비, 입목, 항공기, 선박, 광업권, 어업권, 골프, 콘도미니엄, 종합체육시설이용, 승마회원권
② 취득간주 : 과점주주(지분해당분), 지목변경

2) 과세표준 : 취득당시의 가액

① 취득가격이 입증되지 않는 경우 : 신고가격 원칙(연부취득시는 연부금액)
- 원칙 : 신고가격(연부 취득시는 연부금액)
- 예외 : 신고가액이 없거나 시가표준액 미달시에는 시가표준액

② 취득가격이 입증되는 경우 : 사실상 취득가액
- 국가 및 지방자치단체로부터 취득, 수입취득, 법인장부, 판결문에 의해 취득가격이 입증되는 취득, 공매취득시 적용

③ 기타
- 지목 변경시 전후 가액의 차액
- 차량, 기계장비의 종류 변경시 종류변경으로 증가한 가액

3) 세 율

과세대상	세율
일반재산	2%(일반세율)
사치성재산 : 별장・골프장・고급주택・고급오락장・고급선박	5배중과
대도시내 공장신설・본점사업용 부동산	3배중과
*일반세율의 100분의 50 범위내에서 조례로 가감조정 가능	

4) 비과세

① 국가 · 지자체의 취득
② 국가 · 지자체에 귀속 또는 기부채납조건의 취득 부동산
③ 제사 · 종교 · 자선 · 학술 · 기예 · 기타 공익사업을 목적으로 하는 비영리사업자가 직접 사용하기 위한 부동산 취득
④ 마을회 등 주민공동체의 주민공동소유 부동산 및 선박취득
⑤ 별정우체국사업에 사용하기 위한 부동산 취득
⑥ 임시용(1년 이내) 건축물의 취득
⑦ 천재 · 지변 및 토지수용으로 인한 대체취득
· 천재 · 지변 : 멸실일 등으로부터 2년 이내 대체 취득
· 토지수용 : 대체취득 부동산 등에 대한 계약체결 등으로부터 1년 이내 대체취득
⑧ 법인의 합병, 공유권 분할, 신탁으로 인한 신탁재산, 환매권 행사 등으로 인한 형식적인 소유권 취득

(2) 등록세

재산세 기타 권리의 취득, 이전, 변경 또는 소멸에 관한 사항을 공부에 등록하는 경우에 그 등기 또는 등록을 받는 자에게 부과되는 조세

1) 과세대상

부동산, 선박, 자동차, 건설기계, 항공기, 법인, 상호, 광업권, 어업권, 저작권, 출판권, 저작인접권, 특허권, 실용신안권, 의장권, 상표, 서비스표, 영업허가 등

2) 과세표준 : 등기, 등록당시의 가액

① 등기 · 등록당시 가액이 입증되지 않는 경우
• 원칙 : 신고가격
• 예외 : 신고가액이 없거나 시가표준액 미달시에는 시가표준액
② 등기 · 등록당시 가액이 입증되는 경우 : 사실상 취득가액
• 국가, 지방치단체로부터 취득, 수입취득, 법인장부, 판결문에 의해 취득가격이 입증되는 취득, 공매취득

3) 세 율

등기 · 등록의 종류			세율
부동산등기	소유권취득	유상승계 취득	농지 1%, 기타 2% (주택 50% 감면)
		무상승계 취득	농지 0.3%, 기타 0.8%
		기타 취득	1.50%
	소유권 보존		0.80%
	지상권, 저당권, 지역권, 전세권, 임차권 설정 등		0.20%
	경매신청, 가압류, 가처분 및 가등기		0.20%
	기타 등기		1건당 3,000원
	대도시내 공장 신 · 증설, 대도시내 법인설립 · 설치 중과세를 적용		일반세율의 3배
법인등기	영리법인 설립 및 자본증가		0.40%
	비영리법인의 설립 및 출자증가		0.20%
	자산재평가적립금의 자본전입		0.10%
	본점 및 주사무소 이전		건당 75,000원
	지점 또는 분사무소 설치 및 기타등기		건당 23,000원
자동차등록	비영업용 승용자동차	신규, 소유권이전	5%(경자동차 2%)
		저당권 설정	0.20%
		기타 등록	건당 7,500원
	기타 자동차	신규, 소유권이전(영업용)	2%(비영업용 일반 3%, 비영업용경자동차 2%)
		저당권 설정	0.20%
		기타 등록	건당 7,500원
선박등기	상속으로 인한 소유권 취득		0.50%
	증여 및 기타 무상취득		1%
	선박 소유권의 보존		0.02%
	기타 원인으로 인한 소유권 취득		1%
	기타 등록		건당 7.500원
건설기계등록	신규 및 소유권 이전 등록		1%
	저당권 설정 등록		0.20%
	기타 등록		건당 5,000원
신탁재산등록	부동산 및 선박		1%(소형선박 0.02%)
항공기등록	최대 이륙중량 5,700킬로 이상		0.01%
	기타 등록		0.02%

4) 비과세

① 국가, 지자체에 귀속 또는 기부채납조건의 부동산등기
② 국가, 지자체가 자기를 위하여 하는 등기, 등록
③ 제사·종교·학술·기예·기타 공익사업을 목적으로 하는 비영리사업자가 직접 사용하기 위한 부동산 등기
④ 마을회 등 주민공동체의 주민공동소유 부동산 및 선박등기
⑤ 학교법인 또는 사회복지법인의 설립과 합병의 등기
⑥ 대체취득등기, 형식적인 소유권의 취득등기 등

2. 보유단계의 조세

(1) 재산세

건축물, 선박 및 항공기의 소유에 대하여 그 소유자에게 부과하는 조세로 지방세 중 시·군세

1) 과세대상

토지, 건축물, 주택, 선박 및 항공기

2) 납세의무자

① 과세기준일(매년 6월 1일) 현재 재산세 과세대장에 등재된 자
② 재산세 과세대장에 등재되지 않았을 때에는 사실상 소유자
③ 소유권자를 알 수 없을 경우에는 그 사용자
④ 국가 등과 연부로 매매계약을 체결하고 그 재산의 사용권을 무상으로 부여받은 경우 매수계약자
⑤ 신탁법에 의한 신탁재산 위탁자
⑥ 상속등기가 이행되지 않는 경우 주된 상속자

3) 과세표준

① 주택·토지 : '부동산가격공시및감정평가에관한법률'에 의한 주택공시가격의 55% 및 개별공시지가의 65%(주택은 1980년부터 5%씩 인상, 토지는 2006년부터 인상)
② 건축물 : 시장·군수·구청장이 결정·고시한 시가표준액의 65%(2006년부터 매년 5%씩 인상)
③ 선박·항공기 : 시가표준액의 100% 적용

2009년도 시행 재산세 개정내용은 다음과 같다.

현 행	개 정
<과표 적용비율 : 매년 5%씩 인상> • 주택 : 55% • 토지, 건축물 : 65%	<공정시장가액> • 주택 : 60%±20%P • 토지, 건축물 : 70%±20%P

① 현행 재산세 과세표준은 매년 시가표준액에 대한 적용비율을 단계적으로 인상하도록 규정하고 있다.
② 지역에 따라 주택가격이 하락함에도 오히려 세부담이 증가하는 불합리한 점이 있다.
③ 공정시장가액제도를 도입함으로써 부동산가격 변동에 따른 재산세 세부담의 적정성이 반영될 수 있도록 관련 규정 개정

4) 세 율

<table>
<tr><th colspan="3">과세대상</th><th colspan="2">세 율</th></tr>
<tr><td rowspan="3">토 지</td><td colspan="2">종합합산</td><td>5,000만원 이하
5,000만원~1억원 이하
1억원 초과</td><td>0.2%
10만원+5천원 초과금액의 0.3%
25만원+1억원 초과 금액의 0.5%</td></tr>
<tr><td colspan="2">별도합산</td><td>2억원 이하
2억원~10억원 이하
10억원 초과</td><td>0.20%
40만원+2억원 초과금액의 0.3%
280만원+10억원 초과금액의0.4%</td></tr>
<tr><td>분 리
과세</td><td>전, 답, 가수원 목양요지 및 임야 골프장 및 고급오락장용 토지, 그 밖의 토지</td><td colspan="2">0.07%
4%(2009년 12월 31일까지 수도권 외 지역의 골프장 2%
0.2%</td></tr>
<tr><td>건축물</td><td colspan="2">일반건축물
골프장 및 고급오락장용 토지
주거지역내의 공장</td><td colspan="2">0.25%
4%(2009년 12월 31일까지 수도권 외 지역의 골프장 2%
0.50%</td></tr>
<tr><td rowspan="2">주 택</td><td colspan="2" rowspan="2">주택</td><td>4,00만원 이하
4,000만원~1억원 이하
1억원 초과</td><td>0.15%
6만원 ~4천만원 초과금액의 0.3%
24만원+1억원 초과금액 0.5%</td></tr>
<tr><td colspan="2">※세부담 상한 적용
(1) 2005 세부담 상한 : 전년대비 50%
(2) 2006 세부담 상한 인하(2006.9.1 시행)
· 공시가격 3억원 이하: 전년대비 5%
· 공시가격 3억원 초과 6억원 이하: 전년대비 10%
· 공시가격 6억원 초과 : 전년대비 50%</td></tr>
</table>

	별장	4%
선박	고급선박 기타	5% 0.30%
항공기		0.30%

2009년도 시행개정 재산세 과표구간 및 조정 세율은 다음과 같다.

① 주택분 재산세 과표구간 및 세율 조정

현 행	개 정
주택과표구간 및 세율	주택과표구간 및 세율
• 0.4억원 이하 : 0.15% • 0.4억원 초과 1억원 이하 : 0.3% • 1억원 초과 : 0.5%	• 0.6억원 이하 : 0.1% • 0.6억원 초과 1.5억원 이하 : 0.15% • 1.5억원 초과 3억원 이하 : 0.25% • 3억원 초과 : 0.4%

② 현행 재산세는 재산세액 산출액과 실제 부과세액간 격차율로 인하여 재산세 과표× 세율에 의거 산출된 세액으로 부과되어야 하나 그동안 세부담 상한제 시행에 따라 동일과세 동일물건에 동일 세부담이 되지 못하고 재산세는 주택가격 하락에도 세부담은 매년 증가하는 문제 발생

③ 산출세액이 실제 부과세액과 최대한 일치하도록 과표구간 및 세율을 현실에 맞게 인하 조정하여 구조적 문제를 상당부분 해소

④ 주택분 재산세 세부담 상한율 조정 및 미비점 개선

현행	개정
주택분 재산세 세부담 상한	주택분 재산세 세부담 상한
• 3억 이하 : 105% • 3억~6억 이하 : 110% • 6억 초과 : 150%	• 3억 이하 : 105% • 3억~6억 이하 : 110% • 6억 초과 : 130%
당해 재산세의 산출세액이 직전연도의 재산세액의 상당액을 초과(5~50%)하는 기준이 되는 주택공시가격	당해 재산세의 산출세액이 직전연도의 재산세액의 상당액을 초과(5~50%)하는 기준이 되는 주택공시가격 또는 시장•군수가 산정한 가액

⑤ 2008년도분 주택분 재산세 소급 환급

현 행	개 정
<신설>	• 과표적용비율 인한(55%→50%) • 6억 초과 주택 세부담상한 인한 (150%→130%) *2008년 부과분에 한해 소급 적용

5) 과세기준일

매년 6월 1일

6) 납 기

① 건축물, 선박, 항공기 ; 7월16일 ~ 7월 31일
② 주택
- 산출세액의 1/2 : 7월 16일 ~ 7월 31일
- 나머지 1/2 : 9월 16일 ~ 9월 30일
- 주택분 재산세가 5만원 이하 : 7월에 전액부과할 수 있다.

③ 토지 ; 9월 16일 ~ 9월 30일

7) 비과세

① 제사・종교・자선・학술・기예・기타 공익사업을 목적으로 하는 비영리사업자가 직접 사용하는 부동산
② 마을회 등 주민공동체 소유건축물
③ 별정우체국이 공용 또는 공공용으로 사용하는 건축물
④ 임시용(1년 미만) 건축물, 비상화재구조용 등 선박

8) 소액 부징수

세액이 2,000원 미만인 경우 징수하지 않음

(2) 종합부동산세

고액의 부동산 보유자에 대하여 종합부동산세를 부과하여 부동산 보유에 대한 조세부담의 형평성을 제고하고 부동산의 가격안정을 도모함으로써 지방재정의 균형발전과 국민경제의 건전한 발전에 이바지함을 목적

1) 과세대상

주택(부속토지 포함), 종합합산토지(나대지, 잡종지 등), 별도합산토지(일반 건축물의 부속토지)로 구분하여 과세대상 판정(공부상의 등재현황과 사실상 현황이 다른 경우 사실상 현황대로 과세)

① 세대별 합산과세 : 주택 및 종합합산토지는 세대별로 전국 합산한 가액이 과세기준금액을 초과하는 경우(2006년 개정)
 * 단, 법인(기타단체 등)은 인별로 합산
② 인별 합산과세 : 별도합산토지는 인별로 전국 합산한 가액이 과세기준금액을 초과하는 경우,

과세대상		과세기준금액	적용비율
주택		주택공시가격 6억원	90%(2009년부터 100%)
토지	종합합산토지	토지공시가격 3억원	90%(2009년부터 100%)
	별도합산토지	토지공시가격 40억원	65%(2015년까지 매년 5%P씩 증가
	서비스업 등 별도합산토지	토지공시가격 200억원	65%(2009년까지 매년 5%P씩 증가

2) 납세의무자

① 주택 및 종합합산토지

개인은 세대별 합산액이 과세기준금액을 초과하는 세대의 세대원 중 주택이나 토지별로 각각 공시가액 합계액이 가장 큰 자, 합계액이 같은 경우에는 신고하는 경우에는 신고를 하는 자로 하고 부과·징수하는 경우에는 국세청장이 정하는 자, 다만 법인(단체, 종중 등 포함)은 법인별 합산액이 과세기준 금액을 초과하는 법인

* 개인의 나머지 세대원은 소유한 부동산 공시가격을 한도로 연대 납세의무가 있다.

세대의 범위(2006년 신설)는 다음과 같다.

• 본인 및 배우자와 동일한 주소에서 생계를 같이 하는 직계존비속(배우자 포함) : 형제자매
 * 취학, 질병의 요양, 근무상 또는 사업상의 형편에 따른 일시 퇴거자는 동일 세대임
• 배우자가 없는 경우에도 다음의 별거하는 독립된 생계유지자는 각각 1세대로 간주
 * 민법상 30세 이상인 경우, 배우자가 사망하거나 이혼한 경우
 * 소득이 최저생계비 수준 이상으로서 소유하는 주택·토지를 관리·유지하면서

독립된 생계를 유지할 수 있는 경우(예외적으로 미성년자는 제외하나 미성년자의 결혼, 가족의 사망 등으로 부득이하게 1세대를 구성하는 경우는 인정)

② 합가주택

혼인 또는 60세 이상(女55세 이상)의 직계존속을 봉양하기 위해 혼인(합가)한 날부터 2년간은 세대합산 유예하므로 혼인 또는 합가한 자별로 각각 1세대로 봄

- 혼인(합가)한 날부터 2년 동안은 각각 1세대로 간주
- 2009년 최저생계비

구 분	1인가구	2인 가구	3인 가구	4인 가구	5인 가구	6인 가구
금액 (원/월)	490.845	835,763	1,081,186	1,326,609	1,572,031	1,817,454

③ 별도합산토지

인별 전국합산 토지의 공시가격 합계액이 40억을 초과하는 자

3) 과세표준

① 주택분 : 세대별(법인은 인별) 전국 합산 공시가격 - 6억
② 종합합산토지분 : 세대별(법인은 인별) 전국 합산 공시가격 - 3억
③ 별도합산토지분(서비스업 등 제외) : 인별 전국 합한 공시가격 - 40억
④ 별도합산토지분(서비스업 등) : 인별 전국 합산 공시가격 - 200억
→ 2007년 조특법 신설, 2009년까지 3년간 한시 적용
서비스업 등 : 관광호텔업, 종합휴양업, 유원시설업, 스키장업, 대중골프장업, 유통단지, 공동차고지, 공장용 건축물의 부속토지(8개 업종)
⑤ 감면이 있는 경우는 다음과 같다.

- 주택 : [세대별(법인은 인별) 전국합산 {공시가격×(1 - 감면율)} - 6억]
- 종합합산토지 : [세대별(법인은 인별) 전국합산 {공시가격×(1 - 감면율) - 3억]
- 별도합산토지 : [인별 전국합산 {공시가격×(1 - 감면율)} - 40억(또는 200억)]

4) 세 율

주 택			종합합산			별도합산(서비스업 등 제외)		
과세표준	세율	누진공제	과세표준	세율	누진공제	과세표준	세율	누진공제
3억이하	1%	-	17억이하	1%	-	160억이하	0.60%	-
14억이하	1.50%	150만원	97억이하	2%	1,700만원	960억이하	1%	6,400만원
94억이하	2%	850만원	97억초과	4%	2억1,100만원	960억초과	1.60%	6억4,000만원
94억초과	3%	1억250만원						

* 별도합산(서비스업 등) : 공시가격 200억 초과분 0.8%(단일 세율, 2009년 납세의무 성립분까지 한시 적용)

- 2009년도 시행 종합토지세의 개정내용은 다음과 같다.

구 분	개 정	비고
기준금액	인변 공시가격 6억원(1세대 1주택 단독명의 시 9억원)	
과세 표준액과 세율	과표: 6억이하 / 6억~12억 / 12억~50억 / 50억~94억 / 9억초과 요율: 0.5% / 0.75% / 1% / 1.5% / 2%	
1세대 1주택 세액공제	장기보유 : 5년 이상→20%, 10년 이상→40% 고령자 : 60세이 이상→10%, 65세 이상→20%, 70세 이상→30%	최대 70%

- 주택 종합부동산세는 헌법재판소의 위헌판결에 따라 세대별 6억원에서 개인별 6억원으로 부과기준을 변경. 이와 함께 세율도 1~3%에서 0.5~2%로 낮춤. 특히 1세대 1주택자는 최대 70%까지 세액공제를 받을 수 있어서 세부담이 대폭 줄어든다. 참고로 1세대 1주택 단독명의인 경우 기초공제 3억원 추가하여 공시가격 9억원 이하이면 종합부동산세를 내지 않아도 된다.

3. 처분단계의 조세

(1) 양도소득세

개인의 당해연도에 부동산 등의 자산을 양도함으로써 발생한 소득을 과세대상으로 하여 부과하는 소득세, 자본이득세, 실질과세, 응능과세의 성격

1) 과세권자

양도자의 주소지인 납세지 관할세무서장

2) 납세의무자

국내 자산의 양도소득 및 양도일까지 계속 5년 이상 국내에 주소·거소를 둔 거주자의 국외자산의 양도소득

3) 과세대상

① 부동산 : 토지, 건축물
② 부동산에 관한 권리
- 지상권·전세권 및 등기된 부동산 임차권
- 부동산을 취득할 수 있는 권리
  * 아파트 당첨권, 재개발·재건축조합주택입주권
  * 토지상환채권·주택상환채권
  * 부동산매매계약금만 지급한 상태에서 양도하는 권리, 지역권, 등기되지 않은 부동산임차권, 단순한 영업권만의 양도는 과세대상이 아니다.

③ 기타 자산
- 사업용 고정자산과 함께 양도하는 영업권
- 시설물 이용·회원권(골프회원권, 콘도미니엄회원권 등)
- 특정법인주식 : 부동산보유비율·지분비율·양도비율 각각 50%이상
- 특정업종영위법인주식 : 부동산보유비율 80% 이상 + 업종 : 골프장 등

④ 상장법인주식·코스닥상장법인주식 : 대주주의 양도 및 장외거래에 한함
⑤ 기타 비상장법인주식

제5절 건물자산임대소득관리

1. 임대소득의 의의

건물자산(부동산)임대소득이라 함은 다음의 소득을 말한다.

① 건물자산(부동산)이나 건물자산(부동산)의 권리의 대여로 인하여 발생한 소득
② 광업재단이나 공장재단의 대여로 발생한 소득
③ 조광건자 또는 광업권자가 채굴의 권리대여로 발생한 소득

그러나 일반주택 2세대 이하의 임대의 경우에는 비과세로 간주되나 고가주택(6억 이상)의 경우에는 과세의 대상이 된다.

2. 임대소득의 계산방법

(1) 임대소득계산식

건물자산(부동산)임대소득은 당해년도에 발생한 총수입금에서 필요경비를 차감한 금액으로 하나 전년도에 건물자산(부동산)임대소득에서 발생한 이월결손금이 있을 때는 이를 공제한다. 다시 말하면 임대소득계산방법은 다음과 같다.

건물자산(부동산)임대소득 － 비과세소득

(2) 건물자산(부동산)임대소득 총수입금액의 계산 요령

건물자산(부동산)임대소득의 총수입금액은 건물자산의 대여로 당해연도에 수입했거나 수입예정금액을 합계한 합계액으로 하며 총수입계산식은 다음과 같다.

총수입금액산식 = 임대료 + 간주임대료 + 유지관리비 + 보험차익

총수익금액 산출항목인 임대료, 간주임대료, 유지관립, 보험차익의 내용은 다음과 같다.

1) 임대료

임대사업자가 건물자산을 임대하고 수수하는 건물자산임대료는 당연히 건물자산(부동산) 임대료에 산입하나 임대료 중 임대보증금으로 받은 선세금은 계약기간의 월수로 나눈 금액의 각 연도 합계액을 그 총수익금으로 해야 한다.

1월 미만은 1월로 하고 과세기간 종료일이 해당한 달이 1월 미만인 경우 이를 산입하지 아니한다.

2) 간주임대료

거주자가 건물자산(부동산)이나 그 권리를 대여하고 전세금, 보증금 이와 유사한 금액을 받은 경우 대통령령이 정하는 바에 따라 계산한 금액을 간주 임대료라 하며 건물자산(부동산)임대소득 금액의 계산에 있어서 총수입금액으로 산입해야 한다.

3) 유지관리비

건물자산(부동산) 임대소득자가 건물자산을 임대하고 임대료 이외의 유지관리비 명목으로 지급받은 금액이 있는 경우 청소비와 난방비는 건물자산임대소득의 총수입금액에 산입하나 전기료와 수도료 등 공공요금은 제외한다.

4) 보험차익

임대사업업용 건물자산의 손실로 취득하는 보험차익은 총수입금액에 산입한다.

3. 임대소득의 수입시기

건물자산임대소득의 수입시기는 다음과 같다.

① 계약 또는 관습에 의해 지급일이 정해진 경우 : 지급일이 정해진 날
② 계약 또는 관습으로 지급이 정해지지 않는 경우 : 지급받는 날
③ 임대차의 쟁송에 대한 판결, 화해로 건물자산 소유자 등이 받게 되어 있는 경과기간에 대응하는 임대료 상당액 : 그 판결, 화해 등이 있는 날

4. 임대소득 과세방법

건물자산임대소득 금액은 원천징수하지 않으므로 종합소득과세표준에 합산하여 과세한다.

제6절 조세체계와 납부기준

1. 조세체계

우리나라 조세체계는 다음의 <표 24>와 같다.

〈표 24〉 우리나라 조세체계

<table>
<tr><th colspan="4">구 분</th><th>세 목</th><th>개별세법</th><th>일반세법</th></tr>
<tr><td rowspan="18">국
세</td><td rowspan="16">내국
세</td><td rowspan="13">보
통
세</td><td rowspan="6">직접세</td><td>소 득 세</td><td>소득세법</td><td rowspan="16">국세기본법
국세징수법
조세범처벌법
조세범처벌절차법</td></tr>
<tr><td>법 인 세</td><td>법인세법</td></tr>
<tr><td>상 속 세</td><td>상속세법</td></tr>
<tr><td>증 여 세</td><td>증여세법</td></tr>
<tr><td>재평가세</td><td>재평가세법</td></tr>
<tr><td>부당이득세</td><td>부당이득세법</td></tr>
<tr><td rowspan="7">간접세</td><td>종합부동산세</td><td>종합부동산세법</td></tr>
<tr><td>부가가치세</td><td>부가가치세법</td></tr>
<tr><td>특별소비세</td><td>특별소비세법</td></tr>
<tr><td>주 세</td><td>주세법</td></tr>
<tr><td>인 지 세</td><td>인지세법</td></tr>
<tr><td>증권거래세</td><td>증권거래세법</td></tr>
<tr><td rowspan="3" colspan="2">목적세</td><td>교 육 세</td><td>교육세법</td></tr>
<tr><td>교 통 세</td><td>교통세법</td></tr>
<tr><td>농어촌특별세</td><td>농어촌특별세법</td></tr>
<tr><td rowspan="2">관세</td><td colspan="2">관세</td><td colspan="3" rowspan="2">관세법</td></tr>
<tr><td colspan="2">임시수입
부가세</td></tr>
<tr><td rowspan="2">지
방
세</td><td>보통
세</td><td colspan="3">취득세, 등록세, 레저세, 면허세,
주민세, 재산세, 자동차세, 주행세,
농업소득세, 담배소비세, 도축세,
종합토지세</td><td colspan="2" rowspan="2">지방세법</td></tr>
<tr><td>목적
세</td><td colspan="3">도시계획세, 공동시설세, 사업소세,
지역개발세, 지방교육세</td></tr>
</table>

<자료출처 : 정우성, 최신 세법강의, 대명, 2004. P.17>

2. 주요 조세별 납부기준

주요 조세 납부기준은 <표 25>와 같다.

〈표 25〉 주요 조세별 납부기준

주요세목	부과징수방법	납부기준	면세점
재산세	보통징수	매월 6월 1일 (7.16~7.31)	소액부징수 2000만 원 미만
취득세	신고납부	취득일 30일 이내 (상속 : 6월 이내)	취득가액 50만 원 미만
등록세	신고납부	등기 등록 전	
도시계획세	보통징수	매년 6월 1일	소액징수 2000만 원 미만
공동시설세	신고납부	매년 6월 1일	소액부징수 2000만 원 미만
종합소득세	신고납부	매매업 ① 예정신고 : 매매일 속하는 달의 말일부터 2월 이내 ② 확정신고 : 익년도 5.1~5.31	원천징수액 1000만 원 미만 중간예납세액 10만 원 미만
임대소득세	신고납부	확정신고	
양도소득세	신고납부	① 예정신고 양도일이 속하는 달의 말일부터 2개월 이내 ② 확정신고 익년도 5.1~5.31	
종합부동산세	신고납부	매년 6월 1일	
부가가치세	신고납부	매년 4.25, 7.25, 10.25, 1.25	

제8장

건물자산 경제가치평가 실무

- 제1절 감정평가 3방식
- 제2절 비교방식
- 제3절 원가방식
- 제4절 수익방식
- 제5절 기타 감정평가방법
- 제6절 건물자산의 감정평가방법
- 제7절 감정평가의 절차
- 제8절 BLCC와 감가상각
- 제9절 건물시가표준액 체계와 경과연수잔가율

제1절 감정평가 3방식

1. 감정평가 3방식의 의의

감정평가라 함은 부동산의 경제적 가치를 판정하여 그 결과를 금액으로 표시하는 것을 의미한다. 감정평가는 부동산의 가치를 전문가에 의해 평정함으로써 부동산의 적정한 가격 형성, 부동산의 효율적 이용, 부동산 의사결정의 판단기준 제시, 부동산자원의 효율적 배분, 과세기준의 합리화 등의 기능을 수행한다.

이와 같이 부동산 감정평가는 부동산의 경제적 가치, 즉 가격 또는 임료를 구하는 것을 의미하는데, 재화의 경제적 가치는 시장성, 비용성, 수익성의 3가지 측면에서 분석되며, 이를 가격의 3면성이라고 한다. 시장성은 그 재화가 시장에서 얼마만큼의 가격으로 거래되고 있는가를 말하는 것이며, 비용성이란 그 재화를 생산하는데 얼마만큼의 비용이 소요되었는가를 나타낸다. 수익성은 그 재화로부터 얼마만큼의 수익을 얻을 수 있는가를 나타낸다. 시장성, 비용성, 수익성은 감정평가 3방식의 기본적인 근거가 된다.

즉, 부동산의 가격은 시장에서 거래되고 있는 가격에서 접근하는 비교방식(시장접근법), 비용성의 면에서 접근하는 원가방식(비용접근법), 해당 부동산이 창출하는 수익발생의 정도를 관찰하여 접근하는 수익방식(소득접근법)에 의해 구하여진다. 비교방식에 의해 구해진 가격(임료)을 비준가격(비준임료), 원가방식에 의해 구해진 가격(임료)을 복성가격 또는 적산가격(적산임료), 수익방식에 의해 구해진 가격(임료)을 수익가격(수익임료)이라 한다.

위의 각 감정평가방식의 적용에 의해 구해진 가격은 감정평가액에 이르는 중간 단계이며, 시산적인 의미를 가지므로 '시산가격(試算價格)'이라 하며, 최종 감정평가액을 얻기 위해서는 시산가격을 조정해야 한다.

시산가격 조정이란 감정평가 3방식을 적용하여 구한 가격인 시산가격(비준가격, 복성가격, 수익가격)을 비교·대조하여 그들 사이에 차이가 있을 때에 이를 조정하는 것이다.

시산가격 조정방법으로는 가중산술 평균하는 방법 등이 있는데, 가중산술 평균방법은 감정평가 3방식에 의해 구해진 시산가격에 대상부동산의 특성·자료의 신뢰도·평가목적 등에 따른 가중치를 설정하여 가중산술 평균하는 방법이다.

2. 감정평가방법의 선택

2003년 10월 이전까지는 부동산 감정평가시 원가법 등 규칙에서 정한 하나의 평가방법만을 사용하였으나 2003년 8월 건설교통부는 감정평가에 관한 규칙을 개정하여 2003년

10월부터는 원가방식에 의해 구한 가격 외에 비교방식 또는 수익방식으로 구한 가격 등과 비교하여 그 합리성을 검토하는 것을 원칙으로 규정하였다. 이로써 선진국에서 일반화되어 있는 수익방식에 의한 평가가 활성화될 것으로 기대된다.

또한 감정평가시 토지와 건물이 일체로 거래되고 있음에도 불구하고 토지와 건물을 각각 별개로 평가하여 합산하였으나 2개 이상의 물건이 일체로 거래되거나 용도상 불가분의 관계가 있는 경우에는 토지와 건물을 일괄평가할 수 있도록 하였다.

제2절 비교방식

시장성에 입각하여 평가대상 부동산과 비슷한 부동산이 거래되었던 가격을 근거로 하는 실증적인 방식으로 부동산 평가에 가장 광범위하게 사용되는 방법이며, 아파트 등 거래가 빈번히 이루어지는 부동산에 유용한 감정평가방식이다.

비교방식은 부동산의 거래사례, 임대차사례 등에 착안하여 부동산의 가격이나 임료를 구하는 방법으로 비교성이 있는 사례를 선택하여 적절히 사정보정(事情補正)과 시점수정(時點修正)을 실시하여 가격이나 임료를 구하는 것이며 이 방식 가운데 부동산의 가격을 구하는 기법을 거래사례비교법, 임료를 구하는 기법을 임대사례비교법이라고 한다.

사정보정이란 수집된 거래사례에 거래당사자의 특수 사정이 있는 경우에 이를 고려하여 보정하는 것이며 시점수정이란 수집된 거래사례의 거래시점과 감정평가시점이 일치하지 아니하는 경우 이를 고려하여 수정하는 것이다.

1. 거래사례비교법

(1) 의의와 계산식

대상부동산과 비슷한 부동산의 거래사례를 기준으로 하되, 대상부동산의 현황에 알맞게 사정보정과 시점수정 등을 가하여 추정하는 방법이다. 거래사례비교법에 의해 구한 가격을 비준가격(比準價格)이라 한다.

비준가격 = 거래사례 × 사정보정 × 시점수정 × 지역요인비교 × 개별요인비교 × 면적비교

(2) 사례자료의 정상화

사례자료의 정상화를 위하여 사정보정과 시점수정을 해야 하는데, 사정보정이란 다음과 같다. 거래사례비교법에 의해 비준가격을 구할 경우에는 거래사례가 정상적인 것이어야 하는데, 부동산의 거래에는 특별한 사정(예 : 연고자 등 특수한 이해관계자 상호간의 거래, 급매(急賣) 등)에 의해 거래가 성립될 수도 있으며 또는 사례자료가 과도한 호황·불황기에 거래된 경우도 있을 수도 있다. 이와 같이 특별한 사정이 있는 사례 가격은 그대로 적용할 수 없으므로 선정된 거래사례에 거래관계자의 특별한 사정 또는 개별적인 동기가 개재되어 있을 경우에는 그런 사정이 없었을 경우의 가격수준으로 정상화해야 한다.

시점수정이라 함은 가격의 산정에 있어서 거래사례자료의 거래시점과 가격시점이 불일치하여 가격수준의 변동이 있을 경우에 거래사례가격을 가격시점의 수준으로 정상화하는 작업을 의미한다.

가격시점이란 평가가격결정의 기준이 되는 일자를 의미한다. 감정평가 규칙에서는 "가격시점은 대상물건의 가격조사를 완료한 일자로 한다. 다만 가격시점이 미리 정하여진 때에는 가격조사가 가능한 경우에 한하여 그 일자를 가격시점으로 정할 수 있다"고 규정하고 있다.

시점수정된 거래가격 = 거래사례가격 × 가격변동률
가격변동률 = $\dfrac{\text{가격시점의 지수}}{\text{거래시점의 지수}}$

가격변동률은 사례부동산이 존재하는 인근지역내의 가격변동률은 우선적으로 사용해야 한다.

(3) 지역요인의 비교

부동산은 지역성이 있어 지역별로 가격형성이 된다. 거래사례를 인근지역에서 구했을 경우에는 대상부동산과 같은 지역이므로 지역요인비교를 생략하게 된다. 그러나 거래사례자료를 동일수급권 내의 유사지역에서 구했을 경우에는 지역요인비교를 하여야 한다. 부동산은 다른 부동산과 함께 지역을 형성하며 그 지역 내의 다른 부동산과 상호관계를 유지하고 그 상호관계를 통하여 사회적, 경제적 위치가 정해지게 되는데 이와 같이 지역은 다른 지역과 구별되는 지역특성을 가지게 된다.

지역분석이란 대상부동산이 어떤 지역에 속해 있는가, 그 지역은 어떤 특성이 있는가, 그런 특성은 그 지역 내의 부동산 이용형태와 가격형성과 어떤 관계가 있는지를 분석하는 것을 의미한다. 지역요인은 그 지역에 속해 있는 부동산의 일반적, 표준적인 이용형태를 통하여 구체적으로 나타나며 표준적 사용은 개별부동산의 최유효이용을 판정하는 기준이 된다. 이와 같은 지역분석을 함으로써 그 지역 내의 부동산에 대한 가격수준을 판정하는 것이다. 지역분석의 대상은 인근지역 및 동일수급권 내의 유사지역이다.

인근지역이란 대상부동산이 속해 있는 지역으로서 주거, 상업, 공업 등의 특정 용도 중심의 특성을 이루고 있는 지역을 의미하며 대상부동산의 가격형성에 직접적으로 영향을 주는 지역을 의미한다. 인근지역의 특성은 그 지역에 속하는 부동산의 일반적, 표준적 이용형태로 구체적으로 나타난다. 유사지역이란 인근지역의 지역적 특성과 용도적, 기능적 면에서 비슷한 지역적 특성을 갖는 다른 지역으로서 인근지역과 가격면에서 대체관계가 성립될 수 있는 지역을 의미한다. 유사지역은 인근지역과 지리적 인접 여부는 상관없고 용도적으로 비슷한 지역으로서 두 지역 내의 부동산은 서로 대체관계에 있다.

그러므로 인근지역에서 사례자료를 구할 수 없는 경우에는 동일수급권 내의 유사지역에서 사례자료를 구하게 된다. 동일수급권이란 감정평가 대상부동산과 대체, 경쟁관계에 있으며, 가격형성에 있어 서로 영향을 미치는 관계에 있는 부동산이 존재하는 권역을 의미하며 인근지역과 유사지역을 포함하는 광역적인 개념이다.

(4) 개별요인의 비교

지역분석을 한 다음에 개별적 요인을 비교하여 품등비교하고 거래사례가격을 비준하여 대상부동산의 가격을 유추하는 작업을 말한다.

부동산가격은 대상부동산의 최유효이용(Highest and best use)상태를 전제로 산정되는 가격을 표준으로 하여 형성되는데, 개별분석이란 대상부동산의 개별적 요인을 분석하여 최유효 이용상태를 판정하는 것을 의미한다. 부동산의 최유효 이용은 지역적 특성, 즉 인근지역 부동산들의 표준적 이용과의 관계를 명확히 하여 이에 적합한 이용방식이며 여기에 개별적 제요인이 작용되어 일반적인 양식과 통상의 사용능력을 보유한 사람의 합리적이며 합법적으로 채택 가능한 사용방식 중 최고가치를 창출하는 이용을 의미한다.

개별분석에 있어서는 대상부동산의 수요자들의 선호를 분석해야 하며, 경쟁관계에 있는 부동산과의 경쟁력 등을 분석해야 한다.

(예제 1) 을지역 사례부동산의 평당가격은 70,000원이며, 대상부동산이 존재하는 갑지역은 지역적으로 을지역보다 10% 우세하다. 그리고 대상부동산이 사례부동산보다 개별적으로 7% 우세하다. 이 경우 대상부동산의 평당 비준가격을 구하라.

(풀 이) $70{,}000\text{원} \times \frac{110}{100} \times \frac{107}{100} = 82{,}390\text{원}$

(5) 면적의 비교

사례부동산과 대상부동산 간의 면적차이를 보정하는 작업이다.

2. 임대사례비교법

(1) 의의와 계산식

대상물건과 동일성 또는 유사성이 있는 임대사례와 비교하여 대상물건의 현황에 맞게 보정하여 임료를 산정하는 방법을 말한다. 부동산 임대의 경우에는 임대사례를 선택하여 사정보정 및 시점수정 등을 하여 가격산정을 한다.

비준임료 = 임대사례 × 사정보정 × 시점수정 × 지역요인비교 × 개별요인비교 × 면적비교

(2) 임료의 종류

1) 지불임료

각 지불시기에 실제 지불되는 임료

2) 실질임료

임료산정기간에 임대인에게 지불되는 모든 경제적 대가를 의미한다. 실질임료에는 지불임료뿐만 아니라 임료의 성격을 갖는 보증금 운용익 등을 포함한다.

3) 순임료

순임료 = 실질임료 − 필요제경비

순임료는 실질임료에서 필요제경비를 공제한 것을 의미하며, 필요제경비는 감가상각비, 유지관리비, 공조공과(종합토지세, 도시계획세, 재산세 등), 대손충당금, 손해보험료, 공실 등에 대한 손실액(정상적 공실) 등을 의미한다.

제3절 원가방식

원가방식(Cost approach)은 비용성의 논리에 입각하여 대상부동산의 재조달에 소요되는 원가에 기초하여 대상부동산의 가격이나 임료(賃料)를 구하는 방식이다. 평가대상 부동산과 같은 부동산을 만들기 위해서는 어느 정도 비용이 투입되어야 하는지 하는 관점에서 부동산의 가격을 산출하는 방법으로 토지 보다는 건물평가시 많이 이용되는 방식이다.

원가방식은 부동산의 재생산 또는 재취득에 소요되는 원가 · 비용에 착안한 방식으로 부동산의 가격을 구하는 기법을 복성식(復成式) 평가법(또는 원가법), 임료를 구하는 기법을 적산법(積算法)이라 한다. 건축물, 기계장치 등과 같은 상각자산에 적용가능하며, 거래가 없어 시장성이 없는 부동산과 같이 거래사례를 구하기 어려운 부동산의 감정평가에 활용가능하다. 그러나 토지와 같이 재생산이 불가능한 자산의 경우에는 적용되지 않지만, 조성지 또는 매립지의 경우에는 적용가능하다.

1. 복성식 평가법(원가법)

(1) 의 의

복성식 평가법은 가격시점에서 대상물건을 재생산 또는 재취득하는 데 소요되는 재조달원가에 감가수정을 하여 대상물건의 시산가격을 산정하는 방법이다. 복성식 평가법에 의해 산정된 가격을 복성가격(또는 적산가격)이라 한다.

(예제 2) 신축 후 5년이 지난 어떤 건물의 경우 비슷한 입지특성을 가진 토지를 구입하는데 30만원이 소요되고, 비슷한 규모와 질을 갖는 건물을 짓는 건축비가 60만원이 소요되며, 제반비용과 공과금 그리고 세금 등이 10만원 소요된다. 그리고 5년간 12만원 정도가 감가되었다.

(풀 이) 재조달원가 = 300,000 + 600,000 + 100,000 = 1,000,000
복성가격 = 재조달원가 − 감가수정 = 1,000,000 − 120,000 = 880,000

(2) 재조달원가(건물의 경우)

1) 개 념

현존하는 물건을 가격시점에 있어서 재생산 또는 재취득할 경우 필요한 원가총액을 의미한다. 재조달원가는 도급건설하는 경우 수급인에게 지불하는 표준적인 건설비(직접공사비, 간접공사비, 수급인의 이윤)와 도급인이 별도로 부담하는 통상부대비용(설계감리비, 등기비용, 이자비용 등)을 합한 것이다.

재조달원가의 종류는 대체원가(replacement cost)와 복제원가(reproduction cost)가 있는데, 대체원가는 대상부동산과 동일한 효용, 즉 기능적으로 동일성을 갖는 부동산을 가격시점 현재의 노무비, 자재비, 공법으로 신축하는데 소요되는 비용을 말하며 오래된 건물 등과 같이 건축자재, 기술 등의 변화 등으로 인하여 대상부동산의 정확한 원가자료 확보가 힘든 경우 유용하다. 복제원가는 대상부동산과 재료와 구조 등 물리적으로 동일한 부동산을 신축하는데 소요되는 비용이다.

2) 재조달원가의 산정방법

① 직접법

대상부동산을 직접 조사하여 표준적인 건설비를 계산하고 통상부대비용을 가산하여 재조달원가를 구하는 방식이다.

② 간접법

대상부동산과 유사한 부동산을 인근지역 또는 동일수급권 내의 유사지역에서 선정하여 선정된 부동산의 재조달원가를 조사한 다음 이를 기초로 대상부동산의 재조달원가를 간접적으로 구하는 방식이다. 대상부동산과 유사한 부동산을 인근지역에서 선정했을 경우에는 다음의 공식을 이용하여 재조달원가를 계산한다.

재조달원가 = 사례재조달원가 × 사정보정 × 시점수정 × 개별요인비교 × 면적비교

대상부동산과 유사한 부동산을 유사지역에서 선정했을 경우에는 위의 공식에 지연요인 비교를 추가하여 다음의 공식을 이용하여 재조달원가를 산정한다.

재조달원가 = 사례재조달원가 × 사정보정 × 시점수정 × 지역요인비교 × 개별요인비교 × 면적비교

(3) 감가수정

1) 개 념

대상물건의 물리적, 기능적, 경제적 감가 등을 고려하여 감가액을 추정한 후, 재조달원가에서 감가액을 공제하여 가격시점 현재의 대상물건의 가격을 구하는 것을 말한다. 감가수정은 감정평가상의 용어로서 회계학상의 감가상각과는 약간의 차이가 있다.

① 감가수정의 목적은 가격시점에 있어서 현존가격의 적정화이며, 회계학상의 감가상각은 비용의 기간배분이 그 목적이다.
② 회계목적의 감가상각은 취득가격을 기준으로 하지만, 감정평가의 감가수정은 재조달원가를 기준으로 한다.
③ 감정평가의 감가수정에서는 관찰감가법이 인정되나 회계목적의 감가상각에서는 객관성 부족 여지가 있는 관찰감가법은 인정되지 않는다.
④ 감정평가의 감가수정에서는 부동산의 실질적 가치를 산정하기 위해 경제적 내용연수를 기초로 하지만, 객관성을 중시하는 회계목적의 감가상각은 법정내용연수를 기초로 한다.

2) 감가요인

감가요인으로는 물리적 감가요인, 기능적 감가요인, 경제적 감가요인 등이 있는데, 물리적 감가요인이란 시간의 경과에 따른 가치의 손실, 마모와 훼손 등을 의미하며, 기능적 감가요인은 건물과 부지와의 부적합, 설비의 불량, 설비의 부족 또는 과잉으로 인한 능률상의 문제, 형식의 구식화 등을 의미한다. 감정평가에서 독특하게 인정되는 사용되는 경제적 감가요인이란 시간의 흐름에 따라 인근지역의 쇠퇴, 부동산과 인근환경과의 부적합, 시장성 감퇴 등으로 부동산의 경제적 가치가 감소하는 경우를 의미한다.

(4) 감가수정방법

1) 정액법

정액법이란 매기간 동일한 금액을 감가하는 방법이다.

매년의 감가액(D) = $\dfrac{\text{재조달원가} - \text{잔존가격}}{\text{내용연수}} = C(1-R)\dfrac{1}{N}$
감가누계액(D_n) = $C(1-R) \times \dfrac{n}{N}$
복성가격(P_n) = 재조달원가 − 감가누계액 $= C - C(1-R) \times \dfrac{n}{N} = C[1-(1-R) \times \dfrac{n}{N}]$
C : 재조달원가, R : 잔존가치율, N : 내용연수, n : 경과연수

(예제 3) 신축한지 7년이 경과된 건물이 있다. 가격시점에 있어서의 재조달원가는 10,000,000원, 내용연수 10년, 내용연수 만료시의 잔존가치율 10%이다. 정액법을 적용할 경우 매년 감가액, 감가누계액, 복성가격을 구하라.

(풀 이)
- C (재조달원가) : 10,000,000원
- 매년 감가액 : $D = C(1-R)\dfrac{1}{N}$
  $= 10,000,000 \times (1-0.1) \times 1/10 = 900,000$
- 7년 동안 감가누계액 : $900,000 \times 7 = 6,300,000$
- 복성가격 : P_n = 재조달원가 − 감가누계액
  $= 10,000,000 - 6,300,000 = 3,700,000$

2) 정률법

정률법은 대상물건의 가치가 일정한 비율로 감가된다는 가정하에 잔존가격(재조달원가 −감가누계액)에 일정한 감가율을 곱하여 감가액을 구하는 방법이다. 이 방법에서는 감가액이 초기에 가장 크고 내용연수 후기에 갈수록 감가액이 점차 작아진다.

① 매년의 감가율 : 매년 감가율을 K, 내용연수를 N, 내용연수 만료시의 잔존가치를 S, 재조달원가를 C라 하면

매년 감가율 = $1 - \sqrt[N]{\text{잔존가치} \div \text{재조달원가}}$

이를 기호로 표시하면,

매년 감가율 $(K) = 1 - \sqrt[N]{\dfrac{S}{C}}$

② 매년 감가액 = (재조달원가 − 감가누계액) × 감가율

③ 복성가격

n년 경과 후 복성가격(P_n) = 재조달원가 − 감가누계액

(예제 4) 재조달원가 2,000,000원인 A기계의 연간감가율은 0.369이며, 내용연수는 5년이다. 이 기계의 제작후 2년 경과후의 복성가격을 구하라.

(풀 이)
- 1차년도 감가액 : 2,000,000 × 0.369 = 738,000
- 2차년도 감가액 : (2,000,000 − 738,000) × 0.369 = 1,262,000 × 0.369 = 465,678
- 감가누계액 = 738,000 + 465,678 = 1,203,678
- 2년후의 복성가격 = 재조달원가 − 감가누계액
  = 2,000,000 − 1,203,678 = 796,322

3) 상환기금법

매년의 감가액이 복리로 이자를 발생한다는 것을 가정하여 계산된 원리금의 합계액을 건물 등의 내용연수 만료시에 있어서의 총감가액과 일치시키려는 개념이다.

$$매년의\ 감가액(D) = C(1-R)\times\frac{i}{(1+i)^N-1}$$

$$감가누계액(D_n) = n\times C(1-R)\times\frac{i}{(1+i)^N-1}$$

$$\begin{aligned}복성가격(P_n) &= 재조달원가 - 감가누계액\\ &= C - n\times C(1-R)\times\frac{i}{(1+i)^N-1}\\ &= C[1-n(1-R)\times\frac{i}{(1+i)^N-1}]\end{aligned}$$

D : 매년감가액, C : 재조달원가, R : 잔존가치율, i : 축적이율,
N : 내용연수, n : 경과연수

4) 관찰감가법

관찰감가법은 대상물건의 전체 또는 구성부분을 면밀히 관찰하여 물리적·기능적 감가요인 등에 의한 감가액을 계산하는 방법이다. 이 방법은 우선 내용연수를 기준으로 하는 방법(정액법, 정률법 등)과 같이 활용됨이 원칙이며 내용연수에 의한 방법으로 감가액을 산정한 후 이를 다시 관찰감가법을 사용하여 수정함으로써 감가액을 적정화하는 방식으로 활용된다.

2. 적산법

적산법은 가격시점에 있어서 대상물건의 가격(기초가격)을 기대이율로 곱하여 산정한 금액에 대상물건을 계속하여 임대차하는 데 필요한 경비를 가산하여 시산임료를 산정하는 방법이며 이 방법에 의해 구한 임료를 적산임료라고 한다. 임대인이 대상부동산을 취득하여 임대차에 제공하는 경우 대상부동산에 대한 자금투자의 대가로 기대되는 금액(기초가격 × 기대이율)에 필요제경비를 가산하여 임료를 산정하는 방식이다.

적산임료 = (기초가격 × 기대이율) + 필요제경비
필요제경비 : 감가상각비, 세금, 유지관리비 등

기초가격은 대상부동산의 원본가격을 말하며 이 기초가격은 복성식 평가법으로 구하는 것이 원칙이며, 토지처럼 복성식 평가법으로 구할 수 없을 때에는 비교방식으로 구할 수 있다. 수익환원법에 의한 수익가격은 임료를 알고 있다는 전제 하에서 구해진 것이므로 수익가격을 기초가격으로 사용하면 안된다.

기대이율이란 임대차에 제공되는 부동산을 취득하는 데 투입된 일정액의 자본에 대하여 기대되는 임대수익의 자본에 대한 비율, 즉 부동산투자에 대한 투자자의 기대보수율이며 당해 계약조건을 전제로 하여 임대차 기간 동안에 적용되는 단기적인 이율이다.

기대이율 = 수익 ÷ 투자자본

제4절 수익방식

수익방식은 대상부동산에서 발생되는 수익에 근거하여 대상부동산의 가격이나 임료를 구하는 방법이다. 이와 같이 수익에 근거하여 부동산의 가격을 구하는 방법을 수익환원법이라 하고 임료를 구하는 방법을 수익분석법이라 한다.

1. 수익환원법

(1) 의 의

평가대상 부동산이 장래 얼마만큼의 수익을 올릴 수 있는지에 따라 부동산 가격을 평가하는 방식으로 이론적으로 가장 설명력이 큰 평가방법이다. 이 방법에 의해 산출한 가격을 수익가격이라 한다. 수익가격을 결정하는 요소는 순수익, 환원이율, 수익환원방법인데 이를 수익환원법의 3요소라고 하며, 수익가격은 직접법의 경우 다음 식을 이용하여 구한다.

$P = a \div r$
P : 수익가격, a : 순수익, r : 환원이율

(2) 순수익의 산정

순수익이란 대상부동산을 통하여 획득할 수익에서 그 수익을 발생시키는 데 소요될 비용을 차감한 금액을 의미한다.

순수익의 산정은 임대용 부동산과 기업용 부동산에 따라 다른데, 임대용 부동산의 순수익은 가능총소득(PGI : Potential Gross Income)에서 공실 및 대손, 영업경비를 공제하여 계산된 순영업소득(NOI : Net Operating Income)을 의미하며, 기업용 부동산의 순수익은 총수익(매출액)에서 총비용(매출원가 등)을 차감하여 산정된다.

임대용 부동산의 순수익은 가능총소득에서 공실 및 대손, 영업경비를 공제하여 계산된 순영업소득을 의미한다. 여기서 가능총소득이란 대상부동산이 100% 임대되었을 경우의 소득을 의미한다. 가능총소득에서 공실 및 대손에 따른 손실을 차감하고 기타 소득을 가산하여 계산된 소득을 유효총소득(EGI : Effective Gross Income)이라 한다. 유효총소득에서 유지보수비, 일반관리비, 재산세, 보험료, 광고비, 전기세, 전화세 등의 영업경비(Operating Expenses)를 차감하여 계산된 것이 순영업소득인데, 이것이 환원하는 대상이 되는 소득이다.

1) 직접법

직접법은 대상부동산으로부터 직접 구하는 방법으로 대상부동산에서 산출되는 총수익에서 총비용을 차감하여 순수익을 산정한다.

2) 간접법

인근지역 또는 동일수급권 내의 유사지역에 소재하는 유사부동산의 순수익을 조사하여 이를 기초로 대상부동산의 순수익을 간접적으로 구하는 방법이다. 유사부동산의 순수익을 기초로 사정보정, 시점수정, 지역요인비교, 개별요인비교 절차를 거쳐 시산가격이 구해진다.

3) 잔여법

순수익이 건물과 부지와 같이 복합적으로 구성된 복합부동산의 경우에는 잔여법으로 순수익을 구할 수 있다.

① 토지잔여법

예를 들어 토지·건물의 복합부동산의 경우에는 전체 순수익에서 건물에 귀속되는 순수익을 공제함으로써 토지에 귀속되는 순수익을 구하는 방법을 말한다.

토지의 순수익 = 전체 순수익 − 건물에 귀속되는 순수익

② 건물잔여법

건물잔여법이란 전체 순수익에서 토지에 귀속되는 순수익을 공제함으로써 건물에 귀속되는 순수익을 구하는 방법이다.

건물의 순수익 = 전체 순수익 − 토지에 귀속되는 순수익

(3) 자본환원이율의 산정

1) 개 념

자본환원이율이란 수익환원법에서 순수익을 자본환원하는 이율로서 공·사채금리, 정기예금 금리와 같은 순수이율에 대상물건의 위험률, 즉 투자대상으로서의 불확실성, 비유동성, 관리의 난이성 등을 고려하여 결정한다. 환원이율은 대상부동산 최유효이용을 전제로 하며 대상부동산의 내용연수 만료시까지 적용되는 장기적인 이율 개념이다.

2) 자본환원이율의 결정방법

① 시장비교방식(시장추출법)

이 방법은 대상부동산과 유사한 최근의 매매사례로부터 자본환원이율을 산정하는 방법으로서 유사부동산의 순수익을 부동산가격으로 나누어 환원이율을 구하는 방식이며 이 경우에는 보정절차를 거쳐야 한다.

② 요소구성법(조성법)

순수이율에 그 투자대상과 관련된 위험할증률(리스크 프리미엄)을 가산하여 환원이율을 결정하는 방법이다. 즉 환원이율 = 순수이율 + 위험할증률이다.

순수이율은 가장 안전한 이율로 일반적으로 국공채 이율, 정기예금 이율에 기초를 둔다.

위험률 산정시의 고려대상은 다음과 같다.

ⓐ 확실성의 차이 : 부동산은 사회적, 경제적 변화, 인근지역의 쇠퇴 등에 따라 앞으로 발생할 순수익의 크기가 변동될 수 있다. 즉, 부동산에서 발생하는 순수익은 정기예금이자와는 달리 불확실성이 존재한다.

ⓑ 비유동성 : 부동산은 금융자산에 비해 유동성이 낮다. 즉, 금융자산에 비해 현금화하는데 많은 시간과 절차가 소요된다.

ⓒ 관리의 난이성 : 부동산의 경우 임료의 징수, 시설・행정관리 등과 같은 비용과 노력이 소요된다.

③ 투자결합법

ⓐ 금융적 투자결합법 : 부동산을 취득할 때 자금의 일부는 자기자본으로, 나머지는 부채로 조달하게 되는데 자금의 구성비율, 즉 전체 자금 중에서 부채비율과 자기자본비율에 각각의 환원이율을 곱하여 가중평균 환원이율을 산정하는 방식이다.

환원이율 = (부채환원이율 × 부채비율) + (자기자본환원이율 × 자기자본비율)

(예제 5) 건물을 취득하는데 1,000,000원이 소요되었으며, 이 중 700,000원은 부채로 조달하였다. 부채환원이율은 10%이며, 자기자본환원이율은 15%이다. 환원이율을 구하라.

(풀 이) 환원이율 = (10% × 0.7) + (15% × 0.3) = 11.5%

ⓑ 물리적 투자결합법 : 대상부동산이 토지와 건물로 구성되어 있으며, 토지와 건물의 환원이율이 다른 경우에 적용가능하다. 그러나 복합부동산의 수익은 토지와 건물이 결합되어 창출되는 것이므로 이를 구분하여 산정하는 것은 합리적이지 않다는 측면이 있다.

환원이율 = (토지환원이율 × 토지가격비율) + (건물환원이율 × 건물가격비율)

(4) 자본(수익)환원방법

순수익을 환원하는 방법은 직접법, 직선법, 연금법 또는 상환기금법 등이 있는데 이 가운데 대상물건에 적정한 방법을 선택한 다음 순수익을 환원이율로 환원하여 수익가격을 구한다.

1) 직접법

순수익이 영속적인 토지 등의 경우와 상각률을 별도로 고려할 필요가 없는 경우에 유용한 방법이다. 직접법에 의해 수익가격을 구하는 공식은 순수익을 환원이율로 나누는 것인데, 이를 이해하기 위해서는 다음과 같은 연금의 현재가치를 구하는 공식을 알아야 한다. 연금(Annuity)이란 매기간 동일 금액의 현금흐름이 발생하는 것을 의미한다.

연금의 현재가치를 구하는 식은 다음과 같다.

① N년 동안 ANN만큼의 현금흐름이 발생할 경우 연금의 현재가치

$$\text{PVA} = \frac{\text{ANN}\left[1-\left(\frac{1}{(1+i)^n}\right)\right]}{i}$$

② ANN 만큼의 현금흐름이 무한히 계속적으로 발생할 경우(즉, $n \rightarrow \infty$)

$\frac{1}{(1+i)^n}$ 은 0이 되므로 $\text{PVA} = \frac{\text{ANN}}{i}$ 이 된다.

수익가격 = 순수익 ÷ 환원이율

2) 직선법

건물, 기계장치 등과 같이 내용연수가 한정되고 기간이 경과함에 따라 가치가 감소되는 경우 사용되는 방법이다. 직선법이란 상각전 순수익을 상각후 환원이율에 상각률($\frac{1}{\text{잔존내용연수}}$)을 가산한 상각전 환원이율로 자본환원하여 수익가격을 구하는 방법이다.

$$\text{수익가격} = \frac{\text{상각전 순수익}}{\text{상각후 환원이율} + \frac{1}{\text{잔존내용연수}}}$$

(예제 6) 건물의 상각전 순수익이 7,000,000원, 건물의 상각후의 환원이율이 10%, 건물의 잔존내용연수가 10년이다. 이 건물의 수익가격을 구하라.

(풀 이) $P = a \div (r+(1/n)) = 7{,}000{,}000 \div (0.1+1/10) = 35{,}000{,}000$원

3) Inwood 방식(연금법)

연금법은 복합부동산의 경우처럼 평가대상 부동산이 토지, 건물, 기타 상각자산과 결부되어 구성된 경우 사용하는 방법이다.

연금법을 이해하기 위해서는 먼저 현금흐름의 현재가치 합을 구하는 공식을 알아야 한

다. 매년 A원만큼 동일금액의 현금흐름이 n년 동안 발생하는 경우 전체 기간 현금흐름의 현재가치는 어떻게 되는지 알아보자. (환원이율은 r)

현재가치의 합계 S_n은

$$S_n = A\left[\frac{1}{1+r} + \frac{1}{(1+r)^2} + \ \dots \ + \frac{1}{(1+r)^n}\right]$$

위 식은 초항이 $\frac{A}{1+r}$, 공비가 $\frac{1}{1+r}$, 항수가 n인 유한등비수열이다. 유한등비수열의 합을 구하는 공식은 초항$\left[\frac{1-(\text{공비})^n}{1-\text{공비}}\right]$이므로, 대입하여 정리하면 수익가격 P는 $A\frac{[(1+r)^n-1]}{r(1+r)^n}$ 이 된다. 그런데 내용연수 만료시에 건물・기계장치 등의 잔존가격이 남는 경우 또는 처분정리비의 지출 등이 예상될 경우에는 이 금액들의 현재가치를 구해 수익가격을 가감조정해야 한다.

$P \ = \ A\frac{[(1+r)^n-1]}{r(1+r)^n} + \frac{S}{(1+r)^n} - \frac{B}{(1+r)^n}$
S : 가격시점에서의 잔존가격, B : 가격시점에서의 처분정리비

4) Hoskold 방식(상환기금법)

Hoskold 방식은 평가대상 부동산이 토지, 건물, 기타 상각자산과 결부되어 구성된 경우 사용하는 방법으로 다음과 같은 공식을 이용하여 계산한다.

$P \ = \ A \times \frac{1}{r+\frac{i}{(1+i)^n-1}}$
P : 수익가격, A : 상각전 순수익, r : 상각후 환원이율, i : 축적이율, n : 내용연수

Hoskold 방식은 매년 회수되는 상각액이 축적이율에 해당되는 이자를 산출하는 것으로 가정한다. 축적이율은 매년 회수되는 상각액을 내용연수 만료시까지 확실성 있게 축적해 간다는 개념이므로 확실성 있는 이율을 선정하게 된다. 이에 비해 Inwood 방식은 상각액이 환원이율과 동일한 이자를 산출하는 것으로 가정한다. Inwood 방식은 수익이 비교적 확실한 부동산에 적용하기에 적합하며, Hoskold 방식은 수익이 불확실한 부동산의 경우에 적용된다.

5) 할인현금수지분석법(DCF : Discounted cashflow analysis)

세공제후 현금수지를 할인율로 환원하여 대상부동산의 가격을 산정하는 방법이다.

DCF에 의한 시산가격 = 매기간 세후현금수지의 현재가치 합계 + 보유기간 말 부동산 매도가액의 현재가치

세후현금수지는 다음과 같은 공식에 의해 계산된다.

가능총소득(Potential gross income)
− 공실 및 대손

유효총소득(Effective gross income)
− 영업경비(Operating expenses)

순영업소득(NOI : Net operating income)
− 부채서비스액

세전 현금수지
− 소득세

세후 현금수지

2. 수익분석법

(1) 의 의

수익분석법이란 대상물건이 일정한 기간에 산출할 것으로 기대되는 순수익을 구한 뒤 대상물건을 계속하여 임대차하는 데 필요한 경비를 가산하여 대상물건의 임료를 산정하는 방식이며 이 방식에 의해 구한 임료를 수익임료라 한다.

수익임료 = 순수익 + 필요제경비

(2) 순수익

순수익은 차주(借主)가 부동산을 사용하여 얻은 수익에서 그 수익을 발생시키는 데 소요된 비용을 차감한 금액을 의미한다. 즉, 매출액에서 매출원가, 판매비와 관리비, 이자비용 등을 차감하여 계산된다. 즉, 수익분석법은 상업용 부동산의 임대차에 있어서 차주가 그 부동산을 사용하여 얻은 수익 가운데 임료로 지불가능한 정도를 구하여 임료를 결정하려고 하는 방식이다.

제5절 기타 감정평가방법

1. 총수익승수분석법

대상부동산의 총수익에 사례부동산으로부터 계산된 총수익승수(GIM : Gross Income Multiplier)를 곱하여 대상부동산의 가격을 산출하는 방식이다. GIM은 인근지역 또는 유사지역 내 다수의 사례자료를 통해 산출되어야 한다.

GIM = 사례부동산의 거래가격 ÷ 사례부동산의 총수익
대상부동산의 시산가격 = 대상부동산의 총수익 × GIM

2. 총임료승수분석법

대상부동산의 총임료에 사례부동산으로부터 계산된 총임료승수(GRM : Gross Rent Multiplier)를 곱하여 대상부동산의 가격을 산출하는 방식이다.

GRM = 사례부동산의 거래가격 ÷ 사례부동산의 총수익
대상부동산의 시산가격 = 대상부동산의 총수익 × GRM

위의 두 방식은 대상부동산과 유사한 사례부동산의 시장가격 및 임료 자료가 객관성이 높을 경우에 적용가능하다.

3. 회귀분석법

회귀분석법이란 부동산가격(종속변수)와 부동산가격과 관련이 있는 변수(독립변수) 간의 관계식을 추정하여 독립변수의 일정한 값에 대응되는 종속변수의 값을 추산하는 방법이다.

단순선형 회귀분석은 독립변수를 하나로 두고 회귀방정식을 도출하는 방법이다.

$y = a+bx$
y : 종속변수(부동산가격), x : 독립변수, a : 회귀상수, b : 회귀계수

다중회귀분석은 다음과 같이 둘 이상의 독립변수와 종속변수의 관계를 분석하는 방법이다.

$$Y = a + b_1x_1 + b_2x_2 + \dots + b_nx_n$$

제6절 건물자산의 감정평가방법

건물은 토지에 정착하는 공작물 중 지붕, 기둥 및 벽 등으로 공간을 막아서 축조된 것을 의미한다.

1. 조사사항

(1) 사전조사

등기부등본, 건축물관리대장 등의 서류에 의하여 대상건물의 소재지, 지번, 구조, 용도, 면적 등을 사전확인하여야 한다.

(2) 실지조사

의뢰목록 및 공부상의 표시내용과 실지와의 동일성 여부를 조사하여야 한다.

2. 감정평가방법

감정평가에 관한 규칙 제18조에 의하면 다음과 같다. 건물의 감정평가는 원가법으로 한다. 다만 원가법에 의한 감정평가가 적정하지 아니한 경우에는 거래사례비교법 또는 수익환원법에 의할 수 있다.

(1) 원가법에 의한 감정평가

1) 재조달원가

건물의 재조달원가는 가격시점에 있어서 대상건물을 신축하는 데 소요되는 표준적 건설비와 통상 부대비용 등을 합계한 금액으로 함을 원칙으로 한다. 그러나 건물의 소요건축비를 직접 구하는 것이 난이한 경우가 많으므로 실무적으로는 건물신축단가기준표 등의 자료를 활용하는 경우가 많다.

2) 감가수정

건물의 감가수정은 정액법에 의하되 이 방법이 적정하지 아니할 때에는 관찰감가법을 적용하고 내용연수 만료시 잔가율은 일반적으로 고려하지 아니한다. 내용연수는 구조별, 용도별로 대상건물에 적합한 연수로 하는데, 실무적으로는 '내용연수표' 등의 발행조사자료를 이용한다. 경과연수는 준공일자를 기준으로 하며 건물 보존연수는 일반적으로 총내용연수에서 경과연수를 차감한 잔여연수로 하되 대상건물의 사용정도, 관리상태 등을 고려하여 경제적 효용의 유지가능한 연한으로 한다.

(2) 일괄평가에 대한 내용

감정평가에 관한 규칙 제15조 제1항을 보면 "평가는 대상물건마다 개별로 행하여야 한다. 다만, 2개 이상의 대상물건이 일체로 거래되거나 대상물건 상호간에 용도상 불가분의 관계가 있는 경우에는 일괄하여 평가할 수 있다"와 같이 일괄평가에 대한 내용이 있다.

그리고 감정평가에 관한 규칙 제19조에는 토지와 물건의 일괄평가에 대한 규정이 다음과 같이 규정되어 있다.

제19조 (건물과 토지의 일괄평가 등)

① 제15조제1항 단서의 규정에 의하여 건물과 토지를 일괄하여 평가하는 경우에는 거래사례비교법 또는 수익환원법에 의한다. 이 경우 그 평가가격은 합리적인 기준에 따라 건물가격과 토지가격으로 구분하여 표시할 수 있다.

② 제15조제1항 단서의 규정에 의하여 집합건물의소유및관리에관한법률에 의한 구분소유권의 대상이 되는 건물부분과 그 대지사용권을 일괄하여 평가하는 경우에는 거래사례비교법에 의한다. 다만, 거래사례비교법에 의한 평가가 적정하지 아니한 경우에는 원가법 또는 수익환원법에 의할 수 있다.

이와 같은 경우 등과 같이 거래사례비교법 또는 수익환원법에 의해 평가하는 경우가 있다.

1) 거래사례비교법에 의한 건물의 감정평가

거래사례비교법에 의한 감정평가는 아파트 등 기타 일반적으로 거래되는 가격을 확실히 파악할 수 있는 경우에 한하여 적용한다.

2) 수익환원법에 의한 건물의 감정평가

수익환원법을 적용하기 위해서는 먼저 건물부분에 해당되는 순수익을 계산해야 한다. 건물순수익은 전체 실질임료 중에서 토지에 해당되는 수익을 공제한 다음 건물의 필요제경비(유지관리비, 재산세, 도시계획세, 손해보험료 등)를 공제하여 산출한다. 즉, 다음과 같은 공식이 된다.

수익가격 = [실질임료 − 토지 순수익 − 필요제경비(감가상각비 포함)]
÷ (건물의 상각후 환원이율)

제7절 감정평가의 절차

1. 감정평가의 의의

감정평가라 함은 부동산의 경제적 가치를 판정하여 그 결과를 금액으로 표시하는 것을 의미한다. 감정평가는 부동산의 가치를 전문가에 의해 평정함으로써 부동산의 적정한 가격 형성, 부동산의 효율적 이용, 부동산자원의 효율적 배분 등의 기능을 수행한다. 부동산 감정평가절차는 감정평가에 관한 규칙 제8조에 다음과 같은 순서로 규정되어 있다.

① 기본적 사항의 확정
② 처리계획의 수립
③ 대상물건의 확인
④ 자료수집 및 정리

⑤ 자료검토 및 가격형성 요인의 분석
⑥ 평가방법의 선정 및 적용
⑦ 평가가액의 결정 및 표시

상기의 감정평가절차는 절대적인 것은 아니며, 합리적 또는 능률적인 평가를 위하여 필요한 경우에는 순서를 조정하여 평가할 수 있다.

2. 감정평가의 절차

감정평가절차를 구체적으로 살펴보면 다음과 같다.

(1) 기본적 사항의 확정

감정평가의 기본적 사항이란 평가목적, 대상부동산의 내용, 가격시점, 가격 또는 임료의 종류를 의미한다.

1) 평가목적

평가목적의 종류로는 담보목적, 보상목적, 일반거래목적, 경매목적 등이 있는데, 평가목적에 따라 평가기준이 다르므로 감정평가시 평가목적을 정확히 확정해야 한다.

2) 대상부동산의 내용

평가를 실시할 대상부동산의 내용을 실지조사(實地調査) 전에 미리 점검하여 확정하는 것이다. 건물의 경우에는 소재지, 지번, 구조, 용도, 건평 등을 확인한다.

3) 가격시점의 확정

부동산의 가격은 계속 변화하므로 평가기준일을 확정해야 한다. 가격시점이란 감정평가에 있어서 그 가격결정의 기준으로 해야 할 일시를 의미한다. 일반평가는 대상물건의 가격조사를 완료한 일자를 원칙으로 하고 보상평가는 평가의뢰자가 가격시점을 정하여 의뢰한 경우 그 일자를 원칙으로 한다.

4) 가격의 종류 확정

부동산 가격의 다원성으로 인해 평가목적과 조건에 따라 여러 개의 가격이 산출 가능하다. 따라서 정상가격 또는 정상임료로 결정함을 원칙으로 하고, 평가목적・대상물건의 성격상 정상가격 또는 정상임료로 평가함이 적정하지 아니하거나 평가에 있어 특별한 조건이 수반되는 경우에는 그 목적·성격이나 조건에 맞는 특정가격 또는 특정임료로 결정할 수 있다.

특정가격으로 감정평가할 수 있는 경우는 합병시의 재평가, 공공 또는 공익의 목적에 제공되는 물건의 감정평가, 공매·경매 기타 특별한 조건이 있는 물건의 감정평가, 담보로 제공되는 물건으로서 특별한 조건이 있는 감정평가 등이 있다.

(2) 처리계획의 수립

기본적 사항이 확정되면 대상물건의 확인, 자료수집 및 정리, 자료의 검토, 감정평가방법의 선정, 감정가격의 결정 등을 실행할 구체적 일정계획을 수립하여야 한다.

(3) 대상물건의 확인

1) 물적 사항의 확인

물건의 존부, 동일성 여부를 실지(實地)조사에 의해 확인한다. 건물에 대하여는 소재지, 지번, 구조, 용도, 건평, 가옥번호, 보수의 정도, 부합물 및 종물, 건물의 관리상태 등을 확인한다.

2) 권리태양(態樣)의 확인

권리태양의 확인이란 대상권리의 존부 및 진정성을 확인하는 것을 말한다. 즉, 감정평가 대상이 되는 권리를 명확하게 확인하여야 한다.

3) 대상물건의 확인시 필요한 공부

등기부등본을 이용하여 소유자, 가등기여부, 제한물권의 설정여부 등을 확인한다. 부동산에는 성격상 여러 가지 권리가 설정되는데 이에 대해 확인하여야 한다.

등기부(登記簿)에는 토지등기부, 건물등기부 등이 있다. 등기부는 표제부, 갑구, 을구로 되어 있다. 표제부에는 토지와 건물의 내용 즉, 소재지, 면적, 용도, 구조 등이 변경된 순서대로 기재되어 있다.

갑구는 소유권에 관한 사항이 접수된 일자순으로 기재되어 있다. 처음에 기재된 것이 최초의 소유자이고 소유권이전등기가 순서대로 기재되어 있다. 을구는 소유권 이외의 권리, 즉 저당권, 지상권 같은 제한물권에 관한 사항을 기재한다. 저당권이란 채권자가 그 채권의 담보로 제공된 부동산에 대하여 일반 채권자에 우선하여 변제를 받을 수 있는 권리이다.

건축물 관리대장에서는 건물의 소재지, 지번, 구조, 용도, 면적, 증·개축 사항 등을 확인하고, 건물의 동일성 여부를 판정하는 기준으로 확인한다. 도시계획사실관계확인서(토지이용계획확인서)를 이용하여 도시지역 내에서 용도지역·지구·구역, 도시계획시설에의 저촉여부 등을 확인한다.

(4) 자료수집 및 정리

1) 자료의 종류

자료의 종류에는 확인자료, 사례자료, 요인자료 등이 있다. 확인자료란 대상물건의 물적 확인 및 권리상태의 확인에 필요한 자료를 의미하며 등기부등본, 토지대장등본, 건축물관리대장등본, 지적도, 임야도, 매매계약서, 임대차계약서 등이 있다. 사례자료는 비교가능한 거래사례, 임대차사례 등을 의미한다. 요인자료는 대상부동산의 가격형성요인에 관계되는 자료로서 일반요인, 지역요인, 개별요인으로 구분되는데, 사회전체적으로 영향을 미치는 일반요인은 사회적 요인, 경제적 요인, 행정적 요인을 의미하며, 일반자료에는 인구통계, 경제성장율, 경기동향지수, 이자율, 물가지수, 부동산정책 등이 있다. 지역요인은 해당 지역에 영향을 미치는 요인을 의미하는데, 용도적 지역 측면에서 분류되는 택지지역, 농지지역, 임지지역 등 각 용도지역에 따라 분석 내용이 달라지게 된다. 개별요인은 대상부동산의 시장가치에 관계되는 요소로 대상부동산의 규모, 기능, 경쟁관계에 있는 다른 부동산과의 경쟁력 등을 의미한다.

2) 자료수집방법

자료수집방법에는 징구법, 실사법, 탐문법, 열람법 등이 있다. 징구법은 필요한 자료를 의뢰인으로부터 징구하는 방법을 의미하며, 실사법은 실지조사하여 필요한 자료를 수집하는 방법이다. 탐문법은 필요한 자료를 대상부동산에 대하여 잘 알고 있는 사람들을 대상으로 탐문하여 얻는 것을 의미하며, 열람법은 자료문서를 열람하여 필요한 자료를 얻는 방법을 의미한다.

(5) 자료검토 및 가격형성 요인의 분석

수집·정리된 자료가 평가의 기본적 사항과 관련하여 필요하고 객관적이며 신뢰도가 높은 자료인가를 검토하고, 먼저 사회전체적으로 영향을 미치는 부동산 가격형성 요인인 일반요인(사회적 요인, 경제적 요인, 행정적 요인)을 분석한 다음, 지역요인과 개별요인 분석을 실행한다. 지역분석은 표준적 사용의 현상과 동향을 파악하여 그 지역 부동산의 가격수준을 판정하는 것이며, 개별분석은 대상부동산의 개별요인을 분석하여 최유효 이용을 판정하는 것을 의미한다.

(6) 평가방법의 선정 및 적용

대상물건의 성격 또는 평가조건에 따라 규칙에 의한 평가방법 중 가장 적정한 방법을 사용하나, 부적정의 염려가 있는 경우에는 보다 적정하다고 판단되는 다른 평가방법을 적용하되 그 이유나 처리방법을 기재한다.

(7) 평가가액의 결정 및 표시

감정평가방식에 의하여 구한 시산가격은 감정평가가격을 산출하는 중간 과정이므로 시산가격의 조정을 통하여 최종적으로 감정평가액을 결정하며, 평가가액을 감정평가서에 명확히 기재한다.

제8절 BLCC와 감가상각

1. BLCC의 관리

(1) BLCC의 개념

BLCC는 Building Life Cycle Cost를 의미하는 것으로 건물자산 총생애비용을 의미한다.

Building에 있어서 LCC개념의 접목이 요구되는 것은 건물자산의 보유기간 동안 완성된 건물이 경과시간이나 사용자의 잘못 등의 원인으로 건물 본래의 기능과 성능이 점차 떨어져 건물의 사용수익에 지장을 주게 된다.

따라서 완성된 건물의 LCC의 적용은 건설된 건물이 완성초기 본래의 성능과 기능을 유지하도록 일상 점검 및 장기점검을 실시하여 손상된 부분은 원상복구하며 노후화와 기능과 성능의 장애요인을 사전제거함으로써 건물의 기능적, 구조적, 미관적으로 성능을 유지함으로써 건물이용자의 편의와 안전을 도모함과 동시에 건물수명의 장소화를 도모하는 건물의 유지관리 목표를 효과적으로 달성하기 위하여 시간경과 등에 의하여 저하되는 건물기능과 성능을 지속적으로 점검 보수하고 진단 교체함으로써 전술한 건물의 관리목표를 기능적, 구조적, 환경적, 미관적 성능이나 에너지 기능을 개선함으로써 건물사용자(이용자 포함)의 건강과 생명보호는 물론 환경의 쾌적성과 업무의 생산성을 보다 향상시킴으로써 건물자산가치를 높여 경제성과 효율성 및 내구성을 증가시키는 경제관리를 의미한다.

특히, LCC의 적용이 요구되는 것은 완성된 건물의 관리에 있어서 종래의 전통적 관리방법에 의하여 관리함으로써 나타나는 비경제성, 비효율성, 비내구성 등을 개선하기 위해서는 건물자산 전생애기간동안 건물의 기능과 성능의 최적화와 비용의 최적화 모델이 요구됨에 전적으로 기인한다.

특히, BLCC의 개념은 초기 투자비용과 BLCC상 비용이 가장 많이 소요되는 유지관리비용의 최적화가 달성되게 함으로써 투자경제성을 높이고자 하는 경제관리개념이라 할 수 있다. 다시 말하면 BLCC란 LCC상 초기 투자비와 운영관리비의 합계가 최저인 'Q'를 선택함으로써 투자의 경제성을 높이고자 함의 BLCC의 경제개념이라 할 수 있다.

특기할 사항은 미국 국립표준연구소에서는 건물수명이 시간의 경과에 따라 성능과 기능의 저하와 반비례하여 증가되는 유지관리 비용의 증가를 예상하여 초기 투자비용과 유지관리비용에 대한 경제적 분석도구로서 BLCC(Building Life Cycle Cost) 프로그램을 개발하여 프로젝트의 투자비용과 완성 후의 건물유지관리 비용부담정도를 평가하므로서 필요한 의사결정의 자료나 수단 등으로 제공하고 있다는 점이다.

또한 BLCC 프로그램은 건축설비 시스템의 설비별 에너지 절감가능성과 초기 투자비용을 평가하는 모델로 활용하고 있다.

이상과 같은 BLCC의 개념은 경과시간에 따른 운영관리비의 지출이 증가되므로서 초기 투자비의 경제성 평가의 모델로 사용되는 것은 BLCC 본래 개념이다. 건물자산관리에 있어서 BLCC의 개념은 확대 해석하여 적용함이 바람직하다.

왜냐하면 BLCC의 개념은 투자비의 경제성 평가에 있을 뿐 아니라 효율화와 내구화에 있으므로 취득 건물자산의 보유단계에만 적용할 것이 아니라 건물자산의 전 생애단계에 걸쳐 비용의 경제화와 관리활동의 효율화 그리고 이를 통한 건물자산의 물리적·경제적 내용연수의 장수화를 도모하는 것이 바람직하기 때문이다.

다시 말하면 최적건물자산의 취득, 효율적 보유와 운영관리 및 개량 그리고 전략적 처분에 의한 양도차익의 실현 등에 BLCC의 최적 모델을 개발함으로써 초기 건물자산의 투자비용의 경제성을 평가할 수 있을 뿐 아니라 건물자산관리의 경제성, 효율성 및 내구성을 함께 도모할 수 있기 때문이다.

(2) BLCC관리의 필요성

건물 총생애비용 연구는 광범위하게 이루어져 있지 않으나 일본능률협회(JMAC)의 자료에 의하면 60년 물리적 내용연수를 가진 건물의 BLCC는 <표 26>과 같이 나타나고 있다.

〈표 26〉 BLCC의 분포

기획설계비	건설비	유지관리비	철거폐기비
0.4 %	16.0 %	82.2 %	0.4 %

<표 26>에서 알 수 있는 바와 같이 BLCC 중 유지관리비가 전체의 약 8.2%를 점하고 있어 가장 경제적 방법으로 안전하게 효율적으로 관리하여 생애기간 동안 경제적 가치(사용가치와 교환가치) 극대화해야 하는 건물자산관리 목적에 비추어 볼 때 매우 중요한 경제관리 대상이 아닐 수 없다.

또한 유지관리비 중 일반관리가 가장 많이 소요되는 비용이고 그 다음이 에너지 비용이며 수선비와 공과금이 그 다음을 유지하고 있다. 이를 표로 정리하면 <표 27>과 같다.

〈표 27〉 유지관리의 구성비율

일반관리비	에너지비	수선관리비	제세공과
55%	24%	13%	8%

(자료출처 : 산업자원부(현, 지신경제부), 기술표준원, 시설관리서비스 표준화연구, 2005, p.55 재인용)

또한, 유지관리비 중 55%를 점하고 있는 일반관리비는 다음의 <표 28>과 같이 분포되어 있어 시설관리 비중이 가장 큰 것으로 분석되고 있다.

〈표 28〉 일반관리 분포비율

시설관리비	청소관리비	경비관리비	주차관리비	기타 관리비
63.8%	18.4%	13.6%	4%	0.2%

(자료출처 : 산업자원부(현, 지식경제부), 기술표준원, 시설관리서비스 표준화연구, 2005. p.55. 인용)

이상의 BLCC의 비용분포상 유지관리비가 가장 많은 약 80% 이상을 점하고 있으며 유지관리비 중 일반관리비가 무려 63.8%를 점하고 있어 경제관리의 원칙상 가장 경제적 관리방법으로 안전하게 효율적으로 관리하여 자산가치(사용가치와 교환가치) 극대화를 달성하기 위해서는 BLCC의 중 유지관리비의 경제화와 효율화가 반드시 이루어져야 한다.

왜냐하면 비경제적 방법으로 또는 비효율적 방법으로 관리되는 경우 운영관리의 핵심인 수익성, 경제성, 기능성, 효용성, 대체성, 내구성이 높게 난다하더라도 의미가 반감 또는 상실되기 때문이다. 따라서 건물자산의 운영관리의 핵심과업과 건물자산의 경제가치 극대화를 달성하기 위해서는 BLCC의 관리가 절대적으로 필요하다.

(3) BLCC의 관리내용과 방법

BLCC의 주된 관리내용은 초기투자비의 경제성 평가와 건물자산 총생애비용의 경제화와 이를 위한 관리활동의 효율화에 있다.

총생애비용의 경제화란 관리효용의 극대화 변수는 그대로 둔 채 총생애비용 100의 관리사례에서 설계비, 건설비(시공비), 유지관리, 철거폐기비 등의 비용을 하향 조정하여 합리적으로 낮추거나 비용을 절감하는 경제관리를 의미한다. 예컨대, 총생애비용 중 약 80%를 점하고 있는 유지관리 비용 중 가장 비중이 높은 55%의 일반관리비와 24%의 에너지 비율, 수익성, 효율성과 유용성, 대체성 등의 일정비율로 조정하여 변수는 동일한 조건으로 하여 절감하는 것을 경제관리를 의미한다.

이를 이해서는 건물생애의 유지관리단계 동안 건축물과 건축설비에 대하여 일상점검보수와 정기적으로 진단·교체가 체계적으로 이루어짐이 요구된다.

왜냐하면, 완성초기의 건물의 기능과 성능은 정상기능과 성능을 유지하여 건물자산의 소유자나 사용자(임차인, 입주자 등)의 건물사용수익에 지장이 없으나 다음의 [그림 16]과 같이 경과시간 또는 사용방법의 잘못, 건물의 환경관리의 잘못 등으로 인하여 조기노후화가 나타나고 기능과 성능이 점차 떨어지므로 정기적인 점검·보수와 진단·교체가 이루어져야만이 떨어진 건물의 기능과 성능을 원상회복 또는 증가시켜 건물의 기능과 성능이 사용수익과 균형을 이룰 수 있게 하기 때문이다.

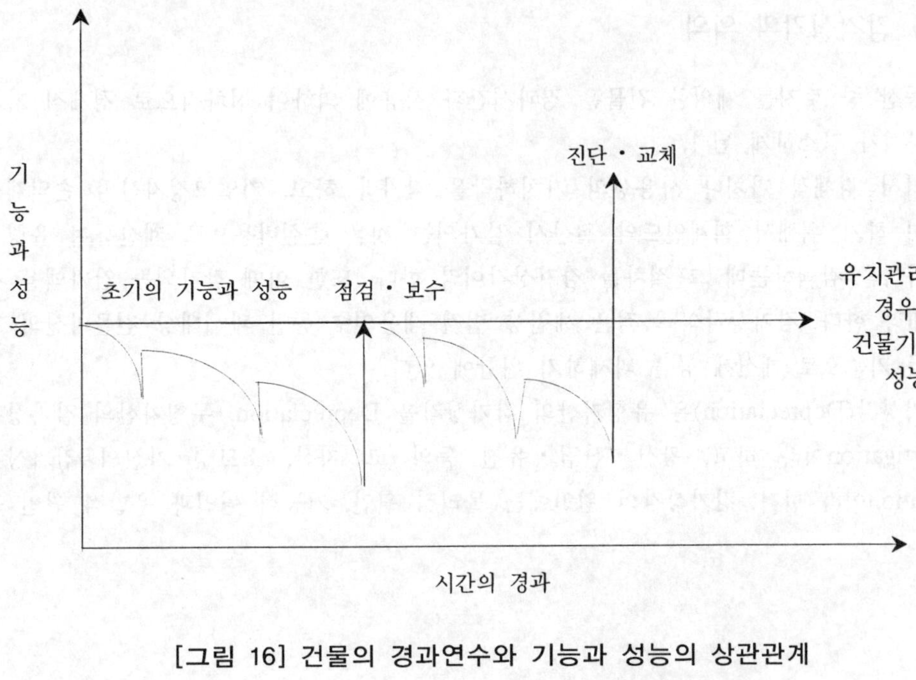

[그림 16] 건물의 경과연수와 기능과 성능의 상관관계

[그림 16]에서 알 수 있는 바와 같이 점검보수의 일상화가 이루어지는 경우 건물의 내용연수범위 내에서 초기의 건물기능과 성능은 유지되나 일정한 점검보수가 이루어지지 않는 경우에는 건물의 기능과 성능이 급속도로 떨어져 정상적인 건물사용수익이 어렵게 되며 조기에 진단·교체를 통한 대수선 공사로 기본적 지출이 일어나 유지관리 비용의 경제화에 역행하게 된다.

BLCC가 주된 관리비용으로 상정하고 있는 건물자산관리의 경제화이므로 건물자산의 생애단계 측면에서 고찰해보면 가장 경제적 비용으로 최적건물자산을 취득하고 가장 경제적인 방법으로 효율적 보유와 운영관리 및 개량이 이루어져 운영수익이 Cash Flow(현금흐름표)상 최대가 되며 가장 경제적 방법으로 전략적 처분(또는합리적 처분)을 통하여 양도차익을 실현하는 경제관리를 의미한다. 결국 BLCC의 관리는 경제관리가 핵심임을 알 수 있다.

BLCC의 주된 관리내용의 다른 하나인 효율화란 건물자산의 취득, 보수, 처분과정에 투입되는 비용, 시간, 노력의 양보다 이들로부터 산출되는 Output인 취득, 효율적 보유와 운영관리 및 개량, 그리고 합리적 처분에 의한 양도차익의 실현 등으로 양질의 경영관리 효과로 나타나는 것을 의미한다.

2. 건물자산의 감가상각 관리

(1) 감각상각의 의의

부동산 중 토지를 제외한 건물은 경과시간과 사용에 의하여 점차적으로 경제적 가치나 사용가치가 감소하게 된다.

따라서 경제적 가치나 사용상의 가치하락을 감가라 하고, 기업고정자산의 손익계산을 정확히 하기 위해서 회계연도의 결산시 감가되는 것을 손실비용으로 계산하여 유형자산 장부가액을 감액하는데 그 절차를 감가상각이라 한다. 또한 이때 감가되는 감가액을 감가상각비라 한다. 감가상각의 목적은 세법상 법정 내용연수 동안 과세대상 건물자산의 잔존가치를 기준으로 재산세 등을 과세하기 위함에 있다.

감가상각(Depreciation)은 유형자산의 감가상각을 Depreciation, 무형자산의 감가상각은 Amortigation이라 하고, 광산·산림·유전 등의 고정자산, 소모성 자산의 감가상각은 Deplation이라 한다. 감가상각의 원인에는 물리적 원인, 기능적 원인과 우발적 원인 등이 있다.

(2) 감가상각의 원인

1) 물리적 원인

① 경과시간으로 인한 퇴화와 기능 저하
② 사용에 따른 파손 · 감모 등

2) 기능적 원인

① 부작용
② 진부화

3) 우발적 원인

① 돌발적 사고
② 자연적 재해(수해 등 천재지변)
③ 기타 화재 · 전쟁 · 도난 등

(3) 감가상각의 내용

① 경과시간에 따른 가치 감소
② 기술혁신에 따른 진부화
③ 천재지변에 의한 감가
④ 경제정책적 특별기계설비 등의 특별상각

(4) 감가상각 계산요소

① 취득원가
② 잔존가액
③ 내용연수

이상과 같은 3가지 요소를 결정하여야 감가상각액을 계산할 수 있다.

취득원가는 부채비용을 포함한 제조원가를 의미하고, 잔존가액은 추산가액 및 처분가액을 의미하며, 내용연수는 내구연수 또는 사용연수라고도 하는 것으로 법인세법 시행규칙에서 규정하고 있는 법정내용연수를 의미한다.

(5) 감가상각 계산방법

감가상각비 계산방법에는 정액법 · 정률법 · 생산량비례법 · 연수합계법 등이 있다.

1) 정액법(定額法)

정액법이란 유형자산의 감가상각비의 계산방법의 하나로서 균등법 또는 직선법이라 한다. 정액법의 의미는 유형자산이 사용기간 동안 사용가치가 매년(매기)마다 일정액이 감소한다는 전제하에 감가액을 매기마다 같은 금액으로 산정하여 감가하는 방법을 말한다.

정액법의 장점은 다음과 같다.

① 계산이 간단하다.
② 비용 배분이 간단・평균화되어 손익계산상 합리적이다.

그러나 단점으로는

① 감가액이 일정한 것은 현실과 부합되지 않는다.
② 수선비 미고려

등이 있다. 정액법의 산출공식은 다음과 같다.

$$감가상각비 = \frac{취득원가 - 잔존가액}{내용연수}$$

정액법을 영어로 Fixed Installment Method라 한다.

2) 정률법(定率法)

정률법이란 유형자산의 감가상각비의 계산방법 중의 하나로서 매기 초의 장부가격에 일정한 상각률을 곱하여 얻어진 금액을 그 기간에 있어 상각액으로 감가하는 방법으로 Fixed Percentage Method라 한다.

정률법은 경과연수에 따라서 점차 감소해가는 장부가액에다 매년 일정한 감가상각률을 곱하기 때문에 결국 감가상각액은 경과연수에 따라 감소된다. 따라서 정률법은 체감잔액법이라고 한다. 정률법의 특징은 다음과 같다.

① 초기에 많은 금액을 체감한다.
② 연수가 경과함에 따라 상각액을 적게 하기 때문에 연수가 길다.
③ 폐기가 돌발적으로 생기기 쉬운 기계설비 등의 장치시설에 적용하기에 적합하다.
④ 절세효과가 크다.
⑤ 조기에 투자자금 회수에 도움이 된다.
⑥ 감가상각비의 산출이 매기마다 동률이기 때문에 기업에서 많이 사용되고 있다.
⑦ 그러나 정률의 계산이 복잡하여 기업실무 차원에서 법인세법 시행규칙 별표에서 표시한 고정자산 상각률에 의해서 산출하고 있다.

정률법의 산식은 다음과 같다.

$$\text{상각률} = \frac{1-\text{내용연수}\sqrt{\text{잔존가치}}}{\text{취득원가}}$$

$$\text{매기 상각액} = \text{매기 초 장부가액(미상각잔액} \times \text{상각률)}$$

3) 생산량 비례법(生産量 比例法)

생산량 비례법이란 광업권・토지・산림 등에 있어서 생산량에 비례하여 가치가 감소하는 유형자산에 적용되는 상각법을 말한다. 즉, 내용연수에 의하지 않고 소유자산의 이용 정도에 비례해서 당기의 상각액을 계산하는 방법을 말한다.

생산량 비례법의 산식은 다음과 같다.

$$\text{감가상각비} = (\text{취득원가} - \text{잔존가치}) \times \frac{\text{당기 실제생산량}}{\text{총추정생산량}}$$

생산량 비례법은 영어로 Production Method라 한다.

4) 연수합계법(年數合計法)

연수합계법이란 정률법과 같은 체감상각법의 일종이다. 상각대상 자산의 취득 초기에는 높은 상각률을 곱하고, 취득 후기에 낮은 상각률을 곱하므로 계속 상각하는 방법으로 미국에서 주로 사용하고 있다. 이 방법은 연수합계에 대한 잔여내용연수의 비율을 매번 계산해서 감가상각 대상액에 곱하는 방법을 사용한다. 산출방법은 다음과 같다.

$$\text{감가상각비} = (\text{취득원가} - \text{잔존가치}) \times \frac{\text{잔존내용연수}}{\text{내용연수합계}}$$

$$\text{내용연수합계} = \text{내용연수} \times \frac{\text{내용연수}+1}{2}$$

연수합계법을 영어로 SUM of the Digit Method, SYD법이라 한다.

3. 법정 내용연수

법정 내용연수란 조세행정상 고정자산의 감가상각에 대한 기본이 되는 연수로 세금부과를 위한 조세산출과 금융부분에서 주로 이용된다. 법정 내용연수는 우리나라 법인세법 시행규칙에서 규정하고 있는 내용연수를 의미한다.

법정 내용연수의 최대 단점은 건물의 내용연수를 획일적으로 규정하여 같은 유형의 건물이라 할지라도 사용부재가 다소 다르거나 주변 조건 등에 의하여 내용연한이 달라지는 것을 전혀 고려하고 있지 않다는 점과 단지건물의 감가상각만을 고려한 세법상의 용도에 그치고 있다는 점들이다.

우리나라 법인세법 시행규칙에서 규정하고 있는 건물과 건축설비 등의 법정 내용연수(내용연한)의 내용은 다음의 <표 29>와 같다.

〈표 29〉 건축물 등의 기준내용연수 및 내용연수범위표(제15조 제3항 관련)

구분	기준내용연수 및 내용연수범위(하한-상한)	구조 또는 자산명
1	5년 (4~6년)	차량 및 운반구(운수업, 기계장비 및 소비용품 임대업에 사용되는 차량 및 운반구를 제외한다), 공구, 기구 및 비품
2	12년 (9년~15년)	선박 및 항공기(어업, 운수업, 기계장비 및 소비용품 임대업에 사용되는 선박 및 항공기를 제외한다.
3	20년 (15년~25년)	연와조, 블록조, 콘크리트조, 토조, 토벽조, 목조, 목골몰타르조, 기타 조의 모든 건물(부속설비를 포함한다)과 구축물
4	40년 (30년~50년)	철골・철근콘크리트조, 철근콘크리트조, 석조, 연와석조, 철골조의 모든 건물(부속설비를 포함한다)과 구축물

① 건물(부속설비를 포함한다.) 및 구축물이 기준내용연수 및 내용연수범위가 서로 다른 2 이상의 복합구조로 구성되어 있는 경우에는 주된 구조에 의한 기준내용연수 및 내용연수범위를 적용한다.

② 구분 3과 구분 4를 적용함에 있어서 부속설비에는 당해 건물과 관련된 전기설비, 급배수・위생설비, 가스설비, 냉방・난방・통풍 및 보일러설비, 승강기설비 등 모든 부속설비를 포함하고, 구축물에는 하수도, 굴뚝, 경륜장, 포장도로, 교량, 도크, 방벽, 철탑, 터널 기타 토지에 정착한 모든 토목설비나 공작물을 포함한다. 다만, 부속설비를 건축물과 구분하여 업종별 자산으로 회계 처리하는 경우에는 별표 6을 적용할 수 있다.

③ 구분 3과 구분 4를 적용함에 있어서 건물 중 변전소, 발전소, 공장, 창고, 정거장・정류장・차고용 건물, 폐수 및 폐기물처리용 건물, 유통산업발전법시행령에 의한 무역거래기반시설(별도의 건물인 무역연수원을 제외한다), 구축물 중 하수도, 굴뚝, 경륜장, 포장도로와 폐수 및 폐기물처리용 구축물과 기타 진동이 심하거나 부식성 물질에 심하게 노출된 것은 기준내용연수를 각각(8년~12년), (15년~25년)으로 하여 신고내용연수를 선택 적용할 수 있다.

제9절 건물시가표준액 산출체계와 경과연수 잔가율

2009년 서울특별시 부동산시가표준액 자료에 의하면 건물시가표준액 산출체계와 적용지수 및 잔가율은 다음과 같다.

1. 건물시가표준액 산출체계

(1) 산출체계도

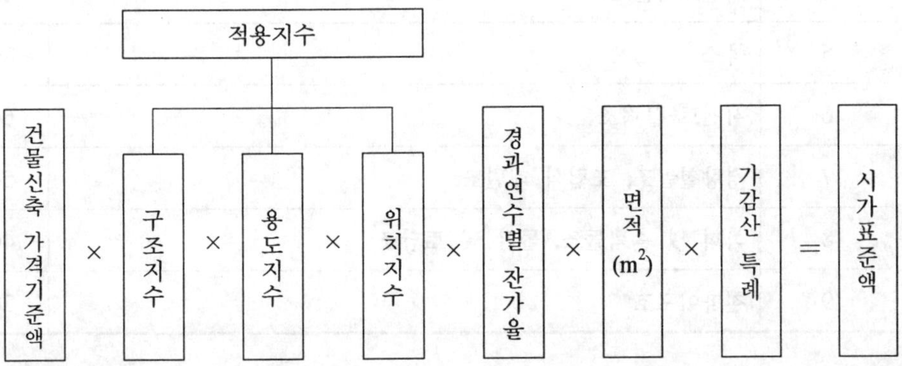

(2) 산출요령

① 건물에 대한 시가표준액은 소득세법 제99조 제1항 제1호 나목의 규정에 의하여 산정 · 고시하는 건물신축가격기준액에 구조별, 용도별, 위치별 지수와 경과연수별 잔가율을 곱하여 1m²당 금액을 산출한다.

※ 2004년 175천원, 2005년 460천원, 2006년 470원,
2007년 490천원, 2008년 510천원, 2009년 510천원

② 산출한 m²당 금액(A×B×⋯×E)에서 1,000원 미만 숫자는 절사한다.
다만, 1m²당 금액이 1,000원 미만일 때는 1,000원으로 한다.

③ 내용연수가 경과된 건물은 최종연도의 잔가율을 적용한다.

④ 가감산특례에 해당하는 건물에 대하여는 산출가액{A×B×⋯×면적(m²)}에 일정율을 가감한 가액을 시가표준액으로 한다.

2. 적용지수

(1) 구조지수의 적용

1) 구조지수

구조번호	구조별	지수
1	철골(철골철근)콘크리트조, 통나무조	120
2	철근콘크리트조, 철골조, 석조, PC조, 목구조, 스틸하우스조	100
3	연와조, 보강콘크리트조, 황토조	90
4	시멘트벽돌조	80
5	목조	70
6	시멘트 블럭조	60
7	경량철골조, 조립식 패널조	50
8	석회 및 흙벽돌조, 돌담 및 토담조	40
9	철파이프조	20

2) 용어의 정의

① 철골(철골철근)콘크리트조

철골의 기둥·벽·바닥 등 각 부분에 콘크리트를 부어 넣거나 철근콘크리트로 피복한 구조를 말한다.

② 통나무조

원목에 인위적인 힘을 가하여 형태를 변화(원형 또는 다각형)시킨 후 이를 세우거나 쌓아 기둥과 외벽 전체면적의 1/2이상을 차지하도록 축조한 구조 및 이 구조와 조적 기타의 구조를 병용한 구조를 말한다. 다만, 목구조 및 목조를 제외한다.

(2) 용도지수의 적용

1) 용도지수

용도번호	용도별	대상건물	지수
1	주거시설	단독주택, 공동주택, 기숙사	100
	숙박시설	여인숙(전언민박 포함)	
2	사무·주거겸용 시설	오피스텔	110
3	식품위생시설	식품위생법에 의한 유흥주점	135
	숙박시설	콘도미니엄, 호텔	
	대규모 점포시설	유통산업발전법시행령 제3조에 의한 대형마트, 전문점, 백화점, 쇼핑센터, 그 밖의 대규모 점포	
	위락시설	투전기업소 및 카지노업소	
	공중위생시설	일반목욕장(연면적 3,000m^2 이상)	
	발전시설	원자력발전시설(원자로·터빈·보조·핵폐기물 저장건물에 한함	
4	사무실	각종 사물실용 건물	125
	의식시설	예식장, 장례식장	
	위험물 저장시설	주유소시설, 가스충전소, 기타 위험물 저장시설	
	근린생활시설	약국, 사진관, 독서실, 학원의 설립 및 과외교습에관한법률에 의한 학원 및 과외교습소, 단일점포(일용품점포), 수퍼마켓 등 판매시설(백화점과 쇼핑센터 등 대규모소매점 제외), 게임제공업소, 산후조리원	
	식품위생시설	식품위생법에 의한 휴게음식점, 일반음식점, 단란주점	
	체육시설	골프장, 스키장, 자동차경주장, 승마장, 종합체육시설업	
	유원시설	관광진흥법에 의한 각종 유원시설업소	
	공중위생시설	일반목욕장(연면적 1,000m^2 이상 3,000m^2미만), 이용소, 미용소, 세탁소	
	숙박시설	여관, 관광진흥법에 의한 펜션	
	의료시설	병원, 의원, 한의원	
	문화시설	박물관, 미술관, 영화관, 극장, 관람장, 집회장, 전시장, 기원	
	방송통신시설	방송국, 전신전화국, 촬영소, 통신용 시설	
5	교육연구시설	학교, 아동관련시설(영유아보육시설, 유치원, 그 밖에 이와 유사한 것으로서 용도번호 4에 속하지 아니한 것), 직업훈련원, 실습장, 도서 관, 연구소, 수련원	117
	종교시설	교회, 성당, 사찰, 불당, 기도원, 수련원	
	체육시설	체육시설의설치이용에관한법률에 의한 시설 중 용도번호 4에 속하지 아니하는 것, 사격장	

용도번호	용도별	대상건물	지수
5	공중위생시설	일반목욕장(연면적 1,000m^2 미만)	117
	의료시설	시술소, 조산원	
	시장	재래시장	
6	생산시설	공장, 창고(냉동창고 및 하역장을 포함하되 주거용이나 사무실용 창고는 제외), 목공소, 변전소, 발전시설(용도번호 3에 속하지 아니하는 것)	80
	운수시설	공항·항만시설, 여객·화물터미널, 철도역사	
	차량 관련 시설	세차장, 폐차장, 주차시설(주택의 차고는 제외)	
	기 타	지하대피소(주택의 지하실은 제외), 무선기지국, 간이TV중계소(TVR), 동·식물원, 수족관, 사우(재실, 정각포함), 양수장, 경주용마사	
7	농어가주택	전업농어가의 주거용 건물	60
	광산주택	광산촌의 광산근로자 전용주택	
	묘지 관련 시설	납골당, 화장장	
	복지시설	양로원, 고아원, 기타 이와 유사한 시설	
8	농어업생산 시설	축사, 가금사, 버섯재배사, 농막, 잠실, 건조장, 퇴비장, 전업농어가 창고, 양어장(축양장)	30

(3) 위치지수의 적용

1) 위치지수

지역번호	건물부속 토지가격	지 수
1	50이하	80
2	50초과 ~ 200 이하	85
3	200초과 ~ 500이하	90
4	500초과 ~ 800이하	95
5	800초과 ~ 1,200이하	100
6	1,200초과 ~ 2,000이하	105
7	2,000초과 ~ 3,000이하	110
8	3,000초과 ~ 5,000이하	115
9	5,000초과 ~ 7,000이하	120
10	7,000초과 ~ 10,000이하	125
11	10,000초과	130

3. 경과연수별 잔가율

경과연수에 따라 잔가율은 다음과 같다.

건물 구조 / 구분	철골 (철골철근) 콘크리트조, 통나무조	철근 콘크리트조, 석조, P・C조, 목구조	철골조, 스틸하우스조, 연와조, 보강콘크리트조, 황토조, 시멘트벽돌조, 목조	시멘트블록조 경량철골조 조립식패널조	석회, 흙벽돌, 돌담, 토담조, 철파이프조
내용연수	50	40	30	20	10
최종연도 잔가율	20%	20%	10%	10%	10%
매년 상가율	0.016	0.02	0.03	0.045	0.09
경과연수별 잔가율	1−(0.016 × 경과연수)	1−(0.02 × 경과연수)	1−(0.03 × 경과연수)	1−(0.045 × 경과연수)	1−(0.09 × 경과연수)

제 III 편

금융시장과 자금의 조달

제III편 금융시장과 자금의 조달편에서는 6개 장을 두고 금융시장과 집합투자기구, 리츠(REITs), 펀드, 유동화증권, 주택저당증권, 프로젝트 파이낸싱 등을 통한 자금조달 방법론에 대하여 설명하고 있다.

제9장 금융시장과 집합투자기구

- 제1절 금융시장의 개념과 종류
- 제2절 집합투자기구

제1절 금융시장의 개념과 종류

1. 금융시장과 부동산금융

최근 금융시장의 특징적인 추세로 부동산시장과 금융시장의 결합, 부동산의 금융상품화를 제시할 수 있으며, 부동산분야에서 부동산투자수단의 다양화와 REITs와 부동산펀드 등 금융상품의 도입이 증가하고 있다. 금융이란 자금잉여부문과 자금부족부문간에 자금이 이전되는 시스템을 말하는데 이러한 자금의 이전이 다수의 시장참여자들에 의해 이루어지는 시장을 금융시장이라 한다. 국민경제내에서 금융시장의 기본적 기능은 여유자금을 가진 투자자에 해당되는 자금잉여부문으로부터 기업과 같은 자금부족부문으로 자금을 이전하는 것이라고 할 수 있다.

부동산금융은 이와 같은 금융시스템의 일부로서 부동산의 취득, 개발, 관리, 처분 등과 관련된 자금의 조달과 운용을 의미한다. 즉 부동산금융은 금융중개기관을 통해 자금잉여부문과 자금부족부문 간에 이루어지는 자금의 이전시스템이다.

금융시장에서 거래되고 있는 자금의 유통수단을 금융자산 또는 금융상품이라고 한다. 금융상품에는 주식·채권을 비롯한 투자상품, 예금, 보험상품 등이 있다. 부동산금융자산 또는 부동산금융상품은 금융자산과 실물자산이 결합된 형태라고 할 수 있다. 부동산투자신탁, 부동산투자회사(REITs), 부동산펀드, 프로젝트 파이낸싱, 자산유동화증권, 주택저당증권, 주택금융 등 부동산금융시장도 금융시장의 일부를 구성하고 있다.

2. 자본시장

금융시장은 거래되는 금융상품의 만기에 따라 단기금융시장(화폐시장)과 장기금융시장(자본시장)으로 구분할 수 있는데, 단기금융시장은 화폐시장(Money Markets)이라고도 하며 만기 1년 이내의 금융상품이 거래되는 시장으로서 단기금융상품 거래자들은 콜자금, 기업어음, 양도성예금증서, 환매조건부채권 등과 같은 단기금융상품을 매매함으로써 단기자금의 조달과 운용 등 유동성을 조절하고 있다. 장기금융시장은 자본시장(Capital Markets)이라고도 하며 1년 이상의 장기자금을 조달하는 장기금융시장으로서 자본시장의 대표적인 금융상품으로는 주식·채권이 있다.

부동산금융은 일반적으로 장기금융시장(자본시장)에서 이루어지고 있으며, 단기금융시장(화폐시장)에 해당되는 경우는 단기 부동산 취득자금, 부동산저당채권(債權)을 담보로 발행된 ABCP(Asset Backed Commercial Paper) 등이 있다.

주식과 채권 등이 발행, 유통되는 자본시장은 발행시장과 유통시장으로 구분되는데 각 시장에 대해 설명하면 다음과 같다.

(1) 발행시장

발행시장(Primary Markets)은 자금을 조달하는 자금의 수요자에 해당되는 발행자(발행주체)와 증권 발행사무 및 발행위험을 부담하는 발행기관(인수기관) 그리고 발행된 증권을 매입하는, 즉 자금의 공급자에 해당되는 투자자로 구성된다. 발행자(발행주체)란 발행시장에서 유가증권을 발행하는 자이며 발행기관(간접발행의 경우)은 인수기관이라고도 하며, 증권의 발행자와 투자자 사이에 개입하여 증권발행에 따른 사무처리와 발행에 따르는 위험을 발행자를 대신하여 부담하는 기관을 말하며, 발행기관의 핵심기능은 증권발행, 매출시에 인수(Underwriting)기능을 수행하는 기능이라 할 수 있다.

증권을 발행할 경우에 발행위험, 즉 발행된 증권이 투자자들에게 판매되지 않을 가능성을 누가 부담하느냐에 따라 직접발행과 간접발행으로 구분된다. 직접발행은 증권발행에 따른 발행위험을 발행자가 부담하는 경우이며, 간접발행은 인수기관이 발행위험을 부담하게 되는 경우를 말한다.

그리고 기업공개 이후에 주식을 추가로 발행하는 경우, 이를 증자라 하는데 증자란 기업이 주식발행을 통해 자본금을 증가시키는 것을 의미하며 유상증자와 무상증자로 구분된다. 유상증자는 신주를 발행할 때 그 인수가액을 현금이나 현물로 납입시켜 신규로 자금 또는 재산이 기업으로 들어오는 경우를 말한다.

무상증자는 주주들에게 무상으로 신주를 발행하는 것을 말하며, 무상증자는 회사의 자산에는 변화를 가져오지 않고 재무제표상에 항목간의 변동을 통하여 이루어진다. 무상증자가 주식배당과 다른 측면은 재원 측면에 있다. 주식배당의 재원은 이월이익잉여금인 반면, 무상증자의 재원은 일반적으로 자본잉여금 및 이익준비금이다. 주식배당은 이익잉여금의 자본전입이고 무상증자는 자본잉여금 및 이익잉여금의 자본전입이다.

(2) 유통시장

유통시장(Secondary Markets)은 이미 발행된 증권이 투자자간에 매매되는 시장을 의미한다. 유통시장은 이미 발행된 회사채나 주식을 쉽게 현금화할 수 있게 함으로써 해당 금융상품의 유동성을 높여 준다.

우리나라의 유통시장은 한국거래소(유가증권시장, 코스닥시장), 프리보드시장으로 구분된다. 2005년 1월 거래비용의 절감과 이용자의 편의제고를 위해 기존의 한국증권거래소, 코스닥증권시장, 한국선물거래소를 통합하여 한국증권선물거래소가 출범했으며, 2009년 2월 명칭을 한국거래소로 개정하였다.

1) 유가증권시장

현재 한국거래소내 유가증권시장의 전신인 한국증권거래소는 1956년 설립되었으며 현재는 한국거래소로 통합이 되었다. 유가증권시장은 상장심사를 거쳐 통과된 우량 상장기업의 증권이 거래되며, 유가증권시장에서는 주식과 채권이 상장되어 거래되고 있다.

주식의 경우 유가증권시장 상장 요건은 자기자본이 100억원 이상, 상장주식수가 100만주 이상, 매출액이 최근연도 300억원 이상이고, 최근 3개연도 평균 200억원 이상, 소액주주의 수가 1,000명 이상, 최근연도 영업이익, 경상이익, 당기순이익을 시현하였을 것 등의 요건을 충족해야 한다. 주식의 경우 결제는 거래가 체결된 날로부터 3일째 되는 날에 결제가 이루어진다. 가격제한폭은 전일 종가의 상하 15%이며, 매매단위는 10주이며, 고객이 증권 매매시 담보로 예치하는 위탁증거금은 증권사가 자율적으로 결정하도록 되어 있다.

채권의 유통시장은 상장채권이 거래되는 거래소시장과 비상장채권을 포함한 모든 채권이 거래되는 장외시장으로 구분된다. 거래소시장은 경쟁매매가 이루어지는 시장이며 거래조건이 구체화되어 있고 거래시간이 한정되어 있다. 장외시장은 상대매매가 이루어지는 비조직적인 시장이며 대부분 금융기관이나 법인 등 기관간의 대량매매가 이루어진다. 채권거래는 주식거래와는 달리 장외거래의 비중이 높은 기관투자자 중심의 시장, 즉 채권거래에 있어 절대적인 비중을 차지하는 것은 기관투자자들이다.

증권거래소 장내채권시장에는 일반채권시장과 국채전문유통시장(inter-dealer market: IDM)이 있다. 일반채권시장은 일반투자자가 참여할 수 있는 시장이며, 주식관련사채와 소액첨가소화국채가 거래된다.

채권은 발행주체를 기준으로 국채, 지방채, 특수채, 금융채, 회사채 등으로 구분된다. 국채는 정부가 발행하는 채권이며, 지방채는 지방자체단체가 발행하는 채권이다. 특별법에 의해 설립된 법인이 발행하는 채권을 특수채라 하며 금융기관이 발행하는 금융채(산업금융채권 등), 상법상의 주식회사가 발행하는 회사채가 있다.

국채의 경우에는 국채의 원활한 거래를 위해 국채전문딜러제도가 1999년 7월 도입되어 금융기관(은행, 증권회사, 종합금융회사) 중 국채인수 및 유통실적 우수 금융기관을 국채전문딜러로 선정하여 국채의 거래 및 보유의무와 국고채 경쟁입찰 참여 등 혜택을 받는다.

채권과 주식의 중간적인 성격을 갖는 채권으로서 전환사채(CB : Convertible Bond), 신주인수권부사채(BW : Bond with Warrants) 등이 있다. 전환사채란 일정한 조건에 따라 채권을 발행한 회사의 주식으로 전환할 수 있는 권리가 부여된 채권으로서, 전환 전에는 사채로서의 확정이자를 받을 수 있고 전환 후에는 주식으로서의 이익을 얻을 수 있다.

예를 들어, 투자자 甲이 A기업이 전환가격 15,000원에 발행한 CB를 액면가

1,500,000원어치를 보유하고 있는데(투자자 甲은 이 CB를 1,500,000원에 매입했었다), 현재 A기업의 주가가 전환가격보다 높은 18,000원이라면 투자자 甲은 주식으로 전환을 청구할 경우 보통주 100주(1,500,000원÷15,000원)를 받게 된다. 이 경우 100주를 주식시장에서 매각하면 약 1,800,000원을 받게 된다. 그러면 CB를 매입했을 때 비용인 1,500,000원보다 큰 금액을 받게 되므로 투자자 甲은 이익을 얻게 된다.

CB는 발행회사 측면에서 첫째, 일반사채보다 낮은 금리로 발행되므로 자금조달비용이 경감되며 둘째, 주식으로의 전환시 고정부채가 자기자본이 되므로 재무구조 개선효과를 지닌다. 투자자 측면에서는 사채로서 안정성과 주가가 오를 경우 주식으로서의 이익을 얻을 수 있다. 반면, 보통사채보다 낮은 이자율을 받게 되고, 주가가 상승하지 않을 경우 전환권을 행사하지 못할 위험이 있다. 신주인수권부사채란 사채권자에게 소정의 기간이 경과한 후 일정 가격으로 발행회사의 신주를 인수할 수 있는 신주인수권이 부여된 채권이며 주가가 행사가격 이상으로 오를 경우 인수권을 행사할 유인을 갖게 된다.

2) 코스닥시장

코스닥시장은 유가증권시장에는 상장하기 어렵고, 성장력과 기술력이 있는 IT, BT, CT 등 중소기업, 벤처기업 중심의 시장이다.

코스닥시장 상장요건은 일반기업, 벤처기업, 성장형 벤처 3가지 경우로 구분되는데 일반기업의 경우는 자기자본이 30억원 이상이며 의결권이 있는 주식을 보유하고 있는 소액주주가 500인 이상이어야 한다. 그리고 최근 사업연도에 경상이익이 있어야 하며 자기자본이익률이 10% 이상이 되어야 한다.

가격제한폭은 유가증권시장과 동일하게 전일 종가의 상하 15%이며, 매매단위는 1주이며, 고객이 증권매매시 담보로 예치하는 위탁증거금은 증권사가 자율적으로 결정하도록 되어 있다.

3) 프리보드시장

프리보드(Free Board)시장은 유가증권시장 및 코스닥시장에서 거래되지 않는 주식을 대상으로 하는 시장으로 2000년 3월 개설되었던 제3시장이 2005년 7월 프리보드시장으로 전환되었다. 프리보드시장에서 유가증권이 거래되려면 일정한 지정요건을 충족해야 하는데, 최근 사업연도 재무제표에 대한 외부감사인의 감사의견이 적정 또는 한정의견이어야 하며, 주식을 증권예탁원에 예탁할 수 있고 양도제한이 없을 것, 그리고 발행회사의 명의개서업무를 명의개서대행회사에 위탁하였어야 한다.

프리보드시장에서는 상대매매방식에 의해 거래가 체결된다. 매매단위는 1주이며, 위탁증거금은 100%이며, 가격제한폭은 매매기준가격(직전일의 총거래대금 ÷ 직전일의 총거래주식수) 대비 상하 30%이다.

제2절 집합투자기구

1. 국내 투자펀드시장

투자펀드란 투자자로부터 자금 등을 모집하여 증권, 부동산 등의 자산에 투자, 운용하고, 그로부터 창출된 수익을 투자자에게 분배하는 방식의 금융상품을 의미한다. 우리나라 투자펀드의 시초인 투자신탁제도는 1969년 증권투자신탁업이 제정되고, 1970년에는 한국투자공사가 투자신탁업무를 개시함으로써 시작되었다. 1983년에는 일반은행에 대해 신탁업무가 허용되면서 자산운용시장은 크게 성장하였다. 1996년 7월 이후에 투신운용회사의 설립이 허용되고 1997년 12월 IMF 외환위기 이후인 1998년 12월에는 증권투자회사(뮤추얼 펀드)제도가 도입되었다. 2001년 4월에는 보험회사의 변액보험 상품판매가 허용되었다. 이로써 국내 자산운용시장에는 증권투자신탁, 은행신탁, 증권투자회사, 변액보험 등 기능면에서는 동일하나 상품을 취급하는 금융기관이 서로 다른 형태를 보이게 되었다.

2003년 이후 저금리 상태가 지속됨에 따라 2004년 중반이후 은행의 상품에 대한 투자자들의 선호도가 낮아지고 펀드상품을 중심으로 한 간접투자상품에 대한 투자자들의 관심이 높아지고 있다. 이에 따라 가계금융자산의 구성이 은행예금에 비해 간접투자금융상품의 비중이 점차 높아지는 방향으로 변화하고 있다.

2004년 4월부터 간접투자자산운용업법이 시행됨에 따라 다양한 종류의 펀드상품이 등장한 것도 간접투자시장확대에 기여하였다. 주식이나 채권에만 투자하는 주식형, 채권형, 혼합형 펀드 이외에도 해외펀드, 파생상품펀드, 재간접형(fund of funds) 펀드 등이 등장하였고 선박, 부동산 등 실물자산에 투자하는 펀드가 판매가 되는 등 다양한 종류의 간접투자상품들이 출시되었다. 또한 간접투자자산운용업법이 시행되기 이전에는 펀드상품은 투신이나 증권회사에서만 판매하였으나 간접투자자산운용법이 시행된 후에는 은행・보험회사에서도 판매가 가능해졌다.

재정경제부는 2006년 2월 자본시장통합법을 발표하였고 2007년 7월 국회 본회의를 통과하였으며 2009년 2월 4일 자본시장통합법(자본시장과 금융투자업에 관한 법률)이 시행되었다. 자본시장통합법은 종전의 증권거래법과 선물거래법, 간접투자자산운용업법, 신탁업법, 종합금융회사에 관한 법률, 한국증권선물거래소법 등 6개 법률을 통합하여 제정된 법률이다. 주요 내용은 금융투자업 상호간 겸영 허용, 포괄주의 규제로 전환, 투자자보호 확대, 증권사에 대한 지급결제업무 허용 등이다.

2. 집합투자기구

(1) 집합투자기구 개요

1) 집합투자의 의의

집합투자는 투자자들로부터 자금 등을 모집하여 증권, 부동산 등의 자산에 투자, 운용하고 그로부터 창출된 수익을 투자자에게 취득시키는 것을 의미한다. 이러한 집합투자를 수행하기 위한 기구를 집합투자기구라 하며 집합투자기구에는 투자신탁, 투자회사, 투자유한회사, 투자합자회사, 투자조합, 투자익명조합, 사모투자전문회사가 있다.

투자신탁이란 투자자로부터 자금 등을 모은 위탁자가 그 자금 등을 수탁자로 하여금 당해 위탁자의 지시에 따라 투자, 운용하게 하고 그에 따른 수익을 당해 투자자에게 취득시키는 것을 목적으로 하는 집합투자기구를 의미한다. 그리고 투자회사란 집합투자회사 등이 주식회사를 설립한 후 투자회사의 주식을 투자자에게 판매하여 조성된 자금을 주식 등에 투자, 운용하여 그 수익을 주주에게 배분하는 것을 목적으로 설립된 집합투자기구를 의미한다.

2) 집합투자기구의 관계회사

집합투자기구의 관계회사로는 집합투자업자, 일반사무관리회사, 채권평가회사, 집합투자기구평가회사 등이 있다. 집합투자업자는 펀드재산의 운용을 담당하며, 일반사무관리회사는 투자회사의 위탁을 받아 투자회사의 운영에 관한 업무, 투자회사의 주식의 발행 및 명의개서 등의 업무를 하며, 집합투자기구평가회사는 집합투자기구를 평가하고 이를 투자자에게 제공하는 회사를 의미한다. 집합투자업자는 증권운용전문인력을 확보해야 하며, 부동산 집합투자기구를 설정하는 경우에는 부동산운용전문인력을 추가 확보해야 한다. 증권운용전문인력은 금융투자업 관계기관 등에서 3년 이상 근무한 자로서 금융투자상품의 운용전문업무에 2년 이상 종사한 경력이 있는 자, 또는 경영학, 경제학 등 증권관계분야 석사학위이상의 학위를 소지한 자 또는 전문교육과정을 이수한 자로서 집합투자관계기관 등에서 운용전문업무에 2년 이상 종사한 경력이 있는 자, 또는 공인회계사로서 집합투자관계기관등에서 증권운용전문업무에 2년 이상 종사한 경력이 있는 자, 또는 금융투자업에 준하는 업무를 영위하는 외국금융기관에서 3년이상 근무한 자로서 1,000억원 이상인 고유재산의 증권운용전문업무에 2년 이상 종사한 경력이 있는 자 등을 의미한다.

집합투자업자가 부동산펀드를 운용하기 위해서는 부동산운용전문인력을 추가 확보해야 하는데, 부동산운용전문인력은 다음의 어느 하나에 해당하는 투자운용인력을 의미한다.

① 감정평가사로서 감정평가분야 또는 부동산 관련분야에 5년 이상 종사한 경력이 있을 것
② 부동산 관련 분야의 석사학위 이상 소지자로서 부동산운용업무에 3년 이상 종사한 경력이 있을 것

③ 부동산의 투자, 운용업무를 주된 업무로 수행하는 외국의 부동산투자회사에서 5년 이상 근무한 자로서 부동산운용업무에 3년 이상 종사한 경력이 있을 것
④ 부동산투자회사법에 의한 부동산투자회사, 부동산투자자문회사, 자산관리회사, 부동산신탁회사 등에서 부동산운용업무에 3년 이상 종사한 경력이 있을 것
⑤ 증권운용전문인력으로 한국금융투자협회에서 정하는 부동산운용업무 관련 교육을 이수한 자를 의미

3) 집합투자기구의 설립

집합투자업자가 집합투자기구의 집합투자증권을 모집 또는 매출시 증권신고서를 금융위원회에 제출하여야 하고 동시에 해당 집합투자기구를 금융위원회에 등록하여야 한다. 그리고 하나의 집합투자기구의 설립을 위해서는 증권신고서, 집합투자기구 등록신청서 및 집합투자규약, 집합투자기구 관련 회사와의 각종 계약서 등을 동시에 제출하여야 한다.

(2) 집합투자기구의 종류

1) 자본시장법에서의 종류

자본시장법에서는 집합투자기구를 증권집합투자기구, 부동산집합투자기구, 특별자산집합투자기구, 혼합자산집합투자기구, 단기금융집합투자기구로 구분하고 있다. 이는 투자자들로부터 모은 집합투자재산을 어떤 대상에 운용하는가에 따라 분류된 것이다.

① 증권집합투자기구 : 집합투자재산의 50%를 초과하여 증권에 투자하는 집합투자기구
② 부동산집합투자기구 : 부동산 또는 부동산에서 파생된 자산에 투자하는 집합투자기구
③ 특별자산집합투자기구 : 집합투자재산의 50%를 초과하여 증권 및 부동산을 제외한 투자대상자산인 특별자산에 투자하는 집합투자기구
④ 혼합자산집합투자기구 : 증권, 부동산, 특별자산 집합투자기구 관련 규정의 제한을 받지 아니하는 집합투자기구를 의미한다. 예를 들어 투자대상을 확정하지 아니하고 가치가 있는 모든 자산에 투자할 수 있는 집합투자기구는 혼합자산집합투자기구로 분류할 수 있다.
⑤ 단기금융집합투자기구(MMF) : 집합투자재산의 전부를 단기금융상품에 투자하는 집합투자기구이며, 여기서 단기금융상품이란 잔존만기 6개월 이내인 CD, 잔존만기 1년 이내인 국채증권, 지방채증권, 특수채증권, 사채권 및 기업어음증권, 단기대출, 금융기관에의 예치, 다른 단기금융집합투자기구의 집합투자증권을 의미한다.

2) 일반적으로 실무에서 사용되는 펀드의 종류

① 주식형, 채권형, 혼합형 펀드

주식형 펀드란 펀드의 운용목적이 주식투자를 통해 매매차익 즉 자본이익을 얻는 것을

목적으로 하는 펀드이다. 채권형 펀드는 국채, 공채, 회사채, 기업어음 등에 투자하는 펀드이다. 펀드재산의 60%이상을 주식에 투자하는 경우 주식형 펀드라고 펀드재산의 60% 이상을 채권에 투자하는 경우 채권형 펀드라고 한다. 혼합형 펀드는 주식형이나 채권형에 속하지 않는 펀드를 말한다.

② 단기금융상품형

단기금융상품형 펀드한 MMF, 양도성예금증서 등 단기금융상품에만 투자하는 펀드이다. 이 펀드는 단기금융상품에 투자하기 때문에 비교적 안정성이 높다.

③ 특정부문형

특정부문형 펀드(또는 섹터형)란 특정산업에 속한 기업이나 특정한 성격을 가진 기업의 주식 및 채권에 투자하는 펀드이다. 특정부문형 펀드는 첨단산업주, 금융주, 생명공학주, 부동산, 금은동 등 광물 등에 투자한다. 특정부문형 펀드는 그 종류가 매우 다양하며 단기적으로 운영되기도 한다. 일부 투신사에서는 테마형 펀드라 하여 특정 주식에 집중투자하는 테마펀드를 판매한다. 특정부문형 펀드는 경제환경의 변화 및 산업별 특성에 따라 수익률의 변화가 매우 심하고 예측하기 어렵기 때문에 상대적으로 투자위험이 높은 편이며 매매시점을 정확히 포착하는 것이 중요하다.

④ 해외투자형

해외투자형 펀드는 해외에서 거래되고 있는 금융상품이나 실물자산에 투자하는 펀드이다. 해외 금융상품이나 실물자산에 투자하는 경우 국내투자와 달리 주가 및 채권가격변동에 의한 위험뿐만 아니라 환율변동으로 인한 손실을 입을 위험이 있다. 예를 들어 투자했던 외국의 금융상품이나 실물자산의 외국통화 표시가격이 상승했더라도 환율이 하락했다면 오히려 손실을 입을 수 있다.

⑤ 펀드오브펀드형

펀드오브펀드형(또는 재간접투자형) 펀드는 주식이나 채권에 직접 투자하기 보다는 펀드에 투자하는 펀드이다. 펀드오브펀드형 펀드는 개별 펀드보다 분산투자효과가 큰 것이 장점이나 일반 펀드에 비해 수수료가 높은 것이 단점이다. 펀드오브펀드형 펀드의 한 종류인 엄브렐라 펀드는 모펀드하에 여러 자펀드가 속한 형태의 펀드로 투자자들은 일정 조건하에 펀드간에 자유로이 전환할 수 있는 펀드이다.

⑥ 적립식펀드

투자자는 목돈을 일시에 투자하는 것이 아니라 일정기간 동안 적립을 해 나가는 방식, 즉 정기적금과 같은 방식이다. 적립방식은 정액적립식과 자유적립식이 있으며, 투자자로부터 받은 자금을 주식, 채권 등에 투자하게 된다.

⑦ ELS(Equity Linked Securities)

증권회사에서 발행하는 증권으로 주가지수 연계증권이라 한다. 투자자로부터 받은 자금의 대부분을 우량채권에 투자하여 원금을 보존하고 일부를 주가지수 옵션 등 파생상품에 투자해 추가 수익을 얻도록 설계된 증권이다. 예를 들어 일부 자금으로 주가지수 콜옵션을 매입했을 경우 만약 주가지수옵션의 행사가격 이상으로 주가지수가 상승할 경우에 매입권리를 행사하여 이득을 취하게 된다. 만약 주가지수가 행사가격 이상으로 상승하지 않을 경우에는 권리를 포기하면 된다.

⑧ ELF(Equity Linked Fund)

자산운용회사에서 만든 펀드로 주가지수연계펀드라 한다. 간접투자재산, 즉 원금의 대부분을 국공채 등에 투자하여 만기시 원금을 확보하며 나머지 펀드재산, 즉 원금에서 국공채 등에 투자된 금액을 공제한 나머지 금액은 ELS를 매입하는 데 사용하여 펀드수익률이 주가지수에 연동되도록 설계된 펀드이다.

⑨ ELD(Equity Linked Deposit)

주가지수연동예금으로 은행이 담당하는 금융상품으로서 원금이 보장된다. 고객으로부터 받은 금액을 대출금 등으로 운용하며 여기에서 나오는 수익을 주가지수옵션 등의 파생상품에 운용하여 추가 수익을 창출하는 금융상품이다.

⑩ 인덱스펀드(Index Fund)

인덱스펀드란 KOSPI200지수, S&P500지수 등 특정 지수의 수익률 변동과 동일하게 움직이도록 자산을 구성하는 펀드로서 시장의 평균적 수익률을 실현하는 것을 목표로 하는 펀드이다. 인덱스펀드는 수동적 자산관리방법의 일종으로 미국의 밴가드사가 처음 도입하였는데 거래비용의 절감, 낮은 수수료 등과 같은 장점이 있다. 가능한 한 적은 종목으로도 주가지수의 움직임을 근접하게 추적할 수 있는 포트폴리오를 구성하는 것이 자산운용의 핵심이다. 최근에는 주가지수 이외에도 채권지수 또는 실물자산 가격을 인덱스로 개발하여 활용하고 있다.

⑪ ETF(Exchange Traded Fund)

주가지수의 움직임을 따라가도록 설계된 상장지수펀드로서, 예를 들어 KOSPI200을 추종하는 ETF의 경우 KOSPI200을 구성하는 종목들로 펀드를 구성하여 ETF증권을 발행하므로 ETF는 KOSPI200의 움직임을 따라가게 된다. 즉, 인덱스펀드의 일종이지만 거래소에 상장하여 거래하기 때문에 주식과 같은 방법으로 거래가능, 즉 한 종목의 주식처럼 거래가 된다. ETF는 적은 자금으로도 한 ETF 증권에 투자하면서 분산투자를 하는 것과 같은 효과와 대상지수를 구성하는 종목전체에 투자하는 것과 같은 효과를 얻는다는 특징이 있다.

예를 들어, KODEX 200을 거래할 경우 KOSPI200 종목 200개를 한꺼번에 거래하는 효과를 얻게 된다. 그리고, ETF를 거래하는 데는 주식과 같이 매매수수료를 부담하지만 일반주식 거래와 달리 증권거래세(0.3%)가 부과되지 않는다. ETF에는 시장대표지수 ETF와 섹터지수 ETF로 구분할 수 있는데 시장대표지지수 ETF로는 KOSPI200을 따라가는 KODEX200, KOSEF200, KINDEX200, TREX200과 KRX100을 따라가는 KODEX KRX100, TIGER KRX100 등이 있다. 섹터지수 ETF로는 반도체업종지수를 추종하는 KODEX반도체, TIGER반도체와 은행주들로 구성된 KODEX은행, TIGER은행, KOSEF Banks 등이 있으며 이 외에도 KStar 5대그룹주, First스타우량 등의 종목이 있다.

⑫ 메자닌펀드(Mezzanine Fund)

메자닌(Mezzanine)은 원래 건물 1층과 2층 사이에 있는, 즉 1층도 2층도 아닌 중간 위치인 라운지 공간을 의미하는 단어로, 금융 용어로서는 채권과 주식의 중간단계에 있는 주식연계채권 상품을 통칭하는 용어이다. 구체적으로는 주식과 채권의 양면성을 갖는 전환사채(CB), 신주인수권부사채(BW), 후순위채권 등이 메자닌에 해당된다. 후순위채권은 선순위채권 보유자에게 원리금을 지급된 후 남는 자금이 있으면 원리금을 상환받게 되는 채권을 의미한다. 메자닌펀드란 이와 같은 메자닌에 투자하는 펀드를 의미한다.

제10장 리 츠

제1절 부동산투자회사의 개요

1. 부동산투자회사의 개념

부동산투자회사(REITs : Real Estate Investment Trusts)(이하 '리츠')는 부동산투자를 전문으로 하는 뮤추얼 펀드(Mutual Fund)이다. 리츠는 주식발행을 통하여 다수의 투자자로부터 투자자금을 모아서 부동산에 투자·운영하고 이런 활동을 통하여 발생된 수익을 투자자에게 돌려주는 회사이다.

뮤추얼 펀드가 투자자에게서 모집한 자금을 주식이나 채권에 투자하는 데 비해 리츠는 운용자금을 부동산에 투자한다는 점이 큰 차이일 뿐 나머지 상품구조는 유사하다.

리츠도 뮤추얼 펀드와 마찬가지로 주식을 주식시장에 상장한다. 따라서 투자자들은 자신의 투자지분에 해당하는 만큼 주식을 받아 주식시장에서 거래함으로써 투자자금을 손쉽게 회수할 수 있다.

2. 리츠의 특징

① 리츠는 간접투자상품이다. 직접 부동산에 투자하는 대신 간접적으로 부동산에 투자하는 간접 투자상품이다.

② 소액투자자들에게 대규모 부동산 소유의 기회를 제공한다. 리츠는 부동산을 분할 증권화하여 투자자들에게 매매하기 때문에 일반투자자들도 참여 가능하다. 유동성이 낮은 부동산을 증권화를 통하여 현금화가 손쉬운 형태로 전환시킨 금융상품이다. 유동성이란 쉽게 현금화되는 가능성을 의미하며 쉽게 현금화시킬 수 있는 자산은 유동성이 높은 자산이라고 한다.

③ 세제혜택으로서 자기관리형 리츠와 기업구조조정(CR)리츠는 배당가능이익의 90% 이상을 배당시 법인세 면제혜택이 있다.

④ 투자의 안정성이 있다. 리츠는 보유하고 있는 부동산에서 임대료 수입이 안정적이고 지속적으로 발생하기 때문에 비교적 현금흐름이 안정적이다. 리츠의 투자대상은 부동산이므로 일반주식에 비해 변동성이 낮은 상품이다. 초기의 리츠는 빌딩임대사업을 통한 임대수익이 주요 수익원이므로, 장기적인 임대계약으로 안정적인 현금흐름을 창출한다는 장점이 있다. 그리고 투자자산이 부동산으로 구성되어 있어 물가가 오르더라도 투자가치가 하락하는 위험을 피할 수 있다.

또한 리츠 주식은 일반 주식에 비해 주가변동성이 매우 낮다. 불황에도 리츠주가가 크게 하락할 위험은 일반 주식보다 매우 낮다고 할 수 있다. 이는 일반주식의 가격이 회사경영실적에 주로 좌우되는 반면, 리츠는 부동산이라는 고정자산의 자산운용 실적에 바탕을 두기 때문이다.

⑤ 리츠를 통한 투자는 부동산 투자대상을 분산화(Diversification)함으로써 투자위험을 감소시키는 것이 가능하다. 리츠 입장에서는 지역별 또는 부동산 종류별로 분산투자하여 위험을 감소시킬 수 있다. 어떤 한 개의 부동산에만 투자했을 경우에는 그 부동산의 가격이 하락할 경우 큰 손실을 입게 되지만 지역별, 종류별로 분산투자했을 경우에는 어떤 특정 부동산의 가격이 하락할 경우에 다른 부동산이 가격상승하게 되면 손실이 작게 된다. 투자자입장에서의 전략으로서는 투자자금을 투자대상이 다른 여러 개의 리츠에 분산투자하여 위험을 감소시키는 것이 가능하다.

또한 일반적으로 부동산시장과 주식시장은 상관관계가 낮기 때문에 주식시장에서 일반 주식이외에 분산투자를 위해 리츠에 투자할 수 있다. 교보-메리츠 CR리츠 주가와 종합주가지수간의 상관계수는 0.29이며 교보-메리츠 CR리츠 주가와 종합주가지수는 (+)의 상관관계를 가지고 있으나 상관관계 정도는 높지 않은 것으로 나타났다. 교보-메리츠 퍼스트 CR리츠주가와 건설업지수간의 상관계수는 0.23으로 나타나 종합주가지수와 마찬가지로 교보-메리츠 퍼스트 CR리츠주가와 건설업지수는 (+)의 상관관계를 가지고 있으나 상관관계 정도는 높지 않은 것으로 나타났다.

〈표 30〉 교보-메리츠 퍼스트 CR리츠주가와 주가지수·금리간의 관계

구분	상관계수
종합주가지수	0.2860
건설업지수	0.2267
5년 만기 국고채	− 0.3172
3년 만기 국고채	− 0.3562

(자료출처 : 김범석, 리츠를 이용한 항공사의 자금조달전략: 교보-메리츠 CR리츠, 한국항공경영학회지 제5권 제1호, 2007. pp.145-158)

〈사례 4〉 빌딩主, 외국자본 떠나고 국내자본 들어오고

- 외국계 자금조달 어려움, 매수보다 매도 치중
- 국내 리츠·사모펀드 등 투자자 저가 매입 나서

대형 오피스빌딩 주인이 외국계에서 국내자본으로 속속 바뀌고 있다. 3일 업계에 따르면 작년부터 올해 초까지 거래된 25건의 주요 빌딩 가운데 국내 자본이 사들인 빌딩이 9건에 달한다.

YTN(040300)은 지난달 초 남대문 YTN빌딩의 60% 지분을 보유하고 있는 코크랩 제4호 기업구조조정부동산투자회사와 협의를 거쳐 1649억원에 매입키로 하고 계약금을 납입했다. YTN은 2004년 4월 코크렙 리츠에 304억원을 투자, 이 빌딩의 지분 40%를 확보하고 있었다. 이번 계약에 따라 빌딩을 100% 소유하게 됐다.

이에 앞서 작년 12월 30일 국내 리츠투자자본인 제이알AMC는 서울 신문로 금호생명 사옥(금호아시아나 1관)을 금호그룹으로부터 2400억원에 인수했다.

비슷한 시점에 교원그룹은 을지로입구역 내외빌딩을 1300억원에 GE리얼에스테이트(GERE)로부터 사들였고, 국내 사모펀드인 알파에셋자산운용도 210억원의 펀드를 조성해 GERE가 소유한 서초동 호혜빌딩에 투자했다. GERE는 이밖에도 강남구 논현동 트라스빌딩과 경기도 분당 초림빌딩을 매각하기 위해 신영에셋을 매각 자문사로 선정해, 국내 투자자와 매각협상을 벌이고 있는 것으로 알려지고 있다.

국내 부동산개발업체인 디엔디에스도 작년 12월 대한전선(001440)(19,600원 600 +3.16%)회현동 사옥인 인송빌딩을 950억원에 매입했다.

호주계 맥쿼리센트럴오피스가 보유 중인 극동빌딩도 다올부동산자산운용, 국민연금 등 국내 투자자를 대상으로 매각협상을 벌이고 있다. 현재 이 빌딩 매각가격은 2800억~2900억원 선으로 알려지고 있다. 이 빌딩은 한 때 4000억원을 호가했다.

이밖에 매물로 나온 리먼브라더스 소유 서울 명동 유투존 상가나 동대문 라모도빌딩 모두 국내 사모펀드가 관심을 보이고 있는 것으로 파악되고 있다.

신영에셋 관계자는 "자금조달에 어려움을 겪고 있는 외국계 투자자들은 국내 빌딩가격이 20~30% 정도 하락하면서 수익률 확보를 위해 매입보다는 매도에 적극적으로 나서고 있다"라며 "반면 국내에선 사모펀드나 리츠 구성이 쉬워졌고 오피스 시장이 부동산 경기를 덜 탄다는 분석이 나오면서 국내 투자자본의 빌딩 매입이 늘고 있다"고 말 했다.

〈표 31〉 주요 오피스빌딩 거래 현황

빌딩명	매수자	매도자	매수가격
내외빌딩	교원그룹	GERE	1300억원
은석빌딩	현대그룹	삼성카드	1980억원
YTN빌딩	YTN	코크랩 4호	1649억원
인송빌딩	디엔디에스	대한전선	960억원
금호생명사옥	제이알AMC	금호생명	2400억원
대우증권빌딩	대우증권	도이치자산	1820억원
에이스타워	미래에셋 맵스자산	푸르덴셜	1470억원
한솔빌딩	미래에셋 맵스자산	푸르덴셜	4300억원

(자료출처 : 이데일리, 2009.4.3)

3. 리츠(REITs)의 종류

(1) 투자대상에 따른 분류

1) 지분형 리츠(Equity REITs)

지분형 리츠란 상업용 빌딩, 임대주택, 호텔 등과 같은 부동산에 대한 지분투자를 하는 형태이다. 지분형 리츠는 임대료가 중요한 수입원이다.

2) 모기지형 리츠(Mortgage REITs)

모기지형 리츠란 부동산 관련 대출을 하거나 주택저당증권에 투자하는 형태이다. 모기지형 리츠는 이자수입이 중요한 수입원이다.

3) 혼합형 리츠(Hybrid REITs)

혼합형 리츠란 상업용 빌딩, 임대주택, 부동산관련 대출, 주택저당증권 등 투자하는 형태이다.

(2) 환매여부에 따른 분류

1) 개방형(Open end) 리츠

개방형 리츠란 투자자가 자유롭게 환매를 할 수 있는 형태이다. 부동산은 유동성이 낮기 때문에 짧은 기간에 대규모 환매요청이 발생하는 경우 개방형 리츠는 유동성 확보에 어려움을 겪을 수 있다.

2) 폐쇄형(Closed end) 리츠

폐쇄형 리츠란 일정 투자기간 투자자에게 환매가 금지되어 있는 형태이다. 하지만 투자자는 증권시장에서 주식을 매각하여 투자자금을 회수할 수 있다. 국내에 도입되는 부동산투자회사는 폐쇄형 리츠이다. 국내 증권거래소에 상장되어 있는 폐쇄형 리츠로는 맥쿼리센트럴오피스이 있다.

(3) 자금조달형태에 따른 분류

1) 공모형

공모형 리츠는 일반 투자자를 대상으로 주식을 발행하여 자금을 조달하는 형태이다. 공모형 리츠는 증권선물거래소에 상장하여야 한다. 2008년 1월 현재 공모형태로 설립돼 거래소에 상장돼 있는 리츠는 리얼티코리아1호, 유레스메리츠1호, 코크렙3호, 맥쿼리센트럴 오피스, 코크렙7호, 코크렙8호 등이며, 교보메리츠퍼스트, 코크렙1호, K-1, 코크렙2호 등이 청산되어 상장폐지 됐다.

2) 사모형

사모형 리츠는 특정 투자자를 대상으로 주식을 발행하여 자금을 조달하는 형태이다. 2008년 1월 현재 설립된 리츠는 18개로 이 중 12개가 사모형태로 설립됐다.

사모형 리츠가 더 선호되는 이유는 리츠가 장기 투자상품이고 안정성, 수익성을 동시에 추구하는 특성을 가지고 있기 때문이다. 또한 사모형 리츠를 설립기간이 공모형 리츠에 짧고 투자관리가 쉬워 자산관리회사 입장도 사모방식을 선호하고 있다. 이외에도 부동산 투자회사법 개정으로 리츠설립 자본금이 낮아진 것도 사모형 리츠의 설립을 용이하게 하였다.[21)]

사모형 리츠에는 2004년 코람코에서 설립한 코크렙4호(YTN타워, 할솔M.COM빌딩), 코크렙5호(데이콤빌딩), 2005년 설립한 코크렙6호(뉴코아 아울렛 4개점), 2006년 씨나인이 설립한 씨나인인피니트(HI 브랜드빌딩 6개층), 2006년 코람코가 설립한 코크렙NPS1호(시그마타워), 코크렙 NPS2호(홈에버 할인점 10개), 2007년 코람코가 설립한 코크렙11호(STX남산타워빌딩), 코크랩아리프코리아1호(아바타 쇼핑몰), 맥쿼리프로퍼티어드바이저스가 설립한 맥쿼리NPS(ING빌딩, 르노삼성빌딩), 케이리츠앤파트너스가 설립한 케이알원(대우센터빌딩), 퍼시픽, 씨나인이 설립한 펨코리테일1호(키즈맘센터), 오스타라씨나인(팬텍계열 R&D센터) 등이 있다.

(4) 투자대상에 따른 분류

1) 국내형

국내형 리츠는 국내 부동산을 투자대상으로 하는 리츠이다. 국내형 리츠로는 코크렙3호, 코크렙7호, 코크렙8호, 유레스메리츠, 맥쿼리센트럴, 리얼티1호가 있다. 이들 리츠는 현재 유가증권시장에 상장되어 거래가 되고 있다.

2) 해외형

해외형 리츠는 해외 부동산을 투자대상으로 하는 리츠이다. 해외형 리츠는 해외 부동산

---

21) 자산관리회사 한 임원은 "그동안 공모형태로 설립된 리츠가 없다보니 리츠시장이 사멸된 것으로 생각하는 투자자들이 많다"며 "현재 여건상 사모형태로 설립되고 있지만 경쟁력 있는 물건이 나온다면 언제든지 공모형태의 리츠가 설립될 수 있다"고 말했다. 자료 : '리츠, 사모바람거세다', 머니투데이, 2008.1.13

에 직접투자하거나 재간접펀드형태로 해외에서 판매되는 리츠상품에 투자한다. <표 32>는 국내에서 판매된 해외형 리츠이다.

〈표 32〉 해외부동산펀드(2008.1.11 기준)

(단위 : %)

펀 드	운용사	수익률			투자 지역
		1개월	6개월	1년	
아시아태평양리츠재간접	기은SG	−6.54	0.60	16.71	아태
골드만삭스아시아리츠재간접ClassA	골드만삭스	−12.75	−25.61	−14.21	아태
푸르덴셜글로벌리츠재간접1(A)	푸르덴셜	−12.33	−18.30		글로벌
블루랜드글로벌부동산재간접A	우리CS	−10.53	−14.13	−13.96	글로벌
CJ SLI Global Property재간접-B	CJ	−12.02	−21.11	−18.41	글로벌
탑스글로벌리츠재간접1A	신한BNP	−15.63	−20.71	−21.11	글로벌
한화라살글로벌리츠재간접1(B)	한화	−15.18	−20.91	−22.37	글로벌
골드만삭스글로벌재간접클래스A	골드만삭스	−12.75	−25.61	−14.21	글로벌
한화아시아리츠재간접1(A)	한화	−11.87	−22.53		아태
삼성J-REITs종류형재간접1_B	삼성	−12.19	−24.49	−14.02	일본
삼성Japan Property재간접	삼성	−12.62	−25.76	−15.14	일본
Japan REITs재간접1	한화	−11.20	−21.48	−11.72	일본

(자료출처 : 펀드닥터(www.funddoctor.co.kr)

제2절 리츠의 역사적 배경

1. 리츠의 유래

리츠는 1880년대 미국 매사추세스(Massachusetts)주에서 처음 도입되었다. 당시 매사추세스주에서는 부동산회사가 아닌 경우에는 기업이 부동산을 소유하는 것이 금지되었다. 이러한 법적 환경하에서 기업은 리츠를 부동산 보유수단으로 활용하였다. 또한 부동산 투자신탁은 배당금을 개인에게 분배할 경우 법인세를 면제받아 이중과세를 피할 수 있는 투자수단이 되었다. 하지만 부동산투자신탁이 탈세수단으로 악용되는 경우도 많았다.

이중과세 면제규정이 없어짐에 따라 리츠산업은 쇠퇴하였다. 그러나 제2차 세계대전 이후 주택수요가 급증하자 1960년 부동산투자신탁회사에 대한 세금을 면제해 주는 내용의 리츠법(Real Estate Investment Act)이 탄생하였다. 한편 이 시기에 부동산담보대출을 하는 모기지형 리츠도 등장하였다.

리츠산업이 급격한 성장을 보인 것은 부동산투자회사가 직접 자산을 운용·관리할 수 있도록 허용한 1986년 세제개정법(Tax Reform Act)이 통과된 이후이다. 리츠는 1990년대 들어 채권보다 높은 배당금을 지불하고 부동산 가치상승에 따라 시세차익까지 올리면서 2008년 서브프라임 모기지 부실사태로 인한 금융위기 발생 전까지 꾸준한 성장세를 보이고 있다.

2. 리츠의 국내 도입배경

1997년말 발생한 IMF 금융위기로 인해 건설경기가 침체되고 부동산가격이 하락하는 현상이 나타났다. 기업들은 구조조정의 일환으로 자산매각을 시도하였으나 부동산시장의 침체로 자산을 매각을 통한 구조조정이 어려움을 겪게 되었다.

정부는 부동산관련 부실채권의 정리와 부동산시장의 활성화를 위해 1998년 9월 주택저당채권(MBS : Mortgage Backed Securities)과 자산유동화채권(ABS : Asset Backed Securities)의 법적 근거가 되는 자산유동화법을 마련하였다. 주택저당채권이나 자산유동화채권에 대한 투자자는 주로 기관투자자들이다.

한편, 부동산투자시장에서 수요기반을 확대시키기 위하여 소액의 개인투자자들도 부동산에 쉽게 투자할 수 있는 금융상품의 도입 필요성이 대두되었는데 리츠가 대안으로 부각되었다.

리츠는 부실화된 기존의 부동산투자신탁회사들에게 새로운 자금조달수단을 제공하고 부동산시장의 침체로 어려움을 겪고 있는 건설업체에 새로운 개발자금이 공급되도록 하여 부동산시장이 활성화되도록 하는 한편 소액 개인투자자들도 많은 자금이 소요되는 개발사업에 참여하여 이익을 얻을 수 있는 기회를 얻을 수 있도록 도입되었다고 할 수 있다.

3. 우리나라의 리츠 제도

부동산투자회사법에 의하면 리츠의 형태는 일반리츠과 기업구조조정 리츠(CR리츠 : Corporate Restructuring REITs)로 구분되며 일반리츠는 자기관리형 리츠와 위탁관리형 리츠로 구분된다.

일반리츠 설립 근거인 부동산투자회사법이 2001년 7월에 제정되었지만 일반리츠는 설립되지 못하였다.[22] 일반리츠의 설립이 부진했던 원인은 CR리츠와 2004년 1월 도입된 부동산펀드에 비해 세제상 혜택이 적은 데다 자산운용에 규제가 많았기 때문이다.

이에 비해 CR리츠는 자금모집에 성공해 2003년말 공모·사모형태로 7개(공모형 : 교보메리츠1호, 코크렙1호·2호·3호 리얼티코리아1호, 유레스메리츠, 사모형 : GE캐피탈 등이 투자한 K-1)가 설립되었다.

따라서 2005년 4월 건설교통부는 일반리츠가 활성화될 수 있도록 명목회사 형태의 위탁관리형 리츠설립을 허용하였다. 또한 최저자본금을 500억원에서 250억원으로 낮추고 자기자본의 2배 이내에서 차입을 허용하는 한편 CR리츠와 같은 세제혜택을 부여하는 등 부동산투자회사법을 개정하였다.

〈사례 5〉 5억만 있으면 '리츠' 세운다

앞으로 부동산투자회사(리츠) 설립에 따른 자본금 기준이 지금의 절반 수준으로 낮아져 중소 규모 리츠 설립이 활성화될 전망이다. 또 부동산개발사업에 투자하는 개발 전문 리츠는 여유자금을 대한주택공사와 한국토지공사 등 공공기관이 발행하는 채권이나 주택저당채권(MBS)에도 투자할 수 있게 된다.

국토해양부는 리츠의 설립 및 자금운용기준 등을 완화하는 내용의 '부동산투자회사법' 개정안을 마련해 27일자로 입법예고한다고 23일 밝혔다.

개정안에 따르면 리츠의 설립자본금은 현행 10억원 이상에서 5억원 이상으로 낮아진다. 또 영업인가를 받은 후 유치해야 하는 최저자본금은 현행 100억원 이상에서 리츠별로 세분화돼 실체형 리츠는 70억원 이상, 명목 및 기업구조조정 리츠는 50억원 이상으로 나뉜다.

이와 함께 리츠의 최저자본금으로 인정되는 현물출자 대상에 지상권과 임차권 등 부동산의 사용과 관련된 권리와 부동산신탁에서 발생하는 수익권까지 포함된다.

개정안은 개발전문리츠의 경우 여유자금이 있을 경우 주공이나 토공 등 공공기관 및 금융기관이 발행한 채권과 MBS 등에도 투자할 수 있도록 자금운용 제한이 풀린다. 지금은 개발전문 리츠의 여유자금은 금융기관에 예·부금 형태로 넣어 두거나 국공채에만 투자할 수 있다. 개발전문 리츠의 주식공모 기한도 영업인가 후 6개월에서 향후 시행령으로 정하는 기간까지 늦춰진다.

국토부 김동수 부동산산업과장은 "이번 개정안은 중소 규모 리츠 설립을 돕고 개발전문 리츠의 자금운용에 제약을 풀어 리츠를 할성화하는 데 초점을 뒀다"면서 "향후 시행령 등을 개정해 이르면 올 가을께부터 시행할 예정"이라고 말했다.

(자료 : 파이낸셜뉴스, 2009.4.23)

22) 2001년 12월 공모를 실시한 에이팩리츠는 전체 자본금 500억원 중 350억원을 일반공모를 통해 조달하려 했으나 목표했던 공모액의 17%를 채우는데 그쳐 실패했다. 코리아리츠도 1차례 본인가 기한을 미루었지만 결국 주식공모까지 이르지 못했다. 호텔리츠를 표방하던 SR리츠도 아직 무르익지 않은 시장분위기탓에 공모실적이 저조해 결국 좌초하고 말았다.

〈표 33〉 부동산간접투자상품 비교

구분	부동산투자회사(REITs)	기업구조조정 부동산투자회사
근거법	부동산투자회사법	기업구조조정투자회사법
담당업무	부동산 매입·개발·관리 및 처분	부동산 매입·개발·관리 및 처분
표방증권	주식	주식
자본금 규모	250억원 이상 (현물출자 : 자본금의 50% 이내)	250억원 이상 (현물출자 : 자본금의 50% 이내)
자본금 조달	공모	공모 및 사모
자산관리·운영	자기 관리 또는 위탁관리	위탁 관리
사업비 조달	자기자본금 차입 및 사채발행	자기자본금 차입 및 사채발행
수익금 배분	주주에게 90% 이상 배당	주주에게 배당
영속성 여부	영속 회사 (상법상 실체회사) 한시적 명목회사(Paper Company)	한시적 명목회사 (Paper Company)
감독	건교부 인가 건교부 감독	금감위 등록 금감위 감독

1) 자기관리형 리츠

자기관리형 리츠는 실제회사가 존재하는 것으로 자산운용 관리업무를 직접 담당한다. 또한 자기관리형 리츠에는 상근 임직원이 있다.

2) 위탁관리형 리츠

위탁관리형 리츠는 명목회사 형태로 설립되며 상근 임직원은 없으며 투자 및 자산운용 업무는 자산관리회사가 담당한다. 위탁관리형 리츠에는 코크렙위탁관리부동산투자회사7호, 코크렙위탁관리부동산투자회사8호, 코크렙NPS1호·‧맥쿼리NPS가 있다.

3) 기업구조조정 리츠

기업구조조정 리츠는 명목회사 형태로 설립되며 상근 임직원은 없다. 투자 및 자산운용 업무는 자산관리회사가 담당하는 점에서 위탁관리형 리츠와 동일하나 투자대상이 기업구조조정용으로 제한된다.

제3절 리츠의 운용구조와 관련 회사

1. 운용구조

[그림 17]에서 리츠의 운용구조를 살펴보면 먼저 리츠는 투자자에게 주식을 발행하여 투자자금을 조달하여 부동산에 투자한다.[23] 이후 부동산투자에서 발생하는 수익을 투자자에게 배당하여 준다. 맥쿼리센트럴(8,150원 0 0.0%)오피스기업구조조정부동산투자회사는 주당 450원의 결산배당을 결정했다고 2009년 2월 26일 공시했다(시가배당률은 6%, 배당금총액은 60억원).[24]

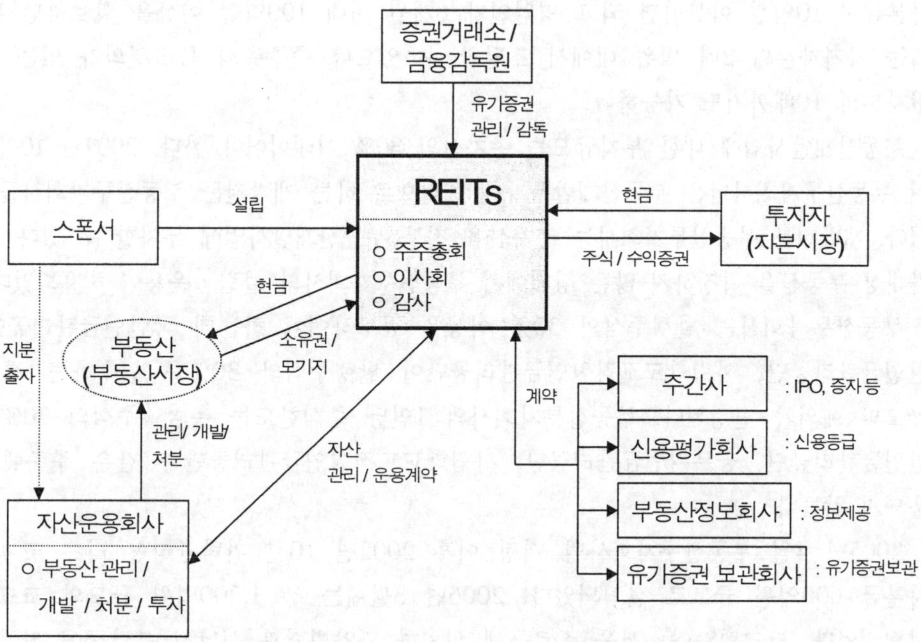

(자료출처 : 박원석, REIRs 제도의 도입과 시사점, 삼성경제연구소, 2001.7)

[그림 17] 자기관리형 리츠의 운용구조

---

23) 부동산투자회사법 제21조(자산의 투자 · 운용방법) 부동산투자회사는 그 자산을 다음 각호의 1에 해당하는 방법으로 투자 · 운용하여야 한다. 다만, 제2호에 투자 · 운용하는 경우에는 대통령령이 정하는 바에 따라 건설교통부장관의 인가를 받아야 한다. 1. 부동산의 취득 · 관리 · 개량 및 처분 2. 부동산의 개발 3. 부동산의 임대차 4. 유가증권의 매매 5. 금융기관에의 예치 6. 지상권 · 임차권 등 부동산사용에 관한 권리의 취득 · 관리 · 처분

24) '맥쿼리센트럴, 450원 배당... 배당률 6%', 머니투데이, 2009.2.26

자기관리형 리츠는 영속성을 가진 회사이므로 자산관리회사에 자산관리업무를 위탁할 필요가 없으나 '위탁관리형 리츠'와 'CR리츠'의 경우 리츠가 서류상의 회사이기 때문에 부동산투자운용을 자산관리회사에게 위탁한다. 한편, 자산운용의 투명성을 확보하기 위해 부동산, 현금, 유가증권 등은 자산보관회사에 관리를 위탁한다.

2. 리츠 관련 회사

(1) 부동산투자회사

리츠를 설립하려면 건설교통부장관의 인가를 받아야 하며 최저 자본금이 100억원이다. (부동산투자회사법, 시행령 및 시행규칙 개정, 2007년 10월)[25] 다만 회사설립 당시에는 자본금이 10억원 이상이면 되고 영업인가 6개월 이내 100억원 이상을 확보하면 된다. 부채는 자기자본의 2배 범위 내에서 조달할 수 있으나 주주총회 특별결의가 있는 경우 자기자본의 10배까지도 가능하다.

부동산개발사업에 대한 투자규모는 총자산의 30% 이내이어야 한다. 2007년 10월에 개정된 부동산투자회사법은 부동산개발투자를 목적으로 하는 개발전문 부동산투자회사를 허용하였다. 개발전문 부동산투자회사는 총자산을 전부 부동산개발사업에 투자할 수 있다. 또한 투자대상 부동산을 확정하지 않은 상태에서 부동산투자회사의 설립・운용이 허용되었다.

부동산투자회사는 발행주식의 30% 이상을 공모하여야 하는데 국민연금관리공단, 공무원연금관리공단, 사립학교교직원연금관리공단이 발행주식의 30%를 인수하는 경우 주식공모의 예외가 인정된다. 부동산투자회사의 1인당 주식한도는 총발행주식의 30%인데 국민연금관리공단, 공무원연금관리공단, 사립학교교직원연금관리공단과 같은 주주에게는 적용되지 않는다.

2005년 4월 부동산투자회사법 개정 이후 2005년 10월 위탁관리형 리츠 코그렙7호가 자본금 600억원 규모로 설립되었다. 2006년 3월에는 총 1,200억원 규모의 코크렙8호가 설립되었다. 코크렙8호는 서울 종로구에 위치한 거양빌딩과 성남시 분당구에 위치한 신영타워를 투자대상으로 하고 있다.

(2) 자산관리회사(AMC : Asset Management Company)

자산관리회사는 실질적으로 부동산 자산을 투자·운용하는 기능을 수행한다. 자산관리회사는 관리・운용에 대해 수수료를 얻게 되고, 투자 수익에 대한 직접적인 권리는 없다.

---

25) 2001년 4월 부동산투자회사법 제정 당시 자본금 500억원, 2004년 10월 법 개정시 자본금 250억원으로 하향조정, 2007년 10월 법 개정시 자본금 100억원으로 하향조정.

〈표 34〉 리츠 현황 (2007.12월 현재)

(단위 : 억원)

회사명	모집	인가일자	자본금	주요주주	자산관리회사	주요 투자부동산
교보메리츠퍼스트	공모	02.1.9	840	교보생명,동양화재	코리츠	대한항공 등촌동 연수원 · 사원아파트
코크렙제1호	공모	02.5.23	1,330	한화석유화학, 산업 · 우리은행	코람코	한화빌딩 · 대아빌딩
케이원	사모	02.10.7	309	GE캐피탈	한국토지신탁	디오센터·신송센터
코크렙제2호	공모	02.10.30	560	산업 · 우리은행 삼성 · LG화재	코람코	명동빌딩
리얼티코리아제1호	공모	03.4.29	660	교보생명, LG화재	리얼티어드바이저코리아	로지데일빌딩 · 엠바이빌딩
유레스메리츠제1호	공모	03.8.20	500	대한생명, 동양화재	코리츠	세이브존강남점 세이브존노원점
코크렙제3호	공모	03.8.20	680	우리 · 산업은행	코람코	한화증권빌딩 · 아이빌힐타운
맥쿼리센트럴오피스	공모	03.12.24	763	맥쿼리, 삼성생명	맥쿼리프로퍼티어드바이저스	극동빌딩
코크렙제4호	사모	04.4.8	760	YTN, 교원공제	코람코	YTN타워 · 한솔엠닷컴
코크렙제5호	사모	04.12.15	500	국민연금, 교보 · 삼성 · 대한생명	코람코	데이콤빌딩
코크렙제6호	사모	05.7.26	1,310	우리은행, 대한지방행정공제회, 삼성생명	코람코	뉴코아아울렛 4개점
코크렙제7호	공모	05.10.26	600	우리은행, 대한지방행정공제회, 삼성생명 등	코람코	LG화재다동빌딩 코오롱빌딩별과
싸나인Infinity	사모	06.4.7	357	외환은행농협	씨나인	하이브랜드빌딩
코크렙8호	공모	06.5.17	460	삼성교보대한새명	코람코	거양빌딩
코크렙NPS제1호	사모	06.9.20	837	국민연금	코람코	시그마타워
코크렙NPS제2호	사모	06.12.21	2,255	국민연금	코람코	홈에버10개점포
코크렙11호	사모	07.4.23	250	STX	코람코	STX남산타워
맥쿼리NPS	사모	07.9.21	1,070	국민연금 맥쿼리은행	맥쿼리	ING빌딩, 르노삼성빌딩
코크렙ARIEF	사모	07.10.25	859	ARIEF펀드 우리은행	코람코	아바타쇼핑몰
케이알원	사모	07.10.25	3,329	AHI홀딩스 경찰공제회	케이리츠앤파트너스	대우센터빌딩
펨코리테일1호	사모	07.11.15	250	칼버스트리트펀드 퍼시픽	퍼시픽	키즈맘 평촌센터
오스타라씨나인	사모	07.11.29	730	오스타라펀드 대한생명	씨나인	펜택계열 R&D센터

청산(4개) : 교보메리츠퍼스트, 코크렙1호, K-1, 코크렙2호
위탁리츠(4개) : 코크렙 7호 · 8호 · NPS1호 · 맥쿼리NPS
CR리츠(14개)

〈표 35〉 자산관리회사 현황

(2007. 9. 현재)

회 사 명	인가일	회사명	인가일
(주)한국토지신탁	2001. 9.28	씨나인자산관리(주)	2005. 9.30
(주)코람코자산신탁	2001. 11.17	KB부동산신탁(주)	2006. 5.1
(주)리얼티어드 바이저스 코리아	2002. 1.9	(주)케이리츠 앤파트너스	2007. 5.2
(주)코리츠	2002. 6.27	퍼스픽자산관리(주)	2007. 8.24
(주)맥쿼리프로퍼티어드 바이저스코리아	2003. 6.30		

자산관리회사는 최저자본금이 70억원이며 자기관리형 리츠의 경우 자산운용전문인력이 3인 이상, 위탁관리형 리츠의 경우는 자산운용전문인력이 5인 이상이다.

자산관리회사는 위탁받은 업무 이외의 다른 업무의 겸업이 금지된다. 즉, 리츠자산의 관리·운용 업무만 가능하므로 그 외의 다른 업무에 대해서는 철저하게 배제된다. 이는 자산관리회사의 전문성을 강화함으로써 투자자의 위험을 최소화하는데 그 목적이 있다.

우리나라에는 한국토지신탁, 코람코, 리얼티어드바이저스 코리아, 코리츠, 맥쿼리 프로퍼티 어드바이저스 코리아 등이 있다.

(3) 부동산투자자문회사

부동산투자자문회사는 부동산투자회사의 위탁을 받아 자산의 투자·운용에 대한 자문 및 평가 업무를 수행한다. 부동산투자자문회사의 설립요건은 최저자본금 10억원 이상, 자산운용전문인력 3인 이상이며 건설교통부에 등록해야 한다. 부동산투자자문회사의 특징으로는 다음과 같다.

① 투자자문회사는 직접 자산을 투자·운용하지는 않는다. 투자자문회사는 단순히 자산을 투자·운용하는 데 있어 자문이나 평가업무만 가능하다는 점을 유의해야 한다. 즉, 투자대상 자산의 사업성 분석, 물건의 가치평가 등이 주요 업무라고 할 수 있다.

② 투자자문회사는 겸업이 가능하다. 자산관리회사는 위탁자산의 투자·운용 이외의 다른 영역의 업무가 불가능한 반면, 투자자문회사는 기존의 고유업무 수행이 가능하고, 리츠 자산 관련 투자자문 및 평가업무를 겸업할 수 있다.

국내 투자자문회사로는 한국감정원, 글로벌감정평가법인, SAMS, 신영에셋, 휘닉스개발투자 등이 있다.

〈표 36〉 부동산투자자문회사 현황

(2007. 7 현재)

회 사 명	등록일	회사명	등록일
(주)한국감정원	2001. 9.11	(주)신영에셋	2002. 5. 4
(주)하나글로벌감정평가법인	2001. 9.11	포유부동산투자자문(주)	2002. 5.13
(주)SAMS	2001. 9.11	(주)가온감정평가법인	2002. 7.26
(주)디지털태인	2001.10. 5	저스트알(주)	2004. 4.30
알투코리아 부동산투자 자문(주)	2001.10.25	유니에셋(주)	2004.11.25
(주)나라감정평가법인	2001.12.12	(주)램코부동산투자자문	2006. 5.29
코리아에셋인베스트먼트(주)	2002. 2.14	삼성에버랜드(주)	2006. 9. 4
휘닉스개발투자(주)	2002. 2.23		

(4) 자산보관회사

리츠가 관리하는 투자자산인 부동산, 유가증권, 현금 등은 자산보관회사에 위탁해야 한다. 이는 자산운용의 투명성을 확보하고 불법적인 자금운용을 방지하여 투자자를 보호하기 위한 것이다.

부동산투자회사법 제35조(자산보관의 위탁 등) 부동산투자회사는 대통령령이 정하는 바에 따라 부동산·유가증권 및 현금의 보관과 이와 관련된 업무를 신탁업법에 의한 신탁회사(신탁업을 겸영하는 금융기관을 포함한다), 대한주택공사법에 의한 대한주택공사, 한국토지공사법에 의한 한국토지공사 및 금융기관자산 등의 효율적 처리 및 한국자산관리공사의 설립에 관한 법률에 의한 한국자산관리공사(이하 "자산보관기관"이라 한다)에 위탁하여야 한다고 규정하고 있다.

제4절 CR리츠

1. CR리츠의 구조

CR리츠란 투자자로부터 자금을 받아 기업이 구조조정을 위해 매각하는 부동산에만 투자하여 이를 관리·운용하고 투자수익을 투자자에게 분배하는 뮤추얼 펀드 형태의 부동산 투자신탁회사이다. CR리츠는 운용구조가 일반리츠와 동일하나 운용대상이 구조조정용 부동산으로 제한되어 있는 점이 다르다.

CR리츠를 설립하려면 건설교통부장관의 인가를 받아야 하는데 인가시 금융감독위원회의 의견을 반영해야 한다. CR리츠의 최저 자본금은 일반 리츠와 동일한 250억원이다. CR리츠는 회사의 설립 및 청산을 용이하게 하기 위해서 서류상의 회사(Paper company) 형태로 설립된다.

자산관리회사는 CR리츠로부터 그 자산의 투자·운용업무를 위탁받아 수행하며 자산보관회사는 CR리츠가 투자한 부동산의 관리 및 수익수령, 배당지급 등의 업무를 담당한다. 판매회사는 CR리츠를 투자자에게 판매하는 회사로 주로 증권회사가 판매업무를 담당한다.

(자료출처 : 재정경제부, 기업구조조정부동산투자회사 도입추진, 보도자료, 2001.4.)

[그림 18] CR리츠의 구조

2. CR리츠의 현황

CR리츠는 2001년 11월 교보-메리츠 1호가 공모를 한 후 2002년 5월과 11월 코크렙 1호·2호가 각각 공모·상장되었다. 코크렙 2호의 경우 명동의 패션상가인 유투존 빌딩을 자산으로 편입하였는데 이 빌딩은 워크아웃 기업인 신원이 소유하고 있던 건물이다.

2002년 10월 판매된 케이원은 사모형태로 모집되어 증권거래소에 상장되어 있지 않다.

2003년 5월에는 교보생명, 트랜스 컨티넨털 리얼티 인베스터(Transcontinental Realty Investors, Inc.), LG화재, 동양화재, 신한은행, 리얼티 어드바이저스 코리아 등을 발기인으로 하여 리얼티 코리아1호가 판매되었다.

같은 해 7월에는 대한생명, 동양화재, 금호생명, 동성화학 등이 출자한 유레스 메리츠 제1호 CR리츠(모집금액 약500억원)가 판매되었다. 유레스메리츠 제1호 CR리츠는 유레스가 소유하고 있는 할인점 세이브존(성남점, 노원점, 대전점)과 한신스포츠센터(서울시 노원구 소재 단지내 상가), 정유워터피아(주) 소유의 장유아쿠아웨이브(경남 김해시 소재) 등이다.

2003년 7월에는 우리은행, 한국산업은행, 조흥은행, 대한지방행정공제회, 금호생명, 삼성생명, 삼성화재, 제일화재가 출자한 코크렙 3호(자본금 680억원)가 판매되었다. 코크렙 3호는 한화증권빌딩(서울시 영등포구 여의도 소재), 아이빌 힐타운(서울시 강남구 논현동 소재)에 투자하였다.

2003년 11월에는 외국계 투자회사로서는 처음으로 호주의 맥쿼리은행이 CR리츠(자본금 약 763억원)를 판매하였다. 맥쿼리 CR리츠는 맥쿼리은행 이외에도 슈로더 아시안 프라퍼티 펀드, 삼성생명, 삼성화재 LG화재, 등이 출자에 참여하였고 투자대상 부동산은 론스터 펀드가 소유하고 있는 극동빌딩(서울시 중구 충무로 소재)이다.

2004년 4월에는 코람코 자산관리회사에 의해 자본금 760억원 규모의 코크렙 4호가 설립되었다. 코크랩 4호의 투자대상은 서울 중구 남대문로 YTN타워과 한솔M닷컴빌딩이다.

2006년 3월에는 농협과 C9자산관리회사가 C9인피니티 CR리츠를 설립하였다. 이 CR리츠는 총자산 608억원으로, 자본금 365억원으로 하이브랜드빌딩의 지분 14%를 580억원 매입하여 모토로라에 임대하였다.[26)]

〈표 37〉 코크렙7호 CR리츠 개요

설립일	2005.10.26
자본금	1,280억원
투자자	우리은행, 대한지방행정공제회, 삼성생명, 대한생명, LG화재, 삼성화재 등
존속기간	5년
투자대상	LG화재 다동빌딩, 코오롱 별관

26) 한신스포츠센터(서울시 노원구 단지내 상가), 유아쿠아웨이브(경남 김해시), 한화증권빌딩(서울시 영등포구 여의도), 아이빌 힐타운(서울시 강남구 논현동), 극동빌딩(서울시 중구 충무로), YTN타워(서울 중구 남대문로), 한솔M닷컴빌딩(서울시 강남구 서초동), 하이브랜드빌딩(서울시 서초구 양재동)

CR리츠시장은 수요에 비해 공급이 부족한 상황인데 이는 2002년 들어 워크아웃이나 화의에서 벗어나는 기업이 증가하면서 투자대상이 감소하기 때문이다.

2007년에 들어 기업들의 구조조정으로 인해 2007년 4월 STX남산타워에 투자한 코크렙11호 CR리츠(총자산 : 2,202억원)가 설립되었고 같은 해 10월에는 코크렙ARIEF제1호 CR리츠(총자산 : 1,751억원)가 설립되었다. 코크렙ARIEF제1호는 아바타쇼핑몰을 매입하였다. 또한 금호그룹이 매각한 대우센터빌딩에 투자하기 위해 케이알원(KR1)CR리츠가 설립되었다. 케이알원은 총자산이 9,363억원 이는 국내 리츠 중 가장 큰 자산 규모이다.

3. CR리츠의 자산운용

CR리츠는 총자산의 70% 이상을 구조조정용 부동산에 투자해야 한다. 구조조정용 부동산이란 기업이 채무를 상환하기 위해 매각하는 부동산, 채권금융기관과 재무구조 개선을 위한 약정을 체결하고 당해 약정 이행 등을 위해 매각하는 부동산, 회사정리절차 및 회의계획에 따라 매각하는 부동산, 구조조정을 지원하기 위해 금융감독위원회가 인정하는 부동산이다.

부동산 취득시 납부하는 취득세, 등록세의 경우 CR리츠는 100% 면제이고, 배당가능이익의 90% 이상을 배당하면 법인세 면제 혜택이 있다.

4. CR리츠의 개요

자기관리리츠의 형태가 상법상 주식회사라면 CR리츠란 서류상의 회사이다. CR리츠는 총자산의 100분의 70 이상이 다음의 부동산을 매입・취득한 자산으로 구성되어야 한다.

① 기업이 채권금융기관에 대한 부채 등 채무를 상환하기 위하여 매각하는 부동산
② 채권금융기관과 재무구조개선을 위한 약정을 체결하고 당해 약정 이행 등을 위하여 매각하는 부동산
③ '채무자 회생 및 파산에 관한 법률'에 의한 회생절차에 따라 매각하는 부동산
④ 그 밖에 기업의 구조조정을 지원하기 위하여 금융감독위원회가 필요하다고 인정하는 부동산

제5절 리츠의 가치평가

1. 리츠 수익에 영향을 미치는 요소

리츠의 가치평가는 기초 현금흐름의 결정, 현금흐름의 기대 성장평가, 적정 할인율의 산정으로 이루어지는데 이를 리츠 가치평가의 기본 3요소라고 한다.

기초현금흐름의 결정시 임대료, 관리 및 리스수입 등에서 발생하는 수익과 공공요금, 유지비, 부동산세, 유지비, 보험료, 홍보비 등의 운영비용, 인건비, 기자재비용 등의 관리비용, 금융비용인 이자비용, 리스비용, 보수비용 등과 같은 자본지출을 고려한다. 한편, 리츠수익의 구성요소는 다음과 같다.

① 부동산 : 임대수입, 매각시에는 매매차익
② 부동산 관련 유가증권 : 유가증권 매매에 따른 매매수입
③ 현금 : 금융기관에 예치에 따른 이자수입
④ 자산을 처분하는 경우 : 양도차익에 따른 자본이득
⑤ 리츠 주식의 주가상승에 따른 이익

한편, 리츠의 가치는 보유부동산의 가치와 기업가치의 합이라고 할 수 있는데 보유부동산의 가치는 부동산의 임대수익, 매매차익, 개발이득 등 부동산 자체의 가치이고 기업가치는 경영자의 능력, 리츠의 재무구조, 기업의 성장성 등이라고 할 수 있다.

리츠는 주로 부동산의 임대수익, 매매차익, 개발이득 등을 통해 수익을 발생시킨다. 우리나라의 리츠는 자산의 70% 이상을 부동산, 90% 이상을 부동산 · 부동산관련 유가증권 · 현금으로 구성하도록 되어 있다.

2003년 10월 코크렙2호 CR리츠는 신원명동빌딩의 공실률이 20%가 넘고 하나로빌딩의 임차인인 비코렉트가 임대 및 관리금을 미지급하면서 예상배당수익률을 지급하기 어려워지자 주주의 손실을 최소화하기 위하여 청산배당을 고려하였다.

리얼티1호 CR리츠도 2003년 투자한 빌딩(로즈데일빌딩, 엠바이엔빌딩, 세이백화점)의 임차인이 이전을 추진함에 따라 공실률이 올라 배당수익률이 악화될 것이라는 우려가 발생하였다. 이러한 CR리츠의 배당수익률 하락에 대한 우려는 증권시장에서 리츠주식의 약세 현상을 초래하였다.

코크렙1호 펀드는 2002년 한화석유화학으로부터 1,860억원에 매입한 장교동 사옥을 풋백옵션에 의해 2007년 3,500억원에 매각하여 2배 정도의 매각차익을 얻었다. 코크렙1호는 매각차익 이외에 보유기간 5년 동안 한화계열사에 이 빌딩을 임대하여 임대수익을 얻었다. 유가증권시장에서 코크렙1호의 주가는 이러한 매각차익으로 인해 11,000원대에 거

래되었다.[27)]

〈사례 6〉 [CR리츠] 기업구조조정 과정서 우량 매물 쏟아질 듯

투자의 기회는 반드시 상승장에서만 찾을 수 있는 것은 아니기 때문이다. 부동산 시장에서도 지금과 같은 불황기에 투자할 수 있는 요긴한 수단이 있다. 바로 부동산 가격 하락때 기업에서 헐값으로 나오는 부동산에 투자하는 기업 구조조정용 부동산 투자 회사, 이른바 CR리츠(Corporate Restructuring Real Estate Investment Trusts)다.

• 5년간 250% 수익 대박

지난 5월 1900선을 넘어섰던 코스피지수가 1500대로 추락했던 8월 6일 CR리츠인 '코크렙제3호기업구조조정부동산투자회사(코크렙3호)'에 투자했던 사람들은 주위의 부러움을 독차지했다. 코크렙3호가 5년간 투자를 마치고 이날 투자자들에게 고액의 배당을 실시했기 때문이다.

코크렙3호가 지난 2003년 8월 5일 주금을 납입한 날부터 이날 마지막 배당일까지 5년간 달성한 수익률은 257%. 5년 전 이 리츠에 1억 원을 투자했다면 투자자들은 원금 1억 원을 제외하고 2억5700만 원을 받을 수 있었던 것이다. 이 같은 수익률은 코크렙3호의 자산 운용 회사인 코람코자산신탁이 리츠 판매 초기 제시했던 연간 목표 배당수익률(연 10.19%)을 크게 웃도는 성과다.

같은 기간 주식 투자와 비교했을 때에도 코크렙3호의 수익률은 돋보인다. 코크렙3호의 운용 기간 중 코스피지수 상승률은 68%였다.

• 리츠 수익률 '대박'의 비결은…

리츠는 투자자들의 자금을 모아 부동산에 투자하는 회사를 말한다. 투자자의 자금으로 부동산을 사서 임대수익이 나면 투자자들에게 배당을 통해 나눠주는 구조다. 그리고 보통 3~10년인 회사운용 기간이 끝나면 투자했던 부동산을 팔아 투자원금을 회수해 투자자들에게 분배한다.

실제 코크렙3호의 운용회사인 코람코는 법인설립 직후인 2003년 8월 여의도 한화증권 빌딩과 서울 논현동 소재 아이빌힐타운 빌딩을 1513억 원에 매입한 뒤 지난 5월 3356억 원에 팔아 원금을 웃도는 1843억 원의 매매 차익을 거둔 뒤 배당금을 투자자들에게 나눠줬다.

또한 이에 앞서 설립된 코크렙2호는 투자한 빌딩의 임대수익이 나지 않아 당초 계획보다 앞선 2년 9개월 만에 청산됐지만 빌딩을 팔아 발생한 차익으로 투자자들에게 연평균 12%의 수익률을 안겨 주기도 했다.

회사 운용으로 발생한 이익을 배당이익으로 받는 데에도 주식에 비해 리츠가 월등히 유리한 구조다. 일반 주식회사는 벌어들인 수익 가운데 투자자들에게 나눠줄 배당수익을 소수의 대주주들이 좌우하지만 리츠는 발생한 이익의 90%를 의무적으로 주주들에게 배당하도록 법으로 규제하고 있다. 코크렙3호의 경우 5년간 두 빌딩에서 나온 임대

---

27) '한화석유화학, 5년간 1조 벌어 사옥 되샀다', 이데일리, 2007.2.9

수익 800억 원을 대부분 배당으로 투자자들에게 지급했다.

• CR리츠 시대가 돌아온다

하지만 리츠 역시 시장상황에 따라 투자상품이 각양각색이다. CR리츠는 지금처럼 부동산 가격이 하락할 때 유리한 투자상품이다. CR리츠는 기업이 구조조정을 위해 싼값에 내놓는 부동산을 다른 일반(자기관리 및 위탁관리형) 리츠에 비해 훨씬 유리하게 사들일 수 있는 구조를 갖추고 있다.

우선 CR리츠는 일반 부동산에 투자하는 자기관리 또는 위탁관리형 리츠에 비해 설립이 간편하다. 공모를 하지 않고 기관투자자들만 모아 사모형식으로 회사를 세울 수 있다. 기업이 구조조정을 위해 싼값에 부동산을 내놓을 경우 일반인에 대한 공모절차를 거치지 않아도 되기 때문에 훨씬 빨리 부동산을 매입할 수 있는 것이다. 또 1인당 지분을 제한하는 규정이 없기 때문에 설립 및 투자가 쉽다. 자기관리 및 위탁관리형 리츠는 1인당 지분이 30%를 넘어서는 안 된다. 이들 일반 리츠는 지분을 나눠서 주주들을 구성해야 하기 때문에 회사설립 및 투자가 CR리츠에 비해 불리한 셈이다.

자산의 임대수익을 고려해도 CR리츠가 일반 리츠에 비해 유리하다. 기업이 어쩔 수 없이 부채상환을 위해 내놓는 부동산은 상대적으로 입지가 좋은 물건이 많을 수밖에 없기 때문이다. 한마디로 CR리츠는 일반 리츠에 비해 임대수익이 좋은 부동산을 싼값에 살 수 있는 구조를 갖추고 있는 투자상품이다.

이런 이유로 기업이 보유한 부동산이 쏟아져 나오는 불황기에는 CR리츠가 대표적 간접 투자상품이 되는 것이다. 실제 1997년 외환위기 이후 도입된 리츠 가운데 초기 리츠는 대부분 CR리츠였다. 이들 CR리츠는 높은 수익률을 거두고 속속 청산되고 있다.

CR리츠는 자산 가운데 기업구조조정용 부동산의 비중이 70%를 넘어야 하기 때문에 부동산 가격이 뛸 때에는 투자할 자산 자체를 찾기가 쉽지 않다. 부동산가격이 급등했던 최근 1~2년 사이에 CR리츠의 설립이 크게 줄어든 것도 이 때문이다. 따라서 전문가들의 예상대로 실물경기가 위축돼 기업의 구조조정이 시작되면 CR리츠도 다시 활기를 띨 것으로 예상하고 있다.

다만 CR리츠는 개인투자자가 접근하기에는 한계가 있다. CR리츠는 기관투자가 중심의 사모방식으로 발행되는 경우가 많아 소액의 개인이 투자에 참여하기가 쉽지 않다. 현재 11개 CR리츠 가운데 주식시장에 상장돼 개인투자자들이 마음대로 사고팔 수 있는 것은 맥쿼리센트럴오피스 하나뿐이다. 이마저도 맥쿼리센트럴오피스는 회사 정리를 눈앞에 두고 있어 거래가 쉽지 않은 상태다.

하지만 리츠 전문가들은 경기침체로 기업들의 구조조정이 가속화되면 개인들이 참여할 수 있는 공모형 CR리츠의 설립도 다시 시작될 것으로 내다보고 있다. 코람코투자신탁 관계자는 "개인투자자들을 배제하기 위해 일부러 공모를 하지 않는 것은 아니다"며 "CR리츠의 특성상 사모형태가 설립이 빠르기 때문에 사모가 많았지만 시장에 부동산 매물이 늘어나고 개인투자자들의 관심이 높아지면 외환위기 이후와 같이 공모를 통해 CR리츠를 발행하는 사례도 다시 생겨날 것"이라고 전망했다.

[한경비즈니스] 2008.12.19

2. 리츠의 평가방법

(1) 운영수입

리츠 주식의 가치를 평가할 때는 운영수입(FFO : Funds From Operation)이 사용된다. 일반적으로 회계처리에 있어 부동산의 감가상각비는 경상비용으로 나타나는데 리츠회사의 경우는 그렇하지 않다. 부동산의 유지·관리가 잘 이루어지면 부동산의 가치가 상승하며, 그러한 가치상승은 지가 상승, 임대수입 증가 등으로 이어진다.

<표 38>에서 발행주식수가 1백만주, 임대수입이 10억, 관리비가 3천만원인 경우 영업이익이 7천만원이다. 한편, 순이익은 감가상각비 2천만원을 차감한 5천만원이 되고 주당순이익은 50원(5천만원/1백만주)이 된다. 그러나 운영수입(FFO)은 감가상각비를 차감하지 않으므로 영업이익 7천만원이 곧 현금흐름 7천만원이 되고 이를 발행주식수 1백만주로 나누면 주당 운영수입(FFO)은 70원(7천만원/1백만주)이 된다.

부동산을 많이 보유하게 되는 리츠회사의 감가상각을 비용으로 처리하면 리츠회사의 가치는 과소평가될 수 밖에 없다. 운영수입(FFO)에서 감가상각비는 (—)가 아닌 (+)의 개념으로 나타난다. 리츠의 적정주가는 운영수입(FFO)에 주가수익비율(PER : Price/Earnings Ratio)를 곱하여 산출한다.

하지만, 운영수입(FFO)는 모든 부동산의 가치가 지속적으로 유지된다는 가정하에 이용되는데 부동산 가치는 하락할 수도 있다. 또한 운영수입(FFO) 산출시 감가상각 전액을 다시 합산함으로써 부동산가격이 과대 평가될 수 있다.

〈표 38〉 리츠의 평가

(발행주식수 : 1,000,000주)

	리츠 순이익	리츠 CF
임대수입	10억원	10억원
관리비	3천만원	3천만원
영업이익	7천만원	7천만원
감가상각비	2천만원	
순이익	5천만원	
현금흐름		7천만원
EPS	50원	
FFO/주		70원

(2) 조정운영수입

운영수입(FFO)는 많은 현금지출이 자본화되거나 상각되는 것으로 처리되기 때문에 리츠 영업성과에 대한 정확한 평가가 어렵다. 이러한 단점을 보완하기 위해 자산가치를 상승시키지 않고 자본화된 비용과 임대료를 상각함으로써 수정된 금액인 조정운영수입(AFFO : Adjusted Funds From Operation)를 사용한다.

제6절 리츠의 주식공모 및 상장

1. 주식의 공모

'자기관리형 리츠'와 '위탁관리형 리츠'의 경우 회사설립시 발행주식의 30% 이상을 공모하도록 되어 있다. 반면에 CR리츠의 경우에는 의무사항이 아니며 사모(私募)도 가능하다. 리츠의 배당기간은 리츠회사의 자율결정에 의존한다. 대체로 3개월, 6개월, 1년 단위로 배당을 결정하게 된다. 리츠 주식 발행시 관련 기관으로는 대표주관회사, 판매회사, 외부평가기관, 부동산신탁회사 등이 있다.

① 대표주관회사는 리츠 주식에 대한 가치분석 및 발행사무 담당, 인수업무 등을 담당한다. 즉, 자산실사, 각종 거래조건 협상, 등록서류 및 유가증권신고서 작성지원, 인수단 구성을 통한 리츠 판매 및 투자자 모집주관, 납입 및 상장(등록) 업무지원 등을 담당한다.

② 판매회사는 리츠 주식의 모집 및 판매업무를 수행한다. 금융감독위원회 등록에 따라 유가증권 판매를 인가받은 회사로 증권회사, 투자신탁회사, 은행 등이다.

③ 외부평가기관은 리츠 투자대상 부동산에 대한 가치평가업무를 수행한다. 해당기관으로는 무보증사채권의 신용평가기관으로 지정받은 평가기관, 회계법인, 부동산감정평가법인이 있다.

④ 부동산신탁회사는 리츠 소유 부동산관련 각종 권리증서 등을 보관하는 업무를 수행한다. 해당 기관으로는 신탁회사, 신탁업을 영위하는 금융기관, 대한주택공사, 한국토지공사, 한국자산관리공사가 있다.

〈표 39〉 유가증권시장에 상장된 리츠

(단위 : 원)

종목명	존립기간	상장주식수(천)	2008중 주가 최고 ~최저
코크렙7호	2005/10/25 ~2010/10/26	12,000	6,300 ~ 6,130
코크렙8호	2006/6/15 ~ 2013/6/15	920	5,630 ~ 5,000
리얼티코리아1호	2003/4/7 ~ 2008/4/16	13,200	9,800 ~ 7,960
맥쿼리센트럴	2003/12/12 ~ 2008/12/11	15,260	8,210 ~ 6,610
유레스메리츠1호	2003/7/29 ~ 2008/7/29	10,000	4,800 ~ 4,210
코크렙3호	2003/8/5 ~ 2008/8/5	13,600	13,000 ~ 10,850

자료출처 : 증권선물거래소 (www.krx.co.kr)

〈사례 7〉 오피스시장 한파.. 리츠주가 '곤두박질'

- 맥쿼리센트럴 · 코크렙7·8호 등 주가 30% 이상 하락
- 외국계펀드 보유부동산 쏟아내..오피스가격 하락 불가피

외국계 투자자들이 오피스빌딩 매물을 쏟아내면서 오피스를 편입자산으로 운용중인 리츠 주가도 곤두박질치고 있다. 21일 극동빌딩을 보유 부동산으로 하고 있는 맥쿼리센트럴(076850)(맥쿼리센트럴오피스기업구조조정부동산투자회사) 주가는 지난 20일 종가 기준으로 6940원이었다. 맥쿼리센트럴은 지난 8월21일 1만2400원까지 상승했었다. 그러나 미국발 금융위기 이후 하락세를 타기 시작했고, 최근 극동빌딩 매각이 무산되면서 6100원까지 떨어진 바 있다.

• 리츠주가 30~50% 하락

당초 맥쿼리센트럴은 내달 12일까지 존립한 뒤 청산될 예정이었다. 하지만 기간연장을 위해 국토해양부에 연장허가를 요청할 것으로 알려지고 있다.

대우조선해양빌딩(구 LG화재다동빌딩)과 코오롱 과천별관을 보유자산으로 하고 있는 코크렙7호(086720)는 지난 6월 17일 7900원까지 상승했다가 현재는 36%가 하락한 5030원을 기록하고 있다.

G타워(구 거양빌딩)와 센트럴타워를 보유자산으로 한 코크렙8호(090540)도 6900원까지 올랐었지만 금융위기가 전해지면서 33%가 빠진 주당 4555원을 나타내고 있다.

이처럼 리츠 주가가 약세를 보이는 데는 오피스 가격하락이 예상되기 때문이다. 즉 오피스 가격하락이 예상되는 상황에서 투자자 모집이 어렵고, 결국 리츠 주가하락으로 이어지고 있다는 게 업계의 설명이다.

• 투자자 관심 '뚝'

업계 한 관계자는 "오피스 시장이 호황을 누릴 때는 매각 차익이 커 투자자들의 관심이 높았다"라며 "하지만 극동빌딩, 미래에셋빌딩 마포사옥 매각이 가격 문제로 무산

되면서 투자자들도 오피스 투자를 꺼리고 있다"고 말했다.

실제 최근 신세계는 ㈜메사플러스로부터 당초 예상했던 금액보다 낮은 1350억원에 지상 23층 지하 9층의 메사타워를 매입했다. 맥쿼리센트럴이 매각하려던 극동빌딩도 매입하려던 코람코 컨소시엄, 국민연금 컨소시엄 등 인수주체가 투자자를 모집하지 못해 결국 매각이 무산됐다. 이 빌딩은 최초 매각금액이 3800억~4000억원이 예상됐지만 국민연금과의 계약금액은 3200억원에 불과했다.

미래에셋생명 마포사옥도 국내 투자자 2곳이 참여했지만 미래에셋생명은 1400억원대의 매각대금을 요구했지만 투자자들은 1100억원대를 제시해 결국 매각이 이루어지지 않았다.

• 매물 쏟아진다

이런 상황에서 외국계 부동산 펀드를 중심으로 오피스 매물을 쏟아내고 있는 것도 오피스 가격하락을 부채질하고 있다. 최근 미국 부동산 투자 기관 GE리얼에스테이트는 서울 논현동에 있는 트리스빌딩과 경기도 분당에 있는 초림빌딩을 팔기 위해 신영에셋을 매각 자문사로 선정했다.

메릴린치도 서울 종로구 서린동 소재 SK빌딩을 내놓은 것으로 알려졌으며, 네덜란드계 보험사인 ING생명보험도 서울 대학로 소재 은석빌딩을 매각할 것이라는 전망이 나오고 있다. 한국씨티은행은 인천 구월동 소재 주전산센터가 입주해 있는 건물을 매물로 내놓았다가 회수했다.

이밖에도 건설사들과 일반기업들은 구조조정용도로 사옥을 속속 매물로 내놓고 있으며 군인공제회 등 일부 투자기관들도 유동성 확보를 위해 오피스를 팔 계획인 것으로 알려지고 있다.

자산운용업계 한 관계자는 "GE리얼에스테이트는 보유 중인 국내 오피스 부동산을 모두 처분할 것으로 알고 있으며, 기업들도 오피스를 대거 매물로 내놓을 것으로 보인다"며 "리츠 주가가 빠지는 이유도 오피스 가격이 더 떨어질 것이란 전망을 반영하고 있기 때문"이라고 말했다.

(자료출처 : 이데일리, 2008.11.21)

2. 리츠의 상장 및 환매

리츠는 일반 주식과 동일한 매매방식으로 거래되며 환매를 원하는 투자자는 증권거래소나 코스닥증권시장에서 보유주식의 매도를 통해 투자자금을 회수할 수 있다.

운용기간이 정해진 경우 만기에 청산절차를 통해 투자자는 투자금을 회수할 수 있다. 하지만 제때에 보유부동산을 매각하지 못하여 약정한 투자기간내에 리츠를 청산하지 못하는 경우도 발생할 수 있다.

제7절 리츠와 금융시장

1. 리츠와 금리의 관계

지분형(Equity) 리츠는 모집한 자금을 가지고 부동산을 매입(부동산임대수입이 주수입원)하는 리츠이고, 모기지형(Mortgage) 리츠는 부동산관련 대출이나 저당담보증권에 투자(이자 수입이 목적)하는 리츠이다.

지분형 리츠의 경우 기본적으로 부동산경기에 좌우되지만 최근 주식시장의 영향을 크게 받는 것으로 나타나고 있다. 모기지형 리츠의 경우 금리에 민감하게 반응하므로 채권의 성격이 강하다.

금리상승은 기업의 영업활동을 둔화시키는 역할을 하기 때문에 오피스 빌딩의 공실률이 올라갈 가능성이 있고, 상승된 금리를 신속하게 임대료에 반영하지 못하면 영업이익률이 낮아질 가능성이 있다. 그리고 금리상승은 리츠 경영에 수반되는 금융비용을 증가시킨다.

2. 리츠와 주식시장

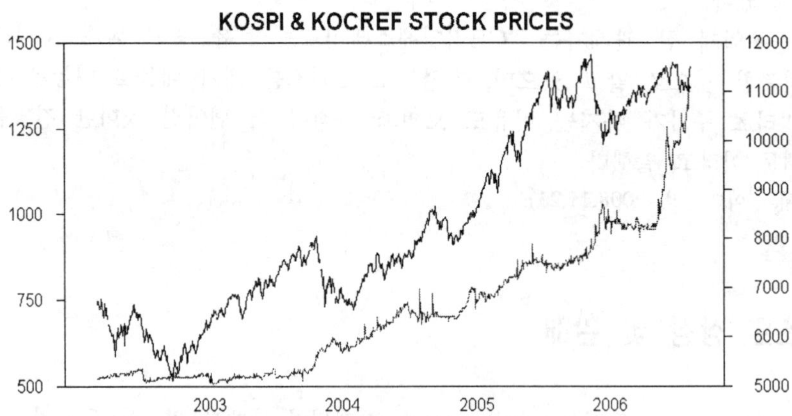

주 : 좌측: 종합주가지수(위), 우측 : 코크렙1호 주가(아래)
(자료출처: 김범석, 리츠(REITs)주가와 주식시장간의 관계: 코크렙 1호 CR리츠 &교보-메리츠 CR리츠, 경영관련학회 통합학술대회, 2007)

[그림 19] 종합주가지수와 코크렙1호 주가추이

리츠는 주식시장에 상장되어 있는 경우 리츠주가도 주식시장 동향에 영향을 받을 수 있다. 주식시장에 영향을 미치는 거시경제적 요인의 변화에 따라 주식시장이 움직임에 따라 동일한 주식시장에서 다른 주식과 같이 매매되고 리츠주식도 영향을 받기 쉽다.

[그림 19]는 종합주가지수와 코크렙1호의 주가추이를 나타내고 있다. 종합주가지수와 코크렙1호와 상관관계가 적고 특히 코크렙1호의 변동성은 일반 기업의 주가보다 적은 편이다.

제8절 외국의 리츠 제도

1. 각국의 리츠 제도

(1) 미국의 리츠 제도

1) 현 황

미국 리츠협회(NAREIT : natonal association of REIT, www.reit.com)에 의하면 2009년 2월 현재 증권거래소에 상장된 미국 리츠의 시가총액은 1,290억 달러이고 이중 지분형 리츠의 시가총액은 1,140억 달러이다. 리츠는 약 6,000억 달러의 상업용 부동산을 보유하고 있는데 있는 이는 기관보유 상업용 부동산의 10%~15%에 해당하는 수치이다. 현재 미국 뉴욕증권거래소에 상장된 리츠의 숫자는 120개이며 시가총액은 1,260억 달러이다.

[그림 20]은 미국리츠협회에 집계한 유형별 리츠 수이다. 1990년 지분형 리츠는 58개, 모기지형 리츠는 43개, 혼합형 리츠는 18개로 리츠 수는 총 119개이다. 리츠 수는 1990년 중반 부동산 경기활성화로 인해 가장 많았다가 이후 다소 감소하였다. 리츠 수는 1994년 224개로 최고치를 기록하였다. 2008년 지분형 리츠는 113개, 모기지형 리츠는 20개, 혼합형 리츠는 3개로 리츠 수는 총 136개이다.

리츠의 투자대상은 주로 오피스 빌딩, 아파트, 호텔과 모기지를 기초자산으로 하는 주택저당증권 등으로 안정적인 수익이 기대되는 투자대상이다.

(단위 : 개)

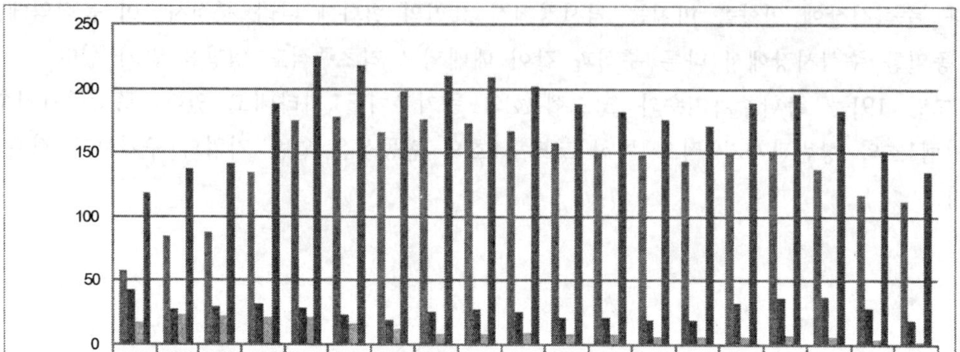

	1990	1991	1992	1993	1994	1995	1996	1997	1998	1999	2000	2001	2002	2003	2004	2005	2006	2007	2008
지분형	58	86	89	135	175	178	166	176	173	167	158	151	149	144	150	152	138	118	113
모기지형	43	28	30	32	29	24	20	26	28	26	22	22	20	20	33	37	38	29	20
혼합형	18	24	23	22	22	17	13	9	9	10	9	9	7	7	7	8	7	5	3
총계	119	138	142	189	226	219	199	211	210	203	189	182	176	171	190	197	183	152	136

[그림 20] 유형별 리츠 수 추이(1990~2008)

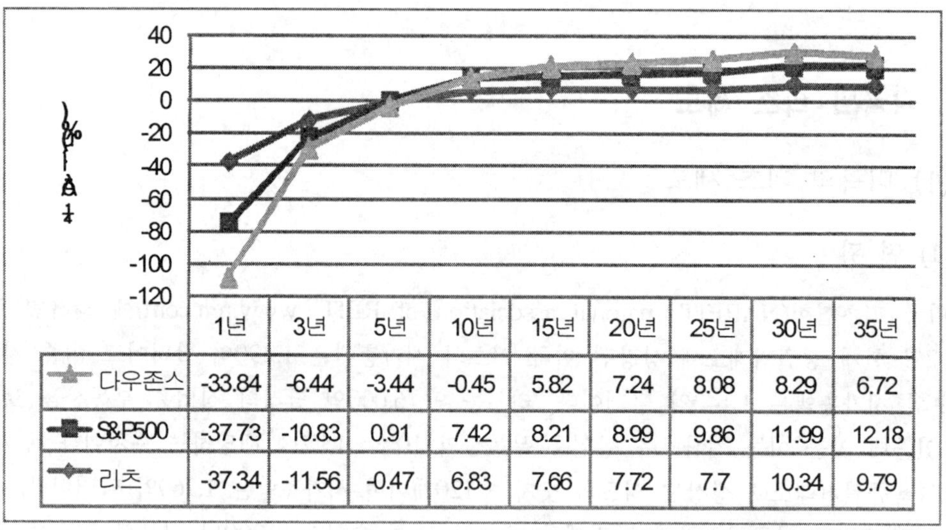

	1년	3년	5년	10년	15년	20년	25년	30년	35년
다우존스	-33.84	-6.44	-3.44	-0.45	5.82	7.24	8.08	8.29	6.72
S&P500	-37.73	-10.83	0.91	7.42	8.21	8.99	9.86	11.99	12.18
리츠	-37.34	-11.56	-0.47	6.83	7.66	7.72	7.7	10.34	9.79

[그림 21] 리츠지수, S&P500지수, 다우존스지수간 누적수익률 비교

리츠와 일반 주식간의 투자수익률을 살펴보기 위하여 [그림 21]을 살펴보자. [그림 21]은 각 기간 동안 리츠지수(FTSE NAREIT 지분형 지수에 포함된 리츠로 구성), S&P500지수, 다우존스지수의 누적수익률을 나타내고 있다. 리츠지수는 다우존스지수에 비해 5년 이상 장기수익률이 높게 나타났으나 S&P500지수보다는 낮게 나타났다.

2) 미국 리츠의 종류

미국리츠협회(NAREIT)는 리츠를 지분형 리츠(Equity REITs), 모기지형 리츠(Mortgage REITs), 혼합형 리츠(Hybrid REITs)로 구분하고 있다.

지분형 리츠는 실물자산에 투자하여 직접 소유·운용하거나 또는 다른 회사와의 공동소유방식도 채택한다. 지분형 리츠는 총 투자자산의 75% 이상을 부동산에 투자하는 부동산의 가치상승에 따른 자본이익과 임대료 등으로부터 수익을 얻는다.

모기지형 리츠는 주택, 토지, 빌딩 등 부동산 및 부동산개발과 관련한 자금을 제공하거나 부동산을 기초자산으로 하여 발행된 주택저당증권(MBS) 또는 상업용 저당증권(CMBS)에 투자한다.

모기지형 리츠는 지분형 리츠에 비하여 투자위험이 높은 편이데 모기지형 리츠의 수익률은 특히 시장금리 동향에 민감하다. 시장금리가 높은 때에는 수익률이 높으나, 금리가 낮은 때에는 수익률도 낮아진다.

혼합형 리츠는 지분형과 모기지형이 혼합된 리츠를 말한다. 지분형과 모기지형을 혼합한 것으로서 직접 부동산을 소유하거나 대출을 한다. 혼합형 리츠는 부동산의 가치상승에 따른 자본이득과 일정한 이자수입을 동시에 얻을 수 있다.

(2) 일본의 리츠 제도

2001년 9월 10일 일본 리얼이스테이트 코퍼레이션, 일본빌딩펀드 2개의 리츠가 상장되었다. 이후 일본의 리츠시장은 지속적으로 발전하여 2009년 5월 현재 40개의 리츠가 도쿄증권거래소에 상장되어 거래되고 있는데 상장 리츠수 면에서 가장 많다. 리츠의 투자대상도 오피스빌딩, 공동주택, 호텔 및 리조트 등 다양한 편이다.

일본 리츠(또는 J-리츠)의 운용방식은 미국식 회사형 리츠에 가깝다. 리츠는 오피스빌딩, 아파트, 임대주택, 단독주택, 물류창고 등과 같은 부동산을 매입한 뒤 자산관리회사에 운용을 위탁한다. 리츠는 일정기간마다 임대수익이나 시세차익을 투자자에게 배당금으로 지급한다.

미쓰비시 부동산에 의해 설정된 일본 리얼이스테이트 코퍼레이션은 자산이 2,976억엔이며 미쓰비시 UFJ 투자신탁·은행빌딩, 키타노마루 스퀘어, 유라쿠조덴키빌딩, 하모니타워, 시오돔빌딩 등을 보유하고 있다.

〈표 40〉 일본의 리츠 현황

설립연월	리츠명	자산보유자
2001.9.10	일본 리얼이스테이트 코퍼레이션	미쓰비시부동산, 다이이찌생명
2001.9.10	니폰 빌딩 펀드	미쓰이 부동산
2002.3.12	일본 리테일 펀드	미쓰비시부동산
2002.6.12	일본 프라임 리얼티	동경타네모노, 메이지 야수다
2002.6.14	오릭스(Orix) 리츠	오릭스
2002.9.10	프리미어 인베스트먼트 컴퍼니	프리미어 리츠 어드바이저스
2003.9.10.	도큐(Tokyu) 리얼 에스테이트	도큐 리얼 에스테이트
2003.9.25	글로벌 원 부동산투자신탁	글로벌 알리안스 리얼티
2003.12.4	노무라 오피스빌딩 펀드	노무라부동산
2003.12.22	유나이티드 어번 인베스트먼트	마루베니, CSFB,
2004.2.13	모리 트러스트 소고 리츠	모리신탁
2004.3.2	일본 레지던셜 인베스트먼트	퍼시픽 홀딩스
2004.8.9	프론티어 부동산투자회사	미쓰이 부동산
2005.3.8	크레센도 투자회사	카날(Canal)투신
2005.5.9	일본 물류펀드	미쓰이, Kennedix
2005.6.21	후쿠오카 리츠	후쿠오카 부동산
2005.7.12	프로스펙트 리츠	프로스펙스 레지덴셜어드바이저스
2005.7.13	일본 싱글레지덴스 리츠	일본싱글레지덴스에셋매니지먼트
2005.7.21	케네딕스 부동산투자회사	케네딕스 리츠 매니지먼트
2005.7.28	조인트 리츠	조인츠 케피탈 파트너스
2005.9.7	라살 일본 리츠	라살 인베스먼트 어드바이저스
2005.10.12	FC 레지덴셜 투자회사	펀드 크리에이션
2005.10.19	다(DA) 오피스	다빈치 어드바이저스
2005.10.26	한큐(Hankyu) 리츠	한큐리츠투신
2005.11.22	어드밴스(Advance) 레지던스	AD 인베스먼트매니지먼트
2006.2.15	일본 호텔 & 리조트	일본 호텔 & 리조트
2006.3.1	탑(Top) 리츠	탑 에셋 매니지먼트
2006.3.15	일본 오피스	일본 오피스 어드바이저스
2006.3.22	빌라이프(BLife)	다이와 하우스·모리모도에셋
2006.3.23	LCP	LCP 리츠 어드바이저스

설립연월	리츠명	자산보유자
2006.6.14	일본 호텔펀드	일본 호텔리츠어드바이저스
2006.6.22	일본 임대주택	미가사(Mi-Casa) 에셋매니지먼트
2006.6.27	일본 엑셀런트(Excellent)	일본 엑셀런트 매니지먼트
2006.8.1	동경 그로스(grwoth) 리츠	그로스리츠어드바이저스
2006.8.4	니폰 어카머데이션 펀드	미쓰이부동산
2006.8.29	MID 리츠	미드리츠매니지먼트
2006.9.26	일본 커머셜	퍼시픽커머셜
2006.11.30	모리 힐스 리츠	모리빌딩 인베스트먼트 매니지먼트
2007.2.14	노무라 부동산 레지덴셜	노무라부동산신탁
2007.10.18	산업펀드	미쓰비시상사 · UBS리얼티

〈사례 8〉 일본 대형 부동산 리츠, 17억달러 파산

일본의 대형 부동산투자펀드회사인 퍼시픽홀딩스가 신용경색을 견디지 못하고 10일 1636억엔(17억달러) 규모의 파산보호 신청을 냈다고 파이낸셜타임스가 11일 보도했다. 일본 기업파산 규모로는 올 들어 세 번째이다.

금융위기로 인한 부동산시장 침체로 자금난을 겪어온 이 회사는 지난해 말부터 중국 기업 10곳의 컨소시엄 투자업체로부터 투자를 유치하려 협상을 벌여왔지만 9일 최종 협상이 결렬되면서 결국 파산보호 절차를 밟게 됐다. (중략)

퍼시픽홀딩스는 닛폰레지덴셜투자와 닛폰커머셜투자 등의 리츠펀드를 운영하고 있으며 퍼시픽은 조만간 투자기업을 물색해 이들 부동산투자신탁의 지분 소유권을 넘길 계획이다. 이들 리츠 펀드는 이미 지난해 퍼시픽이 흔들리면서 연말 대비 주가가 90%가량 폭락한 상태여서 퍼시픽홀딩스의 파산으로 타격이 예상된다.

(자료출처 : 헤럴드경제, 2009.3.11)

(3) 호주의 상장부동산신탁(LPT)

2009년 5월 현재 약 70개의 A-REITs가 상장되어 호주증권거래소(www.asx.com.au)에서 매매되고 있다. 맥쿼리 오피스 트러스트는 오피스 빌딩, 맥쿼리 컨드리와드 트러스트는 쇼핑센터, 맥쿼리 레저는 드림월드, 화이트워터월드 등 레저시설에 투자하고 있다. 미르박(Mirvac)리츠는 10~20 본드스트릿 빌딩 등 상업용 빌딩, 트래블라지 호텔, 쇼핑센터 등에 투자하고 있다.

호주는 리츠보다는 리츠와 구조면에서 유사한 상장부동산신탁(LPT : Listed Property Trusts)이 활성화되어 있다. 호주 LPT는 부동산에만 투자하기 위하여 불특정 다수의 투자자들로부터 자금을 모집할 수 있는 신탁증권방식의 상장제도이다.

LPT의 지분은 자본시장에 상장되어 자유롭게 거래되며, 주주는 수익을 분배받고, 지분 범위 내에서 유한책임을 부담한다. LPT를 통해 조달된 자금은 신탁규약에 의해 수탁자가 관리하며, 수탁자는 LPT의 주주를 위해 부동산을 보유, 매입, 처분 등을 통해 이익을 창출한다. LPT는 우리나라의 금전신탁과 유사한데 금전신탁증서가 증권거래소에 상장되어 거래되는 점이 상이하다.

호주의 주요 LPT는 금융기관이 설립한 경우와 부동산개발업자가 설립한 경우가 많다. 기관투자가의 투자비율이 LPT지분의 70~80%를 차지하고 있다. 자산운용은 상업용 부동산인 오피스, 소매시설, 공장, 호텔 등을 특화하여 투자하고 있으며, 이에 비해 주거용 부동산투자는 적은 편이다.

(4) 싱가포르의 리츠 제도

싱가포르의 리츠시장은 정부(MAS : Monetary Authority of Singapore)의 적극적인 육성정책에 의해 형성되기 시작하였다. 싱가포르 정부는 1998년 리츠 가이드라인을 제정하였으나 투자자들의 리츠에 대한 관심이 적어 리츠가 설립되지 않았다.

3년 뒤인 2001년 10월 싱가포르 정부는 최초의 리츠인 SingMall Property Trust를 설립하고자 공모를 실시하였지만 미국 9.11테러사태 등으로 증권시장이 약세를 보임에 따라 실패하였다.

그러나 2002년 7월에 설립된 CapitaMall Trust는 정부당국과 협상을 통해 리츠에 대한 법인세 면제 혜택을 받게 되었다. 이 리츠는 투자자에게 높은 투자수익률을 제공함에 따라 인기를 얻었다. CapitaMall Trust의 성공적인 리츠시장의 진입으로 인해 계속해서 여러 리츠가 설립·상장되기 시작하였다.

2004년에서는 개인투자자의 배당소득에 대해서도 면제혜택이 주어졌다. 싱가포르 리츠의 경우 당해 연도 이익배당한도의 90%를 주주에게 배당으로 지급해야 한다. 한편, 차입금 한도는 총자산의 60%이다.

2009년 5월 현재 싱가포르 주식시장에서 상장된 리츠 수는 21개(싱가포르 주식시장에 상장된 해외 리츠 포함)이다.

〈표 41〉 싱가포르의 주요 리츠 현황

설립연월	리츠명	자산보유자
2002.7.17	CapitaMall Trust	CapitaLand Ltd.
2002.11.19	Ascendas REIT,	Ascendas
2003.8.12	Fortune REIT,	Cheung Kong
2004.5.11	CapitaCommercial Trust	CapitaLand Ltd.
2004.12.9	Suntec REIT	Cheung Kong
2005.7.28	Mapletree Logistics Trust	Temasek
2005.9.20	Starhill Global REIT	Macquarie Pacific Star Prime
2006.3.30	Frasers Commercial Trsut	Frasers Centrepoint Asset Management
2006.3.31	Ascott Residential Trust	The Ascoot Group
2006.4.28	K-REIT Asia	Keppel Land
2006.7.5	Frasers Centrepoint Trust	Frasers Centrepoint
2006.7.19	CDL Hospitality Trusts	H-REIT
2006.7.25	Cambridge Industrial Trust	CITM
2006.12.11	First REIT	Bowsprit Capital Corp.
2006.12.8	CapitaRetail China Trust,	CapitaLand Ltd.
2007.4.19	Macarthurcook Industrial REIT	Macarthurcook Invesment Managers
2007.8.1	Ascendas India Trust	a-iTrust
2007.8.8	LippoMapleT	Lippo-Mapletree Indonesia Retail Trust
2007.8.23	Parkway Life REIT	Parkway Holdings
2007.11.9	Saizen REIT	Japan Residential Assets
2008.6.11	Indiabulls Properties Investment Trust	Indiabulls Properties Investment Trust Management

(5) 홍콩의 리츠 제도

홍콩의 리츠 시장은 정부의 구조조정 일환으로 추진되었다. 2005년 11월 현금유동성이 부족한 홍콩주택청(Hong Kong Housing Authority)은 약 151개 쇼핑센터와 약 79,000개의 주차장을 매각하고자 Link REIT를 설립하였다. 홍콩 정부는 2003년에도 시정부 소유 부동산을 민영화하기 위해 리츠 설립을 추진하였는데 당시 투자자의 리츠에 대한 인식 부족과 법적인 문제 등으로 리츠 설립이 무산되었다.

2004년 말 이후 중국정부의 위완화 절상화 조치 기대감과 홍콩달러의 미국 달러 페그제에 대한 압박감 등으로 홍콩 금융시장은 풍부한 유동성으로 인해 이자율이 하락하였다. 이러한 경제적 상황하에서 여건으로 2005년 11월 Link REIT는 공모를 실시하였는데 리츠의 높은 수익률로 인해 리츠가 투자자로부터 인기를 얻게 되었다.

〈표 42〉 홍콩의 리츠 현황

설립연월	리츠명	자산보유자
2005년 11월	Link REIT	HK Housing Auth.
2005년 12월	Prosperity REIT	Cheung Kong
2005년 12월	GZI REIT	Guangzhou Investment
2006년 5월	Champion REIT	Great Eagle Holdings
2006년 12월	Sunlight REIT	Henderson, Shau Kee

Link REIT의 성공적인 자금조달에 인해 2005년 12월에는 Prosperity REIT가 공모를 실시, 홍콩증권거래소에 상장되었다. 이후 추가로 3개의 REIT가 상장되었다.

리츠에 대한 법인세의 경우 보유부동산을 자산유동화회사(SPC)를 통해 보유하는 경우 면제 혜택을 받는다. 한편 개인투자자의 배당소득에 대해서는 면제혜택이 주어졌다. 차입금 한도는 총자산의 45%이며 당해 연도 이익배당한도의 90%를 주주에게 배당으로 지급해야 한다.

2. 리츠 관계규정

(1) 주식의 분산

주주 1인과 그 특별관계자는 부동산투자회사의 발행주식 총수의 100분의 30(이하 “1인당 주식소유한도”라 한다)을 초과하여 주식을 소유하지 못한다.

주주 1인과 그 특별관계자(이하 “동일인”이라 한다)가 위의 규정을 위반하여 부동산투자회사의 주식을 소유하게 된 경우 당해 주식의 의결권행사의 범위는 1인당 주식소유한도로 제한된다.

건설교통부장관은 동일인이 1인당 주식소유한도를 초과하여 주식을 소유하는 경우에는 6월 이내의 기간을 정하여 1인당 주식소유한도를 초과하는 주식을 처분할 것을 명할 수 있다.

위의 규정에 불구하고 건설교통부장관은 동일인이 현물출자로 인하여 1인당 주식소유한도를 초과하여 주식을 소유하는 경우에는 현물출자에 따른 주식의 발행일부터 1년 이상 1년 6월 이내의 기간을 정하여 1인당 주식소유한도를 초과하는 주식을 처분할 것을 명할 수 있다.

(2) 자산의 투자 · 운용

부동산투자회사는 그 자산을 다음 각호의 1에 해당하는 방법으로 투자 · 운용하여야 한다.

① 부동산의 취득 · 관리 · 개량 및 처분
② 부동산개발사업
③ 부동산의 임대차
④ 유가증권의 매매
⑤ 금융기관에의 예치
⑥ 지상권 · 임차권 등 부동산사용에 관한 권리의 취득 · 관리 · 처분

(3) 자산의 구성요건

부동산투자회사는 매 분기말 현재 총자산의 100분의 80 이상을 부동산, 부동산관련 유가증권 및 현금으로 구성하여야 한다. 이 경우 총자산의 100분의 70 이상은 부동산(건축중인 건축물을 포함한다)이어야 한다.

(4) 부동산개발사업에 대한 투자

부동산개발사업이란 토지를 택지 · 공장용지 등으로 개발하거나 건축물 기타 공작물을 신축 또는 재축하는 사업을 말한다.

부동산투자회사는 당해 회사의 주식이 증권거래법 제71조의 규정에 의해 한국증권거래소의 유가증권시장에 상장되거나, 동 법 제162조의 규정에 의한 한국증권업협회에 등록된 후가 아니면 부동산개발사업에 투자해서는 아니 된다.

부동산투자회사는 총자산의 100분의 30을 초과하여 부동산개발사업에 투자하여서는 아니된다. 다만, 다음 각호의 1에 해당하는 부동산개발사업에 투자하는 경우에는 그러하지 아니하다.

① 임대주택법 제2조제2호의 규정에 의한 건설임대주택사업
② 도시개발법 제2조제1항제2호의 규정에 의한 도시개발사업
③ 투자자 보호나 자산의 안정적 운용을 해할 우려가 없는 사업으로서 대통령령이 정하는 사업

부동산투자회사가 부동산개발사업에 투자하고자 하는 경우에는 대통령령이 정하는 바에 따라 사업계획서를 작성하여 부동산투자자문회사의 평가를 거쳐야 한다.

위 규정에 의한 총자산은 부동산개발사업에 대한 투자를 결의한 주주총회 개최일 전일을 기준으로 하여 직전분기말 현재의 대차대조표상의 자산총액을 말한다.

위 규정에 따라 부동산개발사업의 비율을 산정함에 있어 건축물을 신축 또는 재축하는 부동산개발사업의 경우에는 부동산투자회사가 소유한 토지의 가액은 총자산에는 산입하되, 부동산개발사업의 투자액에서는 제외한다.

(5) 유가증권에 대한 투자

① 부동산투자회사는 다른 회사의 의결권 있는 발행주식의 10/100을 초과하여 취득해서는 아니 된다. 다만, 다음에 해당하는 경우에는 초과하여 취득할 수 있다.

- 특정한 부동산의 개발을 위하여 존립기간을 정하여 설립된 회사의 주식을 취득하는 경우
- 다른 회사와 합병하는 경우
- 다른 회사의 영업 전부를 양수하는 경우
- 부동산투자회사의 권리를 실행함에 있어서 그 목적을 달성하기 위하여 필요한 경우
- 투자자 보호나 자산의 안정적 운용을 해할 우려가 없는 경우로서 대통령령이 정하는 경우

부동산투자회사는 다른 회사의 의결권있는 발행주식의 100분의 10을 초과하여 취득하게 된 때에는 초과취득하게 된 날부터 6월 이내에 투자한도에 적합하도록 하여야 한다.

② 부동산투자회사는 동일인이 발행한 유가증권을 총자산의 5/100를 초과하여 취득해서는 아니 된다. 또한 보유하고 있는 유가증권이 투자 한도를 초과하게 된 경우에는 초과 취득하게 된 날로부터 6월 이내에 투자 한도에 적합하도록 해야 한다. 다만, 국채, 지방채 기타 대통령령이 정하는 유가증권에 대하여는 그러하지 아니하다.

(6) 부동산의 처분에 대한 제한 등

부동산투자회사는 부동산을 취득한 후 5년의 범위 이내에서 대통령령이 정하는 기간 이내에는 이를 처분하여서는 아니된다. 부동산투자회사시행령에서 “대통령령이 정하는 기간”이라 함은 3년으로 규정되어 있다.

다만, 부동산개발사업에 따라 조성하거나 설치한 토지·건축물 등을 분양하는 경우 그 밖에 투자자 보호를 위하여 그러하지 아니하다.

부동산투자회사는 건축물 그 밖의 공작물이 없는 토지는 당해 토지에 대하여 부동산개발사업을 시행한 후가 아니면 이를 처분하여서는 아니된다.

하지만, 부동산투자회사의 합병·해산 등 투자자 보호를 위하여 대통령령이 정하는 경우에는 그러하지 아니하다.

(7) 실사보고서 작성

부동산투자회사는 부동산을 취득하거나 처분하는 경우에는 당해 부동산의 현황, 거래가격 등이 포함된 실사보고서를 작성하여야 한다. 실사보고서 기재사항은 다음과 같다.

① 당해 부동산의 현황·거래가격 및 거래비용
② 당해 부동산과 관련된 재무자료
③ 당해 부동산의 수익에 영향을 미치는 요소
④ 그 밖에 당해 부동산의 거래여부를 결정함에 있어 필요한 사항으로서 건설교통부령이 정하는 사항

(8) 배 당

부동산투자회사는 당해연도 이익배당 한도의 90/100 이상을 주주에게 배당해야 한다. 이 경우 이익준비금은 적립하지 아니한다. 부동산투자회사의 이익배당은 금전배당으로 한다. 위탁관리부동산투자회사가 이익을 배당하는 경우에는 상법 제462조의 규정에 불구하고 이익을 초과하여 배당할 수 있다. 이 경우 초과배당금의 기준은 당해 연도의 감가상각비 범위 안에서 대통령령으로 정한다.

위탁관리부동산투자회사가 초과배당을 하고자 하는 경우 초과배당금의 분배절차 및 시기 등을 포함하여 필요한 사항을 정관으로 미리 정하여야 한다. 초과배당은 당해 연도의 감가상각비의 범위 안에서 배당하되, 초과배당으로 인하여 전기에서 이월된 결손금은 당기의 배당가능이익 산정시 이를 포함하지 아니한다. 초과배당은 금전으로 배당하여야 한다.

제11장 부동산펀드

■ 제1절 부동산펀드의 개념
■ 제2절 부동산펀드의 현황
■ 제3절 부동산펀드의 구조 및 운용
■ 제4절 부동산펀드의 상장

제1절 부동산펀드의 개념

1. 부동산펀드의 개요

부동산펀드란 투자자로부터 자금을 모아 부동산에 투자하여 그 수익을 투자자에게 배당하는 부동산간접투자기구이다. 부동산펀드는 2004년 1월 간접투자자산운용법의 제정시 펀드의 투자대상을 기존의 유가증권 이외에 장외파생상품, 실물자산 뿐만 아니라 부동산으로 확대함에 따라 도입되었다.

부동산펀드의 종류에는 대출형·임대형·경매형·개발형 등이 있다. 대출형 부동산펀드는 시행사에 자금대여 후 분양대금 등으로 자금을 회수하는 형태이다. 임대형 부동산펀드는 실물 부동산을 매입한 후 임대료 수입으로 운용된다. 경매형 부동산펀드는 경매공매 부동산에 투자하는 펀드이다. 개발형 부동산펀드는 펀드가 직접 개발주체가 되어 부동산을 개발하여 운용한다.

2. 부동산투자회사·부동산투자신탁·부동산펀드 비교

부동산투자회사(REITs : Real Estate Investment Trusts)(이하 '리츠')는 2001년 7월 제정된 부동산투자회사법에 의해 설립된 부동산투자상품으로 부동산투자를 전문으로 하는 펀드이다. 리츠는 주식발행을 통하여 다수의 투자자로부터 투자자금을 모아서 부동산에 투자·운영하고 이런 활동을 통하여 발생된 수익을 투자자에게 돌려주는 회사이다. 리츠는 기업구조조정 부동산에 주로 투자하는 CR리츠와 일반 부동산에 투자하는 일반리츠로 구분된다.

부동산투자신탁은 투자자로부터 수탁받은 자금을 부동산에 투자·운용하여 수익금을 투자자에게 배당하는 금전신탁의 일종이다. 부동산투자신탁은 1998년 4월 신탁업법의 개정으로 신탁자산의 부동산 투자가 허용되면서 도입되었다. 부동산투자신탁은 리츠와 달리 별도의 자산운용회사가 필요가 없고 은행의 신탁부서에서 자금을 운용·관리한다. 부동산투자신탁은 2000년 7월 첫 상품이 출시된 후 인기를 얻었으나 간접투자자산운용법에 의해 은행이 자산운용회사와 같은 조직을 갖추어야 하므로 경쟁력이 약화되었다.

부동산펀드는 간접투자자산운용법의 제정에 따라 도입된 부동산투자상품으로 리츠에 비해 자금조달면에서나 자산구성면에서 규제가 적은 편이다. 부동산펀드는 최소자본금 규정도 없으며 투자기간에도 제한이 없다. 부동산펀드는 설정기간이 2~3년 정도로 건설자금

대여, 오피스 · 상업시설 매입과 같은 방식으로 자산운용을 하는 반면 리츠는 특정 5년 이상 장기적인 관점에서 특정 부동산매입, 부동산개발 등과 같은 방식으로 자산운용을 한다.

2009년 2월 4일 자본시장통합법이 시행됨에 따라 다양한 금융상품이 출시될 것으로 예상된다. 자본시장통합법에 의해 펀드의 투자대상 자산범위에 대한 제한이 원칙적으로 철폐되어 주요 투자대상 자산을 기준으로 펀드를 증권, 부동산, 특별자산펀드 및 머니마켓펀드(MMF) 등으로 재분류하고, MMF를 제외한 모든 펀드에서 투자대상 자산 제한이 폐지된다.[28)]

〈표 43〉 부동산간접투자상품 비교

구 분	부동산펀드	리 츠	부동산투자신탁
관련 법령	간접투자자산운용법	부동산투자회사법	신탁업법
자산운용사	자산운용사 (은행, 투신, 보험 등)	자산관리회사	은행
투자기간	2~10년이상	5년	2~3년
투자방법	아파트, 개발사업, 빌딩임대 등	주로 부동산 임대	아파트건설 사업자에게 대출
중도환매여부	증권거래소	증권거래소	환매불가
투자자 보호	주주총회, 이사회	주주총회, 이사회	없음
최소 자본금	없음	500억원	없음

(자료출처 : 머니투데이, 2004.5.17)

〈사례 9〉 투자대상 제한장벽 철폐… '新 개념 금융상품' 쏟아진다

금융투자 업계 겸영 허용, 상품 다양화=자통법은 쉽게 말해 증권회사 · 선물회사 · 자산운용사 · 신탁회사 등으로 나뉘어 있는 금융투자 업계의 영역 간 장벽을 허무는 법이다.

현재 금융투자사들은 업종에 따라 증권거래법 · 선물거래법 · 자산운용업법 · 신탁업법 · 종금법 · 기업구조조정투자회사법 · 증권선물거래소법 등 각각 다른 법의 적용을 받고 있다. 따라서 타 업종의 업무영역을 넘볼 수 없다. 하지만 이렇게 세분화돼 있는 7개 증권 관련법이 자통법으로 단일화됨에 따라 금융투자사들의 업무영역 확대, 즉 '겸영'이 가능해진다.

자통법 시행으로 금융투자사들이 취급할 수 있는 상품의 종류도 다양해진다. 그동안은 관련법에 열거된 상품만 개발 · 판매할 수 있었으나 자통법 하에서는 법이 금지하는 상품만 빼고는 어떤 상품이든 개발해 투자자들에게 선보일 수 있게 된다. 에너지나 재해 · 날씨 · 거시경제지표 · 신용을 기반으로 한 신종 파생상품 등장이 예고되는 것도 이 때문이다.

28) '[금융빅뱅 시작됐다] 자통법 시행, 무엇이 달라지나', 서울경제신문, 2009.2.1

• 신개념 금융상품 나온다

현재 주식형펀드는 증권을 50% 이상, 부동산펀드는 부동산을 50% 이상 매입해야 하며 광산·임산물 등에 투자하는 실물펀드는 부동산에 투자할 수 없도록 규정돼 있는데 이 부분이 사라지기 때문이다. 현재 공모 펀드의 레버리지 한도를 자산의 200%로 제한한 규정도 없어지기 때문에 투자자별로 위험 선호도에 맞춘 다양한 상품 출현도 예상된다.

(자료출처 : 한국경제신문, 2009.2.2, 서울경제신문 2009.2.1)

3. 부동산펀드의 종류

(1) 임대형 부동산펀드

임대형 부동산펀드는 조달된 자금으로 빌딩을 구입하여 임대수입을 얻고자 설립된 펀드이다. 임대형 부동산펀드는 임대수익과 매각수익을 얻을 수 있다. 임대형 부동산펀드는 부동산펀드가 직접 부동산을 매입하여 운용하는 경우와 재무적 투자방법으로 구분할 수 있다. 재무적 투자방법이란 부동산 임대수입을 기초자산으로 발행된 유동화증권에 투자하는 경우이다.

임대형 부동산펀드는 오피스빌딩, 상가 등을 일정기간 임대하고 추후 매각해 수익을 얻는 방식이다. PF형 펀드가 약정된 이자율에 따라 안정적인 수익을 얻을 수 있는 반면 임대형 부동산펀드는 건물의 공실률 여부에 따라 수익률이 결정된다. 또한 대상 부동산 매각시 부동산 가격이 상승하면 차익을, 부동산 가격이 하락하면 손실을 입을 수 있다.

〈표 44〉 임대형 부동산펀드 수익률 현황

(단위 : 억원, %)

펀드명	운영사	설정일	설정액	1년	2년
맵스프론티어부동산4	미래에셋맵스	2004.12.23	123	29.24	44.16
맵스프론티어부동산5	미래에셋맵스	2004.12.20	167	30.84	45.31
맵스프론티어부동산7	미래에셋맵스	2005.2.25	160	14.29	24.14
맵스프론티어부동산10	미래에셋맵스	2005.6.2	156	25.4	33.23
맵스프론티어부동산13	미래에셋맵스	2005.8.12	771	43.11	54.05
동양토투맨부동산1	동양	2005.8.29	680	6.96	14.73
미래터전KTB부동산2	KTB	2005.7.29	170	11.81	57.69

(자료출처 : 제로인, 한국경제신문, 2008.1.21)

2004년 12월 미래에셋자산운용의 맵스프론티어 부동산펀드 5호(모집금액 : 187억원)가 설정되었다. 이 펀드는 서울시 송파구 가락동 동원증권빌딩을 매입한 후 임대수익을 투자자에게 배당하였다.

2007년 2월에 설정된 미래에셋맵스리얼티1호는 임대수익을 위해 경기도 성남시 분당구 서현동에 있는 대신증권 사옥을 매입했다. 또한 이 부동산펀드는 판교 중심상업지구 내의 토지와 서울시 상암동 DMC내 토지를 매입하였다.

이외에도 임대형 부동산펀드에는 미래에셋맵스자산운용의 '맵스프런티어부동산5, 7, 10, 13, 미래터전KTB부동산2 등이 있다.

〈사례 10〉 부동산펀드, 도심재개발 투자 붐

국내외 부동산펀드 회사들이 서울 4대문 지역의 도심재개발사업에 속속 뛰어들고 있다. 도심권 업무용 빌딩 매물이 부족해지자 아예 개발 초기 단계 물건을 사들이는 입도선매식 개발에 나서고 있는 것. (중략)

이처럼 건설사들이 주상복합 대신 오피스 빌딩 개발쪽으로 급선회하는 것은 빌딩을 지은 뒤 건물을 매입·관리해 줄 든든한 돈줄이 있기 때문이라는 게 업계의 분석이다. 분양가상한제가 도입되면 주상복합 아파트로는 수지타산을 맞추기 어려운 건설사와 매물확보경쟁이 치열한 국내외 부동산펀드의 이해관계가 맞아 떨어지고 있는 셈이다.

실제로 주상복합 대신 오피스빌딩을 지을 을지로 2~5구역은 건물이 준공되면 메릴린치와 맵스자산운용이 각각 절반씩 투자해 총 8,432억원을 주고 매입키로 한 상태다. 2010년 완공 목표로 짓고 있는 지상26층 규모의 중구 남대문로 양동 3구역도 마이다스자산운용이 작년말 오피스 빌딩1개동을 1,572억원에 매입했다.

또 종로구 청진5지구 역시 외국계 펀드인 라살 인베스트먼트가 1,500억원 안팎에 사들였으며 부동산리츠회사인 코람코도 최근 광화문 씨티은행 본사 맞은 편에 있는 도심재개발사업에 뛰어든 것으로 알려지고 있다. 이 밖에 서울 중구 을지로 종로구 등 도심권 도시환경정비구역을 중심으로 국내외 부동산펀드들이 사업권 확보를 위해 치열한 물밑경쟁을 벌이고 있는 상태다.

맵스자산운용 관계자는 "이미 준공된 빌딩을 사들이는 것보다 개발초기 단계의 물량을 확보하면 시세보다 훨씬 저렴한 원가수준에서 빌딩을 확보할 수 있고 임대수요에 맞춰 설계 · 관리하기가 수월하다는 장점이 있다"며 건설업체와 부동산펀드의 이 같은 움직임이 향후 도심재개발 사업의 판도변화에 상당한 영향을 미칠 가능성이 크다고 분석했다.

(자료출처 : 한국경제신문, 2007.5.23)

(2) 개발형 부동산펀드

개발형 부동산펀드는 부동산개발사업에 투자하는 펀드로서 개발형 부동산펀드는 투자성격에 따라 지분형과 대출형으로 구분할 수 있다. 지분형은 다시 부동산개발사업에 직접 투자하는 경우와 유동화전문화회사(SPC)에 투자하는 경우로 구분할 수 있다. 대출형의 경우는 부동산개발회사 또는 건설회사의 대출채권에 투자한다.

2004년 12월에 판매된 KB웰스코리아사모부동산펀드2호(설정액 : 130억원)은 경기도 이천지역의 물류시설개발에 투자하였다. 2004년 부자아빠 하늘채 부동산신탁1호와 KTB웰빙특별자산(설정액 : 300억원)은 경기도 용인시 코오롱건설의 아파트개발사업에 대한 금융회사의 확정금리 대출채권에 투자하였다.

(3) 경매형 부동산펀드

경매형 부동산펀드는 경·공매를 통해 시가보다 상가, 아파트, 토지 등과 같은 부동산을 저렴하게 매입한 후 시세차익을 얻을 수도 있다.

경매형 부동산펀드는 경매를 통해 부동산을 매입한 뒤 임대 또는 매각을 통해 수익을 창출하기 때문에 적당한 경매대상 부동산을 찾는데 어려움이 있는 것이 단점이 있다. 따라서 각 펀드별 수익률 편차가 심하다.

2005년 1월 와이즈에셋자산운용과 현대증권이 공동 개발한 현대경매부동산펀드 1호(모집금액 : 1,500억원)가 판매되었다. 경매형 부동산 펀드에는 골든브릿지자산운용의 골드브릿지WM경매부동산1호, 굿앤리치자산운용의 굿앤리치부동산공경매2호 등이 있다.

굿앤리치자산운용의 굿앤리치부동산공경매1은 경매를 통해 군포시 산본동에 위치한 토지를 83억에 사들었다. 이 토지의 감정가는 158억원이므로 향후 높은 수익률이 예상된다.

(4) PF형 부동산펀드

PF형 부동산펀드는 부동산개발에 필요한 자금을 대출해 주고 이자수익을 얻는 펀드이다. PF형 부동산펀드는 은행예금금리보다 더 높은 수익률을 제공하고 토지가 담보로 설정되어 있으며 신용도 BBB− 이상 건설회사가 일정 부분을 책임진다.

PF형 부동산펀드는 준공률, 분양률이 펀드의 운용성과에 영향을 미친다.

2004년 12월 동양종합금융증권은 한화마스터피스 부동산펀드 1호(모집금액 : 200억원)를 판매하였다. 이 펀드는 인천 서구 불로택지지구의 신축아파트 개발사업에 프로젝트 파이낸싱방식으로 투자하는 상품이다.

이외에도 경기도 수원시 매산로 쇼핑센터 개발목적으로 설립된 KB웰리안부동산7, 안양 비산동 상가개발사업에 투자하기 위해 설립된 KB편안한부동산1, SH자산운용회사가 서울 중구 정동에 노인보지주거시설 개발을 위해 공모한 TOPS상림원부동산1, 서울자산운용의 한일골든립부동산 2, CJ자산운용의 CJ부동산 1, 마이에셋자산운용의 마이에셋부동산9 등이 있다.

프로젝트 파이낸싱형 부동산펀드의 경우 차주가 대출금 조기상환 옵션을 행사하면 조기상환되는 경우도 있다. 2005년 6월 대투운용가 설정한 '대한클래스원루미아트부동산투자신탁1호'(펀드규모 : 430억원)는 평택시 용이지구 아파트 개발사업에 투자하는 프로젝트 파이낸싱 방식의 부동산펀드인데 차주가 대출금 조기상환 옵션을 행사하여 조기상환되었다.

(5) 해외부동산형 펀드

대한투자증권은 2006년 9월 글로벌 부동산시장에 투자하는 CJ-SLI-글로벌 Property 재간접 펀드를 판매하였다. 이 펀드는 유럽, 미국, 캐나다, 호주, 아시아의 사무실 빌딩, 쇼핑센터, 호텔 등을 투자대상으로 하는 40여개의 리츠와 펀드에 투자하는 재간접펀드이다.

2007년 7월 미래에셋 맵스자산운용의 미래에셋맵스AP부동산펀드는 홍콩의 섬폭플람의 아파트단지인 레지던스 벨-에어 한 개동을 PCCW의 부동산 자회사인 PCPD로부터 18억 6,000만 홍콩달러에 매입하였다. 이 펀드는 임대수입을 통해 투자자금을 회수할 예정이다.

제2절 부동산펀드의 현황

1. 부동산펀드 도입배경

부동산간접투자상품은 1991년 신탁업이 도입된 이후 등장하였다. 이후 1999년 4월 은행의 금전신탁에 대해 부동산투자를 허용하면서 부동산투자신탁상품이 활성화되었고 2001년 7월 부동산투자회사법이 제정되면서 펀드형태의 부동산 간접투자상품이 국내에 도입되었다. 그러나 회사형 부동산투자회사 즉, 리츠(REITs)가 세제면이나 자금조달 및 운용면에서의 제약 때문에 기대보다는 활성화되지 못하였다. 그러나 2001년 12월 세제면에서 일반 리츠보다 유리한 기업구조조정 리츠(CR-REITs)이 도입되었는데 기업구조조정 리츠는 활성화가 되었다.

2003년 10월 각 법규에 흩어져 있는 간접투자상품에 대한 규정을 하나로 묶은 간접투자자산운용법이 제정(2004년 1월부터 시행)되면서 간접투자상품의 자산운용대상의 범위를 확대되었다. 새로이 제정된 간접투자자산운용법은 펀드의 투자대상에 주식이나 채권 뿐만 아니라 부동산으로 확대하였다.

그러나 2004년 1월에 도입된 부동산펀드는 신탁형으로 부동산등기 자체가 불가능하여 펀드 내에 부동산을 편입하거나 부동산개발사업에 투자하기가 사실상 어려운 문제점이 있었다. 따라서 신탁형 부동산펀드로서는 프로젝트 파이낸싱에 대한 대출 등 자금운용 수단이 제한적이었다. 이러한 부동산등기나 세제 관련 문제점을 해결하기 위하여 2004년 12월 회사형 부동산펀드가 도입되었다.

〈표 45〉 부동산간접투자제도 연혁

연도	부동산간접투자 법규	부동산간접투자상품
1991.2	신탁업법	부동산신탁 도입
1998.4	신탁업법	은행의 부동산투자신탁도입
1998.9	자산유동화에 관한 법률	자산담보부증권(ABS) 도입
1999.1	주택저당채권유동화회사법	주택저당증권(MBS) 도입
2001.7	부동산투자회사법	회사형 부동산투자회사(K-REITs) 도입
2001.7	부동산투자회사법	계약형 기업구조조정 부동산투자회사(CR-REITs) 도입
2004.1	간접투자자산운용법	신탁형 부동산펀드 도입
2004.12	간접투자자산운용법	회사형 부동산펀드 도입
2005.1	부동산투자회사법	명목상의 회사형태의 부동산투자회사 도입

(자료출처 : 한국투자신탁운용)

2. 부동산펀드 현황

(단위 : 억원)

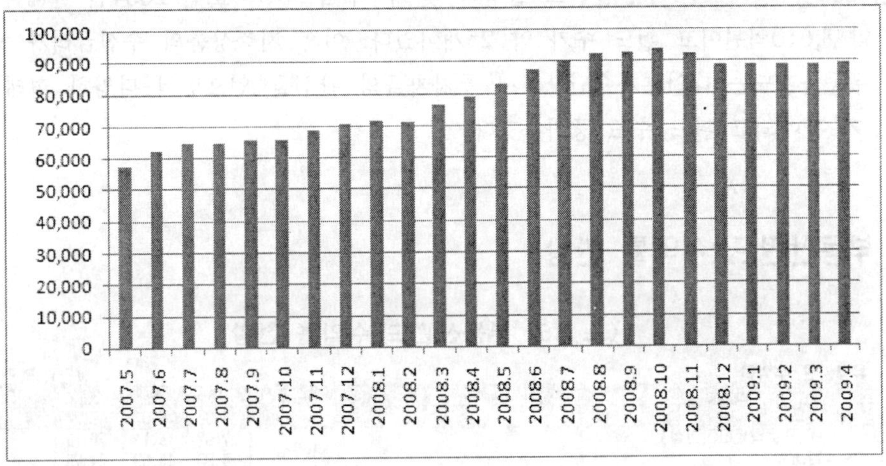

(자료출처 : 금융투자협회)

[그림 22] 부동산펀드 수 추이(2007.5~2009.4)

(단위 : 개)

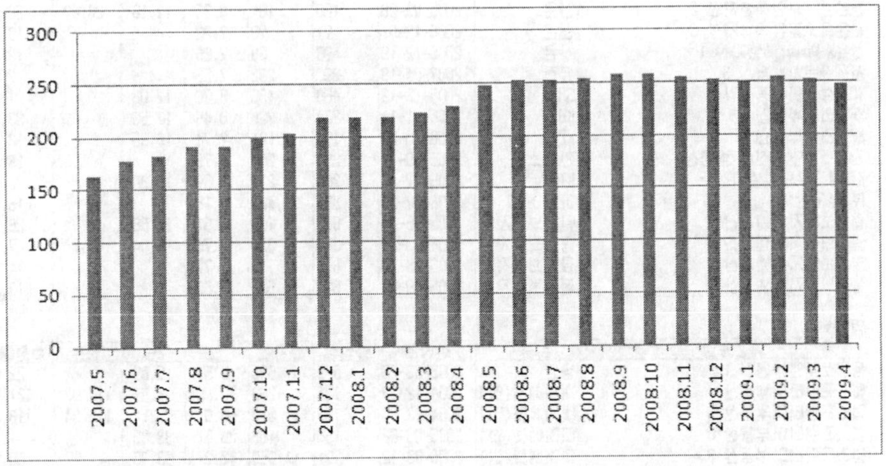

(자료출처 : 금융투자협회)

[그림 23] 부동산펀드 수 추이(2007.5~2009.4)

부동산펀드의 설정액은 2004년 이후 2008년 중반까지 지속적으로 증가하여 2008년 10월 설정액 9조 3,016억원, 펀드 수 259개를 기록하였다. 이후 부동산경기의 침체와 국제금융위기로 인해 부동산펀드의 설정액과 펀드 수는 감소하였다.

2004년 6월 국내 최초 부동산펀드인 맵스자산운용회사의 맵스프론티어부동산투자신탁1호와 한국투신운용사의 부자아빠 하늘채 부동산투자신탁1호가 판매되었다. <그림 22>와 <그림 23>을 살펴보면 부동산펀드 설정액 및 수 추이를 살펴보면 2004년 말에는 설정잔액이 약 8,610억원이고 펀드 수가 약 25개이었다. 이후 저축상품의 수신금리가 하락함에 따라 부동산펀드는 대안투자수단으로서 투자자들의 관심을 얻으면서 다양한 형태의 부동산펀드가 판매되고 펀드 수도 증가하였다.

3. 부동산펀드 수익률 현황

〈표 46〉 부동산펀드 수익률 현황

유형평균 수익률 (단위:억원,%)

펀드명	운용사	설정일	설정액	순자산	1년	2년	3년	설정이후
부동산펀드					7.38	15.07	19.32	
ㄴPF(프로젝트파이낸싱)					7.97	16.14	20.18	
ㄴ임대형					8.22	16.39	24.75	
ㄴ경매형					2.33	5.40	7.34	
해외부동산펀드					4.25			

PF(프로젝트파이낸싱)

펀드명	운용사	설정일	설정액	순자산	1년	2년	3년	설정이후
동양강남대기숙사특별자산 1	동양	2005-09-14	209	212	7.49	15.56		21.42
산은건대사랑특별자산1- 1	산은	2005-03-28	215	218	7.69	15.95	24.86	26.28
산은건대사랑특별자산1- 2	산은	2005-03-28	66	66	7.21	14.91	23.17	24.48
산은건대사랑특별자산 2	산은	2005-03-28	100	101	8.25	17.16	26.82	28.35
산은오포필유특별자산 3	산은	2006-12-01	71	73	7.02			10.48
산은K-Power특별자산 1	산은	2006-12-19	90	90	7.25			10.26
서울골든립부동산 3	유진	2007-04-18	290	292	7.26			7.93
TOPS상림원부동산 1	SH	2005-12-12	488	496	8.26	17.08		21.30
KB헬리안부동산 7	KB	2005-11-11	724	726	8.45	17.55		23.00
KB헬리안부동산 8	KB	2006-03-28	2,100	2,124	7.74	16.95		18.46
칸서스용인죽전APT부동산	칸서스	2006-09-11	260	264	8.79			15.29
KTB실크로드특별자산 5	KTB	2005-07-26	200	212	7.39	15.30		22.27
PAM부동산 3	피닉스	2006-07-20	1,394	1,489	8.15			15.41
골든브릿지특별자산 8	골든브릿지	2005-06-24	650	700	8.51	17.68		26.78
골든브릿지특별자산13	골든브릿지	2006-03-24	320	324	7.75	16.04		17.43
골든브릿지특별자산17	골든브릿지	2006-08-10	695	710	7.77			14.23
골든브릿지특별자산18	골든브릿지	2006-09-05	520	528	7.60			13.29

임대형

펀드명	운용사	설정일	설정액	순자산	1년	2년	3년	설정이후
동양토투앤부동산 1	동양	2005-08-25	580	596	9.54	15.89		22.04
맵스프런티어부동산 4	미래에셋(맵)	2004-12-23	123	208	50.08	94.91	115.03	121.72
맵스프런티어부동산 5	미래에셋(맵)	2004-12-30	187	317	50.01	97.12	116.34	118.27
맵스프런티어부동산10	미래에셋(맵)	2005-06-02	156	188	25.71	33.85		41.42
맵스프런티어부동산13	미래에셋(맵)	2005-08-12	771	1,059	42.27	53.75		60.01
미래터전KTB부동산 2	KTB	2005-07-29	170	236	22.77	56.91		64.29

경매형

펀드명	운용사	설정일	설정액	순자산	1년	2년	3년	설정이후
굿앤리치부동산공경매 2	블리스	2005-11-04	59	58	9.09	4.26		4.26
골든브릿지Wm경매부동산 1	골든브릿지	2005-05-13	205	206	6.22	20.04	23.69	23.67
현대경매부동산 1	현대와이즈	2005-01-27	1,506	1,536	7.08	10.37	12.53	12.57

해외부동산펀드

펀드명	운용사	설정일	설정액	순자산	1년	2년	3년	설정이후
칸서스사할린부동산 1	칸서스	2007-04-05	400	404	8.78			9.95
미래에셋맵스아시아퍼시픽부동산공모 1	미래에셋(맵)	2007-02-02	4,317	4,421	3.83			4.69

(기준:2008.5.21)

또한 부동산펀드의 투자대상 자산도 다양해져 임대형, 프로젝트 파이낸싱(PF)형 이외에 경매부동산에 투자하는 부동산펀드, 해외부동산에 투자하는 부동산펀드도 등장하였다.

〈사례 11〉 부동산펀드도 장기투자하면 '대박'

• 대부분 기대수익률 웃돌아… 일부 임대형 설정후 100%↑

부동산펀드가 심상치않다. 설정이후 수익률이 당초 예상을 훨씬 웃돌고 있는데다, 주식형펀드와 달리 외부영향도 덜 받아 관심대상으로 부상하고 있다. 더욱이 부동산의 가치가 갈수록 높아지고 있어 만기때 매각차익까지 고려하면 부동산펀드도 장기 고수익펀드로 손색이 없다는 평가다.

22일 한국펀드평가에 따르면 국내에 설정된 부동산펀드의 설정이후 수익률이 대부분 기대수익률을 초과하고 있다.

부동산펀드는 크게 프로젝트파이낸싱(PF)형, 임대형, 경매형으로 구분되는데, PF형과 임대형은 각각 3년 평균 수익률이 지난 21일 기준으로 20%, 24%를 기록하고 있으며, 경매형도 7%를 나타내고 있다. 이는 공모로 설정되는 부동산펀드의 기대수익률이 연 7~8%대인 점을 감안하면 양호한 수치다.

PF형 가운데선 '산은건대사랑특별자산'과 'PAM부동산3호'가 가장 높은 수익률을 달성 중이다. 이들 펀드는 각각 설정이후 26%대의 수익률을 기록하고 있다. 또, '동양강남대기숙사특별자산', '서울골든립부동산3호', 'TOPS상림원부동산1호', '칸서스용인죽전APT부동산'도 모두 20%가 넘는 수익률을 보이고 있다.

임대형은 미래에셋 펀드들의 수익률이 단연 돋보인다. '맵스프런티어부동산4호'와 '맵스프런티어부동산5호'는 설정이후 121.72%, 118.27%의 경이적인 수익률을 기록 중이며, '맵스프런티어부동산10호'와 '맵스프런티어부동산13호' 역시 41%, 60%의 수익률을 달성하는 등 전체 부동산펀드 가운데 가장 높은 수익률을 나타내고 있다.

경매형은 물건 부족으로 많은 상품이 출시되지는 않았지만 2005년 5월에 설정된 '골든브릿지WM경매부동산1호'가 23.67%의 수익률을 기록 중이다.

이처럼 부동산펀드가 양호한 수익률을 나타내는 것은 편입된 자산을 통해 안정적인 수익을 창출하고 있기 때문이다. PF형의 경우 정부의 부동산정책으로 아파트 분양시장이 위축되면서 최근 주춤한 모습을 보이고 있지만 이미 설정된 펀드는 분양이 예상대로 이뤄졌고, 대출이자가 안정적으로 지급되고 있어 기대수익률을 맞추는 데 별 무리가 없는 상태다.

또, 임대형은 최근 임대수요가 폭발하면서 빌딩공실률이 최저치를 기록중인데다, 임대료도 높아져 임대수익이 크게 증가하고 있다. 업계 한 관계자는 "부동산펀드는 유형에 따라 분양리스크, 임차인리스크 등 다양한 리스크를 안고 있지만 다른 펀드에 비해 외풍이 덜한 편"이라며 "특히, 임대형은 매각시점에서 빌딩의 가치가 크게 오를 경우 막대한 추가수익도 기대할 수 있어 매력적인 투자상품으로 각광을 받고 있다"고 말했다.

부동산펀드가 양호한 수익률을 보이자 현 시점에서 가입여부를 고민하는 투자자들도 늘고 있다. 그러나 부동산펀드는 폐쇄형으로 설정돼 있어 추가 가입은 어려운 상태. 다만, 만기가 길고 중간에 환매가 안된다는 점을 감안, 거래소에 펀드를 상장해 놓았기 때문에 시장에서 매입이 가능하다.

업계 한 관계자는 "거래가 많지 않다는 점이 흠이지만 지금이라도 부동산펀드에 투자하고 싶다면 시장매매를 통해 가능은 하다"며 "다만, 현 시점에서 부동산펀드 투자를 생각한다면 편입된 자산(빌딩)의 향후 시세 등을 감안할 필요가 있다"고 말했다.

(자료출처 : 머니투데이, 2008.5.22)

제3절 부동산펀드의 구조 및 운용

1. 부동산펀드의 구조

(1) 운용구조

자산운용회사는 증권회사나 은행('판매회사')을 통해 부동산펀드를 투자자에게 판매하여 자금을 조달한다. 자산운용회사는 부동산개발사업 또는 부동산임대 등에 자금을 투자하여 수익을 얻고 수익을 투자자에게 배당금으로 지급한다. 한편 수탁회사는 투자신탁재산의 보관 및 관리역할을 담당한다.

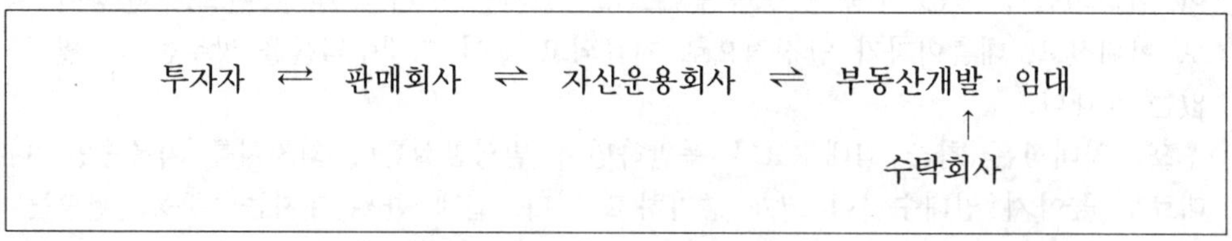

(자료출처 : 한국펀드평가)

[그림 24] 부동산펀드의 구조

〈표 47〉 부자아빠 하늘채 부동산펀드1호 상품개요

구 분	주요 내용
상품명칭	부자아빠 하늘채 부동산투자신탁 1호
상품유형	부동산펀드형, 공모형, 단위형, 환매제한형, 상장형
설정일	2004년 6월 8일
총모집금액	약 500억원 내외
펀드만기	3년(실제로는 2년후 상환 예정)
중도환매	원칙적으로 환매불가
펀드보수율	연 0.9%
목표수익률	연 7.0~7.1%
이익분배금	매 6개월 단위 현금 지급
프로젝트	경기도 용인시 삼가동 APT 개발사업
시행사	ABC사
시공사	코오롱건설
개발내용	아파트 및 근린상가 건축
대출대상	경기 용인 삼가지구 APT개발사업 시행사인 ABC에 대출
대출용도	사업부지 매입대금, 사업운영비, 이자비용 등
대출기간	대출약정시 체결일을 기산일로 하여 2년간
대출이율	연 7.99%

(2) 자산운용회사

부동산펀드를 운용하는 운용회사의 최저 자본금은 100억원 이상이며 일반운용전문인력 5인 이외에 부동산운용전문인력 3인 이상을 확보해야 한다. 부동산운용전문인력의 자격요건은 감정평가사로서 해당 분야 5년 이상, 부동산관련 석사이상으로서 부동산운용업무 3년 이상, 외국 부동산투자회사에서 5년 이상 근무, 부동산운용업무 3년 이상, 부동산투자회사, 부동산투자자문회사, 자산관리회사, 신탁회사에서 부동산운용업무 3년 이상, 일반운용 전문인력으로 부동산운용업무 관련 교육 60시간이상 이수한 자이다.

〈사례 12〉 미래에셋생명, 계열사 부동산펀드 집중투자

• 미래에셋생명 '맵스리얼티1'호 지분 28%보유.. 유동성공급효과도

미래에셋생명이 계열사인 미래에셋맵스자산운용의 상장 부동산펀드를 집중매입, 지분 1/4 이상을 보유한 대주주가 됐다. 2일 증권 및 자산운용업계에 따르면 미래에셋금융그룹 계열사인 미래에셋생명은 지난 2007년 4월 이후부터 최근까지 '아시아퍼시픽부동산

공모1호투자회사(상장명 맵스리얼티1)'의 주식을 대량으로 사들여 보유지분을 2배 이상 늘린 것으로 나타났다.

'맵스리얼티1'은 지난 2007년 2월 미래에셋맵스운용이 설정한 해외 부동산펀드로 그 해 4월 증시에 상장됐다. 펀드 전체 설정액은 4317억원으로 설정 당시 미래에셋생명도 590억원 가량을 투자해 13.69%(1182만2656주)의 지분을 보유했다. '맵스리얼티1'이 증시에 상장된 이후 미래에셋생명은 거의 매달 주식을 사들였다. 상장 첫 해인 2007년에만 1000만주 이상 주식을 매입해 보유지분을 25.57%(2208만1196주, 2007년 12월 10일 기준)로 늘렸고, 지난해에는 약 200만주를 추가로 사들였다.

또 올 들어서도 10만주 이상 주식을 매입, 지난 10일 현재 보유지분은 최초 투자시점보다 두 배 이상 증가한 27.92%(2592만2024주)로 증가했다. 미래에셋생명이 '맵스리얼티1'의 주식을 사들이는데 들인 총 투자금액은 약 1000억원 정도인 것으로 추산되고 있다.

이에 대해 미래에셋측은 자산운용기간이 긴 생명 계열사의 단순투자 목적이라고 밝히고 있다. 미래에셋그룹 관계자는 '맵스리얼티1'은 상장이후 두 차례 배당을 실시했고, 향후 2년 이후 투자해 놨던 개발사업들이 마무리돼 본격적으로 이익(임대수익) 발생하면 액면가 대비 5% 이상 배당이 가능할 전망"이라며 "현재 펀드의 자산가치보다 주가가 크게 낮은 상태이지만 그만큼 투자 메리트가 높아 (미래에셋생명이) 투자한 것"이라고 밝혔다.

미래에셋생명의 이 같은 투자는 일반투자자에게 유동성을 공급하는 효과를 낳고 있다. 국내외 사무용 빌딩에 투자하는 '맵스리얼티1'은 무려 40년간 환매가 금지된 폐쇄형 부동산펀드다. 따라서 만기 전 투자금을 현금화하려면 투자자들이 시장에서 주식을 팔아야 한다.

특히 지난해 미국의 서브프라임모기지 사태로 주가가 반토막나고, 거래가 부진해지면서 부동산펀드 투자자들의 유동성 확보욕구도 커졌다. 장기투자가 용이한 미래에셋생명의 진입은 일반투자자의 현금화 욕구를 실현하는 기회가 되고 있다.

한편 지난 27일 기준 '맵스리얼티1'의 주가는 2445원으로 미래에셋생명의 보유지분 평가금액은 630억원 정도에 그치고 있다. 투자금액 대비 약 37%(370억원) 가량의 평가손실을 기록중인 셈이다.

(자료출처 : 머니투데이, 2009.3.2)

2. 부동산펀드의 형태

(1) 계약형과 회사형

부동산펀드의 형태는 계약형과 회사형으로 분류할 수 있다. 계약형 부동산펀드는 최소 자산금액에 대한 규정이 없는 반면 회사형 부동산펀드는 최저 순자산액이 10억원 이상이다. 계약형의 부동산펀드는 설립등기를 할 필요가 없으나 회사형 부동산펀드의 경우는 정관작성 · 주식대금납입 · 이사선임 등 절차를 거친 후 설립등기를 해야 한다. 또한 회사형 부동산펀드는 펀드재산의 70% 이내에서만 부동산에 투자할 수 있다.

(2) 공모형와 사모형

부동산펀드의 형태는 공모형과 사모형으로 분류할 수 있다. 사모형 부동산펀드는 상장등록의무, 투자설명서제공 · 회계감사 · 결산서류비치 · 자산운용보고서 제공의무가 없다. 또한 사모형 부동산펀드는 광고를 할 수 없고 판매회사에 판매수수료를 지불할 필요가 없으며 모집기간도 짧기 때문에 공모형 부동산펀드에 비해 설립비용이 낮고 설립방식이 간편한 편이다. 맵스자산운용은 Y22 금융투자회사라는 사모펀드를 설립하여 여의도 파크원에 투자하였다.[29)]

3. 부동산펀드의 운용

(1) 부동산펀드의 자산운용

동산펀드의 운용방법은 부동산 관리 · 개량 · 개발 · 임대인데 펀드재산으로 자금을 대여하는 것도 가능하다. 계약형 부동산펀드의 경우 부동산에 대한 최저 투자한도가 없으나 회사형 부동산펀드의 경우 펀드재산의 70% 이내에서 부동산에 투자해야 한다.

또한 부동산개발사업 영위 법인의 부동산관련 사업과 관련하여 부동산에 대해 담보권을 설정하거나 시공사 등으로부터 대여금 상환액의 지급보증을 받는 경우 자금을 대여할 수 있는데 단 대여자금은 펀드재산 순자산총액의 100%를 초과해서는 안된다.

부동산펀드 자산총액의 100%이내에서 자산유동화에 관한 법률에 따라 발행되는 유가증권으로 부동산, 부동산매출채권 또는 부동산 담보부 채권을 기초로 발행된 유가증권, 한국주택금융공사법에 따라 발행되는 주택저당증권에 투자할 수 있다.

자산운용회사는 부동산펀드가 부동산을 취득하거나 처분하는 경우에는 당해 부동산의 현황, 거래가격 등이 포함된 실사보고서를 작성 · 비치하여야 한다.

---

29) 여의도 파크원은 72층과 59층 2개동으로 구성된 오피스타워로서 지상 6층 쇼핑몰, 국제비지니스 호텔 등으로 구성된 대규모 복합용도 프로젝트로 2010년과 2011년 완공예정이다. '미래에셋증, 오피스빌딩에 2000억 PI투자', 머니투데이, 2007.11.19

〈표 48〉 부동산펀드의 주요 운용내용

구 분	내 용
펀드의 최저자본금	없음
형태	계약형, 회사형
설정방법	현금납입, 부동산 현물납입, 폐쇄형
운용회사의 최저자본금	자본금 100억원 이상
운용인력	일반운용전문인력 5인 이상이외에 부동산운용전문인력 3인 이상
운용방법	부동산 관리 · 개량 · 개발 · 임대
자금 대여 · 차입	펀드 순자산총액의 100% 범위 내에서 대여가능 펀드 순자산총액의 2배 범위 내에서 차입가능
운용제한	부동산취득 후 3년 내에 취득한 부동산을 처분할 수 없음. 각 부동산펀드 자산총액의 30% 초과하여 부동산개발사업 투자불가 건축물 그 밖의 공작물이 없는 토지(나대지)로서 당해 토지에 대해 부동산개발사업 시행전 처분 불가
평가방법	부동산은 원칙적으로 취득가격으로 평가

또한 특정한 부동산의 개발을 위하여 존립기간을 정하여 설립된 회사(부동산개발회사)의 투자증권을 취득할 수 있다고 부동산펀드의 신탁약관에 정한 경우 부동산펀드 자산총액의 100% 이내에서 부동산개발회사가 발행한 동일종목의 유가증권에 투자할 수 있으며 또한 부동산펀드의 자산총액 또는 자산운용회사가 운용하는 전체 부동산펀드의 자산총액으로 동일한 부동산개발회사가 발행한 주식총수의 100% 이내에서 투자할 수 있다.

(2) 부동산펀드의 자금조달

부동산펀드의 경우 부동산을 담보로 제공하는 등의 방법으로 금융기관, 보험회사, 기금으로부터 차입이 허용되는데 차입금 규모가 펀드재산 순자산총액의 2배를 초과하지 않아야 한다.

(3) 부동산펀드의 자산운용제한

간접투자자산운용법은 부동산펀드의 운용방법에 대해 다음과 같이 제한을 두고 있다. 부동산펀드는 부동산취득 후 3년 내에 취득한 부동산을 처분할 수 없으며 각 부동산펀드 자산총액의 30% 초과하여 부동산개발사업에 투자할 수 없다. 또한 건축물 그 밖의 공작물이 없는 토지(나대지)로서 당해 토지에 대해 부동산개발사업 시행 전에는 처분할 수 없다.

제4절 부동산펀드의 상장

수익증권 형태로 설립되는 부동산펀드도 공모를 통해 투자자금을 모집하는 경우 리츠와 같이 증권거래소 즉 한국거래소(www.krx.co.kr)에 상장해야 한다. 부동산펀드를 증권거래소에 상장하는 것은 주식형 펀드와 달리 환매가 되지 않기 때문에 투자자들에게 환금성을 보장해 주기 위해서이다.

증권시장에 상장된 부동산펀드의 경우 부동산 매입매각, 자금대여 및 회수 등의 내용을 수시로 공시해야 한다.

2008년 2월 현재 증권선물거래소 유가증권시장에서 거래되고 있는 부동산펀드로는 골든브릿지WM경매부동산1호, 굿앤리치부동산공경매2호, 미래에셋맵스아시아퍼시픽부동산2호, 현대경매부동산펀드1호이다.

〈표 49〉 유가증권시장에 상장된 부동산펀드

(단위 : 원)

종목명	존립기간	2008년 중	
		최고가	최저가
골든브릿지WM경매부동산1호	2005.4.15 ~ 2009.4.14	4,480	4,350
굿앤리치부동산공경매2호	2005.8.28 ~ 2009.9.27	5,340	3,800
미래에셋맵스아시아퍼시픽부동산2호	2007.1.9 ~ 2047.1.8	5,040	4,300
현대경매부동산펀드1호	2004.12.8 ~ 2008.12.5	4,150	4,035

〈사례 13〉 부동산펀드, 수익률은 '으뜸' 주가는 '부진'

• 아시아퍼시픽부동산펀드 등 액면가 밑돌아…부동산시장 침체 여파

증시에 상장된 부동산펀드들이 우수한 실적(수익률)에도 불구하고 주가는 크게 부진한 것으로 나타나 관심이 집중되고 있다. 부동산펀드는 일반기업과 달리 주가 변동성이 적고, 회전율이 낮은 것이 특징이다. 하지만 최근 부동산펀드들의 주가는 액면가 대비 40% 이상 하락하는 등 부진을 면치 못하고 있다. 이 때문에 환금성도 크게 떨어진 상태다. 이에 대해 업계전문가들은 글로벌 부동산시장 침체에 따른 펀드의 보유 부동산가치 하락우려가 선반영된 결과라는 분석이다.

12일 증권업계에 따르면 지난해 4월 증시에 상장된 미래에셋맵스자산운용의 '아시아퍼시픽부동산펀드(상장명 맵스리얼티1(2,900원 35 −1.2%))'의 연초이후 수익률은 18.81%(11월10일 기준)로 주식 및 채권펀드 등 일반펀드보다 높은 성과를 기록중이다. 반면 주가는 2,935원으로 액면가 5,000원 대비 42% 가량 하락한 상태다. 이 펀드는

지난 3월초까지만 해도 주가가 액면가를 웃돌았지만 이후 계속 하락하면서 장중 한 때 2,600원까지 떨어진 바 있다.

지난해 6월 상장된 한국투신운용의 '한국월드와이드베트남부동산개발펀드[베트남개발1(640원 0 0.0%)]'도 연초이후 수익률은 3.59%로 일반펀드 대비 선전하고 있지만 주가는 640원으로 액면가(1,000원)를 크게 밑돌고 있다. 이 펀드는 지난 10일 주가 급등락을 이유로 투자유의 종목으로 지정되는 수모를 겪기도 했다.

경매 부동산투자로 관심을 끌었던 'WM경매부동산1호펀드(골든경매일호(2,290원 205 −8.2%))'와 '현대경매부동산1호펀드(현대경매일호(3,115원 135 −4.2%))'는 연초이후 수익률이 각각 2.65%, 4.57%를 기록중이다. 하지만 주가는 각각 2,495원, 3,250원으로 액면가 대비 51%, 35% 가량 하락한 상태다. 인프라펀드로는 국내 상장 1호인 '맥쿼리한국인프라투자펀드(맥쿼리인프라(4,940원 90 −1.8%)) 주가도 5030원으로 액면가 7,000원에 한참 못미치고 있다.

〈표 50〉 주요 상장 부동산펀드 수익률 및 주가현황

펀 드	운용사	설정액	연초이후 수익률	액면가	주 가
아시아퍼시픽부동산펀드	미래에셋맵스자산운용	4317억원	18.81%	5000원	2935원
현대경매부동산1호펀드	현대와이즈자산운용	1506억원	4.57%	5000원	3250원
월드와이드베트남부동산 개발펀드	한국투신운용	1223억원	3.59%	1000원	640원
WM경매부동산1호펀드	골든브릿지자산운용	205억원	2.65%	5000원	2495원

(자료출처 : 한국펀드평가, 기준 : 11월 10일)

부동산펀드들의 주가가 실적을 좇아가지 못하고 크게 하락한 이유는 미국발 금융위기가 실물로 전이되면서 글로벌 부동산시장이 침체되고 있기 때문이란 설명이다. 부동산시장 침체가 본격화될 경우 임대수익률 하락, 공실률 증가 등 펀드가 보유한 부동산 가치도 떨어질 수밖에 없다.

오길택 유진투자증권 이사는 "금융위기가 건설 및 부동산시장으로 전이되면서 부동산 가치 하락우려가 커지고 있다"며 "펀드가 보유한 부동산들도 시장침체 여파를 피해가기 힘들다"고 말했다. 펀드전문가들은 부동산침체 여파로 부동산펀드의 주가가 크게 하락한 만큼 기존 투자자들은 시세차익보다는 안정적인 배당수익을 추구하는 것이 바람직하다는 충고다. 또 장기투자자라면 쌀 때 부동산펀드의 주식을 사들여 장기 고배당을 노려보는 것도 좋은 대안투자가 될 수 있다고 조언한다. 통상 부동산펀드의 배당수익률은 연 8~10% 정도다. (중략)

(자료출처 : 머니투데이. 2008.11.12)

제12장

자산유동화증권

■ 제1절 자산유동화증권의 개념 및 구조

■ 제2절 자산유동화증권 발행절차 및 구조

■ 제3절 부동산개발사업 자산유동화증권

제1절 자산유동화증권의 개념 및 구조

1. 자산유동화증권의 개요

자산유동화에 관한 법률에 의하면 자산유동화란 유동화전문회사(신탁업에 의한 신탁회사)가 자산보유자로부터 유동화자산을 양도(신탁)받아 이를 기초로 유동화증권을 발행하고 당해 유동화자산의 관리운용처분에 의한 수익으로 유동화증권의 원리금 또는 배당금을 지급하는 일련의 행위이다.

유동화자산대상은 주로 부동산, 매출채권(Trade Receivables), 장래매출채권(Future Receivables), 유가증권, 주택담보대출채권(Mortgage), 신용카드매출채권(Credit Card Receivables), 임대료수입 등과 같이 일정한 현금흐름이 발생하거나 자산가치를 가진 자산 등이다.

2. 자산유동화 연혁

(1) 미국 자산유동화시장의 연혁

최초의 자산유동화증권은 1970년 미국 정부모기지공사(GNMA : Government National Mortgage Association 또는 "Ginnie Mae")가 주택대출채권을 기초로 발행한 주택저당증권(MBS : Mortgage Backed Security)이다. 이 후 주택담보대출채권, 임대료, 리스료 채권, 자동차할부채권, 미수금 등 각종 채권과 부동산 등 일반자산을 기초자산으로 한 자산유동화증권이 등장하면서 자산유동화증권시장은 급속히 성장하였다.

자산유동화증권이 꾸준히 성장세를 보이는 원인은 첫째, 자산유동화증권이 개별 기업의 신용등급에 관계없이 대다수 AAA 신용등급을 받는 한편 수익률이 일반 회사채와 크게 차이가 나지 않기 때문에 투자자들로부터 인기를 얻고 있으며 둘째, 자산유동화증권은 회사의 신용등급에 관계없이 특정 담보를 기초로 발행할 수 있기 때문에 신용등급이 낮은 기업들도 발행기회를 가질 수 있기 때문이다.

따라서 자산유동화증권에 대한 충분한 수요와 공급으로 인하여 자산유동화증권시장은 풍부한 유동성을 갖추고 있어 안정적인 수익을 원하는 개인투자자나 기관투자자들에게 적절한 투자수단이 되고 있다.

(2) 국내 자산유동화시장의 연혁

국내에서 자산유동화증권에 대한 관심은 IMF 외환위기 이전부터 점차 높아지기 시작하였으나 근저당 등 법률적 문제와 투자자나 기업들의 관심부족으로 인해 적극 추진되지 못하였다. 하지만 IMF 외환위기 이후 정부는 부실채권에 투입된 자금을 조기에 회수하고자 하였고 금융기관이나 기업들은 새로운 자금조달 수단이 필요해지면 자산유동화제도의 도입되었다. 이에 따라 정부는 1998년에는 '자산유동화에 관한 법률'을 제정하여 자산유동화를 위한 법적 근거를 마련하였고 1999년 1월에는 '주택저당채권유동화회사법'(Komoco: Korean Mortgage Corporation)(www.komoco.co.kr)을 제정하여 주택담보대출을 기초자산으로 하여 주택저당증권(MBS : Mortgage Backed Securities)을 발행할 수 있도록 하였다.

1999년에는 들어 중소기업이나 자금부족에 시달리는 벤처기업들에 대한 자금공급을 위해 정책적 차원에서 대출채권을 기초로 하는 자산유동화증권인 CBO(Collateral Bond Obligation)의 발행이 크게 증가하였다.

그러나 2000년 이후에는 민간기업들이 순수 자금조달을 목적으로 자산유동화증권시장에 적극 참여하기 시작하면서 채권시장에서 자산유동화증권이 차지하는 비중이 크게 증가하고 있으며 신용카드매출채권, 자동차할부채권, 장래매출채권 등 자산유동화 대상자산의 범위도 확대되고 있다.30)

(단위 : 조원, 건)

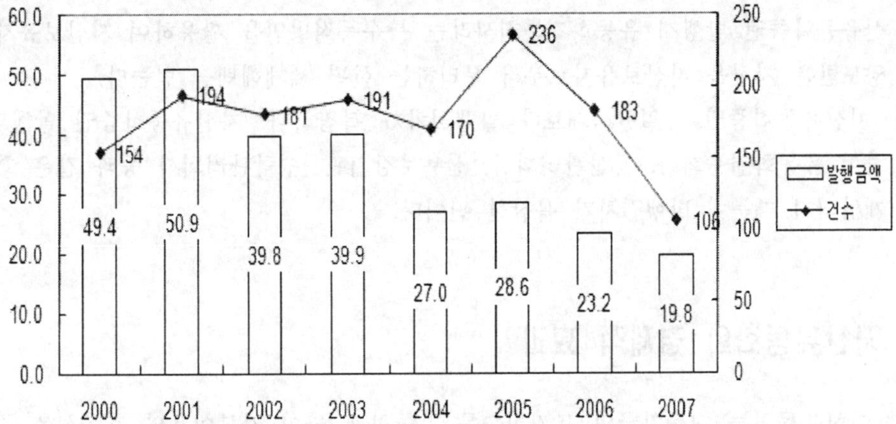

(자료출처 : 금융감독원, 2007년 ABS발행실적 분석, 2008.2.18)

[그림 25] 자산유동화증권 발행 추이

30) 국내 자산유동화시장에 대한 연혁은 ≪김형태 & 김필규, 자산유동화증권(ABS)시장 발전방안 연구, 연구보고서 02-01, 한국증권연구원, 2002≫를 참조

[그림 25]에서 자산유동화증권 발행 현황을 살펴보면 2001년에는 총 194건에 50조 9,000억원 규모의 자산유동화증권이 발행되었고 2005년에는 총 236건에 28조 6,000억원의 자산유동화증권이 발행되었다. 그러나 2006년 이후 발행건수와 발행금액이 감소하여 2006년 183건 23조 2,000억원, 2007년 106건 19조 8,000억원을 기록하였다.

3. 자산유동화의 특징

① 자산유동화는 유동화자산의 현금흐름에 기초한다. 유동화대상이 되는 자산에 대한 법률적 제한은 없으나 유동화대상이 되기 위해서는 구조적으로 i) 현금흐름이 예측가능해야 하고 ii) 양도가능하며 iii) 가치산정이 가능해야 한다.

② 자산유동화증권은 자산보유자와 독립적인 증권이다. 자산유동화증권은 자산보유자로부터 양도받은 자산의 현금흐름에 기초하는 것이기 때문에 자산유동화증권의 원리금상환은 자산보유자의 신용위험에 의해 영향을 받지 않는다.

③ 신용보강에 따라 자산유동화증권은 신용등급이 상향될 수 있다. 자산유동화증권 발행시 신용평가회사로부터 목표 신용등급을 받기 위해서 신용보강(Credit Enhancement)조치를 취하기 때문에 자산보유자의 신용등급보다 더 높은 신용등급을 받을 수 있다.

④ 자산유동화증권은 유동화전문회사라는 서류상의 회사를 매개체로 하여 발행된다. 자산유동화증권 발행시 유동화전문회사라는 특수목적법인을 활용하여 자산보유자로부터 양도받은 자산을 자산보유자로부터 분리하는 한편 세제혜택을 받는다.

⑤ 자산유동화증권은 일반사채보다 발행절차가 복잡하다. 자산유동화증권 발행과 관련하여 유동화전문회사, 자산관리회사, 신용보강기관, 수탁관리회사 등과 같은 회사들이 개입되기 때문에 발행절차가 복잡한 편이다.

4. 자산유동화의 경제적 효과

① 자산유동화는 대출자금의 조기회수를 가능하게 하여 자본이용의 효율성을 증가시킨다. 또한 대출의 증가로 인하여 발생될 수 있는 유동성위험을 감소시킬 수 있다.

② 자산유동화는 다른 채권에 비해 발행비용 부담이 높은 편이나 이를 자산유동화 채권기간에 배분함으로써 조달비용을 절약할 수 있다.

③ 자산유동화는 금융기관의 자금조달을 장기화시켜 단기자금조달과 장기대출로 인한 기간불일치 현상을 완화시킬 수 있어 자산부채종합관리의 유용한 수단이 될 수 있다. 특히, 금융기관의 경우 위험가중자산으로 분류된 대출채권의 매각으로 국제결제은행

(BIS : Bank for International Settlements)(www.bis.org)기준 자기자본비율을 향상 시킬 수 있다.

④ 자산유동화는 투자자에게 욕구에 알맞게 현금흐름, 신용등급, 만기일 등을 조정하여 발행하기가 비교적 용이하기 때문에 투자자에게 새로운 투자수단을 제공한다. 또한 일반적으로 자산유동화증권은 신용보강절차를 밟기 때문에 다른 조건이 같은 일반 채권보다 신용등급이 높아 신용위험이 적은 편이다.

⑤ 법률적으로 독립된 자산유동전문회사가 자산보유자와 투자자사이에 개입하여 자산의 수익력과 신용도에 따라 유동화 자산을 발행함으로써 투자자가 투자자산에 대해 갖는 정보의 비대칭 현상을 완화시킬 수 있다.

⑥ 자산유동화는 주간사 증권회사, 신용평가회사 등에게 업무영역의 확대, 수입원의 다양화, 수수료 수입의 효과 등을 가져온다.

5. 유동화 대상자산

〈표 51〉 유동화자산 종류별 ABS 발행현황(2005년~2007년)

(단위 : 억원, %)

유동화자산	2005년	2006년	2007년
	금액(비중)	금액(비중)	금액(비중)
대출채권	156,085(54.6)	139,325(60.0)	96,626(48.9)
NPL	43,856	21,959	19,790
주택저당채권	46,306	37,666	44,309
부동산 PF	48,760	58,978	12,126
학자금대출	5,170	16,429	17,051
사회간접자본투자	1,459	600	210
여신전문금융 채권	80,892(28.3)	52,065(22.4)	51,058(25.8)
기업매출채권	22,863(7.9)	25,493(11.0)	28,137(14.2)
SOC시설	5,003	5,003	5,003
유가증권	15,616(5.5)	6,818(2.9)	15,525
P-CBO	7,325	3,403	6,492
부동산	10,186(3.6)	8,522(3.7)	6,306(3.2)
기타	340(0.1)		
총계	286,072(100.0)	232,223(100.0)	197,652(100.0)

(자료출처 : 금융감독원, 2007년 ABS발행실적 분석, 2008.2.18)

유동화 대상자산이 되기 위해서는 양도가 가능하고 향후 발생하는 현금흐름에 대한 예측이 가능하며 자산의 가치를 산출할 수 있어야 한다. 유동화가 가능한 자산으로는 주택저당채권, 자동차할부금융, 대출채권, 카드계정, 부동산 담보부 대출, 리스채권 등이 있다.

<표 51>에서 유동화자산의 종류를 살펴보면 주택저당채권, 부동산 PF, 학자금대출, 여신전문금융기업 채권, 기업대출채권, 유가증권 등이 유동화 대상자산이다.

주택저당채권과 주택분양대금채권이 전체 ABS 발행금액은 2005년에는 4조 6,306억원, 2006년에는 3조 7,666억원, 2007년에는 4조 4,309억원을 기록하였다. 주택분양대금채권(부동산 PF) 유동화증권 발행실적은 2005년 4조 8,760억원에서 2006년에는 5조 8,978억원으로 증가하였다. 2007년에는 주택경기 침체로 발행금액이 1조 2,126억원으로 감소하였다. 기업매출채권을 기초자산으로 하는 유동화증권 발행금액은 2005년 2조 2,863억원, 2006년 2조 5,493억원, 2007년 2조 8,137억원으로 매년 증가세를 보였다.

6. 유동화발행기업 요건

자산유동화를 통해 자금을 조달할 수 있는 자산보유자의 자격에 대해 1998년 '자산유동화에 관한 법률'제정시에는 은행 등 금융기관과 토지공사, 주택공사와 같은 공공법인, 금융감독위원회(www.fsc.go.kr)가 인정하는 일반기업으로서 해외에서 유가증권을 발행한 경험이 있는 상장법인, 협회등록법인으로 한정되어 있었다.

그러나 1999년 12월에는 자산관리공사(KAMCO)(www.kamco.or.kr)도 자산보유자로 포함시켰고 2000년 6월에는 해외에서 유가증권을 발행한 경험이 없는 상장법인, 협회등록법인과 금융감독위원회 등록법인 중 신용등급이 BBB− 이상기업은 자산유동화증권을 발행할 수 있도록 하였다. 2002년 6월에는 금융감독위원회 등록법인 중 신용등급 BB−인 기업도 자산유동화증권을 발행할 수 있도록 하여 자산보유자의 범위를 크게 확대하였다.

제2절 자산유동화증권 발행절차 및 구조

1. 발행절차

자산의 유동화 절차를 살펴보면 다음과 같다.

① 원채무자에게 대출채권, 주택저당채권, 자동차할부금융, 부동산담보부 대출 등과 같은 자산을 가지고 있는 자산보유자가 대출채권을 유동화전문회사에 매각한다. 즉, 기업이나 금융기관이 직접 증권을 발행하지 않고 유동화중개기관을 설립해 자산을 양수, 양도하는 구조를 취한다. 이는 기업이나 금융기관의 파산의 위험으로부터 투자자들을 보호하기 위한 목적이다.

② 유동화전문회사는 자산보유자로부터 양도받은 자산을 가지고 일정한 현금흐름을 갖는 자산풀(pooling)을 구성한다.

③ 유동화전문회사는 자산유동화증권 발행과정에서 신용평가회사로부터 신용등급을 받으며 필요한 경우 신용보강회사로부터 신용보강(credit enhancement)을 얻어 목표 신용등급까지 자산유동화증권의 신용등급을 상향시킨다.

④ 유동화전문회사는 유동화증권 발행주선을 할 주간사를 선정하여 유동화증권을 투자자에게 매각하고 납입대금을 자산보유자에게 지급한다.

자산유동화를 위해서는 유동화계획등록서, 외부 신용평가기관의 신용평가의견서, 그리고 양도대상자산의 종류, 양도방법 등을 나타내는 자산양도등록신청서를 금융감독위원회에 제출해야 하는 한편 유가증권신고서도 금융감독위원회에 제출해야 한다.

- SPC, 금융감독위원회에 유동화계획 등록
- 자산보유자가 SPC에 자산양도
- 신용보강회사로부터 신용보강 획득
- SPC, 금융감독위원회에 자산양도에 대한 내용 등록
- 유동화증권 발행을 주선할 주간사 선정
- SPC, 유동화증권 발행
- 투자자에 유동화증권 매각
- 투자자, 매각대금 SPC에 납입
- SPC, 자산보유자에게 대금지급

2. 자산유동화증권의 관련 회사

(1) 자산보유자

자산보유자(Originator)란 유동화대상자산을 보유한 자로서 자산을 유동화전문회사에 매각함으로써 자금을 조달하는 자를 말한다. 예를 들면, 대출채권·주택저당채권·신용카드 매출채권 등을 보유한 금융회사, 외상매출채권을 가진 기업이다.

자산보유자가 유동화 대상자산을 유동화전문회사에 매각하는 경우 회계장부상 부채로 계상되지 않아 재무건전성을 제고시키는 효과를 얻을 수 있다. 하지만 유동화방법에 따라 자산보유자가 계속해서 지급의무를 갖는 경우도 있다(예 유동화자산교체방식의 신용카드 매출채권 유동화증권).

(2) 유동화전문회사

유동화전문회사는 유동화자산의 양수·양도 또는 다른 신탁회사에의 위탁, 유동화자산의 관리운용 및 처분, 유동화증권의 발행 및 상환, 자산유동화계획의 수행에 필요한 계약의 체결, 유동화증권의 상환에 필요한 자금의 일시적인 차입 등의 업무를 수행한다.

유동화전문회사는 자산을 양도한 자산보유자의 신용위험으로부터 보호하기 위하여 설립된다. 자산유동화증권의 발행과 상환 및 이에 부속된 업무만을 수행할 수 있다.

자산유동화에 관한 법률에 의하면 유동화전문회사는 유한회사 형태로 설립되며 사원이 1명인 경우도 설립이 가능하다.[31] 또한 유동화전신탁회사 및 자산유동화를 전문으로 하는 외국법인이 유동화전문회사가 될 수 있도록 하였다.

유동화전문회사는 법인세를 면제받으며 유동화자산계획에 따라 양수하거나 처분하는 경우 등록세·취득세를 면제받는다.

(3) 자산관리회사

유동화전문회사는 서류상의 회사이기 때문에 유동화 대상자산을 관리할 자산관리자가 필요하다. 자산관리회사(AMC : Asset Management Company)는 일정 자본금 (10억 이상), 전문인력보유(5인 이상) 요건을 갖추어야 하며 원리금회수, 연체자산의 관리, 담보물관리 등과 같은 업무를 수행한다. 유동화증권이 투자자에게 매각된 이후에는 자산관리회사가 유동화 대상자산을 관리한다.

---

31) 상법에서는 유한회사의 설립조건으로 사원 2인 이상 50명 이하로 규정하고 있다.

(4) 수탁회사

수탁회사는 자산관리회사의 자산운용지시에 따라 자산유동화증권의 원리금 상환 및 채무불이행시 담보권 행사 등 자산관리업무를 수행하는 역할을 한다. 수탁회사는 자산유동화증권과 관련된 현금흐름을 관리하고 투자자의 이익을 보호해 주는 역할을 하는데 주로 은행이 수탁회사 역할을 맡는다.

3. 신용보강

(1) 신용보강의 필요성

기초자산으로부터 현금흐름에 차질이 발생하여 자산유동화증권의 상환에 차질이 발생하는 경우 채무불이행사태를 최소화하여 원리금상환이 원활하게 이루어지도록 자산유동화증권 발행구조를 조정하거나 외부로부터 보증을 얻는 받는데 이를 신용보강이라고 한다.

신용보강수준을 결정하기 위해서는 자산유동화증권의 대손율, 경기동향, 소득수준 전망 등을 이용하여 예상대손율을 추정하여야 한다. 신용보강수준은 기초자산의 성격이나 기초자산으로부터 발생하는 현금흐름에 따라 결정된다.

예를 들면 자동차할부채권 자산유동화증권의 경우 현금흐름이 정형화되어 있고 대손율이나 조기상환율이 적어 현금흐름이 안정적인 편이기 때문에 자동차할부채권 자산유동화증권의 신용보강비율은 다른 자산유동화증권의 신용보강비율보다 낮은 편이다.

신용보강수준이 높을수록 자산유동화증권이 높은 신용등급을 얻을 수 있지만 이는 자산유동화증권의 발행비용을 높이게 된다.

(2) 신용보강방법

신용보강의 방법에는 내적 신용보강(internal credit enhancement)방법과 외적 신용보강(External credit enhancement)방법으로 구분할 수 있다. 외부보강은 주로 은행이나 보험회사로부터 지급보증을 받는 방법이다.

내부보강방법은 선순위채(Senior certificates) & 후순위채(Subordinate certificates) 분리방법, 초과수익(Excess spread)조정, 초과담보설정(Overcollateralization) 방법 등이 있다.[32)]

선순위채 & 후순위채 분리방법이란 자산유동화증권을 원리금지급 순위가 다른 두 종류의 증권을 발행하는 방법으로 후순위채보다 선순위채에 원리금을 우선적으로 지급하는 형

32) 신용보강방법에 대해서는 'McPherson, Neil, Securities Backed by Auto Loans and Leases, in Frank J. Fabozzi, ed.: Investing in Asset-Backed Securities, FJF, 2000' 를 참조.

태이다.

초과수익조정방법이란 자산유동화증권으로부터 발생하는 현금흐름이 원리금지급액을 초과하도록 자산유동화증권의 현금흐름을 조정하여 초과금액을 적립금계정(Reserve account)에 적립시켜 원리금상환능력을 높이는 방법이다.

초과담보설정방법이란 양도받은 자산의 가치를 자산유동화증권의 발행금액을 초과하도록 설정함으로써 원리금상환능력을 제고시키는 방법이다.

4. 신용평가기관

신용평가기관은 자산유동화증권을 신용평가하여 신용등급을 부여한다. 기업의 일반채권은 발행기업의 재무건전성, 경영실적, 향후 수익전망 등을 고려하는데 반해 자산유동화증권은 자산보유자의 신용등급과 관계없이 기초자산의 현금흐름, 발행구조, 신용보강수준 등을 고려하여 신용등급이 결정된다. 따라서 자산유동화증권의 신용등급은 자산보유자보다 더 높은 신용등급이 부여될 수도 있다. 자산유동화증권의 신용평가회사로는 한국신용평가(주)(www.kisrating.com), 한국신용정보(주)(www.nice.co.kr), 한국기업평가(주) (www.korearating.com) 등이 있다.

제3절 부동산개발사업 자산유동화증권

1. 부동산개발사업 ABS의 개요

부동산개발사업(PF) ABS(이하 'PF ABS')란 부동산개발업체의 개발사업부지나 개발사업에서 발생하는 수익 즉, 분양대금, 공사대금, 대출채권, 신탁수익권 등을 기초자산으로 발행되는 자산유동화증권이다. <표 52>는 부동산개발 ABS대상 자산별 특징에 대해 서술하고 있다.

금융기관이 부동산개발업체에게 대출을 실행하고 이 대출채권을 유동화전문회사(SPC)에게 매각하여 자산유동화증권을 발행한다. PF ABS는 시공사가 채무인수나 연대보증을 하기 때문에 신용도가 낮은 부동산개발업체도 별도의 신용보강이 없이도 개발사업에 필요한 자금조달을 할 수 있는 장점이 있다.

금융기관 입장에서도 부동산개발사업에 필요한 대출을 제공함으로써 높은 수익을 올릴 수 있다. 투자자입장에서도 상대적으로 고금리 상품인 PF ABS를 선호한다.

PF관련 대출채권이 증가한 것은 국내 부동산개발사업 방식의 변화가 주요 원인으로 지적되고 있다. IMF 외환위기 이전에는 건설사들이 자체 자금이나 금융기관으로부터 차입을 하여 토지매입, 시공, 분양하는 형태이었다. 그러나 IMF 외환위기이후에는 기업의 높은 부채비율의 억제정책과 재무구조의 건전성을 중요시하는 경향 때문에 건설사들은 시공만 담당하고 시행이나 분양 등은 부동산개발업체가 담당하는 것이 일반화되었다.

2004년 이전에는 부동산개발업체들은 부동산개발에 필요한 자금을 은행 등 금융기관에서 직접 차입하였으나 2004년 이후부터는 자산유동화를 이용하여 개발사업에 필요한 자금을 조달하기 시작하였다. 자산유동화를 이용하는 경우 신용도가 낮은 부동산개발업체도 자금을 조달하기가 용이하기 때문이다.

〈표 52〉 부동산개발 ABS 대상 자산별 특징

자산유형	특징
분양대금채권	• 부동산의 완공 및 인도를 전제로 회수가 가능한 장래채권의 성격 • 부동산이 완성되지 않을 경우 회수가능성이 극히 낮아짐 • 분양계약 해지시 유동화자산이 소멸
신탁수익권	• 신탁수익권자의 수익은 신탁부동산의 토지대와 최종적인 이윤부분 • 분양대금이나 공사대금을 금전신탁함으로써 생성되는 금전신탁수익권을 유동화 • 분양대금이 상환재원의 원천
공사대금채권	• 시행사가 파산할 경우 공사대금 회수 가능성 문제 • 시공사가 파산할 경우 공사가 중단되어 공사대금이 발생하지 않을 가능성 • 분양대금이 상환재원의 원천
대출채권	• 분양대금, 공사대금, 신탁수익권, 개발 중인 부동산 등을 대출채권의 담보로 제공 • 제공된 담보로부터 발생하는 현금흐름을 유동화증권의 상환재원으로 사용 • 분양대금이 상환재원의 원천

(자료출처 : 박성표, 부동산개발 ABS 시장활성화를 위한 신용보강 방안연구, 부동산정책연구 제7집 제2호, 2006.)

2. PF ABS 발행현황

[그림 26]에서 PF ABS 발행추이를 살펴보면 2003년 PF ABS의 발행금액은 7,769억원이고 발행건수는 16건이었다. 그러나 부동산개발사업 초기단계에서 필요한 자금을 조달하는데 있어서 자산유동화증권 발행을 이용한 자금조달 기법이 이용됨에 PF ABS의 발행금액이 증가하였다. PF ABS는 2004년에는 발행금액이 1조 6,246억원, 발행건수가 37건, 2005년에는 발행금액이 4조 8,761억원, 105건으로 발행금액이나 발행건수가 증가하였다. 이러한 추세는 2006년 이후 정부의 강력한 부동산 투기억제정책과 서브 프라임 모기지로 인한 국제금융위기가 발생하면서 감소하였다.

신도림테크노마트 PF ABS는 2006년 5월 한누리투자증권에서는 농협중앙회로부터 매입한 프라임산업에 대한 대출채권을 기초로 발행되었으며 선순위 2종으로 구성되었다.

2006년 하반기부터는 PF대출 유동화가 ABS발행보다는 대부분 ABCP 발행을 통해 이루어졌다. 이러한 현상은 자산유동화법에 따른 ABS발행보다 자산유동화법의 규제를 받지 않는 ABCP발행이 더 용이하기 때문이다. [그림 26]을 살펴보면 2005년 PF ABCP 발행금액 규모는 3조 2,769억원에서 2006년 8조 7,975억원, 2007년 9조 7,114억원으로 증가하였다. 또한 2006년 하반기에는 총 PF대출 유동화 중 ABCP발행분이 78.8%이었으나 2007년 상반기에는 86.9%로 증가하였다.[33]

(단위 : 억원)

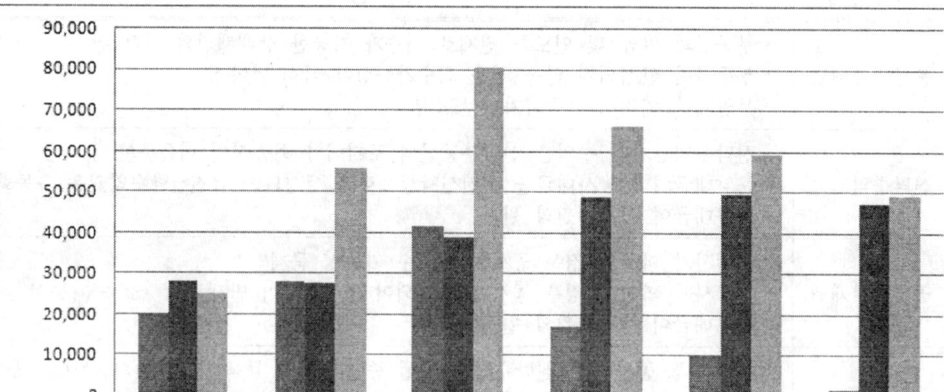

	2005 상반기	2005 하반기	2006 상반기	2006 하반기	2007 상반기	2007 하반기
PF ABS	20,382	28,378	41,741	17,238	10,126	2,000
PF ABCP	28,378	27,824	38,987	48,988	49,723	47,391
총 PF ABS	25,327	56,002	80,728	66,224	59,399	49,391

(자료출처 : 주택금융월보 제42호, 2008년 1월호)

[그림 26] PF ABS와 PF ABCP 발행금액 추이

33) '2007년 상반기 ABCP 및 PF Loan 유동화시장 분석', 한국신용평가, 2007.9

2007년에는 부동산경기침체로 부동산 관련 ABS와 ABCP의 부실위험이 높아짐에 따라 금융감독당국은 은행들이 보유하고 ABCP를 투자가 아니라 대출로 간주하여 ABCP를 종금계정이 아니라 대출계정에 포함시키라고 지시하는 등 ABCP 발행에 대한 규제를 강화하였다.

〈사례 14〉 PF 자산유동화 시장 급격 위축 ·· 부동산 시장 침체 영향

부동산 PF ABS 발행추이

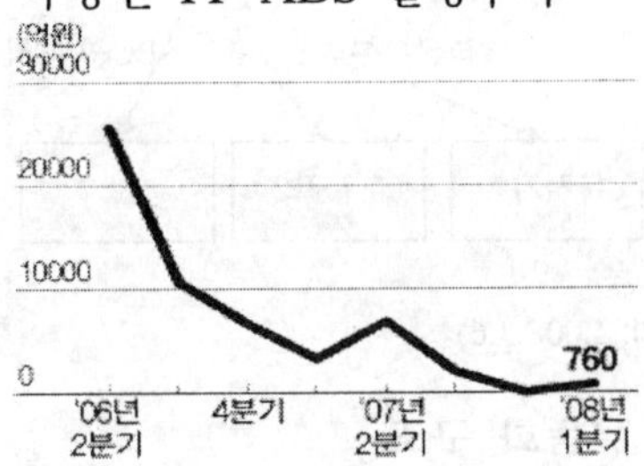

부동산시장 침체로 프로젝트파이낸싱(PF) 자산유동화증권(ABS) 발행액이 급감하자 ABS 시장이 정체되고 있다. (중략) 10일 금융감독원에 따르면 올 1분기 ABS 발행액은 4조5506억원으로 작년 1분기 3조2092억원보다 41%가량 늘었다. 그러나 이는 지난해 1분기 발행이 부진했던 탓으로 2006년 1분기의 5조333억원이나 지난해 4분기 6조5860억원에는 미치지 못했다.

이와 같이 ABS 시장이 성장하지 못하고 있는 것은 시장을 이끌어왔던 부동산 PF ABS에 대한 수요가 중견 건설사 부도와 미분양 물량증가 등의 영향으로 거의 끊겼기 때문이다. 부동산 PF ABS는 2006년 2분기 2조5556억원이 발행돼 시장 전체의 43.5%에 달했지만 이후 감소해 지난해 4분기엔 아예 없었고 올 1분기에도 1건,760억원 규모만 발행됐다.

(자료출처 : 한국경제신문, 2008.4.11)

3. PF ABS 발행구조

[그림 27]은 PF ABS 발행구조를 나타낸다.

① 시행사인 부동산개발업체는 사업부지에 필요한 토지의 소유자와 토지매매계약을 맺는다.
② 부동산개발업체는 사업부지매입에 필요한 자금을 금융기관으로부터 대출을 받는다.
③ 금융기관은 대출채권을 유동화전문회사에 매각한다.
④ 유동화전문회사는 대출채권을 기초자산으로 자산유동화증권을 발행하여 투자자에게 판매한다.

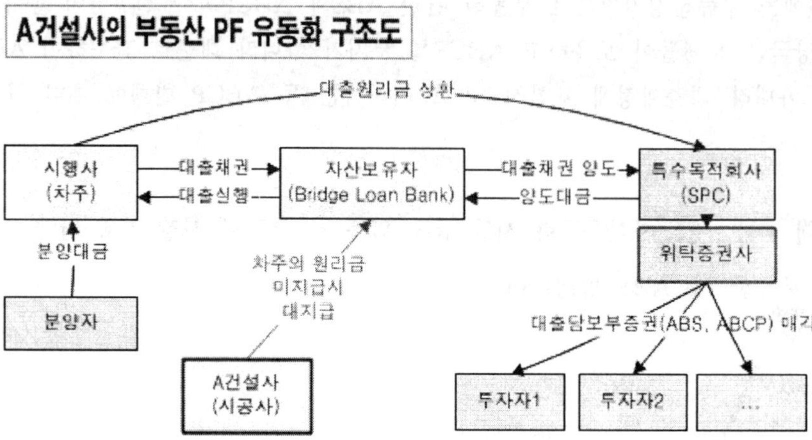

(자료출처 : 이데일리, 2008.3.6)

[그림 27] PF ABS 유동화 구조

시공사는 브리지뱅크에 지급보증이나 채무인수 약정을 체결해준다. 또 시행사는 부동산 신탁회사에 보유 토지를 담보로 맡기고 이에 대한 수익증서를 유동화전문회사에 매각한다.

일반적으로 사업부지 매입에 필요한 자금은 제2금융기관으로 대출을 받은 후 사업부지를 매입하고 사업부지를 담보로 은행으로부터 대출을 받아 제2금융기관으로 받은 대출금을 상환하는 방법이 사용된다.

2005년에는 부동산개발금융 유동화가 ABCP 도관(Conduit)를 이용하는 사례가 급증하였다. ABCP를 이용한 자산유동화는 자산유동화에 관한 법률의 적용을 받는 유동화전문회사(SPC)와 상법에 근거한 회사형태의 유동화전문회사(SPC)를 이용하는 방법이 있다.[34)]

ABCP conduit는 상법상의 회사로서 자산유동화에 관한 법에 근거한 특례조항의 혜택을 받지 못한다.[35)] 상법상 유동화회사의 경우 유동화증권 발행이 불가능하고 기업어음만 발행이 가능하다.

그러나 도관형(Conduit) ABCP 프로그램은 유동화계획 등록, 유가증권 신고 등 발행절차를 대폭 간소화할 수 있고 발행일정도 단축할 수 있는 장점이 있다. 또한 한 유동화전문회사에 다수의 시리즈를 설정할 수 있는 장점이 있다.[36)]

---

34) 한국신용정보, "ABCP", 2006 NICE Structured Finance Rating Methodology, 2006, 심은수, "ABCP 발행시장의 현황", 한국신용평가, 2006.1

35) 유동화전문회사의 사채발행 허용, 유동화계획 등록을 통한 제3자 대항요건 구비, 이자소득에 대한 원천징수 예외인정 등 유동화법상의 주요 특례규정에 따른 이익이 크지 않다고 판단되는 경우에는 상법상의 유동화회사를 통한 유동화가 발행절차 간소화, 발행비용 절감면에서 유리하다.

36) 2003년 6월 국내은행이 sponsor로 참여한 최초의 ABCP conduit인 골드윙(주)가 설립된 이후 주요 은행들의 ABCP conduit를 설립하여 운영하고 있다. 은행이 sponsor로 참여한 ABCP conduit는 대부분 유가증권, 약속어음, 대출채권 등의 자산을 매입하여 이를 기초로 ABCP를 발행 또는 차환발행하고 매입한 자산의 관리운용처분에 의한 수익으로 ABCP를 상환하는 일종의 securities

ABCP의 경우 유동화사채와 달리 사모로만 발행되어 유가증권 신고절차가 면제되어 감독당국 입장에서는 유동화증권 발행에 대한 적절한 관리가 어렵다.[37)]

<표 53>은 임광토건이 경기도 화성시에 신축 아파트 분양사업에 필요한 자금을 조달하기 위해 2007년 11월 9일(1회차) 발행한 ABCP(제36회차까지 발행) ABCP 사례이다.

〈표 53〉 ABCP를 이용한 유동화 사례

사업명	경기도 화성시 기산동 아파트 신축분양사업			
시행사/시공사	(주)임광토건			
SPC	기산그대가(유)			
유동화유형	PF Loan ABCP			
업무수탁자	(주)외환은행			
자산관리자	(주)한국투자증권			
주관회사	한국투자증권			
ABCP매입보장기관	외환은행			
신용평가기관	한국신용정보			
ABCP 발행내역 및 상한내역	회차	신용등급	발행한도(억원)	만기일
	1	A1	500	2008.2.11
	2	A1	500	2008.5.9
	3	A1	500	2008.8.11
	4	A1	500	2008.11.10
	5	A1	500	2009.2.9
	6	A1	500	2009.3.9
	7	A1	500	2009.4.9
	8	A1	500	2009.5.11
	9	A1	500	2009.6.9
	10	A1	500	2009.7.9
	11	A1	500	2009.8.10

(자료출처 : 한국신용정보 ABCP 신용등급 평가자료)

backed program이다. 이러한 유형의 ABCP program이 주로 차익거래를 목적으로 운영되기 때문에 동일한 유동화회사를 이용한 반복적 유동화를 통한 발행비용의 절감과 발행일정의 최소화가 필요했으며 이를 위해서는 유동화전문회사가 아닌 상법상 유동화회사 형태의 ABCP conduit 설립이 불가피한 상황이었다.

37) 이데일리, 사모대출, '대출이냐 회사채냐', 2005.11.25, 이데일리, ABCP와 꽃감, 2006.2.1

4. PF ABS의 신용평가

(1) 부동산개발사업의 단계별 특징 및 위험

부동산개발사업은 착공단계, 준공단계, 준공후 단계 3단계로 나누어 볼 수 있다.

착공단계는 토지 취득, 사업승인 등 착공까지의 기간을 말한다. 이 단계에서는 인·허가위험이 존재한다.

준공단계는 착공에서부터 준공까지의 기간을 말하며 이 기간 동안 선분양이 이루어지기도 한다. 이 단계에서는 시장위험, 완공위험이 존재한다.

준공 이후 단계는 준공 이후의 기간 후분양 또는 미분양에 대한 처리가 이루어진다. 이 단계에서는 시장위험이 존재한다.

〈표 54〉 부동산개발사업 단계별 특징 및 위험

구 분	초 기	중 기	후 기
의미	• 토지 취득에서부터 사업승인 후 착공까지의 기간	• 착공에서부터 준공까지의 기간 • 건설 및 선분양이 이루어지는 기간	• 준공 이후의 기간 • 후분양 또는 미분양에 대한 처리가 이루어지는 기간
위험요인	• 인허가위험	• 완공위험 • 시장위험	• 시장위험
고려요소	• 사업승인 • 토지의 취득 및 등기 • 이해관계자 협의	• 공사중단/지연 • 건설비용/기간 변동 • 분양률 • 분양대금 납입	• 분양률 • 분양대금 납입 • 건물 처분가능성

(자료출처 : 서형민, "부동산개발사업 ABS의 현황과 평가 이슈", Special Report, 한국신용정보, 2005.10)

(2) 신용평가시 고려사항

PF대출은 분양대금, 공사대금 등이 담보자산으로 제공되고 시공사 등에 의해 채무보증이 이루어짐에도 불구하고 부동산개발사업의 특성과 위험 때문에 일반적으로 신용보강이 요구된다. PF ABS의 특성상 신용평가시 고려할 사항으로는 시행사의 신용위험, 사업위험, 시공사의 준공위험 등이 있다.[38]

시행사의 신용위험은 담보자산에도 영향을 미치는데 시행사의 부도발생시 채권확보 등 복잡한 문제가 발생할 수 있다.

38) 문현근, 윤기, "PF Loan 유동화", 한국신용평가, 2006.6

사업위험에 영향은 변수는 외생변수와 내생변수가 있다. 외생변수로는 사업인허가 관련한 위험, 부동산정책변화로 인한 위험, 부동산 경기변동위험 등이 있다. 내생변수로는 입지조건, 브랜드, 사업유형, 사업규모, 분양가, 분양원가, 중도금대출조건 등이 있다.

시공사의 준공위험으로는 기술적 요인과 재무적 요인이 있다. 책임준공 약정을 한 시공사의 신인도는 PF ABS 신용등급에 중요한 역할을 한다. PF ABS의 구조상 원리금상환은 분양대금을 받아 이루어지도록 되어 있으나 분양시기가 PF ABS의 발행이후에 확정되므로 현실적으로는 분양대금을 실제 규모를 추정하기 어렵다. 또한 시공사가 부동산개발 PF에서 연대보증이나 채무인수를 약정하기 때문에 PF ABS의 신용등급은 사실상 시공사의 신용등급과 밀접한 관계를 갖고 있다.

서울보증보험은 시공사의 부족한 신용을 보완할 수 있도록 부동산개발을 위한 PF ABS에 대한 보증보험상품을 판매하고 있다. 시공사가 신용등급의 낮은 경우 높은 금리를 적용받는데 이 보험을 이용하면 금융비용을 절감할 수 있다.[39]

〈사례 15〉 ABCP 7000억만기 "PF의 위기"

• 건설 · 부동산 PF 사실상 개점휴업

9월 위기설의 상흔이 가시기전에 터진 미국발 금융위기가 건설 · 부동산 프로젝트파이낸싱(PF)시장을 강타하고 있다. 건설·부동산 PF시장이 미국발 금융위기로 인해 사실상 개점휴업에 들어간 것이다.

은행권이 유동성 부족으로 신규투자를 사실상 중단하면서 연쇄적으로 캐피탈, 증권, 저축은행까지 유동성 부족에 직면해 있고, 이는 건설 · 부동산 프로젝트로 유입되던 자금마저 끊기는 상황으로 번지고 있다. 여기에 만기가 돌아오는 PF대출의 차환(리파이낸싱)이 어려워질 수 있다는 우려까지 제기되면서 자금조달이 쉽지 않은 중견건설사들을 궁지로 몰고 있다.

이 같은 건설 · 부동산 PF 위기는 금융권의 최근 투자행태 때문에 확대 재생산된다. 신규로 검토 중이던 PF대출이 투자심의를 거의 통과하지 못하고 있는 것. 예전 같으면 투자심의를 쉽게 통과했던 프로젝트들마저 금융시장의 신용경색과 금리상승, 사업리스크 증대 등의 이유로 번번이 투자심의에서 퇴짜를 맞고 있다.

이에 따라 공모형 PF개발사업 및 민자SOC사업과 같은 초대형사업은 물론 일반 분양프로젝트, 상가 프로젝트까지 모든 신규건설 · 부동산 프로젝트가 자금시장이 풀리기만을 기다리며 사업화 시기를 미루고 있다.

한 증권사 고위관계자는 "국내 금융기관 전체가 미래 유동성 확보에 초점을 맞추면서 신규 프로젝트에 대한 여신을 주저하고 있다"며 "신디케이트도 조달 금리상승만큼 수익이 받쳐주지 못해 투자를 꺼리고 있다"고 말했다. 시중은행 부동산 PF담당자는 "각 은행들이 바젤2(신BIS협약)협약에 대비한 3/4분기 자기자본비율을 맞추기 위해 대

39) 머니투데이, 서울보증, 부동산 PF ABS보증보험 출시, 2006.6.7

출을 최대한 자제하면서 신규 PF대출이 사실상 중단상태에 있다"며 "4/4분기에도 이 같은 상황이 지속될 수 있다"고 말했다.

은행이 대출을 축소하면서 CP(기업어음)를 유동화해야 하는 캐피탈과 증권사마저 유동성 부족이 심화됨에 따라 만기가 도래하는 ABCP(자산유동화기업어음)의 리파이낸싱도 우려가 증폭되고 있다.

신용평가기관들에 따르면 현재 기업어음 신용등급이 A3(투자위험도는 낮지만 급격한 환경변화로 영향을 받을 가능성이 높은 등급)인 건설사가 연내 상환해야 할 ABCP 규모는 7000억원 규모로 추산된다. ABCP가 저축은행으로 몰리면서 금리도 급등하고 있고 여기에 빠른 속도로 자금이 소진되면서 남은 ABCP의 상환에 대한 우려가 높아지고 있다. 이에 따라 건설사들은 연내 만기가 돌아오는 ABCP의 리파이낸싱에 사활을 걸고 있다.

한 중견건설사 관계자는 "100억원도 안 되는 토지매입비용의 브릿지론을 연장하는 것조차 벅찰 정도로 상황이 안좋다"며 "울며 겨자먹기로 무리한 조건에 싸인을 하지만 만기도래 ABCP는 어떻게 리파이낸싱할 지 걱정"이라고 토로했다. 한 전문가는 "현재 중견건설사들은 신규 프로젝트 추진조차 힘들어 외형 성장세가 꺾이고 있고, 자금 조달 시장이 막히면서 만기도래하는 ABCP의 리파이낸싱도 어렵다"며 "건설·부동산 PF발 위기가 확산될 수밖에 없는 구조"라고 강조했다.

(자료출처 : 머니투데이, 2008.9.29)

5. 미국 서브프라임 모기지 부실사태와 향후 전망

(1) 최근 미국 금융시장 신용위기 우려의 원인

올해 초부터 시작된 미국 서브프라임(subprime) 모기지 즉, 비우량 주택담보대출 부실사태가 미국 금융시장 전반으로 확산될 수 있다는 우려가 높아지고 있다. 지난해 서브프라임 부실사태는 미국 주택시장은 주택담보대출 연체율, 가압류, 파산신청건수 증가와 서브프라임 모기지회사들의 파산, 경영악화 등 미국 주택시장의 불안으로 초래하였다.

이후 뉴센트리 파이낸셜(New Century Financial Corp), 컨트리와이드 파이낸셜 등 서브프라임 모기지 회사들의 청산, 인수·합병, 자산매각과 주택담보대출의 조기회수, 그리고 서브프라임 모기지에 대한 주택담보대출 기준강화 등으로 미국 주택금융시장은 안정되는 듯하였다.

그러나 2007년 6월 22일 서브프라임 모기지 유동화채권(CLO : Collateralized Loan Obligations) 또는 CDO(Collateralized Debt Obligations)에 투자했던 미국 투자은행인 베어스턴스(Bear Sterns)사가 운용하는 헤지펀드인 HGSC(High Ggrade Structured Credit Fund)와 HGSCELF(High Grade Structured Credit Enhanced Leveraged Fund)

가 큰 손실을 입고 청산위기에 베어스턴스는 이들 헤지펀드에 긴급자금 지원을 하였다.

또한 사모펀드인 캠브리지 플레이스는 서브프라임 모기지 관련 금융상품에 투자하였다가 약 880만 달러의 손실을 입은 켈리버 글로벌 인베스트먼트를 청산하기로 하였다. 이외에도 호주 베이시스 캐피탈의 베이시스 월드 펀드, 영국 체인 캐피탈의 퀸스 워크 인베스트먼트도 서브프라임 모기지 금융상품에 투자하였다가 큰 손실을 입은 것으로 알려졌다. (중략)

최근 무디스와 스탠퍼드 푸어스는 연체율, 부도율 증가 등 서브프라임 모기지가 부실화됨에 따라 서브프라임 모기지 유동화채권의 신용등급을 하향조정하였다. 서브프라임 모기지 유동화채권 신용등급의 하향조정으로 인해 서브프라임 유동화 채권의 가격이 하락하였고 서브프라임 모기지 유동화채권에 투자했던 헤지펀드나 사모펀드의 수익률은 하락하였다. (중략)

서브프라임 모기지의 부실사태로 인해 서브프라임 모기지 관련 금융상품에 투자한 투자회사 특히 헤지펀드나 사모펀드가 부실화되고 이로 인해 헤지펀드나 사모펀드에 신용도가 하락하였다. 이러한 헤지펀드나 사모펀드의 부실화를 초래한 서브프라임 모기지 관련 금융상품으로 주요 관심사가 된 것은 채권담보부증권 즉, CDO(Collateralized Debt Obligations)이다.

(2) 서브프라임 모기지와 CDO

서브프라임 모기지 부실사태가 일부 헤지펀드나 사모펀드의 청산이나 환매위기에 빠진 서브프라임 모기지 관련 금융상품은 CDO이다. 고수익-고위험을 추구하는 헤지펀드나 사모펀드들이 서브프라임 모기지를 기초자산으로 하는 CDO에 투자하였다가 손실을 입은 것이다.

국내 금융기관 중 우리은행이 4억 500만달러(약 3,700억원), 농협이 1억 1,000달러(약 1,000억원), 외환은행이 4,200만달러(약 385억원)를 CDO에 투자하였는데 일부 평가손을 입은 것으로 알려지고 있다.

[그림 28]에서 2000년에서 2006년 동안 CDO의 발행추이를 살펴보면 2000년에는 발행규모가 150억달러, 2002년에는 300억달러, 2004년에는 550억달러로 2000년 이후 지속적으로 증가하였다. 2006년에는 1,570억달러로 발행규모가 크게 증가하였다.

서브프라임 모기지를 기초자산으로 하는 CDO는 서브프라임 모기지 이자율이 다른 채권에 비해 수익률이 상대적으로 높다. 따라서 CDO는 고수익-고위험 특성을 가진 투자상품이라고 할 수 있다.

(단위 : 억달러)

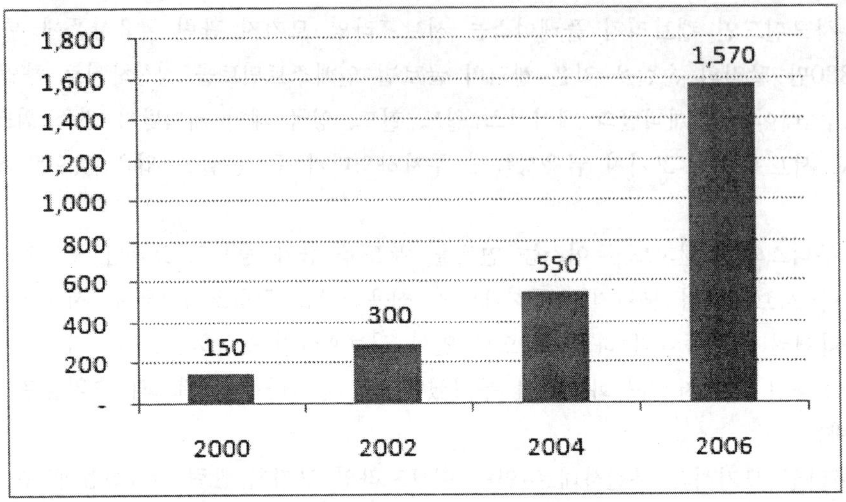

(자료출처: 한국경제신문, 2007.7.26)

[그림 28] 대출채권담보부증권 발행규모

헤지펀드나 사모펀드 중에는 이러한 고수익-고위험 특성을 가진 CDO에 투자하면서 레버리지효과를 위해 차입을 통해 자금을 조달하기도 하였다. 이러한 헤지펀드나 사모펀드는 투자위험이 매우 높다고 할 수 있다.

뉴 센트리(New Century), 컨트리와이드 파이낸셜, GMAC, 워싱턴 뮤추얼, 아메리퀘스트 모기지 등 수신기능이 없는 서브프라임 모기지회사들은 주택대출에 필요한 자금을 자산유동화를 이용하여 조달하였다.

(자료출처 : 김범석, 미국 서브프라임 모기지 부실사태와 향후 전망시사금융, 2007.8)

제13장

주택저당증권

제1절 주택저당증권의 개요

1. 주택저당증권의 개념

주택저당증권(MBS : Mortgage Backed Securities)이란 금융기관이 주택구입자에게 주택자금을 대출해 주고 대출금을 회수할 권리인 주택저당채권을 기초자산으로 발행되는 증권을 말한다.[40] 주택저당증권은 기초자산이 주택담보대출채권인 일종의 자산유동화증권이다.

은행, 보험회사 등과 같은 금융기관이 주택구입자에게 주택대출을 제공하는 시장을 제1차 저당시장이라고 하며 주택대출을 기초자산으로 증권이 발행되는 시장을 제2차 저당시장이라고 한다. 주택담보대출을 제공하는 금융기관은 제2차 저당시장에서 주택담보대출의 유동화를 통하여 대출자금을 조기에 회수하여 이 자금을 다시 새로운 주택구입자에게 주택담보대출을 제공한다.

〈참고〉 주택저당채권유동화회사법(제9차 일부개정 2008.2.29 법률 제8863호)

> 제2조(정의) ①이 법에서 사용하는 용어의 정의는 다음과 같다.<개정 2000.1.21, 2001.3.28, 2003.5.29>
>
> 1. "채권유동화"라 함은 다음 각목의 1에 해당하는 것을 말한다.
>
> 가. 주택저당채권유동화회사가 금융기관으로부터 주택저당채권을 양도받아 이를 담보로 하여 주택저당채권담보부채권을 발행하고 원리금을 지급하는 행위
>
> 나. 주택저당채권유동화회사가 금융기관으로부터 주택저당채권을 양도받아 이를 기초로 주택저당증권을 발행하고 그 주택저당채권의 관리·운용 및 처분에 의한 수익을 분배하는 행위
>
> 2. "주택저당채권"이라 함은 주택법 제2조의 규정에 의한 주택의 구입 또는 건축에 소요된 대출자금(주택의 구입 및 건축에 소요된 자금을 보전하기 위한 대출자금을 포함한다)과 이 자금의 상환을 위한 대출자금에 대한 채권으로서 당해 주택에 설정된 저당권에 의하여 담보된 채권을 말한다.
>
> 3. "주택저당채권담보부채권" 이라 함은 주택저당채권을 담보로 하여 발행하는 채권을 말한다.
>
> 4. "주택저당증권"이라 함은 주택저당채권을 기초로 하여 발행하는 수익증권을 말한다.
>
> 5. "자기자본"이라 함은 국제결제은행의 기준에 따른 기본자본과 보완자본의 합계액을 말한다.
>
> 6. "금융기관"이라 함은 다음 각목의 1에 해당하는 자를 말한다.

40) 일반적으로 은행에서 주택구입을 위해 대출을 받는 경우 은행은 주택을 담보로 대출자금을 제공하면서 주택에 대해 근저당을 설정한다. 은행은 구입하는 주택에 대해 근저당을 설정해 둠으로써 만약 주택구입자가 채무를 불이행하면 은행은 주택을 담보로 대출금을 회수한다.

가. 한국산업은행법에 의한 한국산업은행
나. 중소기업은행법에 의한 중소기업은행
다. 은행법에 의하여 인가를 받아 설립된 금융기관(동법 제5조 및 동법 제59조의 규정에 의하여 금융기관으로 보는 자를 포함한다)
라. 장기신용은행법에 의한 장기신용은행
마. 보험업법에 의한 보험사업자
바. 상호저축은행법에 의한 상호저축은행
사. 여신전문금융업법에 의한 여신전문금융회사
아. 주택법에 의한 국민주택기금을 운용·관리하는 자
자. 가목 내지 아목에 준하는 자로서 대통령령이 정하는 자

7. "주택저당채권유동화회사"라 함은 제3조의 규정에 의하여 채권유동화업무의 인가를 받은 자를 말한다.
②제1항제5호의 규정에 의한 자기자본의 구체적인 범위는 대통령령으로 정한다.

2. 주택저당증권의 연혁

(1) 미국 주택저당증권 시장

주택저당증권은 1930년대 미국 주택금융시장에서 유동성인 낮은 주택담보대출의 유동성을 높여 주택대출자금 공급을 증가시키려는 정부정책에 의해 도입되었다. 1929년 미국 주식폭락사태로 촉발된 대공황으로 인해 주택대출금융기관이 부실화됨에 따라 주택대출자금 부족현상이 발생함에 따라 미국정부는 1938년 연방모기지공사(FNMA : Federal National Mortgage Association 또는 '패니매' Fannie Mae, www.fanniemae.com)를 설립하였다. 연방모기지공사는 연방주택청(Federal Housing Administration)과 재향군인회(VA : Veterans Administration)으로부터 주택저당채권을 이전받아 이를 기초자산으로 주택저당증권을 발행하였다.

1968년 미국정부는 연방모기지공사(FNMA)를 정부모기지공사(GNMA : Government National Mortgage Association 또는 '지니매' Ginnie Mae, www.ginniemae.gov)와 연방모기지공사(FNMA)로 분할하였다. 정부모기지공사(GNMA)는 정부산하기관으로 정부보조주택에 대한 대출을 지원하고 연방모기지공사(FNMA)는 민영화된 이후 제2차 저당시장에서 연방주택청(FHA)이나 재향군인회의 보증을 받지 않고 발행되는 주택저당증권에 투자하고 있다.

미국정부는 1970년 주택대출자금을 시장에 추가로 공급하기 위하여 1970년에는 12개의 연방주택금융은행(Federal Home Loan Bank) 및 상호저축은행(Savings Institutions)들이 상호출자한 공기업 형태의 연방주택대출모기지회사(FHLMC : Federal Home Loan Mortgage Corporation 또는 프레디매 'Freddie Mae', www.freddiemac.com)가 설립되

었다. 이후 1989년 FIRREA법(The Financial Institutions Reform Recovery and Enforcement Act)에 따라 연방주택대출모기지회사는 연방모기지공사처럼 민영화되어 제2차 저당시장에서 주택대출자금의 유동성 제고를 위한 역할을 수행하고 있다. McCarthy & Peach(2002)에 의하면 패니매, 프레디 맥은 미국 주택저당증권시장의 활성화에 기여한 것으로 나타났다.[41)]

한편, 정부모기지공사(GNMA), 연방모기지공사(FNMA), 연방주택대출모기지회사(FHL-MC)에 의해 발행되는 주택저당증권을 정부발행 MBS(agency MBS)라고 하며 민간 금융회사에 의해 발행되는 주택저당증권을 민간발행 MBS(non-agency MBS)라고 한다. 정부모기지공사(GNMA), 연방모기지공사(FNMA), 연방주택대출모기지회사(FHLMC)과 같은 정부지원 모기지회사의 주요 기능은 첫째, 주택금융시장에 주택관련 대출자금이 원활하게 공급되도록 유동성을 제공하는 것이며 둘째, 주택자금대출에 필요한 유동성을 공급하므로 주택금융시장의 안정을 도모하는 것이다.[42)]

또한 1980년대 초와 1980년대 중반 고금리시대와 저금리시대를 거치면서 주택담보대출자들의 중도상환 및 리파이낸싱(대출 갈아타기)이 활발히 이루어지고 주택대출관련 금융기관들이 이자율위험에 노출됨에 따라 리스크관리를 위해 적극적으로 주택저당증권을 발행하게 되었다.

(2) 국내 주택저당증권 시장

1997년 12월 IMF 외환위기로 인해 막대한 규모의 부실채권이 발생함에 따라 부실채권을 효율적으로 처리하기 위해서 정부는 자산유동화제도를 도입하고 자산관리공사(KAMCO, www.kamco.or.kr)를 설립하였다. 1998년 9월에는 자산유동화에 관한 법률이 제정되어 자산유동화를 위한 법적 근거가 마련되었다.

1999년 1월에는 주택담보대출을 기초자산으로 주택저당증권을 발행할 수 있도록 주택저당채권유동화회사법이 제정되었고 이 법을 근거로 1999년 9월 한국주택저당채권유동화(주)(KoMoCo: Korea Mortgage Corporation, www.komoco.co.kr)가 설립되어 국민주택기금의 주택담보대출을 기초자산으로 주택저당증권을 발행하였다.

2000년 4월 한국주택저당채권유동화(주)는 국민주택기금을 기초자산으로 하여 3,976억원 규모의 주택저당증권을 발행하였다. 2000년 3월에는 뉴스테이트캐피탈은 자사가 보유

---

41) McCarthy, J. & R.W. Peach, Monetary policy transmission to residential investment, Economic Policy Review, Federal Reserve Bank of New York, 2002, 139-161.

42) 정부지원 모기지회사의 역할에 대해서는 다음 글을 참조할 것. Feldman, J. Ron, Martgage rates, homeownership rates, and government-sponsored enterprises, Federal Reserve Bank of Minneapolis, Annual Reports, 2001., Fannie Mae, The government's role in promoting financial sector stability, papers, vol.II no.3, July 2003.

하고 있는 주택담보대출채권을 기초로 589억원 규모의 주택저당증권을 발행하였다.

2002년 1월에는 삼성생명이 보유하고 있는 주택담보대출을 기초자산으로 주택저당증권이 발행되었다. 2003년에는 농협중앙회가 보유하고 있는 주택저당채권을 기초자산으로 한 주택저당증권이 한국주택저당채권유동화(주)에 의해 발행되었다.

2004년 이후에는 같은 해 3월 장기주택금융제도의 정착을 위해 설립된 한국주택금융공사(www.khfc.co.kr)에 의해 모기지론(또는 '보금자리론')을 기초자산으로 하여 주택저당증권을 계속해서 발행하고 있다. <표 55>는 한국주택금융공사가 2004년 이후 발행한 주택저당증권 현황이다.

시중은행의 경우 2007년 이전까지 국내은행 중에서는 SC제일은행만이 MBS를 발행하였다. 이는 은행들의 자금조달이 용이하였기 때문이고 또한 외형경쟁 때문에 자산이 축소되는 주택담보대출채권의 유동화에 적극적이지 않았다.

2008년 이전에는 국내 주택저당증권시장은 아직까지 활성화되기 않았기 때문에 일부 은행을 비롯한 금융회사들은 해외에서 주택저당증권을 발행하기도 한다. 2008년 미국 서브프라임 모기지 부실사태로 인한 국제금융위기로 인해 은행들이 자금부족 현상을 겪었다. 이에 은행들은 자금을 확보하기 위하여 MBS발행에 관심을 갖기 시작했다. 2009년 국민은행은 MBS발행조건으로 '스타모기지론3'을 판매하였다.

〈표 55〉 한국주택금융공사의 주택저당증권 발행현황

(단위 : 억원, %)

발행일자	상품명	발행금액	발행금리
2004.6.15	MBS 2004-1	5,520	5.00
2004.7.28	MBS 2004-2	4,070	5.00
2004.8.18	MBS 2004-3	5,700	4.50
2004.9.23	MBS 2004-4	4,020	4.33
2004.10.28	MBS 2004-5	3,600	4.20
2004.11.30	MBS 2004-6	3,150	4.09
2004.12.28	MBS 2004-7	4,100	4.06
2005.2.24	MBS 2005-1	4,080	5.18
2005.3.23	MBS 2005-2	4,050	4.84
2005.4.28	MBS 2005-3	4,670	4.71
2005.5.25	MBS 2005-4	4,530	4.41
2005.6.27	MBS 2005-5	4,590	4.72
2005.7.27	MBS 2005-6	4,540	4.89

2005.8.30	MBS 2005-7	4,840	5.16
2005.9.29	MBS 2005-8	4,000	5.56
2005.11.10	MBS 2005-9	3,310	5.87
2006.1.26	MBS 2006-1	3,800	5.72
2006.3.30	MBS 2006-2	3,415	5.62
2006.7.14	MBS 2006-3	3,125	5.40
2006.9.26	MBS 2006-4	3,292	5.02
2006.12.15	MBS 2006-5	3,892	5.09
2007.2.21	MBS 2007-1	3,486	5.17
2007.4.23	MBS 2007-2	3,598	5.27
2007.7.11	MBS 2007-3	3,574	5.70
2007.8.23	MBS 2007-4	3,917	5.52
2007.9.20	MBS 2007-5	3,370	5.73
2007.10.25	MBS 2007-6	3,916	5.86
2008.2.26	MBS 2008-1	4,268	5.66
2008.7	MBS 2008-2	3,467	5.46
2008.3.27	MBS 2008-3	3,921	5.88
2008.4.15	MBS 2008-4	3,685	5.81
2008.5.6	MBS 2008-5	4,233	5.75
2008.5.27	MBS 2008-6	3,864	6.26
2008.6.13	MBS 2008-7	3,025	6.64
2009.3.20	MBS 2009-1	4,929	5.71
2009.3.30	MBS 2009-2	3,670	CD+1.44
2009.4.22	MBS 2009-3	19,681	CD+1.5
2009.4.29	MBS 2009-4	3,116	5.22

주 : 발행금리는 가중평균금리임.

발행금액은 선순위채권만 포함. 후순위채권 제외.

(자료출처 : 주택금융월보, 한국주택금융공사, 2006.5)

3. 주택저당증권의 경제적 효과

(1) 대출금융기관 측면

① 대출업무를 하는 금융회사들 입장에서는 주택저당증권발행을 통해 주택담보대출과 같은 장기대출에 따른 위험을 줄이고 자금을 안정적으로 조달할 수 있다. 또한 주택저당증권발행을 통해 자산관리자로서 수수료 수입을 얻을 수 있고 신인도 제고 효과도 얻을 수 있다.[43)]

② 주택저당증권은 주택대출금융기관의 재무건전성 제고시킨다. 주택대출금융기관은 주택담보대출로 인해 대손위험을 감수해야 하고 대출규모에 따라 대손충당금을 적립해야 한다. 그러나 주택저당증권을 발행하는 경우 주택담보대출채권이 투자자에게 이전됨으로써 주택대출금융기관은 대출에 따라 부도위험과 대손충당금 적립부담을 덜 수 있다. 또한 주택저당증권은 대차대조표상 위험가중치가 20%로 주택담보대출채권을 보유하는 것보다 은행의 BIS자기자본비율 제고에 유리하다.

③ 주택저당증권은 위험관리 효과가 있다. 주택대출금융기관은 주택담보대출채권의 유동화를 통해 장기대출에 따른 자금의 고정화위험을 줄이고 자금조달과 운용간 만기 불일치에 따른 운용위험을 줄일 수 있다.

④ 주택저당증권은 주택대출금융기관의 영업기반 확대에 기여한다. 주택대출금융기관은 주택담보대출채권을 기초로 주택저당증권을 발행함으로써 자금을 조기에 회수, 주택자금을 다시 제공할 수 있어 자금의 회전율을 높일 수 있다.

〈사례 16〉 "자산 확대보다 위기관리가 우선" 주택담보대출을 증권화해 판매

우리은행은 지난달 30일 은행권 최초로 주택금융공사를 통해 3670억원어치의 MBS(주택담보대출유동화증권) 발행에 성공했다. MBS는 주택담보대출을 증권으로 만든 것이다. 이 행장은 "당초 5000억원을 처리하려고 했는데, 처음 해보는 일이라 절차가 복잡해 계획보다 규모가 줄었다"며 "하지만 연말까지 1조원의 주택담보대출을 유동화할 계획"이라고 말했다.

이 행장은 작년 9월 임주재 주택금융공사 사장을 만나 얘기를 나누다 이 아이디어를 얻었다. 당초 이 행장의 구상은 우리은행이 직접 주택담보대출을 담보로 해서 채권을 발행해 자금을 융통하는 것이었다. 하지만 우리은행의 주택담보대출을 주택금융공사에 넘기고, 주택금융공사는 그것을 담보로 MBS를 발행해서 자금을 조달하면 좋겠다는 쪽으로 대화가 진전됐다.

우리은행으로선 주택담보대출을 주택금융공사에 넘기면서 BIS(국제결제은행) 기준 자기자본비율을 높이는 효과를 얻을 수 있다. 자기자본비율을 계산할 때 위험가중치가

---

43) '은행도 자산유동화로 자금 확보', 한국경제신문, 2007.10.19

13%인 주택담보대출이 재무제표에서 사라져 위험가중치가 0%가 되기 때문이다. 또 주택담보대출을 떼일 것에 대비해서 쌓는 충당금(1%)도 다시 수익으로 잡을 수 있어 이익이 나아지게 된다. 주택금융공사로서도 수수료(0.2%)를 얻을 수 있어 윈-윈 모델이 된다.

하지만 실행은 쉽지 않았다. 가장 큰 걸림돌은 주택담보대출을 받은 고객의 동의를 받아야 하는 것이었다. 이 행장은 "처음엔 은행이 서툴기도 했고, 고객들도 쉽게 이해하지 못해 어려움이 많았다"며 "하지만 3월 말로 시한을 정해 놓고 속도를 높인 덕에 성공할 수 있었다"고 말했다.

과거 은행권이 주택담보대출 유동화에 나서지 않은 이유는 자산확장경쟁 때문이었다. 대출을 증권으로 만들어 투자자에게 팔아버리면 더 이상 은행의 자산이 아니기 때문이다. 이 행장은 "이젠 자산확장이 아니라 위기관리가 우선"이라고 말했다.

다만 금융시장이 경색돼 MBS를 발행해도 이를 사줄 투자자가 많지 않은 것이 약점이다. 이번엔 우리은행 스스로 전액 인수했다. 그러나 우리은행은 나중에 되사는 조건으로 한국은행에 MBS를 팔거나, 다른 투자자에게 매각해 현금을 확보할 수 있다.

(중략)

(자료출처 : 조선일보, 2009.04.06)

(2) 투자자 측면

① 주택저당증권은 발행시 보증이나 후순위채발행 등의 방법으로 신용보강이 되고 담보가 주택이기 때문에 급격한 주택가격의 하락이 발생하지 않는 한 일반적으로 안전성이 높은 편이다. 따라서 주택저당증권은 투자자에게 안정적인 투자수단을 제공한다.

② 단기·장기투자자에게 적합하게 현금흐름이 구성되어 있기 때문에 투자자가 투자기간 및 조건에 따라 주택저당증권을 선택할 수 있다.

③ 동일한 신용등급의 회사채보다 금리가 높은 편으로 수익성에 있어서도 매력적이라고 할 수 있다.

(3) 주택구입자

① 주택저당증권시장이 활성화되면 주택대출취급 금융기관의 주택자금 공급능력이 확대되는 효과가 있어 더 많은 주택구입자가 대출을 받을 수 있게 된다.

② 상환방법·만기·이자율 등 다양한 주택담보대출상품이 개발되어 주택금융상품에 대한 선택의 폭이 넓어지는 한편 수요자 중심의 주택금융시장이 형성된다.

제2절 주택저당증권의 발행절차

주택저당증권의 발행절차는 자산유동화증권의 발행절차와 유사하다. 주택저당증권의 발행절차를 살펴보면 먼저 주택저당채권을 보유한 주택대출 금융기관(이를 '자산보유자'라고 함)이 주택저당채권의 유동화를 위해서 설립된 유동화전문회사(SPC : Special Purpose Corporation)에 주택저당채권을 양도한다.

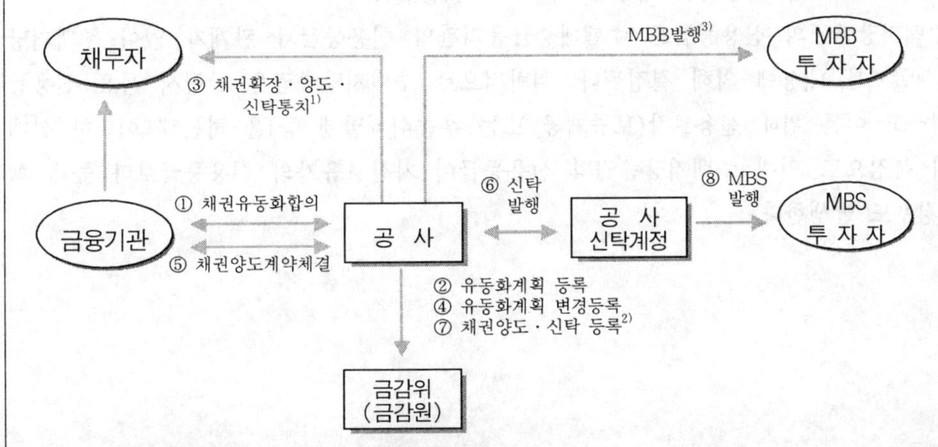

주 : 1) 채무자에 대한 대항요건 구비(양도 · 신탁 일자 명시)
2) 근저당권 취득(→제3자에 대한 대항요건 구비)
3) 신탁을 설정하지 않고 발행(③ 신탁통지, ⑥ 신탁계약, ⑦ 신탁등록은 불필요)

① 금융기관과 공사는 유동화 편익에 관한 분석결과를 기초로 채권유동화에 대한 합의를 하고,
② 이를 토대로 공사는 금감위에 채권유동화계획을 등록하며,
③ 공사와 금융기관은 근저당권으로 담보된 채권을 확정하여 그 전부를 ○○년 ○○월 ○○일자로 공사에 양도하고, 공사는 동일자로 이전받은 채권의 전부를 신탁한다는 내용을 채무자에게 내용증명 우편으로 통지하고,
④ 공사와 금융기관은 채무자에 대한 통지와 대상자산의 실사를 통하여 채무자의 이의 또는 부적격자산을 제외하여 ②에서 등록한 채권유동화계획을 변경하여 금감위에 등록하며,
⑤ 위 ④의 과정을 몇 차례 거친 후 채권유동화에 적합한 우량채권을 공사와 금융기관이 확정하여 채권양도계획을 체결하고,
⑥ 공사는 금융기관으로부터 양도받은 대출채권을 자신을 수탁자로 하여 신탁설정계약을 체결하면서
⑦ 공사는 채권양도계약서를 기초로 금융감독위원회에 채권양도 · 신탁등록을 하여 채권을 담보하는 근저당권을 등기 없이 취득하게 되며, 제3자에 대한 대항요건을 갖추게 되고,
⑧ 공사 신탁계정은 채권과 근저당권을 기초자산으로 하여 MBS를 발행하고, 이를 증권거래소에 상장하여 유통이 되도록 함.

자료 : 한국주택금융공사법안(정부 제출) 검토보고, 국회 재정경제위원회, 2003. 10.

[그림 29] 한국주택금융공사의 주택저당증권 발행절차

주택저당채권을 양도받은 유동화전문회사는 주택저당채권으로부터 발생하는 원금과 이자 등 현금흐름을 재조정하여 일정기간 원금과 이자가 지급되는 수익증권을 만들어낸다. 이러한 수익증권을 주택저당증권(MBS)이라고 한다.

주택저당증권의 발행구조는 기초자산에서 발생할 것으로 예상되는 현금흐름에서 조기상환율, 연체율, 손실회복률 등을 고려하여 현금흐름을 재조정하고 스트레스 테스트나 시뮬레이션을 통해 현금흐름을 추정하는 과정을 통해 설계된다.

유동화전문회사는 주택저당증권을 자본시장에서 투자자에게 매각하여 대금을 주택대출금융기관에 지급한다. 주택저당증권의 주요 투자자들은 주택저당증권의 단위가 크기 때문에 대규모 자금을 운용하는 대부분 기관투자자들이다.

주택저당증권의 신용등급은 주택대출금융기관의 신용등급과 관계가 없이 주택저당증권의 현금흐름 내용에 의해 결정된다. 일반적으로 주택저당증권은 발행시 목표 신용등급을 설정하고 이를 위해 신용보강(보증제공 또는 후순위채발행 등)을 하는데 이러한 설계구조상의 특징으로 인해 주택저당증권의 신용등급이 자산보유자의 신용등급보다 높게 책정되는 경우도 발생한다.

제3절 주택저당증권의 종류

1. 저당대출지분이전증권

저당대출지분이전증권(Pass-through Securities)은 저당대출채권의 소유권이 자산보유자(예 주택담보대출 금융기관)에서 투자자에게로 이전되고 현금흐름(이자 & 원금)은 차입자가 지불하는데로 투자자에게 그대로 이전되는 형태이다. 저당대출지분이전증권의 투자자가 조기상환위험(주택담보대출 차입자가 상환일 이전에 원리금을 일부 또는 전부 상환하는 것)이나 부도위험을 부담하게 된다.

저당대출지분이전증권은 1970년 정부모기지공사(GNMA)에 의해 처음 발행되었다. 1971년에는 연방주택대출모기지회사(FHLMC), 1981년에는 연방모기지공사(FNMA)가 저당대출지분이전증권을 각각 발행하였다.

1980년대에 공공기관이외에 일반 주택대출금융기관도 저당대출지분이전증권을 발행하였다. 1980년대 중반 이후에도 발행금액이 꾸준히 증가하였는데 이는 1980년대초 금리인상으로 손실을 겪은 주택대출기관들이 금리인상으로 인한 손실을 방지하기 위해 고정금리 주택대출을 증권화를 통해 처분하였기 때문이다.

2. 저당채권담보부채권

저당채권담보부증권(MBB : Mortgage Backed Bond)은 자산보유자가 저당대출채권의 소유권을 보유하고 저당대출채권으로부터 발생하는 현금흐름(원금 & 이자)을 재조정하여 투자자에게 채권형태로 매각하는 형태를 말한다.

저당채권담보부채권 투자자는 기초자산인 주택저당채권 집합(Pool)에서 발생하는 현금흐름에 상관없이 만기까지 매기 약정된 이자만을 지급받고 만기에 원금을 상환받는다.

3. 저당대출원리금이체증권

저당대출원리금이체증권(Pay-through securities)은 자산보유자가 저당대출채권의 소유권을 보유하나 저당대출채권으로부터 발생하는 현금흐름은 재조정없이 투자자에게 그대로 이전되는 것이 특징이다. 따라서 현금흐름의 불확실성 위험이 투자자에게 이전된다.

저당대출원리금이체증권은 저당대출지분이전증권과 저당채권담보부채권의 특징을 결합한 것이라고 할 수 있다. 즉, 저당대출채권을 담보로 하여 발행되는 저당대출원리금이체증권이 자산보유자(즉, 발행회사)의 부채로 처리된다는 점이 저당대출담보부채권과 유사하고, 담보로 발생되는 현금흐름이 재조정없이 그대로 투자자에게 이전된다는 점이 저당대출지분이전증권과 유사하다.

〈표 56〉 주택저당증권 비교

구 분	형 태	특 징
저당대출지분 이전증권	지분형	• 저당대출채권의 소유권이 자산보유자에서 투자자에게 이전 • 차입자가 상환하는 현금흐름이 그대로 투자자에게 이체
저당대출담보부 채권	채권형	• 저당대출채권의 소유권을 자산보유자가 보유 • 차입자가 상환하는 현금흐름을 재조정하여 투자자에게 지급
저당대출원리금 이체증권	지분 · 채권 혼합형	• 저당대출채권의 소유권을 자산보유자가 보유 • 차입자가 상환하는 현금흐름을 그대로 투자자에게 이체

4. 다계층저당채권

(1) 다계층저당채권(CMO)의 연혁

저당권담보채권 또는 다계층저당채권(CMO : Collateral Mortgage Obligation)는 저당대출지분이전증권(Pass-through)과 저당대출원리금이체증권(Ppay through)형태의 주택저당증권을 혼합한 형태이다. 다계층저당채권(CMO)은 여러 종류의 주택저당채권 집합(Pool)에서 발생하는 이자와 원리금상환으로 발생하는 현금흐름을 세분화하여 다양한 현금흐름이 발생하도록 만든 주택저당증권이다.

다계층저당채권(CMO)은 1983년 미국의 프레디 맥(Freddie Mae)에 의해 최초로 발행되었다. 다계층저당채권은 다양한 종류의 주택저당대출채권을 기초자산으로 하여 그 채권에서 발생하는 현금흐름 즉 원금상환과 이자상환금액을 모아 투자자의 요구에 알맞게 세분화하여 다양한 현금흐름이 발생하도록 재구성한다.

1986년 미국에서 세법 개정으로 발행회사에 세제혜택과 회계처리에 있어서 특례가 인정되는 부동산저당채권 유동화회사(REMIC : Real Estate Mortgage Investment Conduit)를 이용한 CMO 발행이 허용됨에 따라 부동산저당채권 유동화회사를 통한 CMO의 발행규모가 크게 증가하였다.[44)]

이후 1992년~1993년 시장이자율이 급격히 하락하여 조기상환율이 증가함에 따라 CMO에 대한 수요가 더 증가하게 되었고 1990년 후반 들어서는 발행규모면에서 CMO가 미국 주택저당증권에서 차지하는 비중이 50%를 넘어섰다. 국내에서 발행되는 주택저당증권은 대부분 CMO 형태라고 할 수 있다.

(2) 다계층저당채권(CMO)의 기본 개념

저당대출지분이전증권이나 저당대출원리금이체증권은 원금상환액과 이자를 주택저당증권에 투자한 모든 투자자에게 일정비율에 따라 배분하지만 CMO는 원금상환금액과 이자지급순서가 다른 2개 이상의 트랜치(Tranches 또는 Bond classes)로 구성되어 있다.[45)] 즉, 트랜치별로 만기가 서로 다르게 하거나, 조기상환위험이 낮은 대신 수익률이 낮은 트랜치와 조기상환위험을 더 부담하는 대신에 수익률이 더 높은 트랜치를 설정하는 등 원금과 이자상환순서(Prioritization) 및 방법을 변경시켜 트랜치별로 원금과 이자상환 순서에 차이를 두어 트랜치별로 현금흐름의 크기나 발생시기를 조정한다[46)].

예를 들어, 여러 개의 트랜치가 있는 경우 기초자산으로부터의 발생하는 원리금이 트랜

44) CMO는 레믹(REMIC)과 동의어로 사용된다.
45) 트랜치(tranche)는 불어로 조각(slice)를 의미한다.
46) 원리금상환 현금흐름을 재조정하는 기준을 무빙 나이프(moving knife)라고 한다.

치1에 우선 지급되어 가장 먼저 원금이 상환된다. 트랜치2 투자자는 트랜치1에 대한 원금상환이 이루어지는 동안에는 이자만 지급받다가 트랜치1에 대한 원금상환이 끝나면 원금상환을 받게 된다. 이러한 방식으로 후순위에 있는 트랜치에 대한 원금상환이 이루어진다.

주택저당증권에 투자하는 투자자의 종류에는 원금을 가급적 조기에 회수하려는 단기투자자가 있고 한편으로는 원금을 가급적 늦게 회수하기 원하는 장기투자자가 있다. 다계층저당채권(CMO)은 이러한 투자자들간의 요구를 맞추기 위해 담보대출채권으로부터 발생하는 현금흐름을 재조정, 채권구조를 구성하는 것이다.

<표 57>과 <표 58>은 2009년 4월 한국주택금융공사가 발행한 다계층저당채권(CMO) 내역이다. 총 다계층저당채권 발행금액은 3,133억원인데 이중 선순위채권 발행금액이 3,116억원이고 후순위채권 금액은 17억이다. 이 채권은 만기에 따라 8개의 선순위채권과 1개의 후순위채권으로 구성되어 있으며 발행금리는 만기가 길수록 더 높게 되어 있다.

〈표 57〉 사례 : KHFC MBS 2009-4

구 분	내 용
MBS 발행대상자산	경남은행 259억원, 농협중앙회 318억원, 부산은행 367억원, 신한은행 217억원, 우리은행 1,123억원, 한국씨티은행 127억원, 한국외환은행 188억원, 삼성생명 282억원, 삼성화재 91억원, LIG 손해보험 57억원
대상자산규모	3,029억원
발행증권의 형태	주택저당증권(수익증권 형태)
발행시기	2009년 4월 29일
발행방법	공모 및 매출
신용보장	선순위MBS : 공사 지급보증, 신용등급 AAA, 공모, 상장 후순위 MBS : 공사보유, 사모
MBS발행금액	3,133억원(선순위 3,116억원)
MBS발행금리	가중평균발행금리 5.22% (4월 23, 24, 27일 국고 5년 평균금리: 4.23% + 0.99%)
MBS발행참가자	주관사 : 동부증권, 삼성증권, NH투자증권 신용평가사 : 한국기업평가, 한국신용평가 법률자문 : 김장 법률사무소 자산실사 : 삼일 회계법인, 예일 회계법인

(자료출처 : 한국주택금융공사)

(3) 다계층저당채권(CMO)의 종류

CMO의 종류는 회수되는 원금만 조정하는 방법과 원리금을 조정하는 방법이 있다. 원금만 조정하는 방법을 통해 발행되는 다계층저당채권(CMO)의 종류에는 Sequential pay class, PAC(Planned Amortization Classes), TAC(Targeted Amortization Classes), Z-class 등이 있으며 원금과 이자를 재조정하는 다계층저당채권(CMO)의 종류에는 이자만 지급하는 IO(Interest Only), 원금만 지급하는 PO(Principal Only) 등이 있다.

〈표 58〉 만기별 발행구조 사례 : KHFC MBS 2009-4

(단위 : 억원)

총발행금액	총선순위 MBS 발행액 3,116억원(후순위 발행액: 17억원)								
채권구분	선순위 증권								
발행구조	1-1	1-2	1-3	1-4	1-5	1-6	1-7	1-8	2-1
발행금액	366	400	400	700	500	450	200	100	17
만기구조	1년	2년	3년	5년	7년	10년	15년	20년	21년
금리	2.93%	3.83%	4.41%	5.16%	5.23%	5.49%	5.58%	5.66%	17.16%
이자지급	3월이표	3월이표	3월이표	3월이표	3월이표	3월이표	3월이표	3월이표	3월이표
신용등급	AAA	AAA	AAA	AAA	AAA	AAA	AAA	AAA	AAA

(자료출처 : 한국주택저당채권유동화회사)

제4절 주택저당증권의 가치평가

주택저당증권은 만기내에 원리금을 상환받는 점에서 일반채권과 유사한 특징을 가지고 있다. 따라서 주택저당증권의 가치평가를 위해서는 우선 일반채권의 가치평가에 대한 이해가 필요하다.

주택저당증권의 수익률에 영향을 미치는 요인은 조기상환위험(prepayment risk), 시장이자율위험(interest rate risk), 채무불이행 위험(credit risk), 유동성위험(liquidity risk) 등이 있다.

따라서 주택저당증권의 가치평가를 위해서는 시장이자율변동이 주택저당증권의 가치에 미치는 영향, 시장이자율이 조기상환율에 미치는 영향과 이로 인한 주택저당증권의 가치 변동, 상환기간이 주택저당증권의 가치에 미치는 영향 등을 분석할 필요가 있다.

1. 주택저당증권의 가격결정

주택저당증권(MBS)은 회사채의 일종으로 주택저당증권의 가치는 채권가치를 구하는 방법과 유사하다. 채권의 가치는 이자지급액과 액면가(즉, 원금)를 일정 할인률로 할인한 현재가치라고 할 수 있다. 할인율은 시장이자율, 만기, 신용등급 등을 반영하여 결정되는데 할인율은 채권에 투자하여 얻을 것 기대되는 수익률과 동일하다.

채권의 가치는 시장이자율의 변동에 따라 변화한다. 즉, 시장이자율이 상승하면 채권의 가치는 하락하고 반대로 시장이자율이 하락하면 채권의 가치는 하락한다.

2. 조기상환율의 측정

(1) 조기상환율 추정의 중요성

주택저당증권의 가치평가가 일반 채권과 다른 점은 시장이자율의 변화에 따라 현금흐름의 크기와 시기가 변화하는 것이다. 주택저당증권의 기초자산으로부터 발생하는 현금흐름은 원금상환액, 이자금액, 조기상환액 3가지로 구분할 수 있다.

주택저당증권은 원금의 조기상환이 허용되기 때문에 주택구입을 위해 주택담보대출을 받은 차입자는 여유현금이 발생하거나 금리가 하락하는 경우 리파이낸싱 등을 위해 대출금 만기이전에 차입금을 전부 또는 일부를 상환하는 현상이 발생한다. 이 현상은 모기지시장이 발달한 미국 모기지시장에서 보편화되어 있다.

[그림 30]은 KHFC MBS 2008-1(발행일 : 2008년 2월 26일, 발행금액 : 4,273억원, 8개의 선순위채로 구성, 만기 20년)의 2008년 3월부터 2009년 3월까지 조기상환율 추이를 나타낸다.

원금의 조기상환은 시장이자율변동에 따라 발생하는데 이는 주택저당증권의 수익률에 영향을 미친다. 만약, 시장이자율이 상승하면 시장이자율보다 낮은 이자율로 주택담보대출을 받은 차입자는 원금을 상환을 가급적 늦추어 조기상환율이 감소된다. 하지만, 시장이자율이 하락하면 시장이자율보다 높은 이자율로 주택담보대출을 받은 차입자는 낮은 이자율로 대출을 받아 기존의 대출금을 상환하는 것이 유리하기 때문에 시장이자율이 하락하면 조기상환율이 증가하게 된다.

이와 같이 시장이자율의 변화는 <표 59>에서와 같이 주택저당증권의 기초자산인 주택담보대출의 원금상환액과 상환속도・상환기간에 영향을 준다. 조기상환이 발생하면 주택저당증권에 투자한 투자자의 예상현금흐름에 변동이 발생하는 한편 주택저당채권의 수익률에 영향을 미친다. 따라서 주택저당증권의 적정가치를 산정하기 위해서는 주택저당증권 발행당시 조기상환율을 미리 추정하여 이를 주택저당증권의 가격에 반영하는 것이 매우 중요하다. 하지만 조기상환율을 경제환경 및 차입자의 상환동기 등 여러 가지 요소에 의해 결정되기 때문에 예측하기가 매우 어려운 것이 사실이다.

(단위 : %)

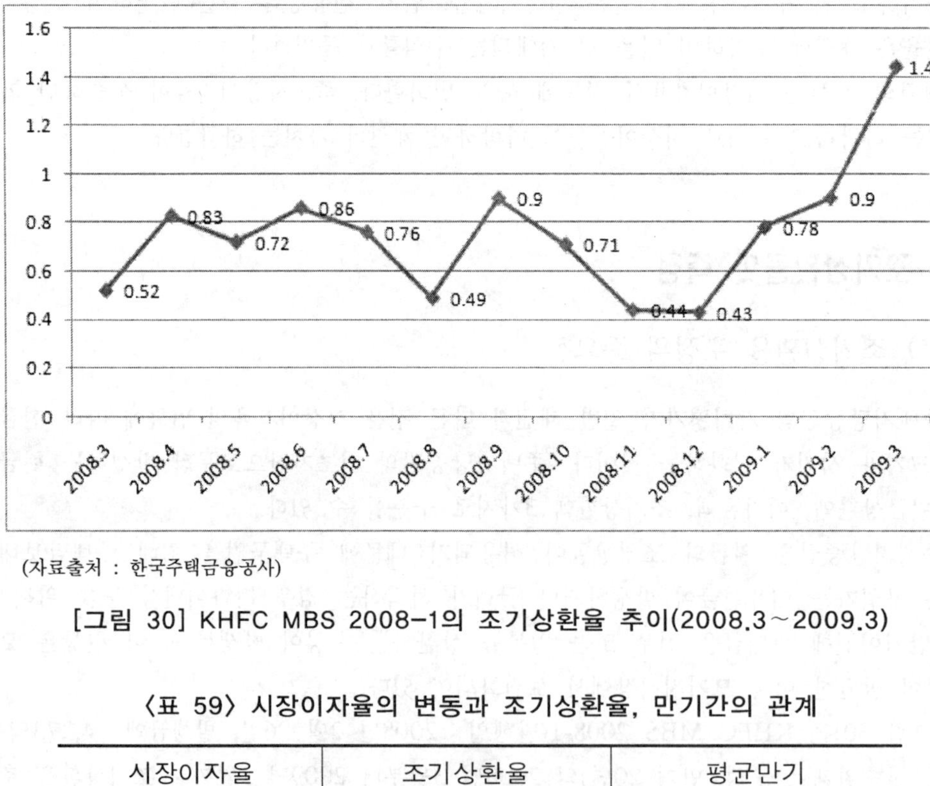

(자료출처 : 한국주택금융공사)

[그림 30] KHFC MBS 2008-1의 조기상환율 추이(2008.3~2009.3)

〈표 59〉 시장이자율의 변동과 조기상환율, 만기간의 관계

시장이자율	조기상환율	평균만기
하락	증가	감소
상승	감소	증가

이에 따라 주택저당증권시장의 역사가 오래된 미국의 경우 조기상환율을 추정하기 위한 여러 방법이 개발되어 사용되고 있다. 국내의 경우 주택저당증권시장의 역사가 매우 짧아 조기상환율을 추정하는 많은 어려움이 있다.

(2) 조기상환율의 추정방법

① 평균만기법

평균만기법(Average maturity)은 주택저당증권의 만기에 원금이 전액상환되는 것으로 가정한다. 하지만 조기상환이 발생하는 경우 실제로 만기이전에 원금이 전액상환되는데 평균만기법은 이러한 점을 반영하지 못한다.

② 고정조기상환율법

고정조기상환율법(CPR : Constant Prepayment Rate)은 주택저당증권의 만기 이전에 기상환이 일정비율로 이루어진다고 가정한다. 주택저당채권의 집합(pool)이 다수의 주택저당채권로 구성되어 있는 경우 일정기간의 조기상환율은 일정기간 동안 원금잔액 비율로 측정된다.

③ FHA 조기상환율

FHA(Federal Housing Administration : 연방주택청) 조기상환율(Prepayment experience)은 FHA의 경험에 근거한 조기상환율을 사용하는 방법이다. FHA는 보험계획의 일환으로 주택저당채권의 만기종료에 대한 광범위한 자료를 축적하였다. FHA는 만기 30년 동안 매년 주택저당채권의 잔존률표(Mortality table)를 산출하여 발표하고 있는데 이 표는 1957년 이후 FHA의 주택저당채권에 대한 조기상환율을 기초로 작성되었다.

④ PSA 조기상환모델

PSA 조기상환모델(Prepayment model)은 FHA의 경험에 근거한 조기상환모델을 단순화하고자 PSA(Public Securities Association)에 의해 개발되었는데 PSA 조기상환모델은 FHA 경험과 CPR을 결합한 형태이다. PSA 조기상환모델은 조기상환율을 산출하는데 표준방법으로 사용되고 있다.

PSA 조기상환모델은 월조기상환율에 근거하는데 조기상환율은 주택저당증권의 기초자산이 되는 주택저당채권의 상환기간 동안 변화한다. 즉, 현재 표준 PSA 조기상환율 곡선(보통 100% PSA)은 첫 해 매월 0.2%의 조기상환이 발생하여 30개월이 될 때까지 매달 0.2%씩 증가하고 이후 만기까지는 매월 0.5% 또는 매년 6%의 조기상환이 발생하는 것으로 가정하고 있다. 이때 조기상환율이 증가하는 기간을 램프(Ramp)라고 한다.

〈표 60〉 KHFC MBS 2008-5 종목별 예상만기

만기	BASE	200%	300%
5	3.6	1.30	0.77
7	5.64	3.83	2.60
10	7.95	5.46	4.27
15	11.19	7.61	5.96
20	15.4	10.89	8.34

(자료출처: 한국주택금융공사)

주택저당증권의 조기상환율은 PSA 조기상환율은 배수(이를 speed라고 함)로 표시되는데 예를 들면 200% PSA란 첫 달의 조기상환율은 0.4%(2×0.2%), 두 번째 달의 조기상환율은 0.8%(0.4%+0.4%), 30개월째에 12%가 되고 이후 만기까지 조기상환율이 계속해서 12%인 경우를 말한다.

<표 60>에서 KHFC MBS 2008-5(발행일 : 2008년 5월 6일, 발행금액 : 4,233억원) 종목별 예상만기는 Base로부터 200% , 300%로 조기상환율이 변동함에 따른 MBS의 원금가중평균만기(Call Option 부여 종목)를 추정한 것이다. 만기가 7년인 선순위채(KHFC MBS 2008~5 1~5)의 경우 조기상환율이 200%인 경우 추정만기는 3.83년이다.

3. 주택저당증권의 조기상환권

주택저당증권 발행자도 만기 이전에 주택저당증권을 조기 상환할 권리를 약관에 미리 규정하여 두는 것이 일반적이다. 주택저당증권을 만기 이전에 조기상환하는 이유는 기초자산이 되는 주택저당채권의 잔액이 일정 이하로 감소하는 경우 고정경비를 지출하기 보다는 조기에 원금을 상환하는 것이 유리하기 때문이다. 이러한 콜옵션을 클린업 콜(clean-up call)이라고 한다.

KHFC MBS 2006.2(발행일 : 2006년 3월 3일, 발행금액 : 3,415억원)의 경우 2007년 3월 30일, 2007년 11월 7월 2일에 각각 98억원, 192억원씩 조기상환되었다.

4. 주택저당증권의 신용평가

(1) 신용평가방법

주택저당증권을 발행하기 위해서는 신용평가회사로부터 신용등급을 부여받아야 한다. 신용평가는 법률적인 문제, 발행구조의 안정성, 관련기관의 신용도, 기초자산의 신용도, 신

용보강 수준 등을 종합적으로 고려하여 결정된다.

신용평가를 위해 주택저당증권의 발행과 관련된 법률적인 문제와 자산보유자의 자산양도 조건 등을 검토하고 자산보유자(Originator), 유동화전문회사(SPC), 수탁회사(Trustee) 등 주택저당증권 발행 관련 당사자의 신용위험을 분석한다.

신용평가는 과거 자료를 이용하여 개별 주택저당채권을 원금상환흐름을 분석하고 전체 주택저당채권 풀(Pool)의 원금상환흐름을 분석한다. 이를 위해 정태적 풀(Static pool analysis) 분석방법과 동태적 풀(Dynamic pool analysis) 분석방법을 이용하여 주택저당채권 풀의 조기상환율, 대손율, 연체율, 회수율 등을 분석한다. 정태적 풀이란 주택저당채권이 발생한 시점부터 소멸하기까지 원금상환흐름을 분석하는 방법이다. 즉, 기초자산을 여러 상환기간으로 구분하여 각 구간별로 주택저당채권 풀을 배분하고 이들 풀의 조기상환율, 대손율, 연체율, 회수율 등을 분석한다.

한편, 동태적 풀은 일정 시점에 있어서 주택저당채권의 풀의 원금상환흐름 상태를 나타내는 동태적 풀은 신용평가에서 보조적 자료로 사용된다.

주택저당증권 및 자산유동화증권의 신용등급은 <표 61>과 같다.

〈표 61〉 주택저당증권 및 자산유동화증권평가

등급	정 의
AAA	원리금 지급확실성이 최고수준으로 투자위험도가 극히 낮으며, 현 단계에서 합리적으로 예측 가능한 장래의 어떠한 환경변화에도 영향을 받지 않을 만큼 안정적임
AA	원리금 지급확실성이 매우 높아 투자위험도가 매우 낮지만 AAA등급에 비해 다소 열등한 요소가 있음
A	원리금 지급확실성은 인정되지만 장래 환경변화로 지급확실성이 저하될 가능성이 있음
BBB	원리금 지급확실성은 인정되지만 장래 환경변화로 지급확실성이 저하될 가능성이 있음
BB	원리금 지급확실성에 당면문제는 없지만 장래의 안정성 면에서는 투기적 요소가 있음
B	원리금 지급확실성이 부족하여 투기적이며, 장래의 안정성에 대해서는 현 단계에서 단언할 수 없음
CCC	채무불이행이 발생할 가능성을 내포하고 있어 매우 투기적임
CC	채무불이행이 발생할 가능성이 높아 상위등급에 비해 불안요소가 더욱 많음
C	채무불이행이 발생할 가능성이 극히 높고 현단계에서는 장래 회복될 가능성이 없을 것으로 판단됨
D	원금 또는 이자가 지급불능 상태에 있음

(자료출처 : 한국신용정보)

(2) 신용보강수준의 결정

일반적으로 주택저당증권 발행시 목표 신용등급을 결정하여 이에 적합하도록 자산을 구성하고나 신용보강(Credit enhancement) 방안을 강구한다. 신용보강 수준을 결정하기 위해서는 주택저당증권의 기초자산인 주택저당채권 풀의 예상손실률을 측정해야 한다. 주택저당채권 풀의 예상손실률 측정은 먼저 각각의 주택저당대출에 대한 채무불이행 확률을 추정한 다음 주택저당대출 풀에 대한 통계적 조사를 실시한다.

신용보강 수준은 주택저당대출로 구성된 풀의 특성을 고려하여 결정되는데 신용등급별로 주택저당채권 풀의 예상 부도율을 추정하고 부도발생시 예상손실 정도를 평가한다. 주택저당채권의 부도율에 영향을 미치는 요인으로는 주택저당대출 대 주택가격비율(LTV : Loan To Value ratio), 주택저당대출기간(단기, 장기), 주택저당대출의 규모, 주택저당대출의 종류(고정금리와 변동금리), 상환방식(만기일시상환, 분할상환), 주택저당대출의 목적, 주거여부, 주택종류, 채무자의 신용도, 주택저당대출의 지역적 분포 등이 있다.[47]

---

47) 개별주택저당채권(Loan-by-loan)분석시 필요한 자료내용에 대해 김민정, 한국주택금융공사 설립에 즈음하여(I) - MBS 발행현황과 주요 신용평가방법 -, special report, 한국신용평가, 2003.11.10.를 참조.

제14장 프로젝트 파이낸싱

- 제1절 프로젝트 파이낸싱의 개념
- 제2절 프로젝트 파이낸싱의 종류
- 제3절 프로젝트 파이낸싱의 절차
- 제4절 프로젝트 파이낸싱의 타당성 분석

제1절 프로젝트 파이낸싱의 개념

1. 프로젝트 파이낸싱의 개요

(1) 프로젝트 파이낸싱의 개념

프로젝트 파이낸싱(PF : Project Financing)이란 은행 등 금융회사들이 담보나 기업체 신용도가 아닌 당해 프로젝트에서 창출되는 미래 현금흐름을 근거로 자금을 제공하고 투자지분 비율에 따라 미래의 현금흐름을 배분받거나 손실을 분담하는 금융기법이다. 프로젝트 파이낸싱은 장기간 대규모의 투자자금이 소요되는 사업에 대해 사업주의 신용도보다는 사업자체의 수익성투자위험에 근거하여 대출이 이루어지며 대출금도 사업에서 발생하는 수익에 의해 상환된다.

프로젝트 파이낸싱은 본래 대규모 자금이 소요되는 유전개발, 발전소·통신시설 건설, 사회간접자본시설 건설, 쇼핑몰 개발 등 건설·자원개발·부동산개발분야에서 많이 사용되었으나 최근에는 엔터테인먼트 산업 등 여러 산업분야에서 활용되고 있다.

(2) 프로젝트 파이낸싱과 일반 기업금융 비교

프로젝트 파이낸싱은 다음과 같이 일반 기업금융과 차이점이 있다.

① 프로젝트 파이낸싱의 경우 차주(借主)가 프로젝트회사인 반면 기업금융의 경우 모기업이다.
② 담보대상의 경우 프로젝트 파이낸싱의 경우 당해 프로젝트에서 발생하는 현금흐름이 담보가 되지만 일반 기업금융의 경우 차입자의 자산이나 제3자의 보증이 담보로 제공된다.
③ 프로젝트 파이낸싱의 경우 모기업에 대해 소구권이 제한되는데 비해 일반 기업금융은 일반적으로 모기업에 대해 소구권이 행사된다.
④ 대출심사 기준의 경우 프로젝트 파이낸싱의 경우 사업자체에 대한 수익성과 위험이 중요시 되는 반면 일반 기업금융의 경우 담보위주의 대출심사가 이루어진다.
⑤ 프로젝트 파이낸싱의 상환재원은 프로젝트에서 발생하는 현금흐름인 반면 기업금융의 경우 기업의 전체적인 자금흐름이다.

<표 62>는 프로젝트 파이낸싱과 일반 기업금융의 차이점를 설명하고 있다.

〈표 62〉 프로젝트 파이낸싱과 일반 기업금융의 차이점

구분	프로젝트 파이낸싱	일반 기업금융
차주	프로젝트회사	모기업
담보	해당 프로젝트의 현금수입 및 자산	차입자의 자산, 제3자의 보증
소구권 행사	모기업에 대한 소구권 제한	모기업에 대한 소구권 행사
채무수용능력	부외금융으로 채무수용능력 제고	부채비율 등 기존차입에 의한 제한
대출심사 기준	해당 프로젝트의 사업성 평가	담보위주의 대출심사
상환재원	프로젝트에서 발생한 현금흐름	기업의 재정 및 보증
사후관리	엄격한 사후관리	채무불이행시 채무회수

2. 프로젝트 파이낸싱의 장단점

(1) 장 점

프로젝트 파이낸싱은 다음과 같은 장점을 가지고 있다.

① 프로젝트 파이낸싱은 다수의 금융기관을 비롯한 투자자들이 참여함으로써 대규모 자금조달에 유리하다. 또한 투자위험이 분산되어 사업위험이 높아 특정 개별기업이 부담하기 어려운 대규모 사업을 추진하는데 적합한다

② 프로젝트 파이낸싱은 비소구금융(Non-recourse financing)이다. 사업주와 별개의 독립적인 형태로 특수목적회사(SPC)인 프로젝트회사를 설립하여 수익의 배분이나 도산위험을 프로젝트의 현금흐름에 한정시킨다. 그러나 일반적으로 프로젝트를 추진하는 사업주가 원리금상환에 대해 일정 부분 보증하거나 또는 담보를 제공한다.

③ 프로젝트 파이낸싱에 있어서 개별기업이나 단체의 신용도보다는 개별사업의 수익성을 더 중요시하기 때문에 비록 개별기업이나 단체의 신용도가 낮지만 사업 자체의 수익성이 높은 경우 추진될 수 있다.

④ 프로젝트 파이낸싱은 사업주와 별도의 독립적인 형태로 추진되므로 사업주체의 대차대조표상에는 나타나지 않는다. 이러한 효과를 부외금융효과(off-balance sheet financing)라고 한다.

⑤ 결제위탁계정(escrow account)가 설치되어 시행사업에 발생하는 현금흐름이 결제위탁계정에 집중・지출됨으로써 사업주의 도덕적 해이를 방지할 수 있다.

(2) 단 점

프로젝트 파이낸싱은 상기와 같은 장점도 있지만 다음과 같은 단점도 가지고 있다.

① 프로젝트 파이낸싱은 사업의 경영성과에 따라 수익이 배분되고 수익창출기간이 장기간이므로 일반 기업금융에 대한 대출보다 금융회사가 부담해야 하는 위험이 더 높은 편이다.
② 프로젝트 파이낸싱은 사업허가, 각종 관련 계약서 작성 등 복잡한 절차와 이로 인한 비용부담이 높은 편이며 사업내용에 대한 타당성 분석이 일반 기업금융보다 더 필요하다.
③ 프로젝트 파이낸싱은 사업추진과 관련하여 사업참여 당사자간의 이해관계가 대립할 가능성이 높고, 이해관계에 대한 조정이 원활하지 않을 경우 사업이 원만히 추진되지 않을 수 있다.

3. 프로젝트 파이낸싱의 연혁

(1) 프로젝트 파이낸싱의 유래

1960년대 이후 개발도상국들이 경제개발을 위해 자원개발 사회기반시설에 대한 투자가 증가하였다. 이러한 사회간접자본에 대한 투자는 막대한 규모의 자금을 필요로 하는데 경제성장 초기단계에 진입한 개발도상국들의 정부재정 상태는 대규모 사회기반시설에 투자하기에는 불충분하였다. 또한 외환이 부족한 개발도상국가들이 국제금융시장에서 차입형식으로 막대한 자금을 계속 조달하는 것도 여의치 않은 상태였다.

따라서 개발도상국가들은 국제민간자본에 의존하게 되었는데 국제민간자본은 자금을 단순히 대여하는 것보다는 개발사업으로부터 수익을 배분받는 것이 수익성면에서 더 유리하다고 판단하였다. 이러한 국제금융 시장환경으로 인하여 사회기반시설의 건설에 필요한 자금을 차입이 아니라 수익공유 형태의 파이낸싱 프로젝트가 활성화되기 시작하였다.

현재에는 개발도상국가들 뿐만 아니라 자원개발 및 사회간접자본시설 건설, 항만・공항 건설 등 각종 대규모 자금이 소요되는 사업에 프로젝트 파이낸싱 기법이 사용되고 있다.

(2) 국내 프로젝트 파이낸싱의 현황

사회간접자본에 필요한 민간자본을 유치하기 위하여 정부는 1991년 '민자유치특례법'을 제정하였으나 사회간접자본시설 건설에 민간자본유치가 활성화되지 못하였다. 1994년 8월에는 '사회간접자본시설에 대한 민간자본 유치촉진법'을 제정되었고 이 법은 1999년에 '사회간접자본시설에 대한 민간투자법으로 개정되었다.

정부는 2001년 내수 진작의 일환으로 사회간접자본 구축에 대한 금융지원을 담당할 특수목적회사를 설립하기 위하여 '프로젝트 금융투자회사(PFV: project financing vehicle)법' 제정을 추진하였다. 2003년에도 정부는 세제혜택, 정부보증, 출자총액 제한 예외인정 등을 내용으로 하는 '프로젝트 파이낸싱 특별법' 제정을 추진하였다.

이러한 제도적 뒷받침에 힘입어 1995년 영종도 신공항 고속도로건설에 최초로 프로젝트 파이낸싱기법이 사용되었고 1999년 5월에는 인천국제공항 열병합발전소 건설에도 프로젝트 파이낸싱기법이 사용되었다.

2000년 이후에는 은행을 중심으로 부동산개발 프로젝트 파이낸싱이 증가하기 시작하였다. 2002년 중반부터는 프로젝트 파이낸싱시장에 은행뿐만 아니라 보험회사, 증권회사, 상호저축은행 등도 새로운 수익원 창출을 위해 프로젝트 파이낸싱에 적극 참여하고 있는 추세이다.

2000년 부산은행은 부산-대구간 고속도로 건설사업에 대해 300억원을 프로젝트 파이낸싱 방식으로 지원했고 황령산 터널, 수정산 터널, 백양산 터널 등 부산권 4대 사회간접자본사업에 560억원의 프로젝트 파이낸싱을 추진한 바 있다.

국민은행은 2001년 순수 민간 SOC 프로젝트인 인천남항 컨테이너터미널에 대해 1,044억원의 프로젝트 금융을 주선하였다. 2001년 한빛은행은 서울시 구로구 구로동 디지털밸리 내에 건립할 우림 아파트형 공장을 분양 수익금만을 담보로 한 300억원 규모의 순수 프로젝트 파이낸싱에 참여하였고 2001년 12월에는 용인 죽전 역세권 개발사업이 공공-민간 합동형 프로젝트 파이낸싱 방식으로 이루어졌다. 이 사업은 한국토지공사와 신세계건설, (주)신세계로 구성된 신세계 컨소시엄이 죽전역을 중심으로 복합역사, 대형 할인점, 오피스텔 건설 등을 포함하고 있다.

2002년에는 우리은행이 대한유화공업과 노르웨이의 오드펠사가 공동 투자하는 온산항의 탱크터미널사업에 단독으로 프로젝트 파이낸싱 방식에 의한 자금을 제공하였다. 교보생명은 2002년 부동산개발업체인 GMI가 시행하는 성남시 상대원동의 선택시티 아파트형 공장건설에 순수 프로젝트 파이낸싱 방식으로 300억원을 투자했다. 그러나 국내 프로젝트 파이낸싱의 경우 사업주체에게 별도의 담보를 요구하는 경우가 있는데 이러한 경우 순수한 의미의 프로젝트 파이낸싱과 차이가 있다.

2003년 산업은행은 부산-거제간 연결도로 민자사업에 1조 5,000억원의 프로젝트 금융주선을 성사시켰다. 부산-거제간 연결도로 공사에는 총사업비가 2조 1,000억원이 소요되는데 부산시 가덕도와 경남 거제간을 2개의 사장교와 국내 최초로 건설되는 1개의 해저침매터널이 건설되고 2010년 준공예정이다.

2004년 10월에는 단일 규모 최대인 3조 3,100억원 규모의 인천국제공항철도 프로젝트가 이루어졌다.

2005년에는 국민은행 대한생명 교보생명을 비롯한 12개 금융기관들이 용인경전철 건설을 위한 6,145억원 규모의 프로젝트 파이낸싱에 참여하였다. 이 사업의 총사업비는 6,970억원이고 사업기간은 2005년부터 2009년이다.

SOC사업, 재개발사업 등이 지속적으로 추진될 전망이어서 프로젝트 파이낸싱 시장의 규모는 계속 확대될 것으로 판단된다.

제2절 프로젝트 파이낸싱의 종류

프로젝트 파이낸싱은 사회간접자본 프로젝트 파이낸싱(SOC PF)과 부동산개발 프로젝트 파이낸싱(부동산개발 PF)으로 구별할 수 있다. <표 63>은 SOC PF와 부동산개발 PF의 비교하고 있다.

사회간접자본 프로젝트 파이낸싱은 대규모 자금이 소요되는 유전개발, 발전소·통신시설, 공항, 고속도로 등 사회간접자본시설 건설 등에 사용된다. 사회간접자본 프로젝트 파이낸싱은 사업방식에 따라 BTO, BTL 방식으로 구분된다.

부동산개발 프로젝트 파이낸싱은 아파트오피스텔주상복합 등 주거용 부동산개발사업, 상가·위락시설·상업유홍시설·리조트·골프장 등 상업유통시설 및 레저용 부동산 개발사업에 필요한 사업부지 매입비용이나 초기 사업경비를 조달하기 위해 사용된다.

〈표 63〉 SOC PF와 부동산개발 PF의 비교

구분	SOC PF	부동산개발 PF
대출기간	장기	1~3년
상환재원	프로젝트의 현금흐름	분양대금
공공성	강함	약함
현금흐름의 안정성	높음	낮음
참여 금융기관 수	다수	소수

1. SOC 프로젝트 파이낸싱

(1) BOT방식

BOT(Build Operate Transfer)방식은 민간사업자인 사업주체와 발주자인 정부 또는 공공기관과의 계약하에 이루어지는 형태인데, 이 프로젝트 파이낸싱 방식에 의해 완성된 프로젝트는 완공(Build)후 사업자가 일정기간(보통 10~20년)동안 해당사업을 운영(Operate)하여 그 수익으로 채무상환 및 출자지분에 대한 배당을 실시하고 운영기간이 종료되면, 발주자에게 소유 · 운영권을 이양(Transfer)하는 내용이다. 이러한 사업형태는 원래 개발자금이 부족한 개도국의 정부가 사회간접자본의 구축에 민간 및 국제투자가의 자본참여를 유도하기 위하여 시작되었다. 또한 선진 외국자본의 유치로 첨단기술, 설비이전, 대규모 자금동원 등의 효과를 얻을 수 있다.

2007년 3월 현대중공업은 사우디의 쥬베일·얀부 수전력회사와 11억달러 규모의 2,700MW급 발전소 공사계약을 내달 중 체결할 예정이다. 이번 공사는 사우디 전력청과 현대중공업이 참여한 벨기에 SEI 컨소시움간에 진행 중인 발전담수설비 프로젝트의 일환이다. 이 컨소시움은 주베일 · 얀부 수전력회사와 BOT(건설-운영-이전) 계약을 체결했으며 현대중공업은 발전설비 공사를 단독으로 수행하게 된다.[48)]

2007년 8월 '콩고-말레이시아-한국컨소시엄(CMK컨소시엄)'은 17일 콩고공화국 수도인 브라자빌의 올림픽팔라스 호텔에서 콩고 정부와 '철도건설과 자원개발을 맞교환하는 내용의 기본계약(HOA)'을 체결했다. 이번 프로젝트는 우리 기업이 콩고에 BOT (Build-Own·Operate-Transfer, 건설-운영-이전)방식으로 1,500km의 남북 및 동서 종단 민자 철도를 건설하고 그 재원조달을 위해 콩고의 천연자원 사업권을 받는 사업이다.[49)]

(2) BTO방식

BTO(Build Transfer Operate)방식은 수익형 민자사업으로서 민간사업자가 시설을 완공(Build)후 발주자인 정부 또는 공공기관에게 시설의 소유권을 이양(Transfer)하고 발주자는 시설의 운영권(Operate)을 민간사업자에게 부여한다. BTO방식에서 투자사업비는 시설의 최종사용자가 지불하는 사용료 또는 임대료이며 사업위험은 민간사업자가 부담한다.

2002년 12월 개통된 천안~논산간 고속도로는 BTO방식에 의해 건설되었는데 사업주체는 천안논산고속도로 민간투자시설사업으로 준공 후 소유권을 정부에게 이전하고 관리 · 운영권을 지정받아 2032년까지 30년 동안 운영을 통하여 투자비와 적정 이윤을 회수하도록 하였다.

---

48) 현대중, 삼성ENG, 사우디서 잇단 대규모 수주, 머니투데이, 2007.3.25
49) '한국기업, 콩고서 30조 자원개발', 머니투데이, 2007.8.19

천안~논산간 고속도로 총 투자비는 1조 5,953억원이며 이 중 민간투자비는 1조 1,589억원이었다.

2006년 숭실대와 이랜드그룹은 숭실대입구역에 상업교육시설을 건립할 계획을 추진중인데 완공후 개발사업비와 일정 수익을 얻을 때까지 운영하고 그 이후에는 운영권을 숭실대에 넘겨주는 수익형 민자사업방식으로 진행할 예정이다.[50)]

산은자산운용은 서강대학교 내에 960명을 수용할 수 있는 국제학사와 지하캠퍼스 및 지하주차장 등 부대 편의시설을 건립해 학교에 기부하고 학교로부터 20년간 시설운영권을 받아 수익을 얻는 민간투자사업(BTO)를 위해 400억원 규모의 '산은 서강사랑 사모특별자산 투자신탁 1·2호'를 설정하였다.[51)]

KODIT(코딧) 신용보증기금은 2006년 12월 '평택당진항 양곡부두 민간투자시설사업'에 총 1215억원의 보증을 지원하였다. 평택당진항 양곡부두는 해양수산부가 '전국 항만기본계획'에 따라 BTO방식으로 추진하는 민간투자사업이다.

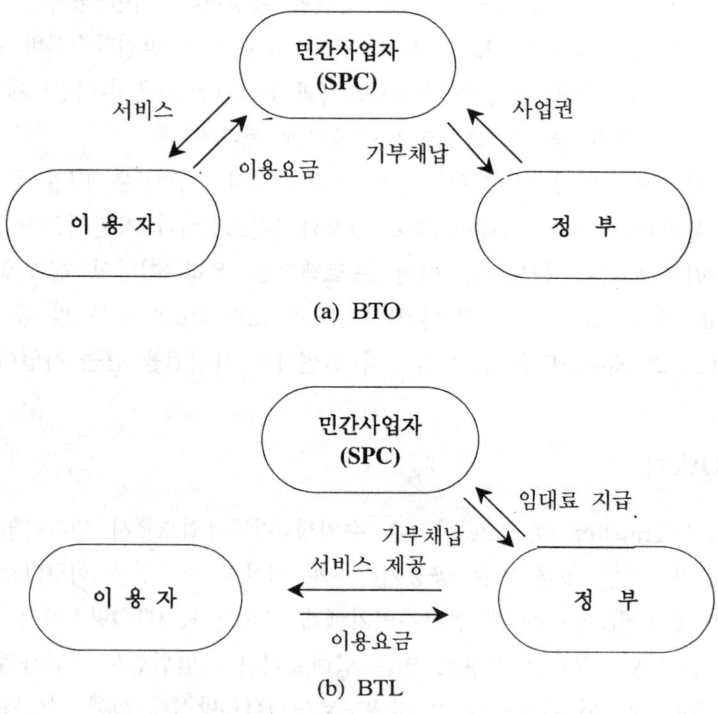

(a) BTO

(b) BTL

(자료출처 : 기획예산처-BTL민간투자사업 홈페이지)

[그림 31] BTO방식과 BTL방식

---

50) 매일경제신문, '숭실대-이랜드그룹 캠퍼스안에 복합시설 건립', 2006.3.16

51) '산은운용, 서강대 기숙사펀드 선보여', 머니투데이, 2007.3.12

BTO(Build-Transfer-Operate)방식이란 민간이 자기부담으로 사회간접자본시설을 완공해 국가에 그 시설을 귀속시킨 후 관리운영권을 취득, 일정기간 동안 사용료나 수수료를 징수하는 방식이다.[52)]

국민은행과 신한은행은 2008년 1월 '부산신항 2~3단계' 건설을 위한 부산항신항 민간투자사업의 건설 운영자금 6000억원의 대출 주선하였다. 부산항신항(2-3단계) 민간투자사업은 160만TEU를 기본으로 최대 연간 270만TEU를 처리하는 컨테이너부두 4선석을 건설하는 대규모 국책사업이다. 이 사업은 BTO방식으로 진행돼 항만준공과 동시에 항만시설의 소유권은 정부에 귀속되며, 정부는 관리운영권을 29년3개월 동안 부산항 신항 컨테이너 터미널에게 부여하게 된다.[53)]

〈사례 17〉 민자도로 나랏돈 먹는 하마.. 3곳 3천억 보조

• "사업 타당성 검토방식 개선" 필요

국토해양부가 추진해 현재 민간사업자에 운영을 맡긴 민자고속도로 사업의 대부분이 재정보조금으로 연명하고 있는 것으로 나타났다. 2006년~2007년 사이 3개 사업장에 3000억원에 달하는 보조금이 지급됐다.

• 2년간 '국민혈세' 3000억원 보조

21일 국토해양부에 따르면 지난 2006년과 2007년 2년간 수익형 민자(BTO) 고속도로사업 3곳에 지급한 보조금은 총 2935억원이다. 현재 민간사업자가 운영하는 고속도로 BTO사업은 인천공항고속도로를 비롯해 총 5곳. 이 중 서울외곽고속도로와 부산~울산고속도로는 작년말 개통돼 운영중이어서 아직 보조금 지급내역이 없다.

〈표 64〉 국토부 민자고속도로사업(BTO)
최소운영수익보장 비율 및 보조금 지급내역

(단위 : 억원)

사업명	최소운영수익보장비율	보조금 지급내역		
		2006년	2007년	2008년
천안~논산고속도로	82%	404	390	현재 전문 기관 검증중
인천공항고속도로	80%	710	763	"
대구~부산고속도로	77%	337	331	"
서울외곽고속도로 (일산~퇴계원)	90%	-	-	-
부산~울산고속도로	타인자본원리금, 자기자본 수익율 6%	-	-	-

(자료출처 : 국토해양부)

52) '코딧, 평택당진항 민자사업에 1215억 보증지원', 머니투데이, 2007.12.14
53) '국민, 신한은, 부산신항 투자 금융주선', 머니투데이, 2008.1.24

사업별로 살펴보면 인천공항고속도로의 경우 사업추진 당시 최소운영수익보장(MRG) 비율이 80%로 정해져 2006년에 710억원, 2007년에 763억원 등 총 1473억원의 보조금이 지급됐다.

천안~논산고속도로는 사업추진 당시 최소운영보장비율이 82%로 책정돼 2006년 404억원, 2007년 390억원을 정부예산으로 보조해줬다. 대구~부산고속도로 역시 2006년 337억원, 2007년 331억원 등 총 668억원이 지급됐다.

작년(2008년) 보조금은 현재 전문기관이 운영과 관련해 검증 작업을 진행하고 있어 아직 지급되지 않았다. 하지만 2006년과 2007년 모두 비슷한 규모의 보조금이 지급된 상황에 비춰볼 때 작년 역시 3개 사업장에 1300여억원 가량의 보조금이 지급될 것으로 예산된다. 이렇게 될 경우 최근 3년간 보조금은 4000억원을 훌쩍 넘어선다.

보조금이 지급된 3곳 사업의 사업비는 6조2214억원, 연평균 보조금 지급액을 1000억원으로 예상한다면 운영기간 30년 동안 총 3조원의 국민세금이 보조금으로 지급되는 셈이다.

• 추진 중인 민자도로사업 11곳

게다가 현재 국토부가 추진하고 있는 민자도로사업은 운영중인 5곳을 비롯해 총 16곳에 이른다. 올해 완공되는 사업은 ▲서울~춘천 고속도로 ▲서수원~평택 고속도로 ▲용인~서울 고속도로 ▲인천대교 등 4곳에 이르며 평택~시흥 고속도로는 오는 2013년에 완공될 예정이다. 또 ▲인천~김포 ▲안양~성남 ▲광주~원주 ▲상주~영천 ▲수원~광명 ▲부산신항제2배후도로도 현재 추진중이다.

이들 사업이 본격적으로 운영에 들어가면 정부가 국민 세금으로 건설업체에 지급해야 할 보조금은 기하급수적으로 늘어날 것으로 예상된다.

민자사업 보조금 지급 논란은 어제 오늘 일이 아니다. 정부에서도 보조금 지급에 대한 비판을 의식해 지난 2006년부터 민간제안사업에 한해 최소운영보장제도를 폐지했다. 하지만 정부가 제안한 민자사업의 경우에는 여전히 최소운영보장제도가 적용된다.

이에 대해 업계와 시민단체들은 민자사업의 타당성 검토 체계를 개선해야 한다고 입을 모은다. (중략)

(자료출처 : 이데일리, 2009.04.21)

(3) BOO방식

BOO(Build-Own-Operate)방식은 민간사업자가 시설의 준공과 동시에 당해 시설의 소유권을 보유하며 시설을 운영하는 방식이다. BOO 방식은 전산망, 가스공급시설, 발전소 등과 시설건설에 많이 사용된다.

(4) BLT방식

BLT(Build-Lease-Transfer) 프로젝트 방식은 민간사업자인 사업주체가 시설을 완공

(Build)하고 이 시설을 발주자인 정부 또는 제3자에게 임대(Lease)한다. 일정기간 임대료 수입을 통해 투자원리금을 회수한 후에 발주자에게 시설의 소유권을 이양(Transfer)하는 방식이다.

BOT방식과 같은 점은 사업기간 중의 소유권이 투자자에게 있고, 이후 투자시설을 이전해야만 한다는 점이다. 다른 점은 BOT 사업과는 달리 투자자의 운영권은 배제된다는 점이다.

(5) BTL방식

1) BTL방식의 개요

BTL(Build-Transfer-Lease)방식은 민간사업자인 사업주체가 시설을 완공(Build)한 후 발주자인 정부 또는 공공기관에게 시설의 소유권을 이전(Transfer)하면 발주자는 시설임대로부터 발생하는 임대료(Lease)를 사업주체에 직접 지급하는 방식이다.

BTL방식은 민간사업자가 직접 관리・운영하기 어렵거나 최종수요자에게 사용료를 직접 부과하기 어려운 경우 적합한 방식이다. 또한 BTL방식은 시중여유자금을 공공투자사업에 사용함으로써 국가의 재정부담을 경감시키는 효과가 있다.

신한은행은 서울 용산소재 미8군 기지내에서 미국정부가 발주하는 성남 K-16 공군기지에 미군숙소건설을 위한 프로젝트 파이낸싱 약정서를 체결하였다. 이번 사업은 성남 K-16 공군기지에 필요한 주한 미군숙소 144세대를 건설 및 임대하는 프로젝트로서 건설기간은 약 20개월이 소요될 것으로 예상되며 완공 후 미국정부는 동 숙소를 15년간 임차할 예정이다. 이 사업은 미국정부가 한국에서 추진하는 최초의 BTL방식의 프로젝트로 향후 예정되어 있는 3~4조원 규모의 용산미군기지 평택이전 및 주한미군 2사단의 한강이남 재배치 등을 고려할 때 선도적인 의미가 있다.[54)]

정부는 2004년 종합투자계획안을 발표하면서 사회기반시설에 대한 민간투자활성화를 위해 기존의 BTO, BOT 외에 민간이 공공시설을 짓고 정부가 이를 임대해서 사용하는 BTL방식을 추가하기로 했다, 이를 위해 기존의 도로와 철도 등 민간투자가 가능한 SOC 시설 외에 BTL방식으로 추진이 가능한 대상시설을 기숙사・도서관・군인막사・노인요양시설 등 9개 시설로 확대했다.[55)] 또 BTL방식의 민자사업이 신속히 추진될 수 있도록 예비타당성 검토 등 대상사업지정절차를 간소화하고 수익률은 국채금리+α로 하되 α는 시장참여자간의 경쟁을 통해 결정하도록 하였다.

2006년 5월 국민은행, 5개 지방은행, 보험회사 등 12개 금융기관들은 한반도BTL사모특별자산 투자신탁을 결성하였다. 이 펀드는 도로・항만・경전철 등 사회 인프라사업에

---

54) 머니투데이, 신한은행, 미군숙소 건설 PF 약정서 체결, 2005.11.2
55) 머니투데이, 'BTL사업 본격 시동 건다', 2006.3.17

투자되는 SOC펀드와 달리 정부가 BTL방식으로 추진하는 공공복지시설, 군인아파트, 국립대 기숙사, 노후하수관거정비, 철도복선화 사업에 집중적으로 투자된다.56)

환경부는 2006년 하수관거 BTL사업에 약 1조 3,070억원을 투입한다고 발표하였다. 정부는 2004년말 68% 수준인 하수관거 보급률을 2010년까지 78%로 높이기 위해 2005년부터 2008년까지 총 5조 6,000억원의 민자를 투자해 8,824km의 하수관거 확충을 추진하고 있다. 2005년 BTL사업의 경우 대상지역 17개 지자체 중 14개 지자체는 착공에 들어갔다.57)

2008년 1월 정부는 올해 BTL 사업으로 3.1조원 규모의 43개 대상사업을 확정했다고 밝혔다. 국가에서 진행하는 사업은 군인아파트・사병내무반 등 군주거시설 13개, 국민임대주택시범사업, 소사~대곡철도, 한국기술교육대 기숙사·공학센터 등 16개 사업이며, 국고보조지자체사업은 노후 하수관거정비 16개, 공공보건 의료시설・문화예술회관・과학관・박물관 등 문화・복지시설17개 등 27개 사업이다. 대상 사업은 양구와 부평의 육군 관사와 화천 양구, 포천의 사병내무반, 부산영화체험박물관, 의왕문화예술회관, 부산, 군산, 울진, 의령의 공립치매병원 등이다.

2) BTL방식과 BTO방식의 비교

BTL방식은 발주자가 사업주체에게 적정수익률을 산출하여 임대료를 사업주체에게 직접 지급함에 따라 사업주체는 목표수익률을 보장받을 수 있다. 반면에 BTO은 사업주체가 사용자로부터 임대료를 수령하여 투자자금을 회수하는데 임대료수입이 부족한 경우 발주자가 사후에 이를 보전해 준다. 따라서 최종사용자에게 사용료부가로 투자비회수가 어려운 경우 BTL방식이 적절하고 최종사용자에게 사용료부가로 투자비회수가 가능한 경우 BTO 방식이 적절하다.

민간투자 사업방식은 1995년 이전에는 BTO(Build-Transfer-Operate)로 추진돼 왔으나 이후 BTL(Build-Transfer-Lease)방식이 새로이 도입됐다. 정부는 종전에도 신공항고속도로나 천안-논산고속도로 등에 BOT방식으로 민간자본을 유치하였으나 수천억원을 보전해 주는 시행착오를 겪었다. 이에 따라 국채수익률에 알파를 더해 비용을 고정시킬 수 있는 BTL방식을 선호하게 되었다.

BTO사업은 민간이 자본을 투자해 사회기반시설을 완공한 후 시설을 국가 또는 지방자치단체에 이전시키되 일정기간 시설관리 운영권을 갖는 방식이다. 반면 BTL은 민간이 투자해 건설한 사회기반시설의 소유권을 국가나 지자체가 이전받는 대신 민간에 임대료를 지급하는 방식이다.

---

56) 머니투데이, 국민은, '7,550억 BTL전용펀드 결성', 2006.5.30
57) 하수관거BTL사업 1조 3.070억 투입, 한국경제신문, 2006.8.30

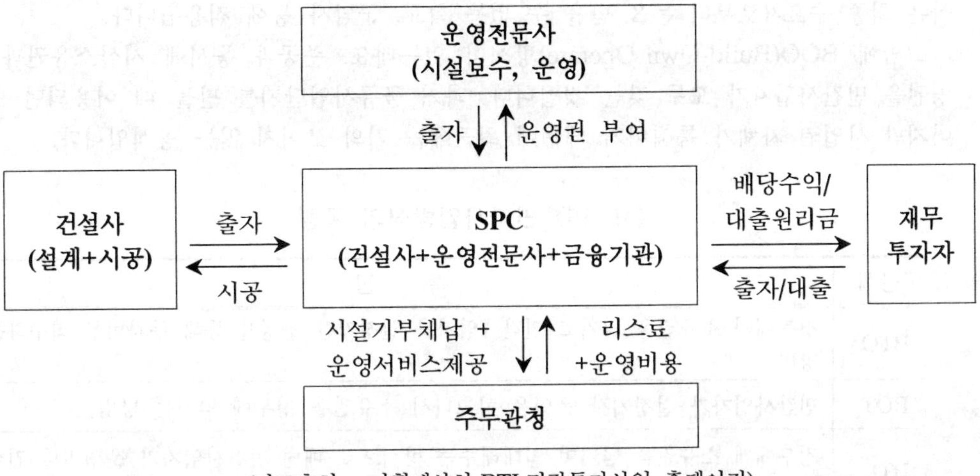

(자료출처 : 기획예산처-BTL민간투자사업 홈페이지)

[그림 32] BTL 민감참여 체계

〈사례 18〉 BTO·BTL을 아시나요

주택시장이 침체에 빠지자 건설사들은 공공공사 수주에 힘을 쏟고 있는데요.

공공공사는 국가재정을 투입해 공사하는 것이 대부분이지만 민간이 먼저 공사를 한 다음 국가로부터 투자비를 회수하는 민자사업 방식도 있습니다.

민자사업은 BTO방식과 BTL방식이 일반적입니다. 2005년 전까지만 해도 BTO (Build-Transfer-Operate)방식이 대부분이었고 2005년부터 BTL(Build-Transfer-Lease) 방식이 도입됐습니다. 건설업계에 따르면 2005년 이후 BTO사업은 연 6조~7조원, BTL사업은 연 5조~6조원 규모에 달합니다.

먼저 BTO방식은 준공(Build)이 되면 소유권을 정부에게 넘기고(Transfer) 사업시행자는 20~30년간 운영권(Operate)을 갖습니다. 시행자는 기간만료 전에 운영권을 팔 수도 있는데 이것을 '리파이낸싱'이라고 합니다.

BTO방식은 철도 도로 이용료 등을 부과해 투자비를 회수합니다. 예전에는 정부가 최대 20년간 예상수익의 80~90%를 보전해 주는 '최소수입보장제도'를 적용했는데 부작용이 뒤따르자 현재는 이 제도를 폐지했습니다. 코레일로 매각되는 인천국제공항철도가 바로 BTO방식으로 만들어진 '적자 민자사업'입니다.

BOT방식도 있습니다. 민간사업자가 운영이 끝난 다음 소유권을 정부에 넘기는 구조입니다. 소유권을 갖고 있으면 법인세를 내야 하기 때문에 많이 쓰이는 방식은 아닙니다.

이와 달리 BTL방식은 민간 건설사가 공공시설을 건설(Build)하고 그 소유권을 정부에 넘기는(Transfer) 것은 BTO방식과 같지만, 건설사가 정부에 그 시설을 임대(Lease)해 주는 형식으로 운영비와 건설비 등을 임대료 명목으로 매년 받습니다. 한마디로 말하면 정부가 '외상공사'를 하는 셈이지요.

BTL방식은 정부 입장에서는 재정이 당장 들어가지 않기 때문에 선호합니다. 이 방식은 최종 수요자로부터 돈을 받을 수 없는 학교, 군막사 등에 적용됩니다.

그밖에 BOO(Build-Own-Operate)방식이 있는데요. 준공과 동시에 시설소유권과 운영권을 민간사업자가 모두 갖는 것입니다. 과거 물류사업단지를 만들 때 이용되던 방식이지만 사업권 자체가 특혜이기 때문에 최근에는 거의 쓰이지 않는 방식입니다.

〈표 65〉 민자사업방식의 특징

방식	특 징
BTO	정부에게 소유권을 넘기고 민간사업자가 일정기간 운영을 통해 투자비를 회수하는 방법
BOT	민간사업자가 일정기간 운영을 하고나서 소유권을 정부에 넘기는 방법
BTL	정부에게 소유권을 넘기며 임대해주는 방식으로 매년 민간사업자가 운영비와 건설비를 받는 일종의 외상공사
BOO	민간사업자가 소유권과 운영권을 갖는 방법

(자료출처 : 이데일리, 2009.4.3)

2. 부동산개발사업 PF의 개요

(1) 부동산개발 PF 기본개념

부동산개발사업 프로젝트 파이낸싱(PF)이란 토지, 건물 등의 부동산을 개발한 후 미래에 발생하는 임대, 분양수입을 상환재원으로 부동산개발 투자자금을 조달하는 프로젝트 파이낸싱 방법 중 하나이다.

[그림 33]에서 부동산개발사업 절차를 살펴보면 첫째, 개발사업에 대한 아이디어를 창출하고 법적・경제적・재무적・사업적 타당성을 분석한다. 둘째, 개발목적에 적합한 사업부지를 매입하고 넷째, 토지입지・용도, 각종 행위에 법적 제한사항을 고려하여 개발기획을 수립한다. 다섯째, 예상분양수입금, 토지비, 건축비, 기타 사업비용 등 사업수지분석·자금수지분석을 실시한다. 여섯째, 사업수지 분석이후에는 시공사를 선정하고 인허가절차를 거친 다음 일곱째, 분양승인 절차를 받은 분양을 실시한다. 여덟째, 분양실시 후 공사도급계약에 따라 공사를 진행한다. 아홉째, 사업이 완료되면 사업 정산 절차에 들어간다.

부동산개발사업(PF)과 관련된 대출(이하 'PF대출')은 외환위기 이후 부동산가격상승과 부동산개발사업 및 분양사업의 호황, 그리고 비교적 시행사의 낮은 부실률, 담보확보, 신용보강 장치 등의 요인에 따라 은행들은 PF대출을 늘려왔다.

개발구상 및 예비 타당성 분석

↓

사업부지 매입

↓

기획(설계) : 건물의 용도, 건폐율, 용적률 분석

↓

사업 및 자금수지분석

↓

시공사 선정

↓

인허가 절차

↓

분양실시

↓

착공 : 공사도급계약에 따라 공사진행, 감리사 선정

↓

완공 및 입주 : 사용검사 & 소유권 보전등기

↓

사업정산 : 사업비 지출 후 사업이익 배당

(자료출처 : 정구익, 부동산개발금융(PF) 실무와 사례, 한국생산성본부, 2007)

[그림 33] 부동산개발 흐름도

일반적으로 PF대출은 2단계로 이루어지는 첫 단계는 주로 사업부지 확보 등 초기 사업단계에 소요되는 비용을 조달하는 것이며 브릿지론 형태로 대출기간이 단기이고 주로 저축은행에 의해 공급되었다. 두 번째 단계는 개발사업에 필요한 자금을 조달하는 것으로 자금제공자는 주로 은행권이다. 한편 PF대출사업이 높은 수익률을 제공함에 따라 초기에 브릿지론 제공에 주력했던 저축은행은 PF대출규모도 크게 증가시켰다.[58]

(2) 부동산개발 PF 현황

2007년 8월 우림건설은 경기도 용인시 기흥구 중동 동진원구역 일대에 3,013가구 규모의 아파트 대단지를 조성하기 위해 국민은행과 6,000억원 규모의 PF계약을 체결했다.[59]

58) 저축은행의 총대출에서 PF대출이 차지하는 비중이 2002년 6.2%에서 2006년에는 26.7%로 크게 증가하였다.

59) '우림, 용인 동진원에 3,103가구 대단지, 국민은행과 6,000억 PF조인', 한국경제신문, 2007.8.23

2007년 10월 쌍용건설은 서울 남산 타워호텔을 세계 최고 럭셔리 리조트 호텔인 서울 반얀트리 클럽 & 호텔'로 리모델링한다고 밝혔다. 프로젝트 시행은 어번 오아시스, 호텔 운영은 반얀트리그룹이 담당하고 세계적인 투자은행인 리먼브러더스와 신한은행이 프로젝트 파이낸싱으로 참여하였다.60)

〈표 66〉 PF개발사업 현황

공모형 PF개발사업 PFV 운영현황				
사업명	연면적(㎡)	주간사	총사업비(억원)	PFV여부
광명역세권 복합단지 PF사업	386,654	태영건설	15,394	O
숭의운동장 복합단지 PF사업	336,940	현대건설	7,050	O
천안국제비즈니스파크 PF사업	2,573,574	대우건설	74,703	O
부산문현 혁신도시 복합개발사업	381,579	현대건설	9,600	O
광주수완지구 PF개발사업	120,410	롯데쇼핑	2,459	O
청라골프장 개발사업	70,805	롯데건설	5,322	O
판교복합단지 PF개발사업	1,213,882	행정공제회	50,671	O
청라국제업무단지 개발사업	3,058,730	포스코건설	62,000	O
용산국제업무단지 개발사업	3,187,140	삼성물산	280,000	O
파주운정 PF개발사업	1,049,007	농협, SK건설	26,431	O
은평뉴타운 PF개발사업	388,037	현대건설	13,217	협약체결전
광교 파워센터 개발사업	701,207	대우건설	24,304	협약체결전
한류우드 1, 2구역 개발사업	453,530	프라임개발	30,000	O
해운대관광리조트 개발사업	584,912	청안건설	30,000	O
아산배방복합단지 개발사업	564,300	SK건설	12,752	O
대전엑스포 컨벤션센터 개발사업		대우건설	10,000	O
영등포교정시설 신축 및 이적지 개발	73,536	대우건설	16,321	O
파주운정 PF개발사업	1,049,400	SK건설	26,431	O
한강 플로팅 아일랜드 조성사업	9,209	대우건설	662	O
상암 DMC 랜드마크 개발사업	219,214	대우건설	22,111	O
인천 도화구역 개발사업	1,108,800	SK건설	28,440	O
송도 유시티 개발사업	112,200	SK건설	3,712	O
인천 운북관광레저단지 개발사업		GS건설		준비중
안산사동 개발사업	2,093,000	GS건설	35,000	준비중
세운상가 4구역 개발사업		대림산업	10,000	O
남양주별내 PF개발사업		경남기업	12,642	O
합계			809,222	

(자료 : 각 건설업체, 사업계획 변경중인 사업들은 연면적 및 사업비 제외)

(자료출처 : 머니투데이, 2008.9.10)

60) '남산 타워호텔 6성급 리모델링, 쌍용건설 내년 초 착공. 리먼브러더스, 신한은행 PF참여', 매일경제신문, 2007.10.17

용산국제업무지구 PF사업의 사업자로 삼성·국민연금 컨소시엄이 2007년 11월 확정되었다. 용산국제업무지구는 건축 연면적이 96만평(317m^2)에 이르는 엄청난 규모이다.[61]

2007년 11월 주택공사는 민간사업자 공모에 참여한 SK건설, GS건설, 레코시아, 신한은행 등 4개 컨소시엄을 대상으로 심사를 벌여 SK건설 컨소시업을 파주운정 복합단지 PF사업 우선협상대상으로 선정했다고 밝혔다.[62]

2004년 은행의 부동산개발 PF규모는 4조 8,242억원이었는데 이후 부동산개발 PF규모는 증가하여 2007년 8월말 현재 36조 8,659억원이다. 이 중 SOC PF는 3조 5,168억원이며 나머지 금액인 33조 3,491억원은 부동산개발 PF이다.

그러나 2004년 이후 정부의 강력한 부동산 가격상승 억제정책으로 건설경기가 침체됨에 따라 2007년 이후 PF대출 부실문제가 제기되었다. 특히, 2008년 미국의 서브프라임 모기지 부실사태가 금융시장이 불안정해짐에 따라 국내에서도 부동산경기침체로 인해 PF대출 부실사태 가능성이 제기되고 있다. 특히 자본금 규모가 적은 저축은행의 PF대출 부실 가능성에 대해 우려가 높은 실정이다.

〈사례 19〉 상암 은평등 대형 PF개발사업 속도 낸다

• 상암DMC·광교·은평등, 토지매매계약 및 자금 투입

글로벌 금융위기로 잠시 주춤했던 대형 공모형 프로젝트 파이낸싱(PF) 개발사업이 속도를 내고 있다. 금융시장의 신용경색이 아직 풀리지 않았지만 일부 사업성이 높은 프로젝트를 중심으로 토지매매계약과 함께 본격적으로 자금이 투입되고 있는 것.

9일 건설업계와 금융업계에 따르면 지난달 말 상암DMC랜드마크빌딩이 사업협약, 광교 파워센터가 토지매매계약을 체결한데 이어 은평뉴타운 PF개발사업도 최근 토지매매계약을 체결했다.

지난해 말 자산관리회사인 은평뉴타운복합개발 법인 설립에 이어 토지매매계약까지 사업 추진이 일사천리로 이뤄지고 있다. 이 법인은 건설공제조합(25%)이 최대주주로 SH공사(19.9%) 현대건설(12.98%) 롯데건설(9.89%) GS건설(9.58%), 산업은행(7.55%), 국민은행(7.55%), 하나은행(7.55%) 이 참여하고 있다.

이처럼 금융위기에도 불구하고 상암DMC랜드마크빌딩, 광교 파워센터, 은평뉴타운 PF개발사업 등 수도권 핵심 개발 프로젝트에 자금이 유입되고 있는 것은 최근 금융기관이 철저하게 사업성 위주로 PF대출을 개시하면서 나타난 현상이다. 분양성이 담보된 지역에서 추진되다보니 금융기관이 해당 프로젝트의 사업성을 높게 본 것이다.

상암DMC랜드마크 빌딩은 지상 46~84층에 296가구, 광교 파워센터(에콘힐) 주상복합은 지상 40~56층 5개동에 1399가구, 은평뉴타운 PF개발사업 주상복합은 3개동 486가구가 각각 공급된다. 입지적 장점과 주상복합이라는 희소성을 감안하면 사업성이 높을 것이란 전망이다.

---

61) '용산 PF사업자에 삼성, 국민연금 컨소시엄', 매일경제신문, 2007.11.3
62) 'SK컨소시엄, 파주 운정신도시 PF 따내', 매일경제신문, 2007.11.9

〈표 67〉 대형 공모현 PF 개발사업 추진현황

사업명	사업진행상황	주택수
상암DMC랜드마크빌딩	사업협약체결	296
광교 파워센터	토지매매계약체결	1399
은평 뉴타운 PF개발	토지매매계약체결	486
인천 도화구역 PF개발	9월 토지매매계약 체결예정	6000
안산사동 90블록 개발	투자자 모집, SPC 설립전	

이는 금융위기 이후 6개월간 신규 PF대출이 전혀 없던 상황에서 SK건설과 삼성물산이 청라와 광교에서 추진하는 아파트 개발사업을 위해 각각 1700억원과 2200억원 규모의 PF대출을 받을 수 있었던 것과 같은 맥락이다.

여기에 사업해지 직전까지 갔던 인천도화구역 PF개발사업은 인천도시개발공사와 SK건설 컨소시엄이 극적으로 사업추진에 합의, 오는 9월 토지매매계약 체결을 앞두고 있다. 이 사업은 인천대를 송도신도시로 이전하고 그 부지에 6000가구의 아파트를 포함한 복합시설을 건립하는 사업으로 송도캠퍼스 건립 공사비가 당초 계획보다 공사비가 늘면서 사업자는 공사를 중단했고, 인천도개공은 계약해지를 요구했다.

다행히 인천시가 제시한 '도개공은 공사비 지원, 민간 측은 요구 공사비 감액' 중재안을 서로 받아들여 극적으로 사업을 재개했다. 이에 따라 오는 9월 인천대 송도캠퍼스가 완공돼 학교가 이전하면 남은 이전적지를 개발하기 위한 본격적인 자금투입이 예고되고 있다. (중략)

(자료출처 : 머니투데이, 2009.4.9)

제3절 프로젝트 파이낸싱의 절차

1. 프로젝트 파이낸싱의 업무흐름

프로젝트 파이낸싱 절차는 사업추진부문과 자금조달부문으로 구분할 수 있다. [그림 34]에서 프로젝트 파이낸싱 절차를 살펴보면 프로젝트 파이낸싱은 먼저 사업과 관련된

인·허가를 취득하고 프로젝트 파이낸싱 자문단을 선정하여 자문단을 구성한다. 자문단이 구성되면 자금조달(Financing)방법 및 조건을 협의하여 계약내용/자금조달(Information Memorandum/Financing Model)방법을 작성한다. 다음으로 사업과 관련된 여러 계약이 체결되면 자금조달 업무를 수행할 인수단(Underwriter)을 구성한다. 자금조달은 대출승인과 대출 계약을 체결한다. 만약 선행조건이 있으면 선행조건을 먼저 이행한다. 이러한 과정이 끝나면 자금을 인출(Financial Closing)한다.

자문회사 선정 → 자금조달 방법 및 조건 협의 → 계약내용 · 자금조달 작성 → 인수단 구성 → 대출승인 → 대출계약 → 선행조건 충족 → 자금인출

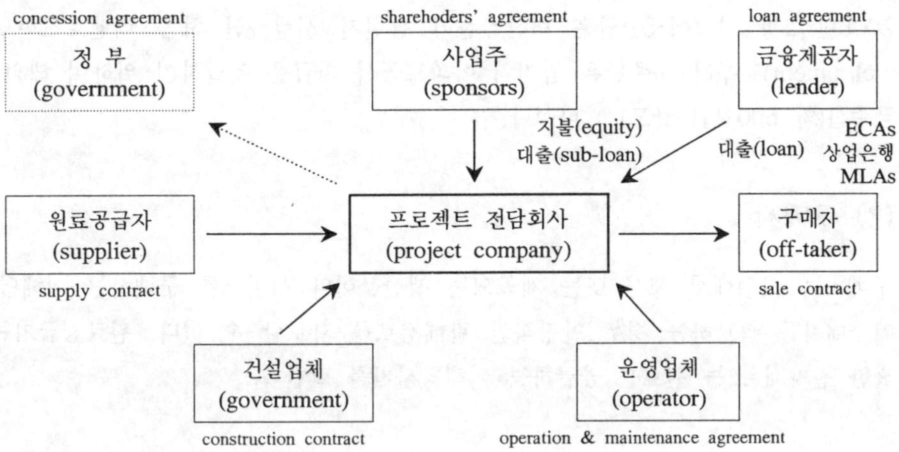

[그림 34] 프로젝트 파이낸싱 절차

2. 프로젝트 파이낸싱의 당사자

프로젝트 파이낸싱의 당사자로서는 사업주(Sponsors), 프로젝트 전담회사(Project Company), 금융제공자(Syndication), 구매자, 원료공급자 등이 있다.

(1) 사업주

사업주는 프로젝트의 기획 · 개발업무를 수행하고 프로젝트 전담회사에 출자하는 등 사업의 기획단계에서 완성단계까지 그리고 이후 사후관리단계까지 프로젝트 전 단계에 걸쳐 중추적인 역할을 한다. 사업주는 사업주가 1개 회사인 단독 형태인 경우도 있고 여러 사업주가 모인 컨소시엄 형태인 경우도 있다.

프로젝트 전담회사는 사업수행을 위해 사업주체와는 별도로 설립된 조직이다. 사업주체와 분리된 별도의 조직을 설립함으로써 사업의 자산관리가 용이하고 사업주체를 사업에서 발생하는 위험으로부터 분리하는 효과도 얻을 수 있다.

(2) 금융제공자

금융제공자는 사업에 소요되는 자금을 제공하는 회사로서 은행, 보험회사, 투자신탁회사 등이 있다. 이들 금융제공자는 자금제공 뿐만 아니라 금융자문 서비스도 제공한다. 프로젝트 파이낸싱은 대규모 자금을 소요되고 투자위험이 높기 때문에 단일 금융기관이 자금제공하기 보다는 일반적으로 여러 금융기관이 신디케이션을 구성한다.

2008년 2월 미래에셋증권은 벽산건설이 괌현지 시행사인 하놈 디벨로프먼트(Hanom Development)로부터 수주받은 괌지역 아파트공사 자금을 조달하기 위하여 해외부동산PF 자금주선(약 600억원 규모)에 나섰다.[63]

(3) 구매자

구매자는 사업에서 생산 또는 제공되는 생산물이나 서비스를 구매하는 이해당사자로서 장기구매자를 확보하는 경우 안정적인 판매경로를 확보할 수 있다. 원료공급자는 사업에 필요한 원자재 또는 원료를 공급하는 이해당사자를 말한다.

(4) 신용평가회사

신용평가회사는 사업에 필요한 자금을 조달하기 위해 금융회사로부터 차입하거나 채권을 발행하는 경우 대출이나 채권에 대한 신용평가를 수행한다.

---

63) '미래에셋증, 600억 해외PF 자금모집', 머니투데이, 2008.2.4

제4절 프로젝트 파이낸싱의 타당성 분석

1. 프로젝트 파이낸싱과 관련된 위험

프로젝트 파이낸싱과 관련된 위험으로는 건설위험, 시장위험, 운영위험, 경제적 위험, 지급위험, 법적 위험 등이 있다.

(1) 건설위험

건설위험은 공사기간이 지연되거나 또는 미완공되는 경우 공사비가 계획보다 추가되는 경우, 부실시공이 되는 경우를 말한다. 건설위험을 회피하기 위해서 완공보증을 요구할 수도 있다. 공사가 예정된 기간내에 완성되기 위해서는 공사비용의 조달능력과 시공능력에 대한 평가가 필요하다. 공사비용의 조달능력은 프로젝트 파이낸싱의 가장 중요한 요소이다. 실제로 택지개발을 위해 대출을 받아 토지매입까지 해놓고도 사업인허가를 받지 못하거나 미분양 등 사업성이 떨어지는 문제로 터지는 사고도 연이어 발생하고 있다.

(2) 시장위험

시장위험이란 사업진행에 차질이 발생하여 사업에서 발생하는 현금흐름과 예상 현금흐름간에 차이가 발생하는 것을 말한다. 시장위험은 원리금상환을 지연시키거나 채무불이행 위험을 초래할 수 있다.

이러한 시장위험을 최소화하기 위하여 프로젝트 파이낸싱을 제공하는 금융회사는 사업주체에 시장위험부담을 요구하거나 보험 또는 제3자의 보증을 요구하기도 한다. 우면산터널사업의 경우 실시협약 추정 교통량은 1일 51,745대이었으나 실제 교통량은 11,218대(2004년 기준)에 불과했다.

〈사례 20〉 대규모 PF 돈줄말라 '위기'

• 판교 알파돔 금융협상 4개월째 답보, 평택~시흥간도로 실시협약 해지 위기

대규모 프로젝트 파이낸싱(PF)이 수반되는 공모형PF개발사업과 민자SOC사업이 위기를 맞고 있다. 금융시장 악화로 은행권의 투자 여력이 급속히 소진되고 있는 가운데 금리급등과 부동산시장 침체장기화 등으로 자금유입이 막혔기 때문이다.

27일 건설업계와 금융계에 따르면 지난해 초대형 복합개발시장의 블루칩으로 떠올랐던 판교 알파돔은 최근까지 4개월에 걸친 금융협상이 아직도 답보상태다. 지난해 하반기 롯데건설 컨소시엄이 사업자로 선정됐지만 현재 금리가 2% 가까이 오른데다 부동

산시장침체로 대규모 상업시설의 분양 리스크가 높아지면서 금융권이 리스크를 줄이기 위해 건설사에 지급보증+알파(α)를 요구하고 있기 때문. 알파는 유례없던 수익배당 명문화와 은행투입 자기자본에 대한 이자 등인 것으로 알려졌다.

최소운영수입보장(MRG)이 없는 첫번째 민자도로인 평택~시흥간 도로 건설도 금융약정 협상지연 등으로 난항을 겪고 있다. 이 사업은 당초 지난 3월 3개월내 금융약정을 완료하는 조건으로 실시계획승인을 받았으나 추가자금보충을 놓고 한라건설과 농협간 대치가 계속되면서 6개월간 공전을 거듭하다 최근 건설사가 12년간 900억원을 추가보충하는데 잠정 합의했다. 그러나 농협이 신디케이트론을 통해 3000억원 이상의 사업비를 추가로 마련해야 하는데 여의치 않은 상황이다. (중략)

(자료출처 : 머니투데이, 2008.8.27)

(3) 운영위험

운영위험이란 사업에서 생산되는 생산량이 계획생산량보다 낮거나 사업유지비가 과다하여 채무상환에 충분한 현금흐름이 발생하지 못하는 위험이다.

(4) 경제위험

경제위험은 인플레이션 위험, 환율변동위험, 금리변동위험 등을 말하는 것으로 물가상승이나 환율변동 등으로 인하여 원자재 가격의 변동하거나 프로젝트 건설 완성 후 생산제품이나 서비스 가격의 변동으로 인하여 예상 현금흐름에 변동이 발생하는 것이다. 이외에도 금리변동으로 인해 이자비용이 증가할 수 있다. 이러한 경제위험을 축소하기 위하여 상품선물옵션, 환선물옵션, 금리선물옵션 등 파생상품을 이용한다.

(5) 지급위험

지급위험은 채무불이행위험을 말하는 것으로 지급위험을 회피하기 위하여 정부나 금융기관의 지급보증을 요구하거나 담보를 요구한다.

(6) 법적 위험

법적 위험이란 대상사업과 관련된 법적 분쟁이나 법률적 해석상의 분쟁, 법규 미비 등을 말한다. 이외에도 정치적 환경변화나 제도변경 등으로 인한 공사가 지연되거나 공사비가 추가로 소요되는 경우도 있다.

2008년 9월 정부가 세법을 개정, 프로젝트 금융투자회사(PFV : Project Financing Vehicle)에 보장하던 세제혜택을 없애기로 했다. 이로 인해 서울 용산역세권과 여의도 파크원 프로젝트, 부산 해운대관광리조트 등 대규모 부동산개발사업들이 중단위기에 처했다.

용산역세권 개발사업의 경우 법인세와 취·등록세 등 1조원에 달하는 제세감면 혜택이 없어지는 등 모든 대형 부동산개발 프로젝트의 수익률이 급감하거나 상황에 따라선 손실마저 불가피해졌다.[64)]

2. 사업타당성 검토

프로젝트 파이낸싱에 대한 사업타당성(feasibility study) 검토란 대상사업이 성공 가능성을 분석하는 것으로 사업타당성의 종류에는 기술적 타당성(engineering feasibility study), 경제적 타당성(economic feasibility study), 재무적 타당성(financial feasibility study) 등이 있다.

천안~논산간 고속도로의 사업타당성은 피치(Fitch)사가 하였는데 우리나라 운전자들이 유료고속도로에 익숙하고 경부고속도로와 호남고속도를 이용하는 경우보다 이용료는 높으나 연료비 절감이나 시간가치를 고려하는 경우 천안~논산간 고속도로가 경쟁력을 가질 것으로 분석하였다. 천안~논산간 고속도로는 기존의 경부고속도로와 호남고속도를 이용하는 경우보다 거리는 약 30km, 시간은 약 20분이 단축된다.

(1) 기술적 타당성

기술적 타당성 검토에는 사업이 기술적으로 시공이 가능한 것인가, 시공기간 중에 예상되는 위험 또는 공사비 적정성 등을 고려한다.

(2) 경제적 타당성

사업의 경제적 타당성 검토를 위해서는 사업에서 발생할 것으로 예상되는 현금흐름을 현금흐름 모델분석을 통하여 현금흐름을 예측한다. 이러한 현금흐름을 기초로 투자안 타당성 분석을 위해서는 순현재가치(NPV : Net Present Value)법, 내부수익률(IRR : Internal Rate of Return)법 등을 이용할 수 있다. 또한 경제변수의 변화에 따른 현금흐름의 변화를 측정하는 민감도분석(Sensitivity analysis)이 이용된다.

(3) 재무적 타당성

재무적 타당성 분석에서는 예상 현금흐름의 측정이외에도 자금조달방법이나 자금조달시 금리, 상환기간, 상환방법 등을 고려한다.

---

64) '용산역세권 등 대형개발사업 중단위기', 머니투데이, 2008.9.9

참고문헌

- 금융투자교육원, 증권펀드투자상담사, 2009
- 김범석, 유한수, 부동상금융론 제2편, 청목출판사, 2008
- 김일효, 건물자산관리학총론, 남두도서, 2007
- 김일효, 건물자산임대관리론, 남두도서, 2006
- 김일효, 건물자산법률관리론, 남두도서, 2006
- 노용호외, 감정평가론, 부영사, 2005
- 민성기, 재무관리원론, 창민사, 2008
- 박정식, 박종원, 조재호, 현대재무관리, 다산출판사, 2008
- 백영준외 최신 감정평가론, 부영사, 2002
- 오장균 · 윤훈현 · 구현서 · 오수균, 마켓팅, 청목출판사, 2003
- 이건식, 경제학, 고시계, 1990
- 이창석외, 부동산감정평가론, 형설출판사, 2002
- 한국은행, 우리나라 금융시장, 2006
- 한만희 · 조만, 부동산투자금융론, 보성각, 2008
- 서울특별시, 부동산시가 표준액표, 2009

찾아보기

▮▮▮ 저자 소개 ▮▮▮

■ 김 일 효

<학력 및 경력>

- 건국대학교 법정대학 법학과(법학사/법학전공)
- 건국대학교 행정대학원 부동산학과(행정학 석사/부동산경영 전공)
- 극동대학교 대학원(경영학 박사/빌딩경영 전공)
- 풍림산업(주) 사우디얀부 모빌홈 건축현장소장 및 마카타이프 담수처리공장 신축공사현장소장 역임
- 풍림산업 사옥관리부장 역임
- 건국대학교 기성회장 역임
- 한국생산성본부 건물자산관리실무 강사 역임
- 전북과학대학 건물관리과 겸임교수 역임
- 현) 한국표준협회 시설관리서비스 KS인증 강사
- 현) 지식경제부 기술표준원 시설관리서비스 KS인증심사원
- 현) 사단법인 한국건물관리학회 회장
- 현) 동원대학 부동산컨설팅과 건물자산관리학 교수

<저서 및 논문>

- 《건물자산관리학총론》 (남두도서, 2006)
- 《건물자산경영관리론》 (남두도서, 2006)
- 《건물자산법률관리론》 (남두도서, 2006)
- 《건물자산위험관리론》 (남두도서, 2006)
- 《건물관리실무용어》 (남두도서, 2004)
- 《건물자산임대관리론》 (남두도서, 2005)
- 《교회건물관리론》 (남두도서, 2007)
- 《건물자산관리학개론》 (남두도서, 2007)
- 〈부동산 거래사고 예방대책에 관한 연구〉 (1979)
- 〈집합건물관리기본법의 문제점과 개선대책에 관한 연구〉 (2006)
- 〈건물자산관리제도 개선방안에 관한 연구〉 (2007)
- 〈FM 직종별 적정인원 산정방안에 관한 연구〉 (2008)
- 〈건물유지관리 통합매뉴얼 개발 연구〉 (2008)

■ 김 원 규

<학력 및 경력>

- 충남대 및 건국대 대학원 석·박사(행정학 : 도시 및 지역개발)
- 건국대·극동대·강남대, 한중대·서일대 등 10개 대학 및 연수기관 강사
- 한국부동산학회 및 한국토지행정학회 이사 선임
- 한국건물행정기술관리협회 이사 역임
- 한국건물관리연구소 연구위원 역임
- 한국경제조사연구원 전문위원 역임
- 현) 동원대학 부동산컨설팅과 교수
- 현) 한국건물관리학회 부회장
- 현) 한국주거환경학회 부회장
- 현) 한국직업능력개발원 e-training 심사위원
- 현) 한국행정관리협회 전문위원
- 현) 경기도 광주시 민주평화통일 자문위원 고문

<저서 및 논문>

- 《부동산학개론》, 남두도서
- 《건물자산경영관리론》, 남두도서
- 《주택 코디네이션》, 남두도서

■ 김 범 석

<학력 및 경력>

- 한국외국어대학교 정치외교학과 졸업
- 대한항공 서울여객지점
- Washington State University, MBA
- Old Dominion University, 경영학 박사(재무관리)
- 경남금융경제연구소 책임연구원
- 현) 극동대학교 경영학부 교수

<저서 및 논문>

- 《상장지수펀드 투자가이드, 김범석》, 청목출판사
- 《21세기 경영학, 윤훈현 & 김범석》, 청목출판사
- 《뮤추얼펀드 가이드, 김범석》, 두남
- 〈자산유동화증권(ABS)을 이용한 신용카드사의 자금조달과 정책과제〉, 여신금융협회
- 〈장래매출의 자산유동화 현황과 활성화 방안〉, 한국상장회사협의회)
- 〈자산유동화를 이용한 항공사의 자금조달전략〉, 한국항공경영학회지

■ 유 한 수

<학력 및 경력>

- 고려대학교 경영대학 경영학과(경영학사)
- 고려대학교 대학원 경영학과 재무론 전공(경영학 석사)
- 고려대학교 대학원 경영학과 재무론 전공(경영학 박사)
- 대한경영학회 편집위원
- 현) 기업경영학회 상임이사
- 현) 국제경상교육학회 상임이사
- 현) 건물관리학회 이사
- 현) 국제경영관리학회 이사
- 현) 극동대학교 경영학부 교수

<저서 및 논문>

- 《알기쉬운 회계원리》, 청목출판사
- 〈주식시장 변동성과 채권시장 변동성〉, 기업경영학회
- 〈미국달러선물시장 도입이 현물시장 변동성에 미치는 영향〉, 국제경영관리학회
- 〈외국인 순매수와 일시적 변동성〉, 대한경영학회
- 〈코스닥시장의 비대칭적 변동성 원인에 관한 연구〉, 대한경영학회
- 〈코스닥시장 가격제한폭 변화가 주가 변동성에 미치는 영향〉, 중소기업학회 외 다수

건물자산경제관리론

1판 1쇄 발행 2009년 8월 20일

저 자 김일효 · 김원규
김범석 · 유한수

발행인 남 승 우

발행처 **남두도서**

서울특별시 동작구 사당3동 220-43
TEL : (02) 595-1692~4
FAX : (02) 595-1394
E-mail : namdoo6@unitel.co.kr
신고 : 5-76호 (1998. 11. 4)

정가 27,000 원

ISBN 978-89-5780-108-6 13320